湖南科技大学学术著作出版基金资助

“沿沅水去看看”

——传统集镇商贸空间形态及活力探寻

余翰武　著

东南大学出版社
SOUTHEAST UNIVERSITY PRESS
·南京·

图书在版编目(CIP)数据

“沿沅水去看看”：传统集镇商贸空间形态及活力探寻/余翰武著. —南京：东南大学出版社，2018.8
ISBN 978-7-5641-7875-8

Ⅰ. ①沿… Ⅱ. ①余… Ⅲ. ①商业街-商业史-研究-湘西地区 Ⅳ. ①F729

中国版本图书馆 CIP 数据核字(2018)第 169293 号

“沿沅水去看看”——传统集镇商贸空间形态及活力探寻

出版发行	东南大学出版社
社　　址	南京市四牌楼 2 号　邮编：210096
出 版 人	江建中
责任编辑	马　伟
经　　销	全国各地新华书店
印　　刷	虎彩印艺股份有限公司
版　　次	2018 年 8 月第 1 版
印　　次	2018 年 8 月第 1 次印刷
开　　本	700 mm×1 000 mm　1/16
印　　张	18.5
字　　数	373 千
书　　号	ISBN　978-7-5641-7875-8
定　　价	78.00 元

序

我国地域辽阔，自然景观绚丽多姿，民族建筑丰富多彩，地域文化纷呈多样。奔腾于辽阔大地的黄河长江孕育了中华民族，先民们正是通过大小江河的通道交流融合，两大流域也成为了中华文明蓬勃发展的摇篮。可见，流域是经济和文化交流传播的重要通道和走廊，河流两岸留下的丰富的文明遗存，无疑为我们今天研究地域建筑与文化提供了重要样本和线索。

沅水是湖南省四大水系之一，发源于贵州黔东南，流经湖南省西部，注入洞庭湖。沅水流域是一片古老神奇的土地，发现了 50 万年前至 1 万年前旧石器时代数百处相续不断密集的古人类文化遗址，也是苗、侗、瑶、土家等少数民族的聚集地。历史上，沅水流域历经了武力“伐方”、羁縻制度、土司制度和改土归流等一系列变革，由“化外”之地成为“王土”，经济和科技水平得到大力提升，城镇性质也由以军事特征为主转变为以商贸特征为主。明清后，沅水流域的集镇发展迅速，沿河大小集镇星罗密布，至今仍保留了大量的传统街区和传统建筑。它们是经济和文化的容器，承载着人类文明的精华，集中体现了地域文化和经济活动的情况，成为反映当地文化，乃至研究中华文化的珍贵“史料”，具有较高的经济价值和历史文化价值，也为发展地方特色经济提供了资源基础。

集镇的核心是“集市”，它的形成与发展是一种复杂的经济、文化现象，也是在特定的地理环境和社会背景中，人类活动与自然环境相互作用的综合结果。余翰武老师的这本书，正是立足于沅水流域传统集镇最为活跃的商贸空间展开研究，通过分析沅水流域传统集镇地理空间分布以及与沅水、驿道的关系，总结出集镇“一主轴，两次轴，多核心”的空间分布格局；并从历史发展的角度，自秦汉军事立镇，至近代商贸发达，提示了该流域传统集镇的历史进程和“因兵而兴，因商而盛"的历史特征；重点是从军事、交通、资源、移民、政治制度五个方面分析了该流域传统集镇商贸空间的形成机制；总结四种不同的商贸空间类型，并在分析这四种不同层面的商贸空间特点的基础上，深入分析该流域的商业建筑、商贸节点、商贸街道及商业街区的空间形态及其特点；从商业业态的多样性、商贸空间功能的复合性、行为的自发性、商贸空间环境的意象力以及活力对文化的诉求五个方面分析了沅水中上游流域传统集镇商贸空间的活力，阐释了该流域传统集镇经济的可持续发展的文化支撑与动力。

文中汇集了史学、考古学、民族学以及文化生态学等对该流域的研究观点，融合了相关学科领域的知识理论，对沅水流域的各文化源的关系进行了梳理，分析了该流域的文化层级现象，弥补了东南和西南两大文化圈交融地带的地域建筑及文化的研究不足，扩充了中国建筑少数民族地区建筑史学的内容，有较高的理论意义与史料价值；同时揭示了沅水流域独特的地域文化特征，并认为地域文化及其历史文化价值可为当地经济的可持续发展提供发展内涵和动力，从根本上提升传统集镇商贸空间的活力，对今天城镇的发展研究具有理论意义和实践价值。

中国改革开放已四十年，在社会、经济、科技等领域已取得了巨大的成就，城镇建设更是一日千里。然而伴随城市化的快速推进，一些对传统集镇或历史街区进行的"旧城改造""棚户区改造"和忽视原有文化的"快餐式"开发已使得地方风貌受到了严重的冲击，文脉被骤然割裂；类似工业生产线产品形式的城镇建设使得城镇面貌丧失了地方特色，具有地域特征的传统集镇面临生存与发展的窘境。一个城市的魅力在于当地文化的表现，未来城市的竞争力取决于文化的竞争力。地域文化是增强本土文化创造力与竞争力的基础，是"文化自信"的源泉。在当今全球化的不可逆转的发展趋势下，如何维护与发展代表地方特色的传统集镇，挖掘其文化价值和经济价值，为当前传统集镇的经济发展与文化传承提供基础研究和理论参考是当代建筑人不可推卸的责任与担当。

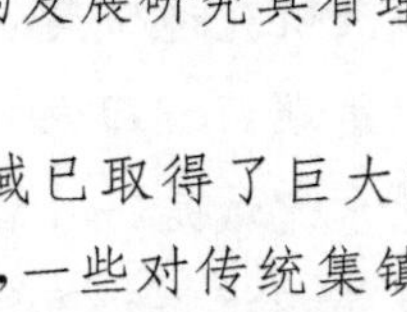

2018年7月8日

于华南理工大学励吾楼

前 言

沅水中上游流域处于云贵高原与长江中下游平原的过渡区域，也是我国西南与东南两大文化圈交汇的地带，是东西经济技术交流的孔道。自然区域的过渡性和文化圈间的交融性决定了沅水中上游是一个特殊的自然地理区域和人文地理区域，即该流域具有文化多元性特征。沅水流域历史悠久，流域内早期人类活动可追溯到5万～10万年前，并有可能是人类的起源地之一。有学者认为该流域曾是伏羲、颛顼、吴回和共工等中华民族先祖的最早家园；流域中上游的天柱、锦屏是七千年前的炎帝神农氏的故里，是中华龙凤文化、白陶文化、中华天文历法、中华易学和中华文字等中华文明的发源地之一[①]。明清以来，该流域被大规模的移民屯田和驻军，文化交流、商贸活动、朝贡运输乃至民族冲突等活动或事件络绎不绝，大量的社会、经济和文化交流呈现于此，遗留了大量物质和非物质遗产。经济技术上的流通和物资流转使得该流域产生和发展了一大批集镇。至今保留下来的大量具有较完整历史商业街区的传统集镇，成为该流域具有地域特征的宝贵的人文景观，具有珍贵的历史文化价值和经济价值，构成了“历史五千年，水路一千里”历史文化走廊。

集镇是在一定地域内发生的，并且由共同成员的人群所组成的相对独立的地域社会的总和，其核心是“集市”。它的形成与发展是一种复杂的经济、文化现象，也是在特定的地理环境和社会背景中，人类活动与自然环境相互作用的

① 蒋南华，王化伟，蒋晓红，等. 武陵黔东——中华及其贵州文明的发祥地[J]. 贵州师范学院报，2011，27(8)：1-6.

综合结果[①]。传统集镇作为经济和文化的容器，承载着人类文明的精华，也是地域文化和经济活动的集中体现。

当代中国未来社会的竞争取决于"文化力"的较量，地域文化是增强本土文化创造力与竞争力的基础和源泉。在当今全球化不可逆转的发展趋势下，地域文化的维护、延续的研究工作显得尤为重要。随着中国城市化快速进程，"千城一面"的现象愈演愈烈，类似工业产品的商业街或商业综合体成为各个城镇炫耀"现代化"的噱头。对传统集镇或历史街区进行的所谓"旧城改造"和忽视原有文化的"短视"开发已使得沅水中上游流域的地方风貌和文化传统受到了严重的冲击，加上西部大开发的进一步深入，特别是沅水水系水利的大开发[②]，使得具有地域特征的传统集镇面临生存的尴尬窘态，沿岸许多传统集镇将会受到威胁甚至永远消失。在此种背景下，那些目前还"活"着的传统集镇如何面对，这需要我们及时地去研究和探讨，至少当它们还存在的时候，尽可能多地记录下它们的状况，也是一笔宝贵的财富。

著　者

---

① 王炎松，袁铮，刘世英. 民居及聚落形态变革规律初探——鄂东南阳新县传统聚落文化调查[J]. 武汉水利电力大学学报(社会科学版)，1999，19(3)：73-76.

② 沅水干流共规划 14 个梯级枢纽，自上而下分别是革东、三板溪、挂治、白市、托口、洪江、安江、铜湾、清水塘、大洑潭、鱼潭、五强溪、凌津滩、桃源。目前，三板溪以下 13 个梯级中有 8 个已建，安江、白市、托口枢纽在建，鱼潭和桃源枢纽正在开展前期工作。(湖南省环境保护科学研究院. 沅水高等级航道建设方案环境影响报告书[R]，2010.)

目　录

图表目录

1　插图序号　插图名称

2 列表序号 列表名称

1 绪 论

美国人类学家施坚雅认为“集市促进了中国传统城镇的生长，形成了具有社会广泛性的经济”①，可见施坚雅所说的“经济”是中国传统城镇发展过程中的广泛的社会经济关系和经济制度，是依存于基于商品交易的“集市”的。《管子·乘马》有“五部②命之曰聚，聚者有市，无市则民乏”③，可见，交易于民之重要，商贸于集镇之重要。出于经济上的考虑，人们汇于“市”，形成“聚”(集镇)。“市”是集镇存在的基础，是集镇众多活动的源泉。集镇中没有了“市”，就没有了交换，也就没有了分工，社会就难以进步，集镇就难以发展。可以说，商贸活动是集镇最基本的功能之一，是集镇形成与发展的基础动力。

集镇发展是一个历史积累的过程。从空间社会属性来看，商贸空间是以交易场所为物质基础，参与主体通过一系列与商品交易相关的实践活动形成的一种社会关系；从空间的功能性来看，商贸空间是集镇的重要功能组成，其不但能增强集镇的吸引力和影响力，而且是集镇得以生存和繁荣的重要场所和基础，也是集镇具有活力的重要因素。

1.1 研究范围界定——为什么是沅水中上游

从地理上看，沅水中上游基本上为武陵山脉、雪峰山脉、苗岭几大山系所夹，形成了一个线型的相对独立的自然带(如图 1-1)。而武陵山脉、雪峰山脉在沅陵境内呈斜“八”字形交汇，形成一个“壶口”，成为下游与中上游的天然分界，使沅陵以上的中上游地区与下游地区构成相对封闭的地理单元。

---

① 范文艺. 非物质文化遗产视角下的传统商业空间及其管理策略[J]. 西南民族大学学报(人文社会科学版)，2013(2)：161-165.

② 部为面积单位，一部约为现在的 7.5 平方千米。

③ 李克和，刘柯. 管子译注[M]. 哈尔滨：黑龙江人民出版社，2003：29.

在历史进程上，沅水流域古属荆州，自楚开濮地以来，历经秦汉，魏晋南北朝，迄至隋代，这一地区历属黔中郡和武陵郡辖地，治所沅陵。由于沅水下游开发较为成熟，基本融入了中原母体；而中上游地区则因为种种原因发展较为缓慢，区域经济、交通等发展相对落后，大多仍属“蛮夷殖生”的待开化地区，上下游的差距逐渐增大。唐代，此地上下游分治更为明晰：中上游地区属黔中道，而下游地区属江南西道，实现了沅水流域中上游地区与下游地区的分治，其影响一直延续至清代。

可见，从地理空间和区域历史的发展来看，沅水中上游流域是一个相对较独立的时空单元。

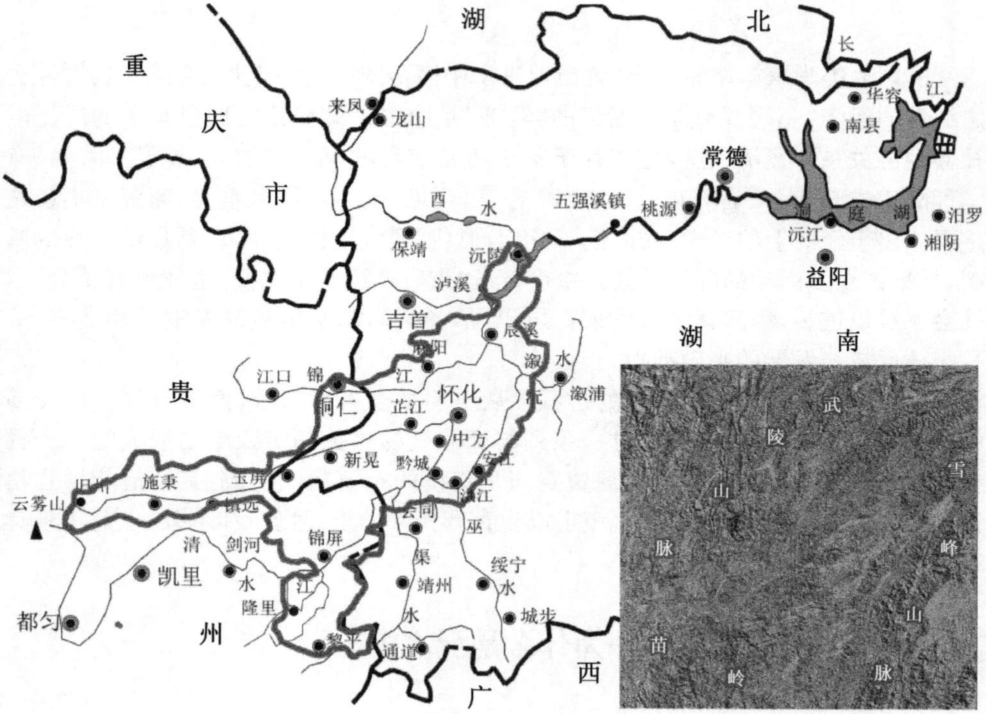

图 1-1　研究范围示意图

（来源：自绘）

在学术上，建筑体系的研究在我国南部大致有东南和西南两大区系。对于西南区范围的界定，刘敦桢先生有一大略的定义：“窃以为西南诸省之涵义，在地理上，系指四川、西康①、云南、贵州、广西五省而言。”童恩正先生在其《中国西南民族

① 西康：西康省，旧省名，设置于民国二十八年（1939 年），简称康，省会雅安，所辖地为现四川甘孜藏族自治州、雅安市、阿坝藏族羌族自治州、昌都市等。1955 年撤省，分别并入四川省和西藏自治区。

考古论文集》中把“西南”描述为:“中国的西南地区,位于亚洲大陆的南部,包括四川、云南、贵州三省和西藏自治区。其西部为西藏高原,南部为云贵高原,北部为四川盆地。”①本人更认同李建华博士对“西南”的界定,即在重庆、四川、云南、贵州三省一市的地理行政区②。对于东南区范围的界定,余英先生在其《中国东南系建筑区系类型研究》一书中界定“东南”的范围为“长江以南,巫山山脉和沅水、乌江以东③这一片区域”④。郭谦教授在其《湘赣民系建筑与文化研究》一文中将处于东南五大民系西部的湘赣系的研究范围界定为“洞庭湖以南,资水以东,江西大部分地区”⑤。由此暂可以认为东南区范围的西部基本以沅水下游和雪峰山脉为界。这样在东南和西南两大区系间留下了一块模糊的区域——雪峰山脉和武陵山脉间的沅水中上游地区(尤其是沅水干流中游地段,即黔阳至沅陵段)。

可见,“沅水中上游流域”(下文简称“流域”)是一个既明确又模糊的区域概念,在历史上与下游自唐宋起实行了分治,归属不同的行政区;其地理空间上属于我国西南与东南的边缘过渡地带,却有着相对清晰的地理空间领域;其又处于两个文化区的边缘,具有文化的过渡性、渐变性和交融性,所以其边缘是模糊且渐变的,很难像划分行政区域一样将其截然分开。

本文研究范围(图 1-1)涉及 4 个地级市:湖南湘西自治州南部,怀化市中西部和贵州黔东南州北部、东部以及铜仁市东南部,涵盖 17 座县城(沅陵、泸溪、辰溪、麻阳、中方、芷江、新晃、凤凰、黄平、施秉、锦屏、天柱、镇远、三穗、岑巩、黎平、玉屏),2 个县级市区(万山、洪江⑥)和其中的 185 个乡镇。东西长约 300 千米,南北宽约 100 千米,总面积约为 2.54 万平方千米,主要为可常年通航的㵲阳河和清水江及辰水流域。

---

① 杨宇振. 中国西南地域建筑文化研究[D]. 重庆:重庆大学,2002:1.

② 经过各个历史时期的民族流变,云贵高原和四川广大地区,是在自新石器时代开始的黄河流域中游、北方和西北草原、长江流域“三大文化区”板块的延伸、碰撞、交融下产生的,再经过各个历史时期的民族流变后,使该地区文化特征呈现多样性、异质性与复杂性的鲜明特征。虽然西藏自治区在地理行政区域划分上属于西南地区的范畴,可是由于其民族族群单一,文化特质鲜明,不同于该区域的整体文化多元性、民族多样性的特征,所以所谓的“西南”限定在重庆、四川、云南、贵州三省一市的地理行政区之内似乎更显合理。引自:李建华. 西南聚落形态的文化学诠释[D]. 重庆:重庆大学,2010:15.

③ 此处,笔者暂且存疑,因为乌江与沅水之间正是广袤的武陵山区,其集镇形态与建筑特点更接近巴蜀特点,与东南系的建筑特征有着明显的差异。且从余英先生整篇著作的论述和所举实例来看,也基本以洞庭湖区和雪峰山脉为界。由此来看,郭谦老师给出的范围边界更为合理些。当然,笔者绝没有怀疑余英先生及其著作的理论高度和研究水平之意;相反,正是这篇著作给了笔者诸多的理论支撑和研究方法的借鉴,其著作的理论高度是笔者远不能及的.

④ 余英. 中国东南系建筑区系类型研究[M]. 北京:中国建筑工业出版社,2001:20.

⑤ 郭谦. 湘赣民系建筑与文化研究[D]. 广州:华南理工大学,2002:10.

⑥ 洪江市(县级)治所为黔阳镇,原名为黔阳县,20 世纪 90 年代与原洪江市合并后改名,原洪江市改为怀化市洪江区,驻地洪江镇。本文为便于区分,除特别注明外,仍沿用黔阳县和洪江市,所属集镇仍用黔阳镇和洪江镇。

根据传统集镇在研究范围的空间分布和区位，笔者选择了其中 20 个作为研究重点。它们共同特点是：具有历史文化价值和地域特征；具有一定规模、较完整的传统商业街区或有一定数量且质量较好的传统商贸建筑（图 1-2）。

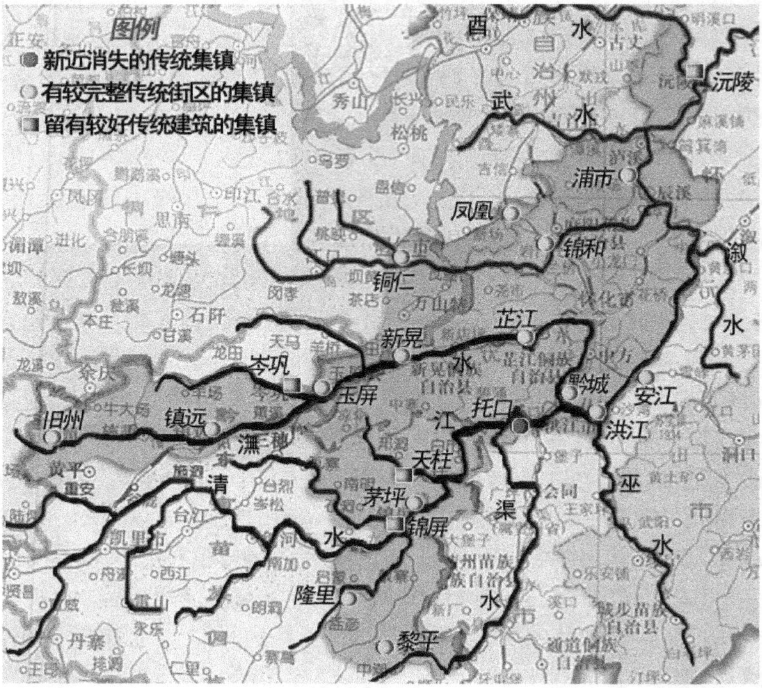

图 1-2 沅水中上游传统集镇现状分布图

（来源：自绘）

1.2 相关概念

1.2.1 集镇

早在北魏时，我国就有"设镇"之说："设官将禁防者谓之镇。"宋代高承在《事物纪原·第七卷·库务职局》中说："民聚不成县而有税课者，则为镇，或以官监之。"①宋以后，镇是指县以下的以商业、聚居为主的小都市；明朝中叶之后，特别是康乾时期，集镇的数量和商品交易规模空前壮大。方志中亦有"城""镇""市"之分。"城"主要指府、州、县治所在地，一般衙署、军火局等政权机构，还有庙、祠、

① 顾朝林. 中国城镇体系——历史·现状·展望[M]. 北京：商务印书馆，1992：82-89.

宫、殿、寺观、学校等公共设施；城内街巷纵横，商民稠密，酒肆、旅店、茶馆、货栈等一应俱全；一般围有城墙，整体规模较大；“镇”则主要指由于“业缘”定居，并逐步形成认同感的稳定的聚居形态，镇内有较为固定的交易区域和长期经营的商铺，它们大都处于交通要道，内销外运较为便利。方志中的“市”是与“城”“镇”并存的地理单元概念，有的志书中也称为“场”。“市”的情况复杂：有专业市，如黔阳托口市，以木材交易为主；有“定期市”，即定期赶场；有“常市”，即“百日场”。“镇”“市”是较低一级的中心地，职能主要为供应乡村所需的生产生活资料，收购农产品以及满足其服务范围内居民对教育、医疗、娱乐等的需求，是连接城乡的纽带。

从地理学角度来看，集镇通常指乡村中拥有少量非农业人口，并进行一定商业贸易活动的聚居点，既无行政意义，亦无确定的人口标准，一般是对地方农副产品集散和服务中心的统称①。

从社会发展史来看，集镇是农业社会生产力发展的产物。在农业与村落统一的社会区域里，商品交换需要、社会分工发展及剩余劳动力从农业转向非农业的转移等，使得星罗棋布的集镇以大小集市为基础逐步形成。具体说来，那些或处于农村社区中心或处于交通要道之上或处于物产和工艺中心的村落，往往因市而聚，物资集散由少到多、由零售到批量、由间歇到日常，加上其他商业、手工业等人力物力的集聚、流动，使之逐步演替为集镇。

另根据 1993 年国务院颁布的《村庄和集镇规划建设管理条例》第三条：“集镇是指乡、民族乡人民政府所在地和经县级人民政府确认由集市发展而成的作为农村一定区域经济、文化和生活服务中心的非建制镇。”可见，在我国的城乡村镇体系中，集镇是指县城以下的区、乡行政中心，具有一定的乡村腹地，通过集市和商品交换逐步发展并建立一些经常性的具有较低层次的商业服务、文教卫生等公共服务设施的人口聚居地。其是国家的基层经济中心，是国家基层经济网络中的基本节点，是城市与乡村之间的中间环节和过渡地带，其形态和经济职能兼有但并不完全有乡村与城市的双向特点。

基于集镇在上述不同领域内的多重含义，加之对研究对象所属范畴的思考，本文取社会学对集镇的定义，即由于商品交换需要，社会分工的发展及农业剩余劳动力的转移，而形成的物资集散、人口聚集的聚落；并认为集镇应有三个等级层次——城关镇、建制镇、一般集镇。城关镇是各州县党政机关所在地，一般处于全县中心位置或交通枢纽，是地域经济、政治、文化中心，商业、文教事业发达，集镇建设具有相当规模；建制镇是国家规定的经由政府批准设立的小城镇，聚居人口中有一定量非农业人口比重；一般集镇是指非建制镇的乡镇机关所在地，是当地农副产品集散地和日常用品交换的主要墟场。沅水中上游区域内集镇分布密、数量多，每

① 章睿. 湖南沅水流域传统集镇空间结构研究[D]. 长沙：湖南大学，2012：1.

隔3～20千米就有一处，上述三个研究层面，既能区分也能体现该流域历史时期商贸体系的层级差别，并能与当前我国现行的城乡村镇体系相吻合。

而传统集镇则是指那些“能够反映社会生活多样性并对他们的传统提供生动物证”的集镇①，其应具有传统风貌特征，传承前人社会经验概念的人文共识，蕴含着丰富的地域传统文化信息，也是当地政治、经济、文化的物质载体。

1.2.2 商贸空间

商贸即商业贸易，其起源于原始社会以物易物的交换活动，它的本质是交换行为。可以认为商贸是基于人们认同的等价物品或服务的交换行为，其过程分为“议”和“运”两个方面：“议”为交换协议，这个阶段需要人们进行交流并取得共识；“运”为标的物的转移，这需要畅通的转移渠道。上述活动均需存在于一个物质承载——商贸空间。

可见，商贸空间是指和商品交易有关的商议、交换、转运的空间。在功能上可以理解为商品的交易空间、商品的运输空间和商品的议价空间；在物质空间形态上可分为商业街道空间、商贸节点空间和商贸建筑空间。集镇中开展商贸活动的区域是集镇得以生存的重要场所，是集镇的重要组成部分，是增强集镇的吸引力，提高它们的影响力，增加集镇的商业机会，促进集镇的繁荣稳定的重要基础；而商贸活动在很多场合也使得集镇更具活力。

本文的研究对象是传统集镇的商贸空间。对于沅水中上游传统集镇来说，商贸建筑和商业街道是其主要的商品交易空间；与主要运输渠道——水运密切相关的码头空间是其重要的商贸节点空间；而从会馆的经济功能来看，它对商贸活动的组织、开展、管理上起到的作用是宽泛的商品议价功能，本文将其视为商品的议价空间。为了便于归纳总结，本文仍以物质空间形态作为主要划分商贸空间类型的方式。

1.3 目前研究现状

1.3.1 传统集镇的相关研究

近些年，对传统集镇的研究可谓成果丰硕。这一方面是国内外学者已经意识到不能只关注传统建筑本体的研究，必须考虑其所处的环境和群体的关联性。传统集镇提供了一个恰当的空间层次和多学科多视角的介入对象。另一方面说明传统集镇确实蕴含了丰富的经济、社会、历史、文化信息值得不同学科学者多层次深

① 章睿.湖南沅水流域传统集镇空间结构研究[D].长沙：湖南大学，2012：3-4.

入研究。相关研究主要集中在以下几个方面：

1. 从传统民居的建筑文化引申至传统集镇的地域文化

单德启的《从传统民居到地区建筑》[①]分四部分论述了人与居住环境、中国传统民居聚落的保护与更新、城市化背景下传统聚落和集镇建设和地区主义建筑和当代乡土人居环境。该书时空跨度较大，提供了较好的研究思路和方法。陆元鼎主编的《中国民居建筑》(上、中、下三卷)[②]，从历史出发，揭示了影响传统民居建筑个性特色的文化背景。该著作共汇集了包括汉族在内的二十七个民族的传统民居建筑的资料，并作了相当完美的分析论证，指出“文化是民族的灵魂，灵魂不灭，文脉才能连续不断”。该著作前部的关于历史、文化、自然的总论体现了高度的理论水平和价值，后部各民族传统民居建筑的分卷，体现了调查与研究的完美结合，足以被称为我国民居建筑研究的巨著。陆琦的《中国古民居之旅》[③]收集了我国众多省市较为典型或有代表性的民居建筑，从建筑结构、建筑风格、建筑年代和位置交通等方面对这些民居建筑进行了深入的分析，书中还配有照片或墨线图，图文并茂，涉及沅水中上游地区的内容有凤凰古镇民居、黄丝桥古堡等。蒋高宸的《云南民族住屋文化》[④]详细描述了云南少数民族居住及环境的情况，指出“建筑作为一个系统存在，它不是孤立的。从生长、发育到成熟，都与它所处的环境(包括自然环境和社会文化环境)有关”，其研究水平和写作方法具有很高的借鉴价值。

2. 将人类学、类型学引入传统集镇研究

余英[⑤]的《中国东南系建筑区系类型研究》援引区系类型理论，对不同地域的建筑模式及衍化予以进一步的比较研究，分析了住居模式的类型特征，并解释了东南地区传统建筑的区系类型特征以及建筑衍化现象，着重探讨了各种模式的基型与衍化以及东南系建筑的区系类型；进而以历史民系地域的角度，把握不同地域性的社会文化特性，论述了聚落和建筑的互动关系以及它们所表达的社会文化意义，重点分析了东南社会文化背景对聚落形态、建筑形制的影响和作用，其研究成果和研究方法值得好好学习和借鉴。藤井明的《聚落探访》[⑥]探讨了空间的图式，聚落在住居形态、聚落形态、选址位置差异性的表现；在空间形成的技法上探讨了布局、配置、形态特征的理论；指出“风土只不过是设想聚落的起因，而如何构筑聚落，这个问题是与住民的意识密切相关的，想象力是问题，这种想象力不属于某一个人，是社会制度以及家庭制度体现在空间语言上的体系”。段进的《城镇空间解析》针

① 单德启.从传统民居到地区建筑[M].北京:中国建材工业出版社,2004.

② 陆元鼎.中国民居建筑(上、中、下三卷)[M].广州:华南理工大学出版社,2004.

③ 陆琦.中国古民居之旅[M].北京:中国建筑工业出版社,2005.

④ 蒋高宸.云南民族住屋文化[M].昆明:云南大学出版社,1997.

⑤ 余英.中国东南系建筑区系类型研究[M].北京:中国建筑工业出版社,2001.

⑥ [日]藤井明.聚落探访[M].宁晶,译.北京:中国建筑工业出版社,2003.

对太湖流域古镇空间结构与形态,从空间类型的角度研究其的形态特征及其规律。郭谦[①]从方言民系的角度来研究湘赣民系民居建筑,并以地域生活圈为基本的研究范围,分析了人口迁徙和民系形成过程,以及地域社会文化背景;探讨了湘赣民系民居居住模式与湘赣地域社会的宗族组织、家庭生活之间的互动关系,讨论了湘赣地域民居建筑模式形成及衍化过程,以及湘赣民系民居聚落环境、空间特征和装饰技术。杨毅[②]从建筑人类学的视角出发,把传统集市场所的发展演变视为物质文化和精神文化互动的结果,并以云南传统集市场所——"街子"作为研究对象,指出传统集市场所具有时间的延续性和空间的拓展性,其形态包含了社会特征和经济功能以及它们之间的和谐互动。

3. 从文化景观和生态学的角度探讨传统集镇的空间形态

彭一刚的《传统村镇聚落景观分析》[③]讨论了地区的气候、地形环境、生活习俗、民族文化传统和宗教信仰对各地村镇聚落景观的影响。刘沛林等人对中国南方传统聚落景观元素进行了研究,并依此进行了区划,提出了它的可利用价值。王钊[④]从生态学角度出发,通过分析自然、社会和经济因素对于聚落空间形态的影响,论述了聚落空间形态对生态系统的适应机制,并通过对不同类型的聚落空间结构形态特征和空间秩序的分析探讨了聚落空间形态的生态内涵及其产生的聚落生态美学特征。毛刚[⑤]描述了西南地区民族的渊源迁移及历史聚落的生态类型,从生态学视角审视西南高海拔多民族山区的建筑文化,从区域与城市规划学角度探讨了西南高海拔山区建筑学的传承和弘扬问题,不仅有生态学视野的广度,也有工程技术的深度。徐娜[⑥]以"文化景观"为研究视角,研究了西南山地传统商贸集镇的发展演变过程,并剖析了发展的规律,推导出影响发展的主导动力机制,并建立了适应于传统商贸集镇的保护方法。

4. 从遗产保护的角度探讨传统集镇生存与利用

对于历史文化遗产的保护的研究有两个层次:一是基于区域层面探讨若干传统集镇或集镇群的保护开发与利用,如文化线路与遗产廊道等;二是针对单体对象层面,如对隆里[⑦]、西关大屋[⑧]的保护研究等。此类研究往往与历史文化遗产的开发利用、地域文化延续相关联。

---

① 郭谦. 湘赣民系民居建筑与文化研究[D]. 广州:华南理工大学,2002.
② 杨毅. 集市习俗、街子、城市——云南城市发展的建筑人类学之维[M]. 北京:中国戏剧出版社,2008.
③ 彭一刚. 传统村镇聚落景观分析[M]. 北京:中国建筑工业出版社,1992.
④ 王钊. 生态视野下的聚落形态和美学特征研究[D]. 天津:天津大学,2006.
⑤ 毛刚. 生态视野·西南高海拔山区聚落与建筑[M]. 南京:东南大学出版社,2003.
⑥ 徐娜. 西南山地传统商贸城镇文化景观演进研究[D]. 重庆:重庆大学,2013.
⑦ 陈波. 贵州隆里古镇保护研究[D]. 重庆:重庆大学,2005.
⑧ 陆琦,黎颖,周文. 广州西关民居保护规划研究[J]. 新建筑,2003(2):13-17.

对于遗产廊道的研究内容主要集中在以下几个方面：一是介绍遗产廊道理论及成果与研究进展情况。此类文献大多是由国内学者通过阅读国外文献或出国直接接触研究对象和材料撰写的。如王肖宇、陈伯超[①]介绍了美国黑石河峡谷国家遗产廊道的保护方案；奚雪松、陈琳[②]介绍了美国伊利运河国家遗产廊道的保护与可持续利用方法。二是遗产廊道价值认识与开发。文献主要通过遗产廊道理论认识和挖掘廊道内历史文化资源和自然资源的价值，并提出开发利用的方式。如梁雪松[③]、周威[④]、施然[⑤]、李小波[⑥]、杨宏烈[⑦]、霍雨佳[⑧]、詹嘉[⑨]等人以旅游开发为基点，分析了遗产廊道旅游开发的几个关键问题——遗产廊道的旅游资源类型及开发潜力，并在此基础上，构建了遗产廊道旅游开发的时空模式；或是运用“增长极”和“点—轴”等理论为区域旅游开发提供了一个新的机制和开发模式和操作策略。如王丽萍[⑩]、蒲音竹[⑪]从廊道的遗产价值、生态价值、教育意义和寻求共同地方认同等方面强调遗产廊道的多元价值表现，并指出构建文化遗产廊道是发挥和利用其完整价值的适合途径，是建设有特色城镇风貌有力手段。俞孔坚等[⑫]提出对京杭大运河完全价值观的认识，并以此为基础处理好现实功能与价值间的相互关系，保护和利用好运河遗产及其相关资源。三是基于遗产廊道理论的遗产保护与利用。文献内容是运用遗产廊道理论对地区的遗产保护模式、原则、方法、措施进行研究。如赵兵兵、陈伯超[⑬]分析了辽宁清朝文化遗产保护的现况和矛盾，以遗产廊道的保护模式提出了保护的原则与方法。朱隽、钱川[⑭]对大运河的保护提出了一些原则和措施；朱强、俞孔坚、李迪华等[⑮]则对运河的工业遗产廊道设置了五个保护层次，

---

① 王肖宇，陈伯超. 美国国家遗产廊道的保护——以黑石河峡谷为例[J]. 世界建筑，2007(7)：124-126.

② 奚雪松，陈琳. 美国伊利运河国家遗产廊道的保护与可持续利用方法及其启示[J]. 国际城市规划，2013(4)：100-107.

③ 梁雪松. 遗产廊道区域旅游合作开发战略研究——以丝绸之路中国段为例[D]. 西安：陕西师范大学，2007.

④ 周威. 中国运河遗产廊道的开发与保护——以扬州至杭州段运河为中心[D]. 成都：四川师范大学，2008.

⑤ 施然. 遗产廊道的旅游开发模式研究——以京杭大运河为例[D]. 厦门：厦门大学，2009.

⑥ 李小波. 三峡文物考古成果的旅游转化途径与三峡遗产廊道的时空构建[J]. 旅游科学，2006，20(2)：12-17.

⑦ 杨宏烈，夏建国. 珠江古炮台遗产廊道旅游景观的系统保护与开发[J]. 中国园林，2012，28(7)：58-62.

⑧ 霍雨佳. 遗产廊道视角下京杭大运河天津段旅游发展研究[D]. 秦皇岛：燕山大学，2013.

⑨ 詹嘉. 景德镇陶瓷遗产廊道旅游资源研究[J]. 陶瓷学报，2014，35(5)：542-547.

⑩ 王丽萍. 遗产廊道视域中滇藏茶马古道价值认识[J]. 云南民族大学学报(哲学社会科学版)，2012，29(4)：34-38.

⑪ 蒲音竹. 中小型城市遗产廊道建设——以重庆市云阳县龙脊岭生态文化长廊为例[J]. 安徽农业科学，2011，39(27)：16915-16916.

⑫ 俞孔坚，李迪华，李伟. 京杭大运河的完全价值观[J]. 地理科学进展，2008，27(3)：1-9.

⑬ 赵兵兵，陈伯超. 辽宁满清文化遗产保护模式——“遗产廊道”保护模式的应用[J]. 华中建筑，2011(5)：156-158.

⑭ 朱隽，钱川. 试论大运河的保护原则和措施[J]. 东莞理工学院学报，2007，14(6)：77-81.

⑮ 朱强，俞孔坚，李迪华，等. 大运河工业遗产廊道的保护层次[J]. 城市环境设计，2007(5)：16-20.

并主要从四个层次制定相应的保护与再利用策略。四是针对个案的遗产廊道的构建。如俞孔坚、朱强、李迪华、李伟、奚雪松、李春波[①]、丁小丽[②]、朱强[③]、王丽萍[④]、孙葛[⑤]、王思思[⑥]等人对丝绸之路、大运河、滇藏茶马古道、京沈故道等有明显线性特征的区域，以文化为背景，从宏观区域、空间景象特征、遗产廊道的背景、构成、特征、形态和结构等方面进行了研究，指出遗产廊道是一种线性的遗产区域，尺度可大可小，并注重自然、经济、历史文化三者并举。五是遗产廊道的评价标准与规划运用。不少文献对遗产廊道的评价标准、评价体系、评价因子进行了研究和运用。其间也有结合如层次分析法、德尔菲法、信息熵等进行一些指标量化和评价工作，如朱强、袁剑华[⑦]以工业遗产廊道为例，以建构筑物、企业及相关单位、工业聚集区、沿运河主要城镇四个不同层次构建工业遗产价值评价体系。六是规划运用。此类文献较少，仅有3篇。如王亚南、张晓佳、卢曼青[⑧]运用遗产廊道的理论指导城市绿地系统规划。贺俏毅、江凯达、郭大军[⑨]对杭州京杭大运河遗产廊道的保护规划进行了探讨。

从上述文献可以看出，遗产廊道理论在我国应用的短短十几年里，已从最初的概念和国外成功案例的介绍发展到对于我国本土对象的应用研究，研究对象和手段也逐渐丰富。但也不难看出，目前遗产廊道在我国的应用还处于理论阶段，真正付诸实践的并不多，像大运河、丝绸之路这种历史上著名线路在构建遗产廊道时仍然困难重重。这说明该理论在适应我国国情的基础性研究方面仍需进一步深化，特别是如何从自然、历史文化、经济发展三者协调发展上适应我国快速城市化的现状仍值得进一步探讨。当然，这也为本文提供了一个从区域视野看待和研究传统集镇商贸空间的角度。

对传统集镇保护和利用的个案的研究也十分丰富，主要是对肌理和空间形态进行分析和研究，不少涉及商贸空间。有的文献不但提供了保护方法、措施，还从发展

---

① 李伟，俞孔坚，李迪华. 遗产廊道与大运河整体保护的理论框架[J]. 城市问题，2004，117(1)：28-31；俞孔坚，奚雪松. 发生学视角下的大运河遗产廊道构成[J]. 地理科学进展，2010，29(8)：975-986；李春波，朱强. 基于遗产分布的运河遗产廊道宽度研究——以天津运河段为例[J]. 城市问题，2007，146(9)：12-15.

② 丁小丽. 丝绸之路宁夏固原段遗产廊道空间格局研究[D]. 西安：西安建筑科技大学，2008.

③ 朱强. 京杭大运河江南段工业遗产廊道构建[D]. 北京：北京大学，2007.

④ 王丽萍. 试论滇藏茶马古道文化遗产廊道的构建[J]. 贵州民族研究，2009，29(8)：61-65.

⑤ 孙葛. 对丝绸之路(新疆段)遗产廊道文化景观进行视觉构建意义的研究[J]. 新疆师范大学学报(哲学社会科学版)，2006，27(6)：91-95.

⑥ 王思思，李婷，董音. 北京市文化遗产空间结构分析及遗产廊道网络构建[J]. 干旱区资源与环境，2010，24(6)：51-56.

⑦ 朱强，袁剑华. 遗产廊道评价方法——以大运河工业遗产为例[G]. 天津 2009 中国城市规划年会论文集，2009.

⑧ 王亚南，张晓佳，卢曼青. 基于遗产廊道构建的城市绿地系统规划初探[J]. 中国园林，2010，26(12)：85-87.

⑨ 贺俏毅，江凯达，郭大军. 杭州京杭大运河遗产廊道保护规划探索[J]. 中国名城，2010(8)：59-63.

的角度提出了一些设想和建议，但大多是基于旅游产业的分析和研究。如董颖[①]从多种“平衡”的角度探讨了重庆走马古镇的保护与发展。吕妍[②]基于保护的目的从城镇格局、构成框架和空间构成要素对浙江芝英古镇的空间形态进行了分析和研究。姚红梅[③]从区域角度看待传统集镇——绍兴的保护和更新，从价值、内容、方式三方面阐述了保护与更新的多元性。另外，还有以丽江、涞滩、阆中为代表的一系列西南传统集镇的保护研究；以沙湾为代表的一系列岭南传统集镇的保护研究；以周庄、西塘为代表的一系列江浙传统集镇的保护研究；以永宁为代表的一系列福建传统集镇的保护研究等等。

另外还有一些硕博论文和期刊资料也从区域角度对巴渝古镇进行了研究，如：杨宇振[④]、傅娅[⑤]、周宁[⑥]、戴彦[⑦]、雷诚[⑧]、王纪武[⑨]等人剖析构成巴渝古镇场镇肌理的物质和非物质基础，归纳出当地场镇肌理特征，分析了巴渝古镇聚居形态的概念、分类、要素构成以及要素之间的相互关系，从簇群等多种角度探讨了该区域传统场镇独特的地域特征，并提出了整合策略。秦颂[⑩]从地域、文化、历史等多个角度探索楚风建筑的根源。黄平[⑪]从聚落文化保护与旅游发展的角度展开讨论，提出从环境行为分析的角度考虑聚落文化的保护与利用以及传统聚落文化旅游的二元层次性规划框架与建议。

也有从方法论的角度探讨传统集镇的保护和发展的。常青[⑫]在其《建筑遗产的生存策略》一书中详细列举了五个实例，通过实证的方式来阐述城乡风土建筑保护与开发中的设计思路和方法，分析了我国城乡风土建筑保护与开发中的典型问题和矛盾，提出了以保护促进发展、在发展中落实保护的设计策略和方法。李晓峰[⑬]的《乡土建筑——跨学科研究理论与方法》对近些年来的我国乡土建筑研究做了简要的概述，提出乡土建筑研究应跨学科或综合学科来研究，并从社会学、人文地理学、传播学、生态学几个方面进行论述，为研究传统聚落和建筑提供了较为清

---

① 董颖. 平衡——走马古镇保护与发展研究[D]. 重庆：重庆大学，2002.

② 吕妍. 芝英古镇空间形态构成要素及其特征研究[D]. 重庆：重庆大学，2002.

③ 姚红梅. 绍兴传统水街民居集落的保护与更新——兼论发达地区乡土建筑之命运[D]. 北京：清华大学，1996.

④ 杨宇振. 中国西南地域建筑文化研究[D]. 重庆：重庆大学，2002.

⑤ 傅娅. 成都平原传统场镇研究[D]. 成都：西南交通大学，2003.

⑥ 周宁. 传统场镇的肌理分析与整合思考[D]. 重庆：重庆大学，2003.

⑦ 戴彦. 巴渝古镇聚居形态及其整合研究[D]. 重庆：重庆大学，2003.

⑧ 雷诚. 巴渝古镇人居环境研究——簇群论[D]. 重庆：重庆大学，2003.

⑨ 王纪武. 重庆地域传统人居形态及文化研究[J]. 规划师，2007，5(23)：67-70.

⑩ 秦颂. 论湘鄂地区建筑风格的形成与发展[D]. 武汉：武汉理工大学，2003.

⑪ 黄平. 传统聚落文化的旅游规划研究[D]. 武汉：武汉理工大学，2003.

⑫ 常青. 建筑遗产的生存策略[M]. 上海：同济大学出版社，2003.

⑬ 李晓峰. 乡土建筑——跨学科研究理论与方法[M]. 北京：中国建筑工业出版社，2005.

晰的研究思路和方法。张良皋先生"为立说而著书",在《匠学七说》[①]书中主要为干栏建筑和巴文化大开其源,丰富的史料和独到的见解令人大开眼界。他的《干栏——平摆着的中国建筑史》[②]一文讨论了最具有代表性的傣、僾尼、侗、壮、瑶、土家族的干栏建筑,为中国建筑史拉出了一条独特线索,这些都对本文有直接的借鉴意义。

以上著作与文献都为本研究提供了宝贵的经验,拓宽了研究视野,提供了研究思路、方法和理论基础。

5. 从城市设计的视度探讨传统集镇的空间营造

目前,很多研究者已从城市设计角度来研究传统集镇和建筑,将西方一些研究公共空间的理论,如克里斯蒂安·诺伯格-舒尔茨的建筑现象学、扬·盖尔的公共交往理论、简·雅各布斯的城市多样性理论、TEAM10[③]和新城市主义中有关城市活力的设计理论引入传统集镇空间营造的研究领域,关注传统集镇空间的具体社会与历史脉络,重视人类群体行为及其文化背景的各种差异。蒋涤非[④]针对当前城市营建的唯物质倾向,从多维度进行思考,提出构建城市形态活力的思路,并从经济、社会、文化三个方面进行了阐述。孙雁、吴森[⑤]以潼南双江镇为例,从经济活力、文化活力、社会活力三个方面探讨山地小城镇的公共空间活力的提升与平衡的有机发展模式。张旭[⑥]以湖南靖港为例,提出恢复其传统街巷空间活力的多样性设计方法和策略。上述关于人群交往、历史文脉的延续、场所精神的建立等方面的论述亦可作为本文活力研究的理论基础。

1.3.2 商贸(业)空间的相关研究

对于商贸(业)空间的研究大多集中在当前城市的商业街道和商业街区的(公共)空间形态和活力方面。如芦原信义在《街道的美学》[⑦]中以美学取向对城市街道和广场做了较深入的研究,他较早地关注了沿街商业的景观问题,对街道的"二次轮廓"持批判的态度;其以人本主义提出的街道量化指标(D/H 宽高比、W/H 面高比)是研究传统街道尺度可借鉴的方法。周密[⑧]以重庆观音桥商业中心区为例

---

① 张良皋. 匠学七说[M]. 北京:中国建筑工业出版社,2002.

② 张良皋. 干栏——平摆着的中国建筑史[J]. 重庆建筑大学学报(社会科学版),2000(4):1-5.

③ 可译为"10 次小组",是 20 世纪中期涌现出的一批朝气蓬勃的青年建筑师。他们在大约十年间发表过大量的论文、演讲和作品,提出了一系列关于城市和建筑的新思想,促进了设计思想的发展,揭开了现代建筑运动的一页.

④ 蒋涤非. 城市形态活力论[M]. 南京:东南大学出版社,2007.

⑤ 孙雁,吴森. 西南山地小城镇公共空间活力探索——以潼南双江镇为例[J]. 室内设计,2001(4):48-54.

⑥ 张旭. 传统街巷空间多样性设计策略研究[D]. 长沙:湖南大学,2012.

⑦ [日]芦原义信. 街道的美学(含续街道的美学)[M]. 尹培桐,译. 武汉:华中理工大学出版社,1989.

⑧ 周密. 城市商业中心区外部空间活力研究——以重庆观音桥商业中心区为例[D]. 重庆:重庆大学,2007.

从城市层面、空间层面、景观细部层面和活动组织层面研究城市商业区的空间活力问题，强调对使用者及其活动的关注和对城市生活的重视。周波、毛成功[①]对西安的小寨、西大街历史商业街区的空间演变、历史格局进行了分析，探讨了如何延续历史文脉营造商业环境和创造空间活力。路璐[②]运用景观设计理论和方法，从空间、文化、更新三个层面提出传统商业街环境景观更新的设计方法与策略。范文艺[③]从非物质文化遗产的研究视野分析了传统商业空间的历史形态、商贸行为、文化价值和社区归属，指出传统商业空间的地域社会结构特征，并从文化空间新的角度提出了传统商业空间的保护管理策略。邢君[④]针对广州明清时期商业建筑从商业格局、商业建筑形式、商业建筑文化等方面进行了梳理和研究。

对于针对传统集镇商贸(业)空间研究的文献不多，主要有屈寒飞[⑤]试图从市场定位、环境景观、经营和管理来改造和提升传统商业街的商业环境，从而激发其活力。王欢[⑥]从传统集镇的分布、聚落空间以及建筑空间三个层面探讨了传统商业空间形态的基本特点，通过时间和空间两个跨度研究了商业集镇空间在不同时期不同空间分布上的变化，完善了该区域集镇的空间形态研究的系统性和完整性。余謇[⑦]从区域、城市、建筑商业空间的三个元素，分析了古"南襄隘道"上商业空间实体中的码头、街市、铺面、会馆等节点，总结出商业形态的分布规律，并从文化的视角提炼了商业空间蕴含的重商文化、船马文化、会馆文化。陈乐[⑧]利用商业空间中的适应性理论指导，分析商业空间中的开放性、多样性、动态性，并把这些特性引入城市更新进程，创造出有特色的适应性商业空间。

上述文献主要研究商业空间或商业集镇的形态和景观，更多从建筑或规划设计的角度关注它们的保护、更新和空间的活力问题，更多地停留在其物质形态上的探讨，对其深层次的形成机制缺乏深入研究和探讨。笔者认为，商贸(业)空间的形态及活力有着其背后的规律，受当地的自然环境、社会背景、政治制度等因素的综合影响，有着强烈的历史渊源和地域性，只有掌握这些规律才能全面理解商贸空间的形态和活力源泉，才能在当前城镇建设现实情况下真正认识其价值，并加以保护、利用和延续。

---

① 周波.西安市小寨商业街区活力研究[D].西安:西安建筑科技大学,2010;毛成功.历史文化名城商业用地空间形态研究——以西安市西大街为例[D].西安:西安建筑科技大学,2008.

② 路璐."传承·再生"——传统商业街区的景观更新研究[D].重庆:重庆大学,2007.

③ 范文艺.非物质文化遗产视角下的传统商业空间及其管理策略[J].西南民族大学学报(人文社会社科版),2013(2):161-165.

④ 邢君.广州明清时期商业建筑研究[D].广州:华南理工大学,2008.

⑤ 屈寒飞.传统商业街活力分析与利用研究[D].广州:华南理工大学,2005.

⑥ 王欢.鄂东南传统商业集镇空间形态及其更新趋势研究[D].武汉:华中科技大学,2011.

⑦ 余謇.古"南襄隘道"上城镇商业空间与会馆建筑研究[D].武汉:武汉理工大学,2013.

⑧ 陈乐.陕北地区小城镇更新中商业空间适应性研究[D].西安:西安建筑科技大学,2008.

另外，还有一些关于商帮及商帮文化的文献，可以为本研究提供社会学、经济学等学科的观察角度。

1.3.3 沅水中上游湘、黔两省的相关研究

1. 不同学科对沅水中上游的研究概况

对于该区域的研究，1949 年以来主要集中在社会学、历史学、民族学等方面，此类研究主要关注该地区发展过程中的民族问题，驻边问题等。如：段超[①][②]、田敏[③]、刘芝凤[④][⑤]等人对土家族文化的发展历程、生成机制、文化的特点以及民族形成、风俗习惯、历史文化和发展、民间文体艺术、服饰、建筑艺术进行了研究与探讨，较为全面地记述了从远古到近代该区域土家族的生产生活、经济贸易发展的情况，描述了该地区社会、经济的发展状况、土家族的风俗习惯、并探究了土家族的族源。邓辉[⑥][⑦]深入了解土家族地区的商贸活动与集镇建筑的关系，以叙述的方式提供了一些较为直接的证据，描述了土家族地区在明清历史时期的商业文明。石启贵[⑧]、伍新福[⑨]、凌纯声、芮逸夫[⑩]等人从地理概貌、历史纪略、经济梗概、生活习俗、婚姻家庭、政治司法、教育卫体、文化娱乐、诗赋辞章、宗教信仰、语言文字、苗疆建设等方面，对湘西苗族地区的历史纪略、民族文化、生活习俗、苗疆建设等进行了较为作综合性的考察和全面记述。易小明、龙先琼[⑪]对湘西土家族、苗族文化的形成原因及过程进行了阐述，认为湘西土家族、苗族文化具有受动自足性、社会群体性、娱乐审美性，这些特性是在与汉民族文化的长期交往过程中逐步形成的。田荆贵[⑫]、石邦彦[⑬]、杜成材[⑭]就湘西自治州政区的历史沿革、改土归流在经济方式、文化模式、社会变迁和族际关系等方面存在的差异性进行了阐述，为考察和研究湘西历史变

---

① 段超. 土家族文化史[M]. 北京：民族出版社，2000：5.

② 段超. 试论改土归流后土家族地区的开发[J]. 民族研究，2001(4)：95-103.

③ 田敏. 土家族土司兴亡史[M]. 北京：民族出版社，2000.

④ 刘芝凤. 中国土家族民俗与稻作文化[M]. 北京：人民出版社，2001.

⑤ 刘芝凤. 土家族族源释疑——湘、鄂、川、黔土家族渊源考[J]. 民族论坛，2005(10)：30-31.

⑥ 邓辉. 土家族区域经济发展史[M]. 北京：中央民族大学出版社，2000.

⑦ 邓辉. 从宣恩庆阳古街道看土家族区域明清商业活动[J]. 湖北民族学院学报(哲学社会科学版)，2005，23(3)：6-9.

⑧ 石启贵. 湘西苗族实地调查报告[M]. 长沙：湖南人民出版社，2008.

⑨ 伍新福. 中国苗族通史[M]. 贵阳：贵州民族出版社，1999.

⑩ 凌纯声，芮逸夫. 湘西苗族调查报告[M]. 北京：民族出版社，2003.

⑪ 易小明，龙先琼. 湘西文化特质分析[J]. 贵州民族研究，1999(4)：102-105.

⑫ 田荆贵. 湘西自治州历史沿革考略[J]. 吉首大学学报(社会科学版)，1986(2)：28-31.

⑬ 石邦彦. 清朝湘西少数民族地区的改土归流[J]. 吉首大学学报(社会科学版)，1987(2)：23-27.

⑭ 杜成材. 湘西土家族苗族地区的改土归流及其社会历史差异[J]. 吉首大学学报(社会科学版)，2007(3)：23-27.

迁提供了参考。刘芝凤[①]、欧潮泉、姜大谦[②]等介绍了侗族的族源及从远古至20世纪80年代侗族的经济、文化、历史沿革等历史事件，较为全面展示了侗族的发展情况和面貌，其中涉及建筑的要素有鼓楼、风雨桥、民居、粮仓以及详细的建筑构件等。郑英杰[③④]、杨志勇[⑤]、游俊、李汉林[⑥]、吴永章[⑦]对沅水流域少数民族（主要是苗、土家、瑶、侗族）的来源、分布和历史发展情况以及风俗习惯，以及与中原历代王朝之间的关系进行了分析。马立本[⑧]主编的《湘西文化大辞典》从政治、历史、地理、经济、军事、宗教、禁忌、巫术、考古、语言、文学、艺术、科技、教育、体育、新闻出版、习俗等方面以词解的形式全面介绍了湘西地区从远古至20世纪90年代的基本情况，是全面了解这一区域自然、人文、社会、经济的情况的权威性资料。刘泱泱[⑨]、张朋园[⑩]、易晓萍[⑪]就近代湖南省风俗礼仪、婚丧嫁娶、人口民族、家庭宗族、阶级社团以及衣食住行、商品经济、近代工业以及宗教信仰进行了研究等，探讨了近代湖南经济社会的变迁轨迹，涉及不少该流域的历史事件，尤其是其中商品贸易的相关内容有很好的参考价值。

另外，也有诸多的硕博论文和学术论文涉及此区域过去的土司制度和苗、侗、土家族民族文化等，分析的角度包括经济、文化、军事、交通、移民等方面，如：杨志军[⑫]在研究近代湖南区域贸易时，指出商贸是湖南社会现代变迁的重要推动力之一，其文涉及了近代湖南贸易商品种类，对外及省内的交通路线、商人、商帮及其活动范围等。杨安华[⑬]在论述清代怀化商业的发展和商人的经商活动时，提及水路交通便利的沅水流域及其支流沿岸的一批商业市镇，为寻找该区域的传统集镇提供了很好的线索。万红[⑭]、杨有赓[⑮]论述了清水江流域(沅水上游)木材与山林的交易情况以及木材集市的历史兴衰，提及诸多杉木产地与木材集散地，并指出历史上清水江沿岸木材集市的形成，也佐证了该区域木材贸易的繁华和水运的便利。王

① 刘芝凤. 侗族的稻作民俗与傩文化[J]. 中国民族，2005(2):66-68.

② 欧潮泉，姜大谦. 侗族文化辞典[M]. 香港：华夏文化艺术出版社，2002.

③ 郑英杰. 湘西文化源流略论[J]. 吉首大学学报(社会科学版)，1996(3):81-87.

④ 郑英杰. 湘西文化源流再论[J]. 吉首大学学报(社会科学版)，2000(3):97-103.

⑤ 杨志勇. 沅水中上游商周考古学文化特点与民族格局[J]. 怀化学院学报，2006，25(12):1-5.

⑥ 游俊，李汉林. 湖南少数民族史[M]. 北京：民族出版社，2001.

⑦ 吴永章. 中南民族关系史[M]. 北京：民族出版社，1992.

⑧ 马立本. 湘西文化大辞典[M]. 长沙：岳麓书社，2008.

⑨ 刘泱泱. 近代湖南社会变迁[M]. 长沙：湖南人民出版社，1998.

⑩ 张朋园. 湖南现代化的早期进展(1860—1916)[M]. 长沙：岳麓书社，2002.

⑪ 易晓萍. 明清时期湖南人口迁移及其规律研究[D]. 湘潭：湘潭大学，2007.

⑫ 杨志军. 近代湖南区域贸易与社会变迁(1860—1937)[D]. 长沙：湖南师范大学，2010.

⑬ 杨安华. 清代怀化商业的发展和商人的经商活动[J]. 怀化师专学报，2001，26(6):29-31.

⑭ 万红. 试论清水江木材集市的历史变迁[J]. 古今农业，2005(2):103-112.

⑮ 杨有赓. 清代黔东南清水江流域木行初探[J]. 贵州社会科学，1998(8):48-53.

朝辉[①]论述了桐油贸易的兴起，带动市镇的勃兴，并提出商业化决定市镇的兴衰消长，商品经济的发展是最大动力。张少庚[②]考察了清代长江流域的竹木商业状况，其中提及"沅水及其支流是西湖木运输的大动脉，这支水系可能是清代最繁忙最重要的竹木运输水道"等有关沅水中上游的商贸情况及市、镇情况值得参考。胡毅[③]通过研究清代湘西地区发生的改土归流、苗民起义等众多历史事件，阐述了该地区清代政治制度和军事制度，侧面反映了当地社会、经济、城镇建设的发展情况。张衢[④]以湘西沅水流域为研究对象，以经济、政治、军事、文化、民族、交通和地理环境为背景，用历史的眼光，讨论了湘西沅水流域城市的起源与发展过程，指出该流域在城市等级规模和结构上，具有城市规模小、小镇林立、墟场集市无数和中心城市迁徙不定的特点。郑英杰[⑤]言湘西文化是一种附魅文化，保留着较多的原始宗教与自然宗教阶段的巫风，指出湘西文化是研究古代文化特别是楚巫文化的活化石。陈慧慧[⑥]及美国学者 James Z. Lee[⑦] 对元明清时期，中国西南地区主要的对外通道作了阐述，其中提及从湖南到贵州有 3 条线路，即从由酉水至乌江到镇远；从辰水或称锦江(沅水上游主要支流)到铜仁；从清水江(沅水上游)到黎平，如方铁[⑧]所言的"普安道"——"从昆明至中原，从普安道比走入川诸道捷近二千余里"，建成后便成为云南联系内地的主要通道。罗运胜[⑨][⑩]探讨了明清时期沅水中上游地区族群差异及其关系演变，描述了明清时期，大量汉人迁入之后，沅水中上游的族群构成发生了重大变动以及各族群的地理分布、人口状况和演变，最终形成了以汉族为主体的多民族杂居的局面；并指出移民有力地促进了这一地区的发展，并在长期的交往中，使该地区走向了民族融合与共居。

以上研究为了解该区域的自然、文化、经济、社会、民族等方面的情况提供了大量的背景资料和观察视野。

2. 沅水中上游传统集镇商贸空间的研究概况

以建筑学的视角研究传统聚落和建筑开端于 20 世纪 80 年代，主要集中在聚

---

① 王朝辉. 试论近代湘西市镇化的发展——清末至民国年间的王村桐油贸易与港口勃兴[J]. 吉首大学学报(社会科学版)，1996(2)：66-71.

② 张少庚. 清代长江流域竹木商业研究[D]. 武汉：武汉大学，2004.

③ 胡毅. 清代湘西地区政治军事制度变迁[D]. 西安：陕西师范大学，2009.

④ 张衢. 湘西沅水流域城市起源与发展研究[D]. 长沙：湖南师范大学，2003.

⑤ 郑英杰. 试论湘西文化的价值取向[J]. 吉首大学学报(社会科学版)，1999(4)：34-42.

⑥ 陈慧慧. 晋(普)安道与元代云南行省的区域经济开发[J]. 社会科学论坛，2007(6)：121-123(作者注：晋安道应为普安道).

⑦ [美]James Z Lee. 元明清时期中国西南地区的交通发展[J]. 林文勋，秦树才，译. 思想战线，2008(2)：70-75.

⑧ 方铁. 云南历史上的对外通道(一)[J]. 今日民族，2002(1)：32-34.

⑨ 罗运胜. 明清沅水中上游地区族群关系演变述论[J]. 理论月刊，2010(3)：62-64.

⑩ 罗运胜. 明清移民对湖南沅水中上游人口发展的影响[J]. 船山学刊，2008(4)：42-45.

落或建筑的空间形态、外部景观、风貌等方面，如魏挹澧主编的《湘西风土建筑》[①]，从地貌、城镇、民居、公共建筑等方面入手，描述了一些风土建筑和集镇，并提供很多精美的老照片和集镇的形态，反映了当地的风土环境，并提出了一些保护和传承更新的思路，其涉猎广泛，但各方面都是点到为止，叙述稍显简略，普遍性意义大于特殊性。张良皋的《乡土中国——武陵土家》[②]描述了武陵地区城池、市镇、关卡、祠堂、学校、寺观、会馆、墓葬、井院式干栏、吊脚楼群，土家的衣、食、住、行、淳朴的表演艺术及旅游的内容，涉及民俗、人文、地理、历史、情缘等内容，是了解该区域背景及民居建筑很好的参考书。黄家瑾、邱灿红[③]、章锐夫[④]介绍了湖南各地的传统村镇和民居，包括了该区域的部分民居的概述、自然历史地理环境、民居的结构特点、建材和建筑文化、审美特点及典型民居资料，提供了大量珍贵民居图片，有很好的文献价值，但其未涉及理论研究。《湘西历史城镇、村寨与建筑》[⑤]将湘西自治州境内的历史城镇、村寨以及具有代表性的历史建筑和民族建筑作了全面而系统的梳理，列举了历史城镇 11 处、历史村寨 47 处、有历史价值或民族文化特征的各类建筑 59 处，总体涵盖了湘西自治州全境最具代表性的城镇、村寨和建筑文化遗产。该书主要描述了湘西的村镇和建筑形态，对深层次的理论研究稍显单薄，是一本带普及性质的书籍。柳肃的《湘西民居》[⑥]以民族作为研究基点，分别对湘西的主要少数民族（侗族、苗族、土家族、瑶族）的历史渊源、民居类型、形式和生活方式与建筑的关系做了描述，并列举了四个城镇作了较为综合的论述。翁有志[⑦]通过探究了黔东乡土聚落景观的形态演变、景观构成、文化特质、所面临的危机等问题，从外力整合、内在机制运行两个方面提出了黔东乡土聚落景观保护开发的可能性途径。周振伦[⑧]阐述了黔东南地区传统村寨及建筑产生、形成与发展的历史文化背景，探讨了侗文化圈对传统村寨及建筑产生的社会机制、形式转化的脉络及象征意义，并分析了在侗文化圈内部和边缘文化整合与涵化之下的文化认同过程，以及此背景下村落与建筑的转化过程。

上述研究的范围严格按照目前的行政区划而定，关注的主要是自然因素对该地区传统聚落和建筑的影响，较为静态地、孤立地看待该地域的传统聚落和建筑的一系列问题，很大程度上忽略其的“关联性”，对于系统串联线索的找寻也并不

---

① 魏挹澧．湘西风土建筑[M]．武汉：华中科技大学出版社，2010．

② 张良皋．乡土中国——武陵土家[M]．北京：生活·读书·新知三联书店，2001．

③ 黄家瑾，邱灿红．湖南古村镇古民居[M]．长沙：湖南大学出版社，2006．

④ 章锐夫．湖南古村镇古民居[M]．长沙：岳麓书社，2008．

⑤ 湖南省建设厅．湘西历史城镇、村寨与建筑[M]．北京：中国建筑工业出版社，2008．

⑥ 柳肃．湘西民居[M]．北京：中国建筑工业出版社，2008．

⑦ 翁有志．黔东乡土聚落景观研究[D]．南京：南京农业大学，2008．

⑧ 周振伦．黔东南地区侗族村寨及建筑形态研究[D]．成都：四川大学，2005．

积极。

也有从民族角度来探讨的:陆琦[①]对土家族的民居进行了深入研究,着重分析了湘西土家族发展的历史、民俗及其民居的类型特点,提出其形成因素主要有地理环境、气候条件、历史源流和人文影响等。周卫东、姚芳[②]以土家族传统聚落——劳庄为例,通过分析与论述道家思想对湘西土家族聚落选址与格局、整体功能布局、建筑环境和建筑空间以及建筑材料等方面的影响,阐述了在道家思想影响下的湘西土家族传统聚落格局的特征。朱馥艺[③]、顾静[④]、夏斐[⑤]等分析了侗族聚落形式及构建特色,提出了关于侗族地区传统村寨聚落中临水景观风貌的生态性、人文性等可持续性发展的构想;从生态的视角,探讨了水及与之密切相关的建筑类型——风雨桥、木楼和井亭的关系特征。李志英[⑥]、唐洪刚[⑦]、胡宝华[⑧]、郝瑞华[⑨]系统研究了黔东南侗族标志性公共建筑:鼓楼和风雨桥的营造技术,并从社会文化角度对其建筑营造技术进行梳理和解读,指出侗族的干栏建筑继承和融合了百越民族干栏建筑和汉文化建筑元素,并承载了侗民族的人文气质与文化精神,论述了民族文化交流对该区域传统侗族建筑内涵与价值的影响。

另外一些硕博论文及学术论文主要针对该区域的城镇的个案进行研究:刘嘉弘[⑩]、张河清[⑪]、欧阳虹彬[⑫]、蒋学志[⑬]、邓运员[⑭]等分析了洪江古商城的空间格局布局及商业聚落形态的成因,以及古商城的空间形态对当前城镇建设的借鉴意义,并从洪江古商城会馆的源流、功能等方面探讨了这种随商业发展而兴起的特殊的建筑类型,总结了会馆的基本形式和组合形式、建筑构造以及建筑装饰艺术等;提出洪江古镇是自发形成的"有机"商业型城镇;并从"文化可持续发展"的角度在城市定位、旅游策划、城市规划等方面对洪江未来的发展提出了一些建议。张兰,阮仪三[⑮]、

① 陆琦.土家族民居的特质与形成[J].华中建筑,1996(4):63-68.
② 周卫东,姚芳.湘西土家族民居聚落中的"道"与"礼"[J].中外建筑,2010(5):90-92.
③ 朱馥艺.侗族建筑与水[J].华中建筑,1996(1):1-4.
④ 顾静.贵州侗族村寨建筑形式和构建特色研究[D].成都:四川大学,2005.
⑤ 夏斐.侗族传统村寨聚落中临水景观研究[D].昆明:昆明理工大学,2009.
⑥ 李志英.黔东南南侗地区侗族村寨聚落形态研究[D].昆明:昆明理工大学,2002.
⑦ 唐洪刚.黔东南侗族民居的地域特质与现代启示[D].重庆:重庆大学,2008.
⑧ 胡宝华.侗族传统建筑技术文化解读[D].南宁:广西民族大学,2008.
⑨ 郝瑞华.三江侗族建筑的科技人类学考察[D].南宁:广西大学,2006.
⑩ 刘嘉弘.论洪江古商城市民社会的特点[J].湖南文理学院学报(社会科学版),2008,33(2):87-88.
⑪ 张河清.商业城市发展与变迁的内外条件[J].求索,2007(2):82-84.
⑫ 欧阳虹彬.洪江古镇形态研究[D].长沙:湖南大学,2004.
⑬ 蒋学志.洪江古商城明清会馆建筑研究[J].中外建筑,2005(4):77-80.
⑭ 邓运员,冯亚芬,杨载田.湘西洪江古商城的特点、形成及其开发利用和保护[J].热带地理,2007,27(2):185-190.
⑮ 张兰,阮仪三.历史文化名城凤凰县及其保护规划[J].城市规划汇刊,2001(3):61-63.

徐波[①]以凤凰古城为研究对象，引入了城市形态学与建筑类型学，探讨了湘西传统小城镇的特色，同时基于对发展与保护矛盾的具体分析，提出了整体性、发展性、展示性以及重点突出的古城保护原则，并以此确立了古城城镇——景观——建筑的保护体系。高琦[②]以黔阳古城作为研究对象，介绍了黔阳古城的区域概念、历史沿革、自然环境、地域文化和历史上的军事事件；推导出古城的发展历程，并探讨了黔阳古城的军事防卫型空间特色，着重分析了黔阳古城的街巷空间形态、节点、街道功能、尺度、界面与景观要素等方面的特点；从建筑类型与营建技术两个方面对黔阳古城的建筑单体进行分类研究。涂荣荣[③]以托口古镇老街作为研究对象，从调查托口镇现状入手，为抢救性研究托口古镇进行文字资料记录。庞颖[④]以中方古镇为研究对象，阐述了古镇以荆坪古村为起源地，经逐水而聚的草市发展而来，经历了形成、发展、繁荣、衰落、复兴五个历史阶段。周坚[⑤]对贵州旧州镇地域文化的特点进行了阐述，分析了地域文化对旧州镇外部空间形成和发展的影响，探讨了旧州镇外部空间设计的一些原则性问题；[⑥]其还总结出今后旧州镇的外部空间建构应该遵循的原则，分析了传统文化下形成的稳定的外部空间形态和新文化冲击下旧州镇外部空间凸显的矛盾，并提出形态上的整体性设计、功能上的现代化设计、全局上尊重自然的设计的观点。周红[⑦]在前人研究的基础上，从流域特征、地理特点、交通方式、经济特点、民族构成、社会文化习俗等方面论述了沅水流域湖南古镇的形态演进历程，探讨了古镇建筑特征；针对沅水流域的历史文化遗产特点以及目前古镇的保护现状，探讨了顺应性的“活态”的古镇保护与发展模式。李思宏[⑧]着眼于湘西山地村落的空间形态特点，探讨了村落形态及布局方式，描述了商业性强的村落的街道采用屋道共建的模式，利用曲折和坡度的变化为行人提供明确的方向感，呈现出丰富的空间形态，街道尺度宜人，景观连续统一，充满韵律感。唐常春、吕昀[⑨]从历史文化谱系和广义保护的视角阐述了传统村镇风貌保护的理论构架，并对传统村镇风貌保护的基本思路与原则进行探讨，进而构建了传统村镇风貌

---

① 徐波.“长河漂泊古朴意，边城泛化凤凰魂”——湘西凤凰古城有机保护原则的建立与实施[D].天津：天津大学，2004.

② 高琦.湖南洪江黔阳古城研究[D].武汉：武汉理工大学，2008.

③ 涂荣荣.湖南洪江托口古镇研究[D].武汉：武汉理工大学，2008.

④ 庞颖.湖南怀化中方古镇研究[D].武汉：武汉理工大学，2008.

⑤ 周坚.地域文化对小城镇外部空间形态形成发展的影响——以贵州黄平旧州镇为例[J].建筑科学，2010，26(1)：107-110.

⑥ 周坚.新旧文化碰撞下的小城镇外部空间设计研究——以贵州黄平旧州镇为例[J].昆明理工大学学报(社会科学版)，2009，9(12)：108-112.

⑦ 周红.湖南沅水流域古镇形态及建筑特征研究[D].武汉：武汉理工大学，2011.

⑧ 李思宏.湘西山地村落形态特征研究[D].长沙：湖南大学，2008.

⑨ 唐常春，吕昀.基于历史文化谱系的传统村镇风貌保护研究[J].中外建筑，2010(5)：90-92.

保护的评价标准、指标体系和AHP模型，最后提出传统村镇风貌保护的基本策略与建议。章睿①从沅水流域传统集镇空间的经济空间和行政空间的角度出发，以空间集散为研究方法，研究了传统集镇空间的结构、形态及演进过程。姜静②以王村古镇为例，引入文化生态学的观点从动力机制、物种进化两方面论述了古镇的空间变迁。

上述研究主要是针对具体的村落或集镇的典型案例分析，所关注的主要是空间形态；或是从某一自然要素（如山势、水情等）和既定的行政区域范围入手分析和讨论传统聚落和建筑的空间形态、景观环境等。纵观而言，可以说，尽管个案较为丰富，但缺乏从宏观插入微观的视角，缺乏用动态的眼光将物质行为——空间形态发展——历史文化进行有机联系，特别是缺乏从经济基础角度探讨传统集镇商贸空间文化层面的问题。

综上所述，对该流域的研究在研究方法、研究视角、研究的理论等方面都取得了一定的成果，推动了该区域研究的系统化，提高了研究的理论深度与实践价值，但仍可在研究方法、研究的系统化和实用价值方面进一步深入。结合以上所述，对该流域的研究主要体现出以下几个特征：

（1）民族及民族文化研究起步较早，且较为系统和深入。该区域少数民族主要有土家、苗、瑶、侗族，也是目前我国少数民族人口较多的民族，拥有自己明显特征的灿烂文化，并且有较为明晰的历史渊源，曾经在中国的许多重大历史事件中扮演过重要角色。目前文献中此类研究也较为丰富，都有民族简史出版，也为本课题的研究提供了丰富的民族文化背景资料，但研究时间大多在20世纪八九十年代以前，近期较少，说明该研究已经进入成熟期。

（2）个案研究呈现良好的发展势头。近期，针对该区域内的一些传统村落和集镇及传统建筑发表了大量的论文，出版了一些书籍，研究对象主要有洪江、黔阳、凤凰、托口、中方、黄平旧州、镇远、隆里等，为本研究提供了部分较为翔实的文献基础资料。但研究内容以形态、形式等为主，以定性研究为主；少部分文献涉及建造技术和建筑环境影响。总的来看，研究较为孤立，以描述作为主要表达方式，很少深入挖掘其背后的联系线索，很大程度上忽略它们之间的"关联性"。

（3）研究有从单视角到多视角，从单一学科到交叉学科发展的趋势。现有研究从建筑学、民族学、民俗学、社会学、历史学等不同学科视角对该流域的土司制度、古代军事驻边、某物资（主要是木材、桐油）的经济交往、巴楚文化、旅游、社会组织、古镇保护及开发等视角进行研究，但还不够深入。特别是对地域文化的探讨

① 章睿. 湖南沅水流域传统集镇空间结构研究[D]. 长沙：湖南大学，2012.

② 姜静. 文化生态学视野下湘西酉水流域古镇聚落空间研究——以王村为例[D]. 武汉：华中农业大学，2014.

上,更多地停留在文化现象的描述上,没有认识到经济基础的重要性,没有在动力机制上解决地域文化的传承与利用。笔者认为应以物质线索作为联系线索,如水系、经济活动等,探讨该地区的人文背景,使文化与社会经济发展紧密地结合起来,使保护和发展地域文化特色成为当地经济发展的重要推力,进而促使当地的经济繁荣和长存和地域文脉的延续。

1.4 研究价值及意义

1.4.1 学术价值

传统集镇是中国悠久文化的历史见证,它的一砖一瓦、一街一巷都承载了所在地域时空上丰富的历史文化信息,并以物质形态呈现于世。商贸空间是传统集镇的核心组成部分,研究传统集镇的商贸空间是对我国城建技术和艺术以及优秀传统文化的继承和发扬,其意义深远。文章打破行政区划和文化圈的界限,基于区域的整体观,以水道为线索研究沅水中上游传统集镇的空间特点,分析其历史演变过程,总结和归纳该流域传统集镇商贸空间形态及其特点,揭示其形成机制。这些对研究该流域传统集镇历史文化,特别是对研究明清后我国的社会市井生活及资本主义萌芽有重要学术价值和借鉴作用。

1.4.2 应用价值

商贸空间是传统集镇的主体空间,就目前沅水中上游现存的传统集镇的现状来看,保存较好的区域也是传统集镇的历史商业街区。商贸空间理当成为地域建筑及文化的承载和体现者,然而在笔者近十年对该流域的调研和研究过程中,目睹了凤凰从一个宁静的、风土特征明显的小集镇到当前旅游业发达的繁华城镇变化过程。笔者在替其发展感到高兴的同时,也隐隐有一丝担忧:旅游业的同质化和地方政府在历史文化遗产的保护和利用上的功利性和盲目性在凤凰蔓延。本文在大量实地调研工作的基础上,深入分析该流域的商业建筑、商贸节点、商贸街道及商业街区的空间形态及其特点,归纳其共性,阐明其个性,揭示其地域文化特征,可为当地的历史文化遗产保护与地域文化研究提供参考,从而避免传统集镇发展过程中短期唯利的开发和忽视地域文化挖掘的同质化竞争,从根本上提升传统集镇商贸空间的活力,也为当地经济的可持续发展提供文化动力,具有重要的应用价值。

另外,文章从商贸空间的意象力、功能的复合性、业态的多样性以及地域文化对商贸空间的促进作用等方面对传统集镇商业活力特性的论述,可以为当前商业街区及商业建筑的设计提供新的思路和借鉴。

1.4.3 现实意义

随着新型城镇化建设、西部大开发的进一步深入,厘清传统集镇在该流域的空间分布特点,有助于理解该区域商贸空间的特色和文化内涵,对该区域经济的可持续发展具有重要意义。尤其是在沅水水利建设快速推进的背景下,沿江不少传统集镇面临生存的尴尬局面,该研究的紧迫性显得尤为突出,具有很强的现实意义。

2 区域背景的阐述与分析

传统集镇商贸空间形态由两个方面的因素所决定：一是自然因素，二是人文因素。二者相互作用、相互制约，共同影响着传统集镇商贸空间(图 2-1)。而它们自身又交织渗透、难以分割，形成了个复杂的作用力体系，往往难以判定哪一个因素对空间形态影响更甚。在经济生产水平低下的情况下，当人们迁徙到某个未开发的地区时，总是寻找那些气候适宜、阳光充足、水源可靠、土地肥沃的地方定居，自然地理因素(如：山形地势、河流走向及通航能力、气候条件及土地承载力等)成为主要的影响因素。集镇空间形态整体反映出适应气候特征、顺应地形地貌，依傍河流走向等对自然环境的适应性。当经济水平发展到一定水平，人们改造自然能力大大提高以后，人文因素逐渐成为影响其发展的主要因素。

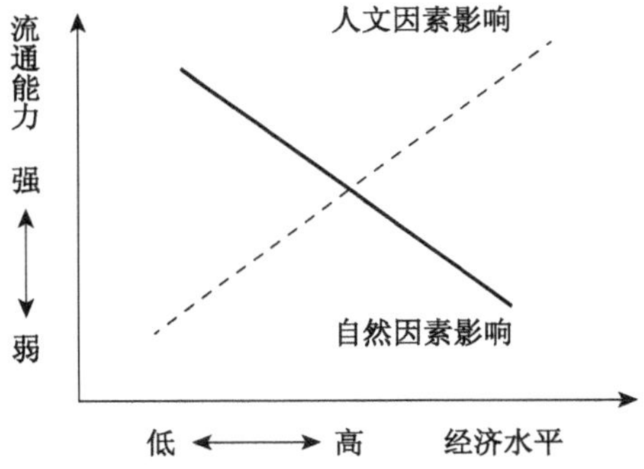

图 2-1 传统集镇空间形态决定因素分析

(来源：自绘)

现代西方哲人卡西尔曾说："人都是依赖于他的自然环境的。"德国地理学家拉策尔将自然环境对人类的影响归结为四个方面：①直接生理影响；②心理影响；③对社会组织和经济发达程度的影响；④支配人类迁徙及其最后分布。

而中国的伦理则认为：①自然是没有意识的，是一种客观存在，其既不与人为敌，也不与人为友。《齐民要术》说："顺天时，量地利，用力少而成功多，任情返道，劳而无获。"《黄帝四经》也说："不尊天则失其神，不重地则失其根，不顺(四时之度)则民疾。"①《吕氏春秋 · 仲春纪》说："天生阴阳寒暑燥湿，四时之化，万物之变，莫不为利，莫不为害。"②人类优于其他物种的原因就在于能充分利用自然提供的条

① 白晨曦. 天人合一：从哲学到建筑——基于传统哲学观的中国建筑文学研究[D]. 北京：中国社会科学院，2003：5.

件，并创造出原本自然没有的条件，但同时也应顺应自然、师法自然，"用天之利"创造自己的文化。

传统集镇商贸空间的演变过程始终离不开营建使用者及其所处的自然地理环境与历史人文背景——了解这些影响其发展的"无形的手"就等于摸到了发现传统集镇商贸空间形成与发展"之所以然"的钥匙。

"沿途一道坌尘清，客趁清风玉境行。河面宽时谁系艇，山头漫处古屯营。杉多地为禾田少，云重鞭随柳路轻。"[①]此诗为咸丰时贵州天柱籍进士杨昌江所作。该诗生动地勾勒出沅水中上游风光秀丽，林多地少，水系发达、陆路艰辛的自然特征，也描述了当地以耕山营林为业、放排打鱼为生的生活场景和历代王朝在此多处屯营守卫的人文特征。

2.1 自然环境背景

"地理"可理解为静态、变化缓慢的因素，如山川、地形地貌等；"自然环境"可理解为动态、变化较快的因素，如气候、植被、河流等。"各自然地理环境要素始终是制约人类聚居、营建、建筑形制、材料选择等最重要的因素"[②]，也是传统集镇商贸活动和地域文化产生的基础和条件。沅水中上游在地理上基本上为武陵山、雪峰山、苗岭三大山系所夹，形成了一个线型的相对独立的自然带，地理空间特征较为清晰。流域气候适宜，山重林茂，生态物种繁多，自然环境良好。

2.1.1 气候特征——温湿多雨，润物利殖

沅水中上游大部属中亚热带季风气候江南区，西南小部分属贵州区（如图 2-2 中 VA1 区、VA4 区），流域内温湿多雨，四季分明，冬无严寒，夏无酷暑，光热资源丰富，雨量充沛，且雨热同步，降水多集中在春夏之间，对农作物生长有利。但受地形影响，地区差异和垂直差异明显，气候类型多种多样，旱涝等自然灾害时有发生。特别是上游黔东南州境内地势起伏，沟壑纵横，群峦叠嶂，气候复杂，水热条件变化较快，局部气候差异明显。全年平均气温 14～18℃，最冷月（1 月）平均气 5～8℃，最热月（7 月）平均气温 24～28℃，无霜期较长[③]。由于地理位置和地势的不同，各地气温又有一定差异，西南部山地年均气温较低，日照时数较少，中部、东北部山间盆地年均气温较高，日照时数相对较长（见表 2-1）。

良好的气候条件，使得该区域林木葱茏，是全国重点林区之一，被称为"杉乡"

① 万红. 试论清水江木材集市的历史变迁[J]. 古今农业，2005：103-112.

② 杨宇振. 中国西南地域建筑文化研究[D]. 重庆：重庆大学，2002：22.

③ http://gz.zwbk.org/MylemmaShow.aspx? lid=2922.

“林海”。优越的自然环境有利于动植物的繁衍生息，品种丰富的动植物孕育于山川之间。

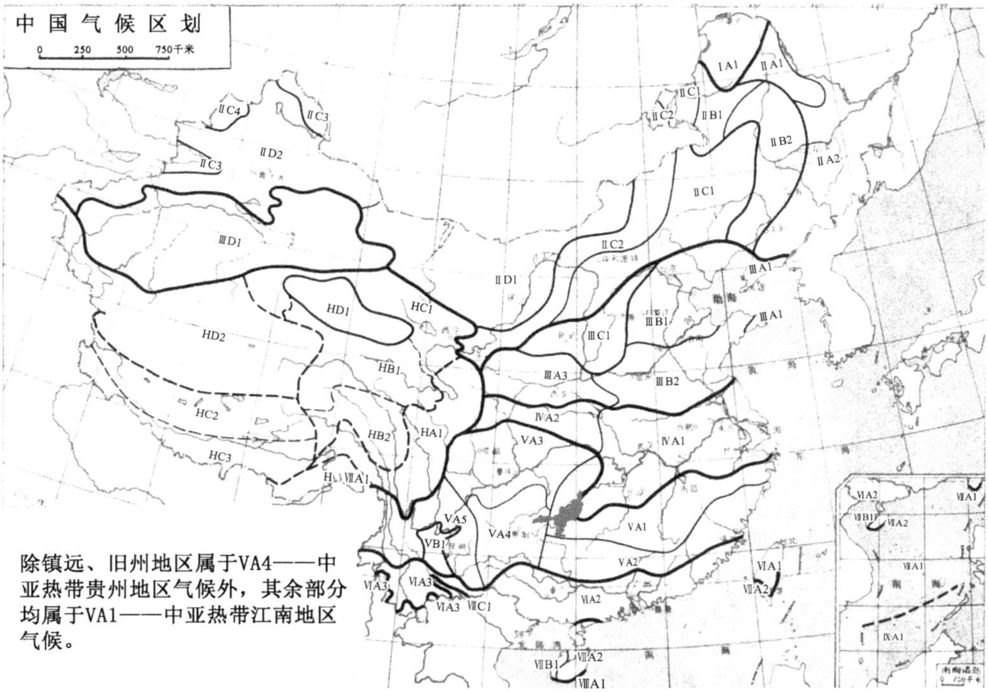

图 2-2　沅水中上游所属气候区划图

（来源：根据中国气候区划图改绘）

表 2-1　中国气候区划一览表

气候区 气候大区 / 气候带	A 湿润	B 亚湿润	C 亚干旱	D 干旱
Ⅰ北温带	ⅠA1 根河区			
Ⅱ中温带	ⅡA1 小兴安岭区 ⅡA2 三江长白区	ⅡB1 大兴安岭区 ⅡB2 松辽区	ⅡC1 蒙东区、 ⅡC2 蒙中区 ⅡC3 富蕴区、 ⅡC4 塔城区 ⅡC5 伊宁区	ⅡD1 蒙甘区 ⅡD2 北疆区
Ⅲ南温带	ⅢA1 辽东-山东半岛区	ⅢB1 河北区 ⅢB2 鲁淮区 ⅢB3 渭河区	ⅢC1 晋陕甘区	ⅢD1 南疆区
Ⅳ北亚热带	ⅣA1 江北区、ⅣA2 秦巴区			

续表 2-1

气候区 气候大区 气候带	A 湿润	B 亚湿润	C 亚干旱	D 干旱
Ⅴ中亚热带	ⅤA1 江南区、ⅤA2 瓯江闽江南岭区、ⅤA3 四川区、ⅤA4 贵州区、ⅤA5 滨北区	ⅤB1 金沙江-楚雄玉溪区		
Ⅵ南亚热带	ⅥA1 台北区 ⅥA2 闽南珠江区 ⅥA3 滇南区			
Ⅶ北热带	ⅦA1 台南区、ⅦA2 雷琼区、ⅦA3 滇南河谷区	ⅦB1 玉西区	ⅦC1 元江区	
Ⅷ中热带	ⅦA1 琼南-西沙区			
Ⅸ南热带	ⅨA1 南沙区			
H 高原气候区域	HⅤ达旺-察隅区 波密-川西区	HB1 青南区 HB2 昌都区	HC1 祁连-青海湖区、HC2 藏中区、HC3 藏南区	HD2 柴达木区 HD1 藏北区

2.1.2 山形山态——重岗复陇，屏障环溪

地貌作为主导自然环境的重要因素，不仅影响自然环境要素的空间分布，而且也在一定程度上促进或制约着集镇建设和社会经济的发展。

沅水中上游地处云贵高原向湘桂丘陵盆地过渡地带，总体地势是北、西、南三面高而东北部低，大体呈西南向东北倾斜的走廊地势，受此地势和岩体构造的控制，主要河流多从西部、南部高地向中部和东部方向流动。乌蒙山脉至威宁分出两支，一支向东北延伸为大娄山山脉，一支向西南延伸为苗岭山脉。苗岭至贵定县境后又分出南北两支，南支为清水江（沅水水系）与都柳河（珠江水系）的分水岭，向东延伸至湖南南部，过渡为低山丘陵；北支由云雾山伸出，向东北延展为武陵山脉，为清水江、㵲阳河、锦江、松桃河（沅水水系）与乌江的分水岭。① 在地貌类型上，沅水中上游地区大致可分为二个地貌区：上游为中山区，山高谷深，河流较为湍急，呈西南向东北倾斜之势，峡谷多，盆地少，海拔较高，热量丰富；沅水中游地势逐步降低，为平行岭谷低山丘陵区，山地、丘陵、平坝、盆地相间，夹有较大河谷盆地。复杂多变的地形造就了该流域丰富的自然和人文景观（图 2-3）。

① 夏鹤鸣，廖国平. 贵州航运史（古、近代部分）[M]. 北京：人民交通出版社，1993：3-4.

(a) 苗岭的梯田　(b) 坝子景色

(c) 云蒸雾绕山地景观　(d) 河谷景色

(e) 河畔的村庄　(f) 盆地景观

图 2-3　沅水中上游的自然环境

[来源:(a)、(c)、(e)来自网络,其余为自摄]

集镇多位于盆地、台地和较宽河谷之间,如:沅陵、麻阳、安江、洪江、芷江、怀化、新晃等分别位于沅麻、芷怀、安洪等盆地;黎平、隆里等位于类似云贵高原的坝子的台地上;镇远等位于山谷之中(图 2-3)。

图 2-4　山谷中的溆阳镇

（来源：自摄）

武陵山脉——盘踞于湖南省的西北角，属云雾山的东延部分，海拔在 1 千米左右，山体形态呈现顶平、坡陡、谷深的特点。湖南境内最高峰壶瓶山，海拔 2.098 7 千米。武陵山脉纵贯湖南省西部，成为东西交通的屏障，有酉水、澧水、武水、辰水自西向东蜿蜒冲出武陵山脉，构成东西交通的通道。

雪峰山脉——主体位于湖南中部和西南部，我国地势二、三级阶梯的最南段界线，为资江与沅水的分水岭，是湖南东西的天然屏障，山脉呈东北西南走向，中段海拔高达 1 千米以上，主峰苏宝顶海拔 1.934 千米，东北段降低到 0.5～1 千米，东坡陡，西坡缓。北段被资水穿切后，渐降为丘陵。中间在烟溪附近海拔仅 0.3～0.4 千米，形成新化至烟溪间的峡谷，湘黔铁路由此通过。这也是湘中通往湘西的重要通道。

苗岭山脉——是云贵高原南部的主要山脉，是长江和珠江两流域的分水岭，以北属清水江流域，以南则是西江流域。苗岭山脉长约 180 千米，宽约 50 千米，连绵起伏，海拔一般 1.2～1.5 千米，主峰雷公山，海拔 2.179 千米，云雾山高 1.584 千米，终年云雾缭绕，不见峰顶。苗岭是苗族、侗族的集中聚居地，其名因而得之。苗岭因地质条件形成耕地集中连片的夷平面①及盆地区和山坡上高挂的层层梯田等独具特色的景观，有的从山脚举叠到山顶，仿佛一级级天阶。

2.1.3　水情水势——曲水回滩，源泉喷石

沅水有南北两源，南源龙头江发源于贵州省都匀的云雾山鸡冠岭，北源重安江

① 夷平面(planation surface)：各种夷平作用形成的陆地表面。这是一种陆地抬升或侵蚀基面下降，侵蚀作用重新活跃，经过一个时期后所残留的地表形态。夷平作用是外营力作用于起伏的地表，使其削高填洼逐渐变平。

发源于贵州省麻江县平越山中，两源汇合于河口后称清水江，向东流经贵州的剑河、锦屏至金紫进入湖南境内，流至黔阳与渠水汇合后始称沅水，经洪江、安江、辰溪、泸溪、沅陵、桃源、常德入洞庭湖，全长 1 033 千米（贵州境内 452 千米，湖南境内 581 千米），沅水流域面积 89 163 平方千米，流域涉及湘、黔、渝、鄂 4 省市①，是洞庭湖水系中仅次于湘江的第二大河流。沅水自黔阳以上为上游，主要支流有渠水、㵲水。清水江河谷曲窄，群山紧逼，落差较大，滩多流激；㵲水相对河面宽阔，水流较为平缓，为我国东部与西南的主要交通孔道。黔阳至沅陵为中游，支流众多，主要支流有巫水、溆水、辰水、武水。该河段多河谷平原和山间盆地，河床展宽，落差较小，为沅水流域的重心地区，多丘陵河谷平原，主要有沅麻、芷怀、安洪等几个较大盆地。沅陵以下为下游，主要支流有酉水，在桃源进入缓丘和洞庭湖平原区，水势平缓，河面宽阔，水网交错，呈现平原水乡特色，是人口稠密、经济发达的地区②（如图 1-1）。

在众多支流中，㵲水和酉水的流域面积最大，均超过 10 000 平方千米。沅水各支流总流域面积 54 244 平方千米，占沅水流域面积的 61%③。密集的河流水系作为人类赖以生活和生产的物质基础，不仅为人们提供了必要的栖息条件，也成为因地处山区，陆路不便的沅水中上游地区的经济文化传播和交流的联系纽带。沅水中上游主要是沅陵以上沅水河道。本文主要涉及的主要河道为沅水中游干流和㵲阳河、辰水、清水江三个水系。

2.1.4 自然资源——矿林并蕴，物产丰饶

该流域自然资源丰富，最为突出的是林业资源和矿产资源。

矿产资源主要是汞、铜、煤、磷、铝、铁、锌和锰等。早在春秋战国时期，该流域就有采矿的记载。《周书 · 王会解》的“卜（濮）人以丹砂”指的就是辰州（沅陵）的丹砂（汞），又称“辰砂”，为历代贡品。另在辰水流域的麻阳县内的九曲湾，有一处规模相当大的古铜矿井，为东周战国时期的铜矿开采区④。

沅水中上游良好的气候条件和山地条件使得区域内“山多戴土，树宜杉”⑤，这种宜林的气候特点决定了该区域的林业资源优势。清水江流域的黎平、锦屏、剑河、天柱是贵州最重要的木材产地，林木繁茂，主要品种有杉木、松木、柏木等。清

---

① http://www.baike.baidu.com/item/%Eb%B2%85%E6%B1%9F/3815035? fv=aladin&fromtitle=%E6%B2%85%E6%B0%B4.

② 张衢. 湘西沅水流域城市起源与发展研究[D]. 长沙：湖南师范大学，2003：2.

③ 李玲. 沅水流域径流变化与电能影响分析[J]. 湖南水利水电，2011：47-50.

④ 熊传新. 麻阳县发现东周时期古铜矿井[M]//楚文化研究会. 楚文化考古大事记. 北京：文物出版社，1984：117-118.

⑤ 杜文铎，等. 黔南识略 · 黔南职方纪略[M]. 贵阳：贵州人民出版社，1992：177.

咸丰十年(1860年),贵州巡抚刘源灏、提督田兴恕奏请在黔阳县的托口、龙溪口设厘金局,对出口木材抽百助饷。这说明该地的木材贸易较大,林业进一步呈商品化发展。特别是"清水江以下至茅坪二百里,翼云承日,无隙土、无漏荫,栋梁芒角之材,靡不具备。坎坎之声,铿訇空谷。商贾络绎于道,编巨筏放之大江,转运于江淮之间"[①]。这表明清水江流域在清代已是最重要的木材来源地。至今,该流域木材年采伐量仍可达百万立方米。另外,还有桐油、茶油、药材等的传统农副产品资源。

丰富独特的自然资源是该流域对外进行商品交换的基础,而对其产品的生产、销售、运输方式的不同,必然产生不同的商贸模式和商贸空间形态。

2.1.5 自然环境质量

自然环境对人类居住文化的产生和发展有着巨大的影响,既是人们住居的依存条件,更是传统集镇商贸空间产生和发展的自然基础。

该区域境内山地面积占总面积的70%左右,丘陵地占10%左右,盆地仅占5%左右,是我国9大生态良好区域之一,境内峡谷、瀑布、溶洞丰富多彩;沿岸奇峰林立,竹木清幽,空山鸟语,幽谷蝉鸣;水流时而岩高浪急,时而地阔波平。该区域内常可见碧水间鸳鸯嬉戏打闹,幽谷中灵猴攀越腾挪,被誉为"天然氧吧"。该区域气候、水热条件、土壤、植被生物资源等有较强的一致性,自然生态资源十分丰富,有各级自然保护区12个、风景名胜区12个、森林公园8个(见表2-2),总面积约6 064平方千米。其中黔东南曾被联合国世界文化基金会确定为全球"返璞归真,回归自然"十大旅游首选地之一;被世界乡土文化保护基金会评选为全球18个生态文化保护圈之一[②];曾被Lonely Planet自助游圣经推荐为中国自助游最值得去的地区之一。

表2-2 沅水中上游自然保护区、森林公园、风景名胜区一览表

类别	级别	名称	所在地	面积(平方千米)
自然保护区16个	省级	九重岩自然保护区	湘西州凤凰县	85
	省级	两条羊自然保护区	湘西州凤凰县	66.77
	省级	三道坑自然保护区	怀化市芷江县	108
	国家级	借母溪自然保护区	怀化市沅陵县	130.41
	国家级	梵净山自然保护区	铜仁市江口县	419
	州级	太平山自然保护区	黔东南州黎平县	315.51
	州级	上塘朱家山自然保护区	黔东南州黄平县	123.46
	州级	小顶山自然保护区	黔东南州岑巩县	185.08
	县级	东风林场及景区	黔东南州黎平县	28.31

① 夏鹤鸣,廖国平.贵州航运史(古、近代部分)[M].北京:人民交通出版社,1993:140.

② 全球18个生态文化保护圈,亚洲有两个:黔东南和西藏。

续表 2-2

类别	级别	名称	所在地	面积(平方千米)
自然保护区16个	县级	平溪大湾山自然保护区	黔东南州黄平县	9.4
	县级	佛顶山自然保护区	黔东南州施秉县	21.33
	县级	三层洞自然保护区	黔东南州岑巩县	34.65
	县级	大树林自然保护区	黔东南州岑巩县	0.01
	县级	株木林自然保护区	黔东南州岑巩县	0.03
	县级	瓦窑坝上自然保护区	黔东南州岑巩县	0.012
	县级	后山风景林自然保护区	黔东南州岑巩县	0.014
				总计 1 526.986
森林公园8个	国家级	㵲阳湖国家级森林公园	黔东南州黄平、施秉、镇远县	180.77
	国家级	黎平国家森林公园	黔东南州黎平县	54.75
	省级	象狮坡森林公园	怀化市芷江县	2.30
	省级	黄家垅森林公园	怀化市新晃县	51
	国家级	雪峰山森林公园	怀化市安江镇	40.26
	国家级	钟坡森林公园	怀化市鹤城区	16
	国家级	南华山森林公园	湘西州凤凰县	22.10
	国家级	凤凰山森林公园	怀化市沅陵县	9.13
				总计 376.31
风景名胜区12个	国家级	九龙洞是风景名胜区	铜仁市	400
	国家级	黎平侗乡风景名胜区	黔东南州黎平县	159
	国家级	㵲阳河风景名胜区	黔东南州施秉、黄平、镇远县	625
	省级	龙鳌河风景名胜区	黔东南州岑巩县	364
	省级	三板溪—隆里古城风景区	黔东南州锦屏县	180
	省级	高过河风景名胜区	黔东南州镇远县	35
	省级	凤凰古城风景名胜区	湘西州凤凰县	128
	省级	黄家垅风景名胜区	怀化市新晃县	15
	省级	钟坡风景名胜区	怀化市鹤城区	16
	省级	锦江风景名胜区	怀化市麻阳县	80
	省级	泸溪沅水风景名胜区	怀化市泸溪县	120
	省级	燕子洞风景名胜区	怀化市辰溪县	38.6
				总计 2 160.6

注：根据官方网站和《大湘西生态文化旅游圈旅游发展总体规划(2011—2020)》(北京大学博雅方略旅游景观规划设计院编制)整理。

http://www.360doc.com/content/16/1202//00/35588629-611181061.shtml 贵州省自然保护区目录

https://wenku.baidu.com/view/bd97185ff46527d3240ceoao.html 贵州省风景区一览表

http://www.gzforestry.gov.cn/xwzx/gzlq/slgy-63967/index.html.森林公园

良好的自然环境蕴含着丰富的物质资源和景观资源，形成了特殊的地理地域性，造就了形态各异的空间场所，散发出独特的亲近自然的地域性色彩。

2.2 人文环境背景

文化是社会科学中最为宽泛而复杂的概念之一，从自然物到社会事物，其中介和主宰都是经过"人"生成的文化。文化是"内涵"，是"神韵"；事物是"外显"，是"形态"。作为人类文明精华的承载器，传统集镇是地域文化精神表演的物质舞台，是其历史存在的价值形态，而地域文化则是其存在价值的源泉。传统集镇商贸空间的形成包含着人们在长期营建过程中的一系列劳动，也包含着人们赋予其中的各种愿望、意念、经验、喜好和心态，这一切都深深痕印着源远流长地域文化。地域文化形成地方认同，是支撑地方感召的意义系统。它的形成与发展依赖于长久以来经过当地团体的意向性和内聚力构建起的地域文化意义与价值系统，并与该地区的社会、经济发展息息相关。

2.2.1 地域文化的文化层级现象

从历史、经济、民族等方面分析，该流域有着诸多文化带或文化圈穿越或覆盖；在地理空间上，这些文化带或文化圈在区间内叠积、交织，并与该流域初始文化交融、碰撞、共生。这种文化层级现象，一方面加剧了该流域文化的复杂性与多元性；另一方面，经过长期磨合、融合，促成具有该流域特色的地域文化(如图 2-5)。

1. 东南亚文化圈

从考古可知，沅水中上游土著人创造了丰富的土著文化，具体表现是旧石器时代的潕水文化、新石器时代的浦市遗址文化与高坎垄遗址文化以及青铜时期的百濮文化[1]。尽管土著文化对今天文化的主流影响不大，但它还是作为一种潜流而存在。这些是研究该流域族源和民族关系的源头。

美国民族学家克娄伯曾把"刀耕火种、梯田、祭献用牲畜、巢居、祖先崇拜、多灵魂"等 26 种特质归纳为整个东南亚的古文化特质。1954 年，台湾地区学者凌纯声先生又在此之外，加上"铜鼓、龙船、犬图腾、蛇图腾、长杵、楼居、点蜡印花布、岩葬、罐葬、石板葬"等 24 种文化特质[2]。天津大学杨昌鸣教授则将这一文化的咽喉地带称之为"东南亚建筑文化圈"，范围包括：中国长江流域以南直到中南半岛马来西亚南端，东起中国南海沿岸西至缅甸伊洛瓦底江这一广阔区域的东南亚大陆部分，

① 郑英杰. 湘西文化源流再论[J]. 吉首大学学报(社会科学版)，2000(3)：97-103.

② 杨宇振. 中国西南地域建筑文化研究[D]. 重庆：重庆大学，2002：15-16.

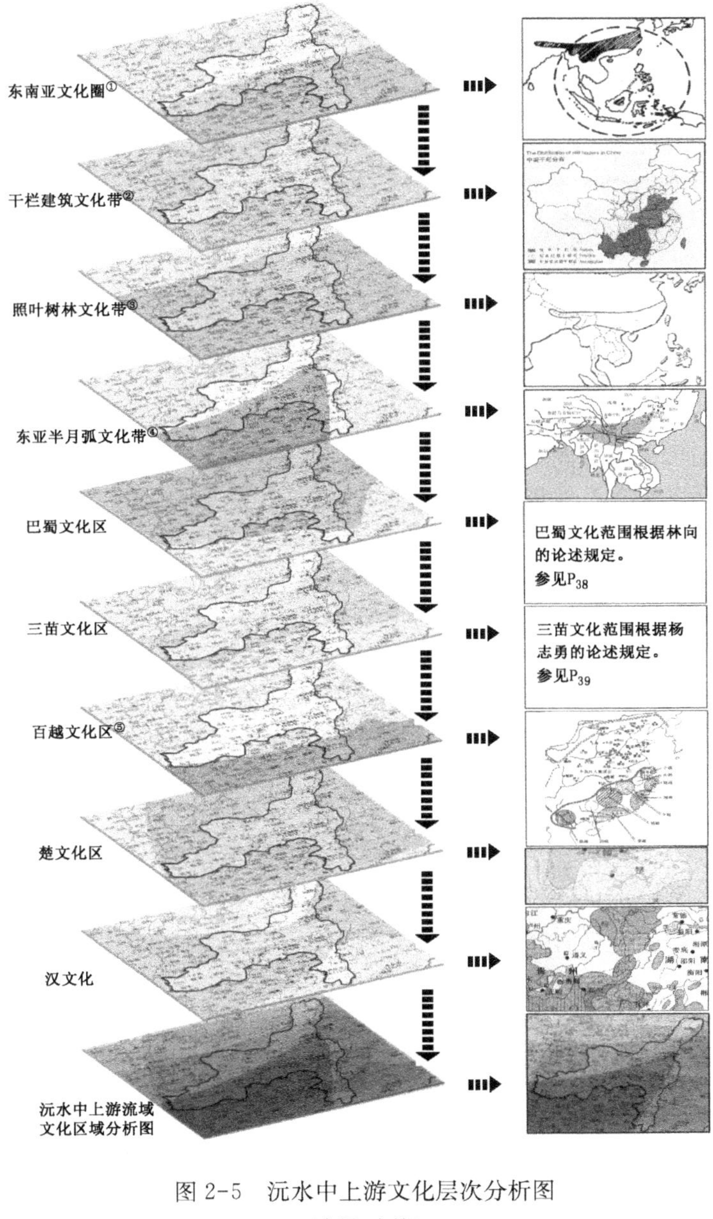

图 2-5　沅水中上游文化层次分析图

（来源：自绘）

资料来源：

① 杨昌鸣.东南亚与中国西南少数民族建筑文化探析[M].天津：天津大学出版社，2004：2.

② 张良皋.匠学七说[M].北京：中国建筑工业出版社，2002：33.

③ [日]佐佐木高明.照叶树林文化之路——自不丹、云南、日本[M].刘愚山，译.昆明：云南大学出版社，1998：10.

④ 杨宇振.中国西南地域建筑文化研究[D].重庆：重庆大学，2002：87-88.

⑤ 余英.中国东南系建筑区系类型研究[M].北京：中国建筑工业出版社，2001：35.

及其东南亚诸岛屿。有学者认为楼居源于巢居①。楼居，即干栏式建筑居住形式。可见如"巢居""楼居"等建筑文化现象自古有之，其为沅水中上游本土典型的住屋形式。其影响甚至远至日本、东南亚，成了东亚、东南亚、中国长江以南地区一个重要的文化现象。

上述理论从民族生境的相似性、生产生活方式的关联、物质形态的共性等等诸多方面为处于该文化影响下的建筑文化共性形成提供了有力的理论背景和支撑。

2. 干栏建筑文化带

干栏，又作"干阑"，其被认为是中国人居三种基本形式之一②。因山区"多瘴疠，山有毒草蝮蛇，人楼居，梯而上，名为干栏"③。由此可见，干栏建筑体系是适应山地环境的产物，气候湿润而多山多林是其形成的重要原因。由于干栏建筑多以木柱支撑，下部架空，远望有如"吊脚"，在沅水流域称之为"吊脚楼"。吊脚楼一方面由于架空通风可降低潮湿地气的影响，利于散热；另一方面，可以减少毒虫野兽的侵害。这样客观上有效地利用了地形、保护了山体，同时能利用自然调节创造良好的居住环境④。张良皋先生在其《匠学七说》中谓"干栏"为"从原始到永恒的居住形态"⑤。从众多资料看，干栏建筑不仅存在于我国西南及荆楚之地，历史上长江中下游流域吴越之地也存在。也有学者认为"干栏"住屋也是一种泛文化现象，把这个区域归在"照叶树林文化"⑥之下，是"东亚半月弧"的主要覆盖区⑦。

目前，干栏式建筑在沅水中游流域依然广泛存在，成为体现该地域建筑文化的主要特质，但一般存在于集镇的滨水地带和地形高差较大的区域，更多散布于广袤的山区乡村（如图 2-6）。《辰州府志》记载："……，依田结庐傍崖为室。⑧"吊脚楼可分为两种形式：

① 倚山附岩式：由于地势陡峭，用地狭窄，通过平整场地拓展用地空间已不可行，不得不通过砌筑台地和架空来适应、改造地形，看上去就好像倚在山体、附着岩石上一般，形成"重屋累居"的聚居形态（如图 2-7、图 2-8）。当地有句谚语：

---

① 王小斌.徽州民居空间形态演变的探析[J].安徽建筑工业学院学报，2013(5)：5-9.

② 源于巢居的干栏、源于穴居的窑洞和源于庐居的帐幕被称为中国人居的三种基本形式。

③ 张良皋.匠学七说[M].北京：中国建筑工业出版社，2002：33.

④ 刘志峰.三峡临水场镇线性空间形态研究[D].武汉：武汉理工大学，2004：65-68.

⑤ 张良皋.匠学七说[M].北京：中国建筑工业出版社，2002：33.

⑥ 所谓"照叶树林文化"的学说是日本学者中尾佐助、佐佐木高明等在对日文化起源的追寻过程中提出的，其大意如下：喜马拉雅山脉南麓海拔自 1.5～2.5 千米一带分布着和日本非常相似的以常绿树为主的森林。这种森林分布于喜马拉雅山南麓、阿萨姆、东南亚北部山地、云南高原、长江南侧（江南一带）的山地和日本的西南部，覆盖了整个东南亚的暖温带。构成这片森林的树种以柞树、杉树、楠树、山茶树为主，全是常绿乔木，树叶的表面会像山茶树叶那样闪光，所以被称为"照叶树林"。

⑦ 杨宇振.中国西南地域建筑文化研究[D].重庆：重庆大学，2002：87-88.

⑧ [清]席绍葆，谢鸣谦等修，湖湘文库编辑出版委员会.辰州府志（乾隆）(一)[M].长沙：岳麓书社，2010：274.

图 2-6 散布在山区乡村的干栏建筑
（来源：自摄）

图 2-7 锦屏倚山的干栏建筑
（来源：自摄）

图 2-8 辰溪倚山面水的丹山寺
（来源：自摄）

“借天不借地，天平地不平。”这是对于当地利用架空、吊脚等方式建房的精妙归纳①。建筑采用跌落、错层、掉层、错叠等手段，利用架空方式，使建筑物脱离起伏的地面，在适当的高度形成可供使用的尺度。即便在坡度大于 25%的地界，建筑依然挺拔，犹同空中楼阁。如镇远的青龙洞古建筑群濒临㵲阳河，背靠陡峭悬崖，错落分布在河畔山腰宽约 80 米、长约 300 米、落差 60 米左右的山岩洞壁间（如图 2-9、图 2-10）。丰采叠檐的殿阁就像挂在山崖上，与石崖、溶洞、古木、藤萝融为一体，俨然有序，宛若天成。其中老君殿（又称雷神殿，如图 2-11），面河背崖，矗立于突出的大岩上，沿四周环绕而上。一层背崖设吊脚，有石桌凳，供休息之用，与崖间有十许米；二、三层依次供有雷神——殷太师闻仲、雷公、电母神像二尊、元始天尊和道德天尊——太上老君。远望去，重重叠叠、飞檐翘翼、青墙灰瓦，蔚为壮观，充分体现了吊脚楼建筑形式对山地地形的适应与利用。

① 黄红春. 重庆山地民居形态与现代人居——浅析重庆山地民居的保护与更新[D]. 重庆建筑，2005：65-70.

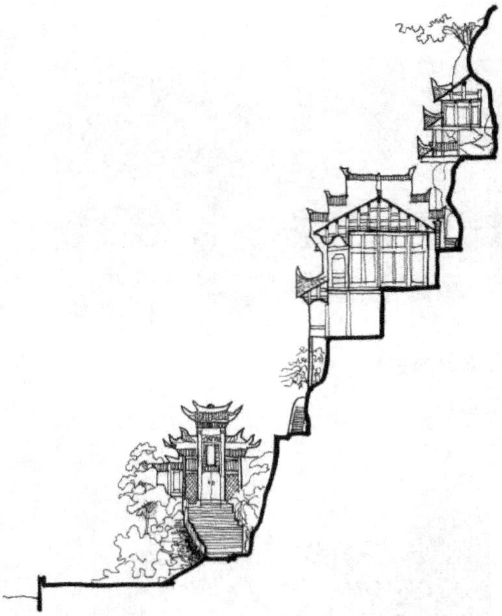

图 2-9　镇远的青龙洞剖面图

（来源：谭祺.西南山地典型古城人居环境研究[D].重庆：重庆大学，2010：75）

图 2-10　依附于镇远中河山的青龙洞建筑群

（来源：中国文物研究所，贵州省文物研究保护中心.贵州省镇远青龙洞文物保护规划[R].贵阳，2007）

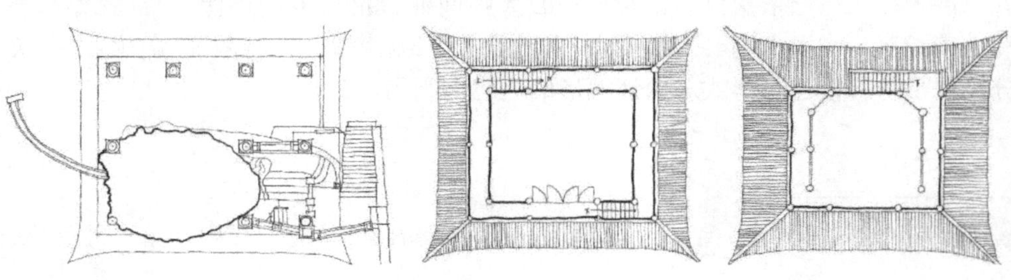

(a) 老君殿一、二、三层平面示意图

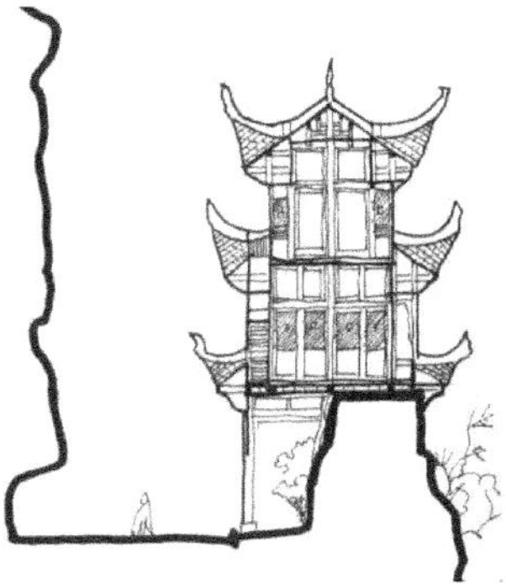

(b) 老君殿剖面图

(c) 老君殿吊脚

图 2-11　镇远紫阳洞老君殿

(来源:图 2-9,实景为自摄)

② 滨水高脚式:沅水中上游崇山峻岭,河流众多,平坝、盆地实是难得,平地便成为耕种的首选,临河筑屋只能立于堤岸上(如图 2-12、图 2-13)。在沅水中上游滨水的传统集镇中,沿水原先布满了密密麻麻的吊脚楼,如从黔阳砖雕上所反映的该镇的原貌中,可以清晰辨认出沿河一线建造的吊脚楼(如图 2-14)。现仅在少数集镇中可以看见,如凤凰沱江旁的吊脚楼——“面江市肆,皆危楼悬柱”(如图 2-15)。[①]最有特点的是密密麻麻的支脚(也称“千脚落地”),其大小不一,纤细修长,如同杂技艺人的高跷;有的甚至还弯弯曲曲,看似凌乱不堪,却显得轻盈灵巧。

图 2-12　芷江镇㵲水边的吊脚楼

(来源:自摄)

图 2-13　凤凰沱江旁的吊脚楼

(来源:自摄)

① 周宁.传统场镇的肌理分析与整合思考[D].重庆:重庆大学,2003:33-35.

图 2-14　黔阳砖雕上的沿河滨水吊脚楼

（来源：自摄）

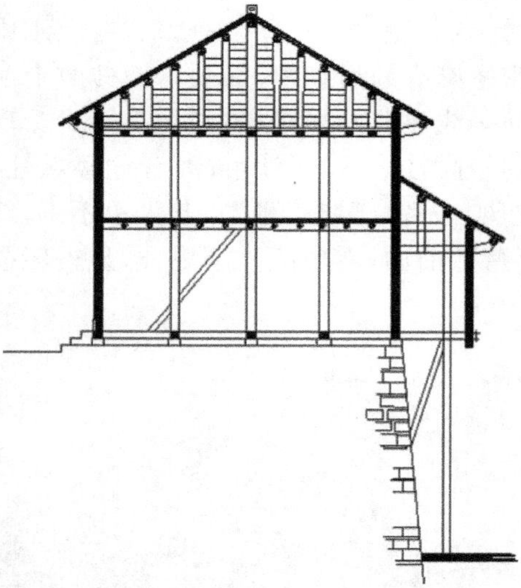

图 2-15　滨水高脚式吊脚楼示意图

（来源：魏挹澧. 湘西风土建筑[M]. 武汉：华中科技大学出版社，2010：172）

3. 巴蜀文化区

早在商周时期，所谓“东有巴，绵亘百濮”，可见，巴人和巴文化就逐渐进入了沅水流域，也说明了濮与巴在地域文化上的交融性。考古学将“錞于”视为巴文化的主要代表标志。从出土錞于分布的地点来看（如图 2-16），沅水中下游的干流及酉水、武水、辰水等支流的武陵山区深受巴文化影响。张良皋先生曾说“三巴寻五帝，百越探三皇，南中隐大荒”①，其实仔细辨析，巴之长存离不开它的“利”——资源（盐），即物

① 张良皋. 匠心七说[M]. 北京：中国建筑工业出版社，2002：267-280.

质基础，正所谓无“利”不商，无商不饶，商贸对于巴人及巴文化的重要性可窥见一斑。随后，巴文化与蜀文化结合相互叠加承袭，形成巴蜀文化区，其时代大约相当于春秋战国至秦汉时期，前后延续上千年①。其主要影响范围为湘鄂五溪流域的武陵山区、陇南的西汉水流域、陕南的汉中盆地、江汉平原西部、云贵高原北部等地。

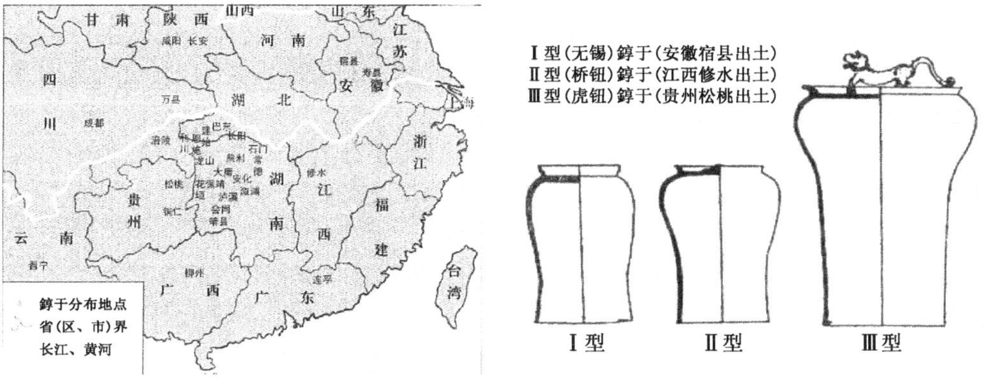

(a) (b)

图 2-16 我国出土錞于地点分布图

[来源：(a) 张良皋. 武陵土家[M]. 北京：三联书店，2005.
(b) 李衍垣. 錞于述略[J]. 文物，1984(8)：70.]

4. 百濮、百越及三苗文化区

商至西周时，庸、蜀、羌、髳(苗)、微、卢、彭、濮等八国曾助武王伐纣，说明周之前，濮人即在该流域建国，该流域最初为濮文化势力范围。它承袭了本地新石器晚期屈家岭文化、石家河文化的末期，又领受了中原商文化的侵扰，曾建立如夜郎、且兰等以原始部落联盟为形态的国家。随后，濮人势力渐弱，被其他族系②融合。随后越人沿

① 林向. “巴蜀文化”辨证[J]. 华中师范大学学报(人文社会科学版)，2006(4)：90-94.

② 我国南方的民族，大都源于古代的四大族系：氐羌、百越、苗瑶和濮人。藏族、羌族、彝族、白族、纳西族、土家族等均出自氐羌族系，属藏缅语系；壮族、布依族、侗族、水族、仫佬族、傣族等均出自百越族系，属壮侗语系；苗族、瑶族、畲族等属于苗瑶族系，属苗瑶语系；仡佬族、拉基族等为濮人后裔，属仡基语系。秦汉之后，四大族系在地域上发生了较大的变动。首先是濮人势力的衰弱。濮人曾经是我国古代人数众多，支系纷繁、分布辽阔的强大族群之一，最初分布在湘鄂川黔一带，春秋后楚国扩张，多次征伐濮人，除少数濮人西迁至黔东北湘西外，多数濮人与其他民族融合。战国末期，分布在贵州、滇东、川西南和桂西北的濮人，分别建立了夜郎、且兰、僰等地方民族政权。《史记・西南夷列传》：“南夷君长以什数，夜郎最大”“夜郎者临牂牁江，江广百余步，足以行船”。汉代之后，汉武帝灭且兰、夜郎，濮人势力受到重大打击。秦代之后，越人北上，南蛮西迁，夷人东进，濮人日渐衰落。其次是夷人东进。《华阳国志・南中志》载：“夷人大种曰昆，小种曰叟”，当是氐羌族系较早分出的一支。据《史记・西南夷列传》载：秦汉时期，夷人还处于“随畜迁徙，毋常处，毋君长”的状态。据彝文典籍《安氏世纪》和《西南彝志・六祖起源》等记载，其始祖迁至泸阴之山(今天的云南东川一带)，分为六支，与濮人杂居，渐渐征服濮人。第三，五溪蛮西迁。(转下页)

都柳江北上,逐渐占据沅水上游的清水江和㵲阳河流域,并与当地的濮人融合。

在位于怀化以东约30千米处的高坎垄遗址出土了一批与图腾有关的犬型陶塑,证明高坎垄新石器时代遗址是南方蛮夷集团中崇拜盘瓠(犬)的氏族所创造的一种原始文化①。"盘瓠"传说是具有神圣的民族起源的信仰,是畲族、瑶族、苗族等先民的图腾崇拜。至今,当地仍流传着"盘王歌"②。即三苗文化也活跃于此。

这样,大致在春秋时期,沅水中上游流域土著文化(三苗文化、巴文化、百越文化)的分布格局初步形成并逐步稳定下来。它们的分布情况大致为:巴文化占据武陵山区北部、中部的沅水中下游地区;三苗文化占据武陵山区南部至苗岭的沅水中游地区;百越文化占据苗岭沅水上游区域,然而其又有重叠和犬牙交错、相互交融的形势,呈现地域文化的多源特征。

5. 巫楚文化

春秋中晚期,"楚人伐濮",楚国势力开始侵入,该流域至战国中晚期楚势力逐渐占据了主导地位,沅水下游至黔阳一带,成为楚国的边陲重地,楚文化成为该流域的主流文化,土著文化逐步融入楚文化当中,并得以延续和发展,牢牢占据着民间文化的主体。战国时期,楚国在经历了吴起变法之后国力更为强盛,经过东征西讨、南下北上的兼并战争,楚人先后攻灭六十余国(包括春秋时期)。此时楚国的疆域东北已达今山东南部,西南到今广西西北角,东南到今江苏、浙江。"楚人地卷沅湘,北绕颍泗,西包巴蜀,东裹郯邳。""楚成为地方五千里,带甲百万"的强盛之国。从楚文化的形成来看,其本身就是一个以中原华夏文化为基础,以楚公族集团为正宗、巫文化为主干,融汇了巴蜀文化、吴越文化等"蛮夷"文化的开放的多元文化系统③。

屈原的《楚辞》《九歌》等巨作,很多源于沅湘民间的原始巫术祭歌,说明先秦时期就有既娱神又娱人的巫歌傩舞。巫是神的代表,人们祈神、娱神、敬神,都要通过巫去执行,具有原始宗教色彩。这种文化的载体——傩,是源于远古的一种驱鬼逐疫的祭祀活动,在历史发展中,逐渐渗进了避邪、消灾、纳吉、祛禳、祈年、延寿、求子

(接上页)周、秦时期,中原统治者把江汉以西的民族统称为"荆蛮"或"南蛮"。"三苗"原住中原,涿鹿之战后,其首领蚩尤战败,退到长江以南。《史记·孙子吴起列传》有关于蚩尤之后的领地的记载称"左洞庭,而右彭蠡",大致相当于今天的湖北、湖南、江西一带。此后不断西迁,被称为武陵蛮或五溪蛮,并逐渐西扩。第四,百越的北上。公元前221年,秦统一中国,吴、越地区被纳入秦的统治范围,接着秦始皇进兵岭南"取百越之地",在今天的两广地区"置南海、桂林、象郡"。汉武帝灭南越之后,由于生存的压力,越人逐渐北上进入沅水流域。[杨志勇.沅水中上游商周考古学文化特点与民族格局[J].怀化学院学报,2006,25(12):1-5.]

① 舒向今.五溪蛮地的先秦文化[J].民族研究,1990(5):58-65.

② 《盘王歌》是瑶族祭祀盘王的主要唱本。它篇目繁多,主要内容有神话、传说、古事、生产、生活、恋情、妇女苦情及滑稽取乐等。它反映了瑶族社会、经济、文化及其与其他民族的交往关系。《盘王歌》全集有700余首3 000多行,它保存了有关瑶族的文学、历史及民间音乐的珍贵史料,是瑶族民族文化遗产中的瑰宝。[墨溪《盘王歌》简析[J].广东社会科学,1989(3):126-132]

③ 郑英杰.湘西文化源流再论[J].吉首大学学报(社会科学版),2000,21(3):97-103.

等内容。巫傩文化最突出的特点是娱神娱人，人神同乐，追求生命存在的现实满足感。宋代朱熹在《楚辞集注》指出："昔楚南郢之邑、沅湘之间，其俗信鬼而好祀，其祀必使巫觋作乐，歌舞以娱神。蛮荆陋俗，词既鄙俚，而其阴阳人鬼之间，又或不能无亵慢淫荒之杂"①。东汉班固在《汉书·地理志》中说："楚地家信巫觋，重淫祀"，《辰州府志》亦记载："……，信巫鬼，重淫祀"，"辰阳少学者而信巫鬼②"。例如，大旱时人们也要龙灯求雨（如图 2-17），但在求雨仪式中人们却嘻嘻哈哈，娱神娱人，把天旱失收的严峻形势置之脑后，完全是巫风流行。又如辰州傩戏（如图 2-18），扎根于土著文化之中，保存了绚丽多姿的楚文化元素。它源于原始社会图傩戏腾崇拜的傩祭，到商代成了一种固定的用以驱鬼逐疫为主的祭祀仪式。清康熙四十四年（1705）《沅陵县志》记载："辰俗巫作神戏，搬演孟姜女故事。以酬金多寡为全部半部之分，全者演至数日，荒诞不经，里中习以为常。"可见，至清代，巫楚之风仍盛行于当地。这种"信鬼而好祀""信巫觋"之风一直绵延至今，如今沅水中上游的民间文化仍保持着这种浓郁的巫楚文化色彩。

图 2-17　清水河畔的求雨仪式

（来源：自摄）

图 2-18　傩戏

（来源：浦市文化站提供）

巫楚文化深深根植于这片土地，本质上是巫风尤盛的附魅文化，以致楚亡两千年后，这里依旧巫风盛行，竟能以诸多活化石的形态遗存于这片山水之中，直到近现代仍然放出奇光异彩。沈从文说："屈原虽死了两千年，《九歌》的本事依然如故"，而屈原又何尝不影响到沈从文（及其文学作品）呢？他自己的"生活也同一条辰河（沅水）无从离开……"③，深深根植于这片热土之中。

6. 汉文化的传播与影响

该流域土著文化受中原文化的影响最早可追溯到商周时期，但当时其对于中

① 郑英杰. 湘西文化源流再论[J]. 吉首大学学报（社会科学版），2000(3)：97-103.

② [清]席绍葆，谢鸣谦等修，湖湘文库编辑出版委员会. 辰州府志（乾隆）（一）[M]. 长沙：岳麓书社，2010：271.

③ 沈从文. 湘行散记[M]. 长沙：岳麓书社，2013：13.

图 2-19 西汉中原文化对沅水中上游的影响

(来源:根据余英.中国东南系建筑区系类型研究[M].北京:中国建筑工业出版社,2001:41 改绘)

原文化的态度可能更倾向于主动交往和平等交流,土著文化相对来说更为独立的。秦汉时期,在其文化成长的过程中受到中央王朝的文化——中原文化的冲击和干扰(如图 2-19)。战国晚期,为了吞并楚国,秦大将司马错发陇西之兵因蜀攻取黔中郡,带来了大量的汉民和巴民①,中原文化开始以强势的姿态侵扰该流域。

秦后,中央王朝开始在此区域建立行政管辖,汉文化作为官方文化开始入主该流域:一方面通过执行羁縻制度、土司制度,影响土著上层社会;另一方面通过贬逐朝臣,对当地进行"王化"——"楚骚幽怨地,沅水多逐臣"。自屈原流放之后,很长的历史时期里沅水流域依然是流放逐臣之所:唐代有刘景先(贬辰州刺史)、王昌龄(贬龙标尉)、张镐、戎星、畅璀、郑炼师,五代后唐有显庐革,宋代有邵宏渊、王庭珪、程子山,南宋有魏了翁,明代有宋昌裔、王襄毅、汪汝成、沈朝焕、邵元善等。正如宋代李纲所说:"湖湘间多古骚人逐客,才士之所居。"②一代大儒王阳明谪黔时,亦是沿沅水至贬地贵州龙场驿(今修文县),沿途尽留诗文,如在平溪卫(今玉屏)写有"山城寥落闭黄昏,灯火人家隔水村"。这些逐客骚臣对该流域汉文化的传播起了很大的促进作用。但汉文化主要影响其上层文化,偏重于物质文化层面和制度文化层面,此类文化特征往往集中体现在人口密集、经济活跃的政治文化中心——集镇;而土著文化则潜在风俗文化和心态文化层面,广布于乡土。

至明清时期,通过移民屯田和改土归流,大量汉人涌入沅水中上游流域,汉文化开始广泛传播,而各个王朝也不遗余力推广汉文化。其主要表现在以下几个方面:①在社会制度层面上通过科举制度奠定汉学的官方地位,在各地设置试院选拔人才,并通过书院传播汉文化,推广汉语言;②在思想层面上通过"崇孔"确立以儒

① 杨志勇.沅水中上游商周考古学文化特点与民族格局[J].怀化学院学报,2006,25(12):1-5.

② 尹海江.楚骚幽怨地,沅水多逐臣[J].船山学刊,2010(1):37-40.

家为主体的汉文化的主流地位，主要标志为兴建文庙，祭祀孔圣等儒家代表；③民用建筑的营造大量采用合院的形制，体现了汉文化特征。至此，该流域才真正开始汉化。

1）在社会制度上的体现：试院、书院

在沅水中上游各县署地一般都临近府衙设置考棚进行科举考试，并常与官办学馆毗邻（如图 2-21、图 2-22）。除此之外，还有一些由乡绅资助的“义学”和学堂。出于中国“学而优则仕，出仕入宦为上品”的传统思想，商人在获取财富后，传统观念驱使他们大兴“义学”，“以诗书训弟子”，捐建学堂、书院；加之政府大力扶持提倡，商人们愿倾大量商贸资本于学校兴办，甚至舍宅兴学，以提高社会地位。如清同治六年（1867），黄平商人杨再先（苗族）献家为馆，聘请四川汉族巴先生为塾师[①]，教育同乡子弟；或于会馆之中兴教办学。故历史上该流域涌现出一批较为著名的书院：沅陵县的虎溪书院（如图 2-20）、崇文书院；辰溪县的大酉书院；黔阳县的龙标书院；麻阳县的锦江书院；托口镇的郎溪书院；泸溪县的南溪书院；浦市镇的观澜书院（浦阳书院）；芷江县的沅水校经书院、明山学院；凤凰县的敬修书院；新晃县的潕阳书院（现称龙溪书院）；洪江的雄溪书院；镇远县的紫阳书院；黎平县的黎阳书院、隆里乡龙标书院（如图 2-23）；黄平镇的黄平书院、月潭书院；岑巩县的思州书院；玉屏县的印山书院等。

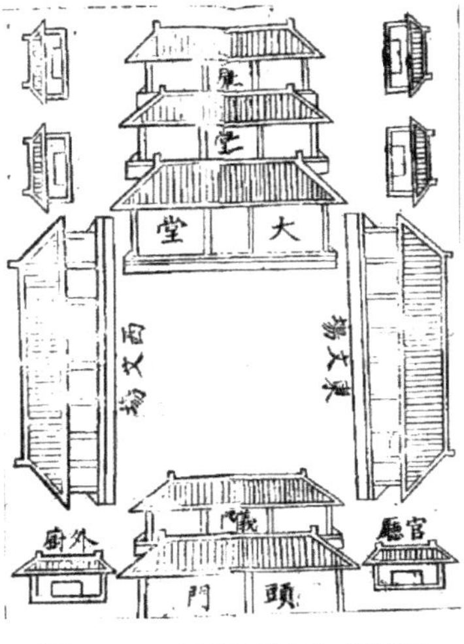

图 2-20 沅州（芷江）考棚图

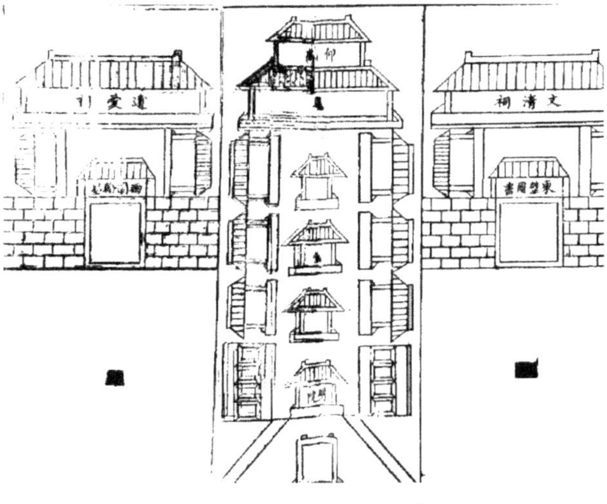

图 2-21 沅州（芷江）书院图

（来源：张官五，吴嗣仲. 沅州府志（同治）[M]. 长沙：岳麓书社，2011：22）

① 刘雯. 清末民初贵州私塾改良研究[D]. 贵州：贵州师范大学，2009(4)：11.

图 2-22　沅陵虎溪书院

[来源:[清]席绍葆,谢鸣谦等修,湖湘文库编辑出版委员会.乾隆.辰州府志(乾隆)(一)[M].长沙:岳麓书社,2010:19]

(a) 书院入口牌坊　　(b) 书院正堂

图 2-23　隆里龙标书院

(来源:自摄)

2) 在思想领域上的映射:文庙

开元二十七年(公元 739 年),唐玄宗封孔子为文宣王,因此称孔庙为文宣王庙。明代以后称文庙,夫子庙、圣人庙等,用于祭祀孔子。文庙成为汉学传播的重要标志。

文庙也为古时郡学,一般为当地最为宏大的建筑或建筑群组,实际上也是儒家及儒学的传播地。因孔子被奉为"大成至圣先师",所以文庙正殿也称大成殿。沅水中上游较大的传统集镇中一般都建有文庙(如图 2-24),现存较好的文庙仅有凤凰、旧州、芷江和锦和的文庙(如图 2-25)。

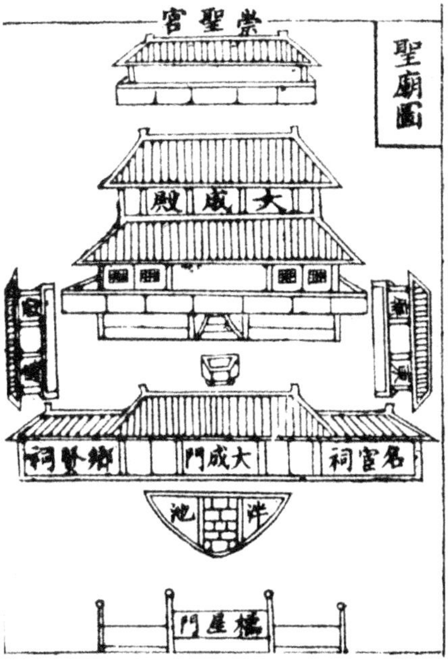

图 2-24 沅州(芷江)文庙图

(来源:张官五,吴嗣仲.沅州府志(同治)[M].长沙:岳麓书社,2011:22)

(a) 凤凰文庙

(b) 旧州文昌宫(文庙)

(c) 芷江文庙

(d) 锦和文庙

图 2-25 沅水中上游传统集镇现存较好的文庙

(来源:自摄)

历代王朝通过在该流域大力推崇汉文化，加上利用科举制度的控制，使得汉文化逐渐成为该流域地域文化的主流和显流。大规模移民的迁入使得当地人口结构发生了根本的改变：汉民成为主体，逐渐占领了河谷平坝地带，其他民族则被迫迁移至山地高原地带。合院建筑成为主流建筑类型，其中会馆建筑——移民所带来的一种特类建筑——因其分布广泛、建造宏大、构筑精致、富含地域信息的特点成了该流域体现多元文化的重要建筑类型（后文将重点讨论）。新的交通线发展与形成，历史上剧烈社会变动背景及族群间的复杂关系导致了汉族内部、汉族与少数民族以及少数民族内部之间形成的多重认同边界，其影响一直延续至今[①]。

3）在民用建筑上的反映：窨子屋

事实上，汉民族的不断流入，占据了生存条件较为宽松的盆地坝子地区，这些盆地坝子为集镇的产生和发展提供了基础和条件。特别是明清后，汉民族成为该流域民族成分的主体，汉文化在区域中占据了主流地位，随之而带来的是合院建筑。其经过与地域的结合，融入了当地的特征，形成符合当地生境的天井式合院——窨子屋。

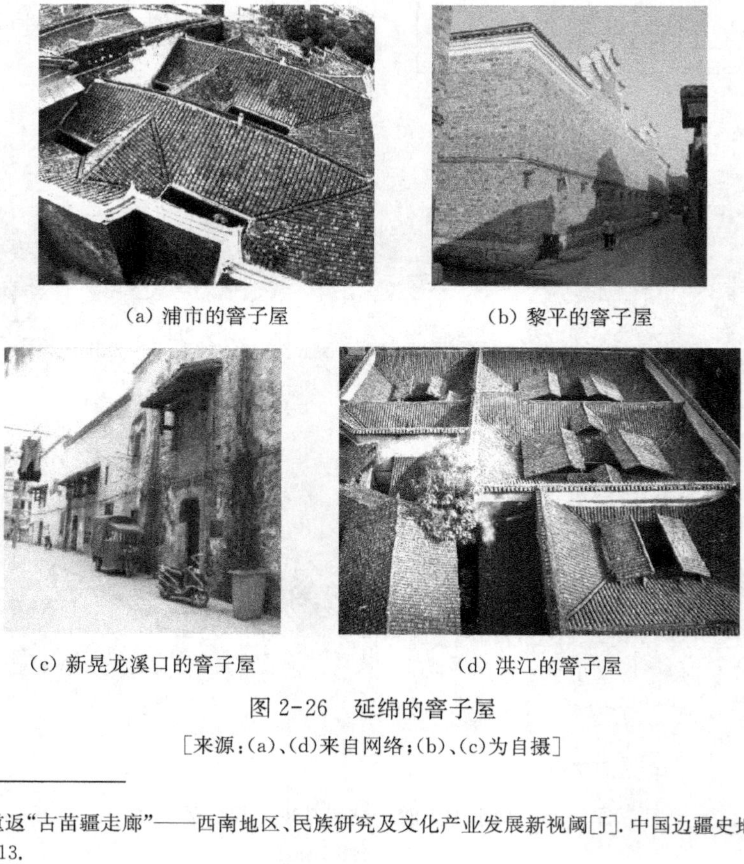

(a) 浦市的窨子屋　　(b) 黎平的窨子屋

(c) 新晃龙溪口的窨子屋　　(d) 洪江的窨子屋

图 2-26　延绵的窨子屋

［来源：(a)、(d)来自网络；(b)、(c)为自摄］

① 杨志强.重返“古苗疆走廊”——西南地区、民族研究及文化产业发展新视阈[J].中国边疆史地研究，2012，22(2)：1-13.

表 2-3 南方合院民居建筑比较一览表①

名称	一颗印	天井式合院	窨子屋
平面	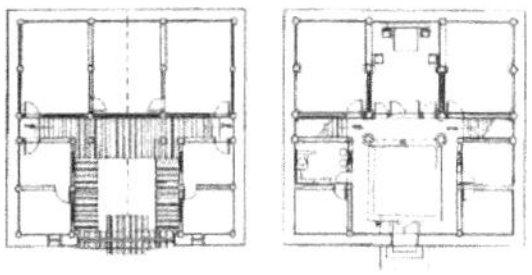	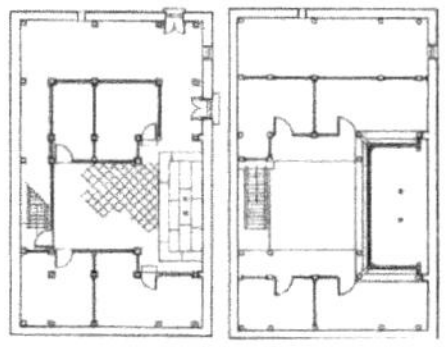	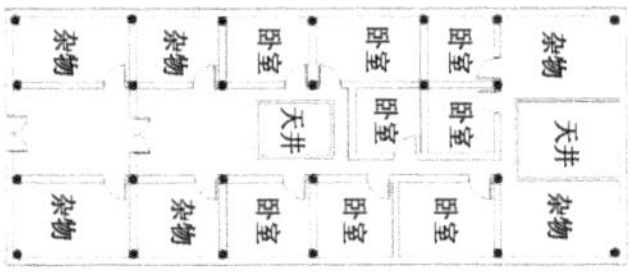
立面	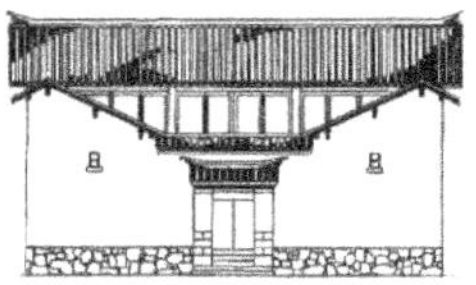	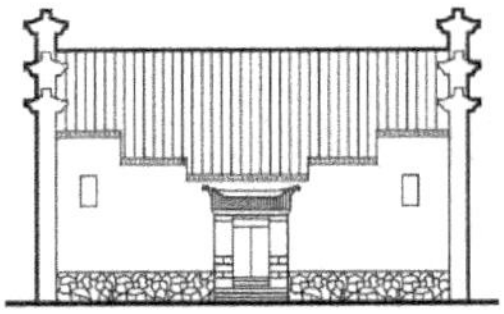	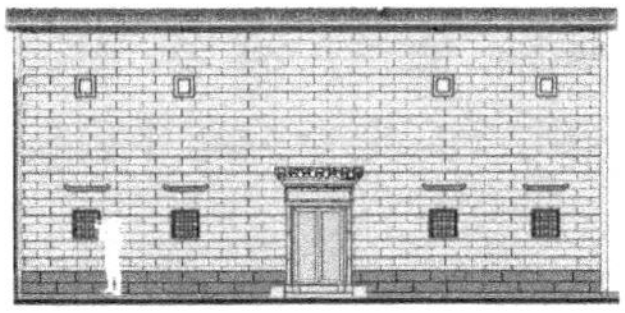
剖面	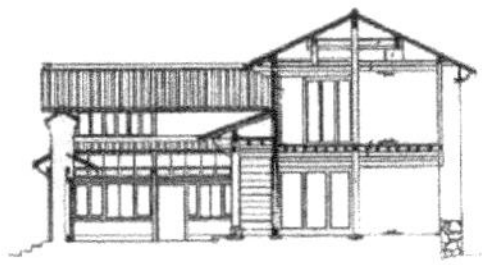	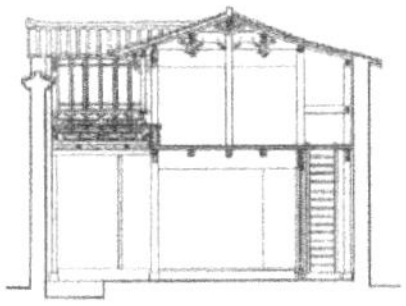	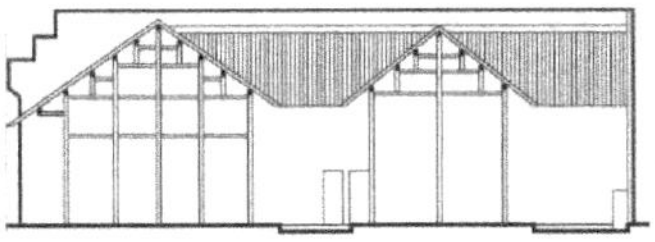
实例图			

① 根据刘晶晶. 云南“一颗印”民居的演变与发展探析[D]. 昆明. 2008；李欣，李兵营，赵永梅. 浅谈传统民居中的天井[J]. 青岛理工大学学报. 2005(26)6：75-79；余翰武，伍国正. 沅水中上游流域传统集镇地域建筑“窨子屋”的研究[J]. 工业建筑. 2015(45)4：59-64 等文献资料整理.

《辞海》中“窨”字解释为“地下室，地窖”，又有“窖藏”之意①。在我国的东北、西北曾有“地窨子”的原始建筑形式，即“穿地为穴”的屋子，“窑洞”亦属此类。《说文解字》“窨”字释为“地室也”；从字面上分析，“窨”字有保护、储藏之意。而在沅水流域亦留有被称为“窨子屋”的大宅子。房屋四面竖起的封闭、高大的封火墙，屋面均向内放坡，中间为天井，俯瞰就如同地坑、井窖一般(如图 2-26)。从“窨”字本意的来源来看，似乎和北方建筑寥有渊源。本文将窨子屋与“一颗印”式住宅和天井式住宅作了比较(见表 2-3)，发现：窨子屋一方面是传统四合院的延伸与发展；另一方面又是适应当地自然条件的地域性建筑。

刘致平先生把南方合院民居称为房房相连式合院，其主要分布在我国南方的平原、河湖地区以及丘陵地带，以“一颗印”式住宅和天井式住宅为代表②。“一颗印”最常见的型式为“三间四耳”，即正方三间，耳房(厢房)东西各两间。住宅外围为高墙，墙厚瓦重，中间为建筑围合成的小庭院。住宅占地方正，外观也方正，犹如一枚方印，主要分布于云贵高原和西藏的东南部(如图 2-27)。“一颗印”的说法源于其平面形式上犹如一口方印。

图 2-27 “一颗印”式合院民居覆盖范围

图 2-28 天井式民居合院覆盖范围

(来源：陆翔，王其明. 北京四合院[M]. 北京：中国建筑工业出版社，1996)

天井式住宅的典型特征是：中间是一个较大的天井，民间称之为“四水归堂”，周围布置半开敞式的厅堂还有主要房间，供家族聚会、接待客人和长者起居。四周还有数目不等的小天井，其他房间环绕在小天井的周围。这样让房间更加通透，天井式民居一般设有深远的出檐和较小的天井以适应多雨的气候条件和强烈的阳光照射，主要分布在长江中下游地区和川渝等地，大体与东南文化圈吻合(图 2-28)，建筑结构多采用穿斗式木构架。

人类受到自然条件和社会环境等因素的影响，住居形式也会作出适应性的调整，特别是处于不同居住体系交接的地区，其住居形式往往兼有两种居住体系的特

① 辞海编辑委员会. 辞海(缩印本)[M]. 上海：上海辞书出版社，1979：1797.

② 陈渊. 巴渝地区合院民居及其防御特色研究[D]. 重庆：重庆大学，2010(5)：19.

征,具有复合性。处于湘黔交界的沅水流域的“窨子屋”既保留了合院的基本特征,又因地制宜,随地形的变化而变化,不拘泥于合院建筑体系(图 2-29)。

图 2-29 多元文化影响下的沅水中上游住居
(来源:根据图 2-27、图 2-28 改绘)

罗西认为:“一种特定的类型是一种生活方式与一种形式的结合。”[①]人们建造房屋的过程是基于原先知识的积累,是对“记忆储藏”的记忆片段进行选择与加工的过程。建筑往往根据人们心目中的理想模式营造,而这种理想模式则是根据曾经所见到的建筑原型和自身的生活经验结合成。随着历史上汉人几次大的迁移,特别是明清以来大规模的戍边、屯边和改土归流运动,一些主要集镇,尤其是商贸发达,流转较为频繁的集镇,汉人及汉文化已成为当地人口和文化的主体,其住居及各类社会活动均带有深深的汉文化的烙印。所以,在沅水中上游的盆地、坝子地区的集镇中由汉民带来的合院建筑最为常见,其以“院落”为基本语汇,结合该地区的多样的社会功能,衍化出多样的建筑类型。“窨子屋”即为此类活动之表征。这种建造模式的继承也是一种文化的继承,即对生活习惯、思维方式、建筑传统以及文化习俗的继承。这种继承结合了自然条件和社会因素,其与原移民地建筑之间的类同与差异取决于所处环境的自然条件和政治、经济文化背景以及聚居人群在生活、习俗活动等内在因素。

窨子屋随着移民植入,由于生活习惯、思维方式及文化习俗的类同,其原型不断被模仿、改进;同时,又根据其生存的自然环境和社会因素不断地进行改造和调整,使之适应当地的各种状况。其在发展过程中较好地保留了不断积累的自然条件、政治、经济、风俗文化等方面的环境信息,逐渐成为一种较为成熟的模式而被广泛使用。

(1) 窨子屋的平面基型

一般来说,事物外部形式是变化的,而内在结构却是相对稳定的。对于建筑来说,建筑语汇是相对稳定的,变化的是建造过程中运用和组织建筑语汇的方式方法。所以,要剖析“窨子屋”,首先要寻找到它的基型。从空间结构上说,形制一般呈现出某种稳定的结构关系,或是一种程式、模式,通过归纳所见建筑的基本形制,可以追溯其发展流源。余英先生曾把东南系民居建筑的基本形制归纳为“一明两暗型”“三合天井型”和“中庭型”三类[②]。从这一点来看,窨子屋与东南系民居建筑颇有渊源。

窨子屋平面主要由廊、堂、房、院(天井)四个要素组成。概括来说,“窨子屋”的基型有四合式中庭型、三合天井型和四合天井型[③]。四合天井型是将三合院的围

① 郑景文. 罗西的建筑类型学及其批判[J]. 四川建筑,2005,25(5):37-40.
② 余英. 中国东南系建筑区系类型研究[M]. 北京:中国建筑工业出版社,2001:151-163.
③ 郭谦. 湘赣民系民居建筑与文化研究[D]. 广东:华南理工大学,2002:107.

墙做成门廊(门厅),一些宅院还设有樘门,将其分成前后两个部分,有的侧向还开有小门供平时出入,只有重大节庆或贵客来时才将中间的樘门全部打开。这样可以避免平日里从大门一眼看穿上房的堂厅。"窨子屋"平面组合基本是以上述基型为单元,以串联、并联和混合的方式来组合(表 2-4)。但在该流域仍以三合天井型布局较为常见,以二进、三进的平面组合方式为主。

表 2-4　沅水中上游窨子屋建筑平面基型及衍化一览表

序号	平面基型	衍化平面	实例	
1		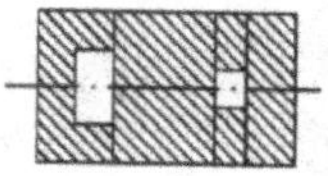	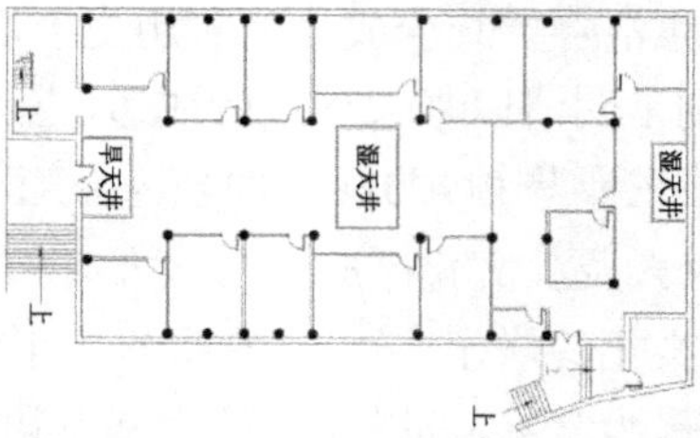	洪江永州会馆①
2		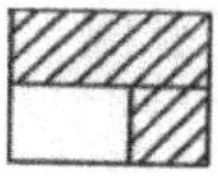	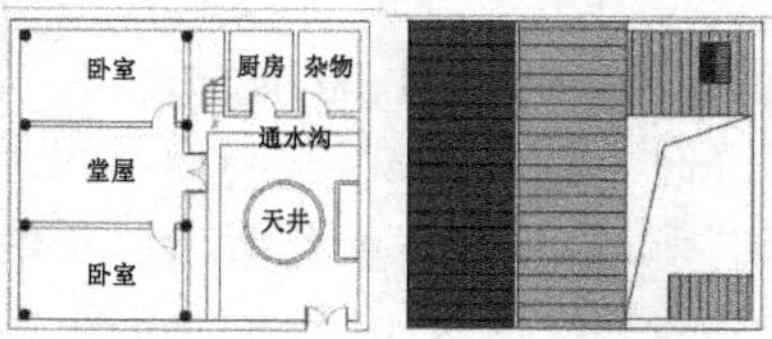	托口张玉成木行②
3		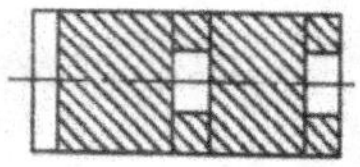	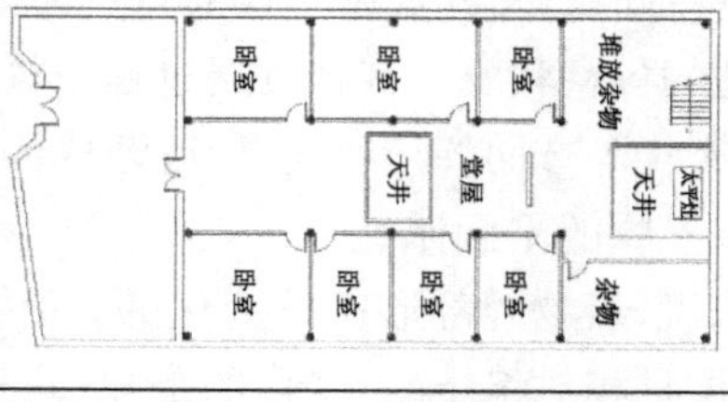	托口徐荣昌油号③
4		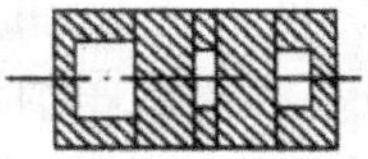	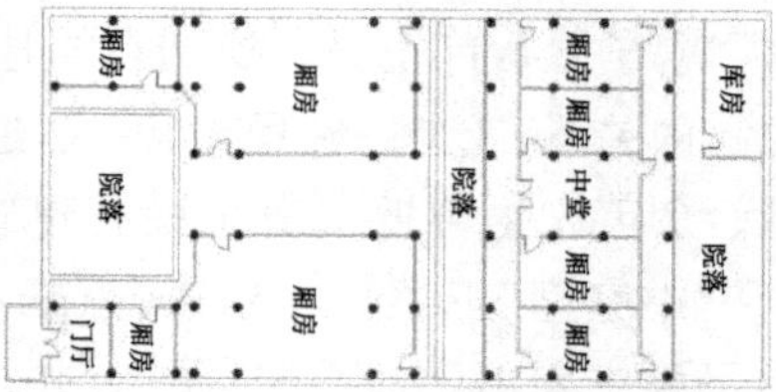	黔阳王家大屋④

① 蒋学志. 洪江古商城明清会馆建筑研究[J]. 中外建筑,2005(4):77-80.
② 涂荣荣. 湖南洪江托口古镇研究[D]. 武汉:武汉理工大学,2008:51.
③ 涂荣荣. 湖南洪江托口古镇研究[D]. 武汉:武汉理工大学,2008:51.
④ 高琦. 湖南洪江黔城古城研究[D]. 武汉:武汉理工大学,2008:62.

续表 2-4

序号	平面基型	衍化平面	实例	
5	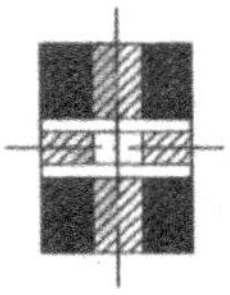	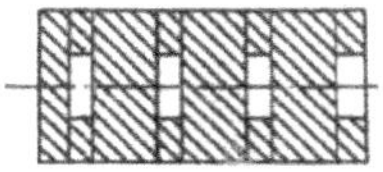	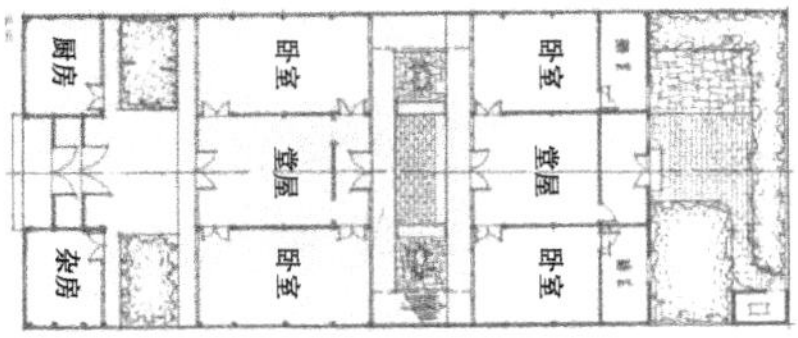	凤凰北边街陈宅①
6	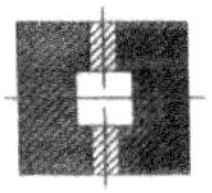	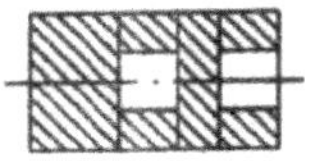	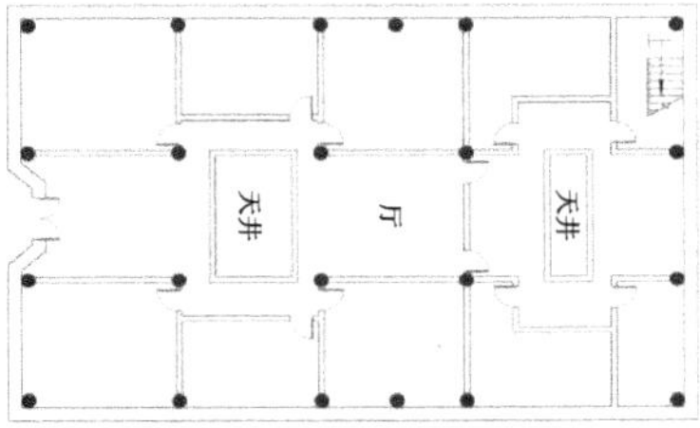	浦市黄家大院
7		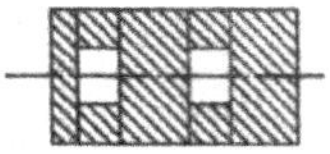	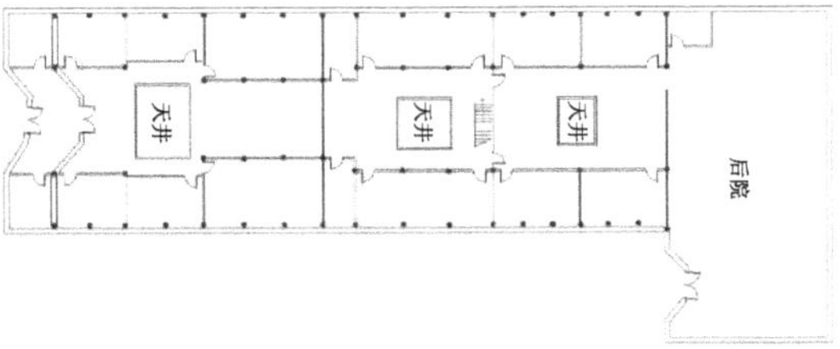 浦市镇吉家三重院之一	
8		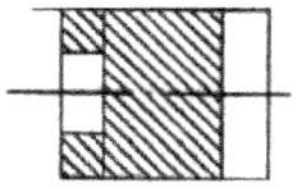	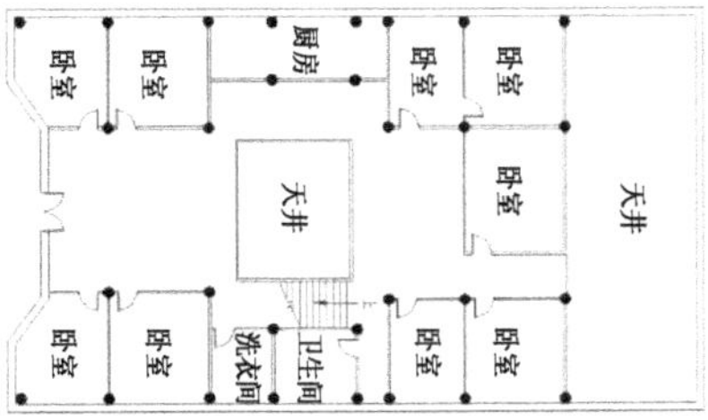	隆里关西第②

① 魏挹澧.湘西风土建筑[M].武汉:华中科技大学出版社,2010:169.

② 陈波.贵州隆里古镇保护研究[D].重庆:重庆大学,2005:21.

续表 2-4

序号	平面基型	衍化平面	实例	
9	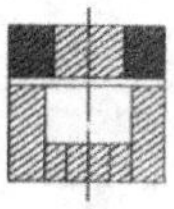	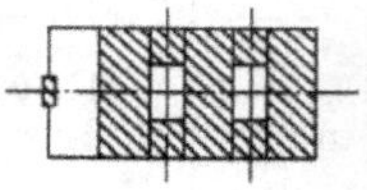	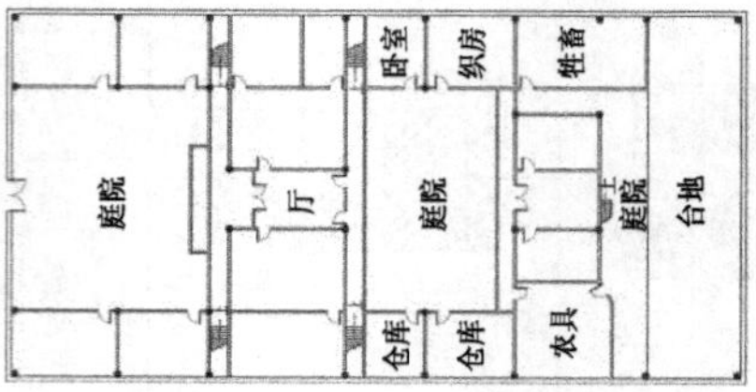	镇远周达文故居
10	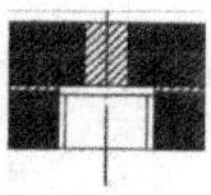	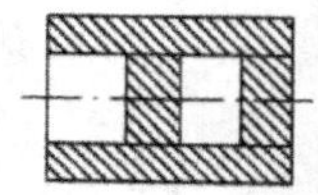	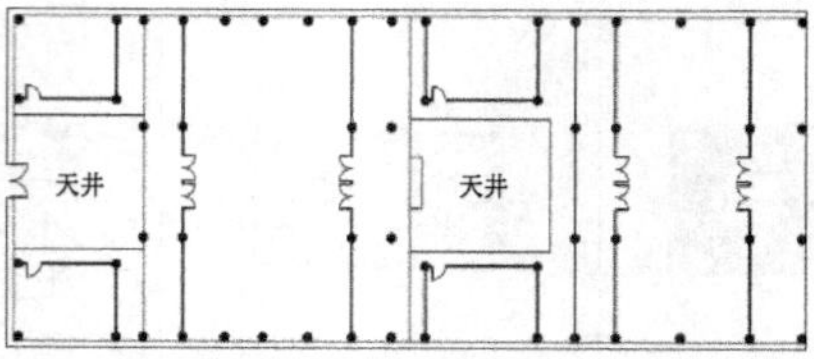	镇远邹公祠①

注：1. 表中平面基型和衍化平面引自：余英. 中国东南系建筑区系类型研究[M]. 北京：中国建筑工业出版社，2001：190-243。
2. 表中实例平面除注明外均为自绘。

对照余英先生归纳的平面基型衍化平面，不难看出沅水中上游的建筑与东南区系的建筑平面有很多类似的地方。如 1 属于闽东闽海建筑平面类型；2 属于广府建筑平面类型；3 属于徽州严州越海建筑平面类型；4 属于闽北闽海建筑平面类型；5 属于赣西相中建筑平面类型；6 属于太湖越海建筑平面类型；7 属于赣西流域建筑平面类型；8 属于闽南潮汕闽海建筑平面类型；9 属于浙西越海建筑平面类型；10 属于闽东闽海建筑平面类型。虽然，不能以此为依据来推断沅水中上游流域的这些集镇中的传统商贸建筑是来自平面基型所属地域的人们建造的，但至少可以说明这些建筑与东南区系的移民有关，并在房屋建造过程中受到上述地区的地域文化影响。

(2) 窨子屋的地域特征

“窨子屋”为大宅院，一般为有财力、有地位的商绅、士绅所建或共同筹建，按使用功能可分为住宅、商铺、会馆、书院、宗祠等几大类，实际上在具体使用过程中，很多功能是复合的，并不单一。如临街的商铺，有前店后宅、下店上宅，或上和后都是宅居；有些商铺也兼有仓储和生产的功能。作为居住的“窨子屋”，多采用合院式布置，此类建筑通常布置较为集中，偏置于集镇一隅或街后较深的小巷中。房屋一般坐北朝南，也有坐南朝北的；除留少量气孔外，对街巷仅留大门，界面呈封闭状态。

① 谭祺. 西南山地典型古城人居环境研究——贵州省镇远古城[D]. 重庆：重庆大学，2010：101.

如浦市的吉家三重院(表 2-4),镇远的周达文故居(表 2-4)等。

高墙、深宅、施以粉黛是“窨子屋”典型的整体外观特色,在一些建筑元素上还具有一些地域性特征:

① 多样的封火墙

“窨子屋”高高的封火墙均有防风、防火、防盗的功能。总体来说,封火墙形态较为厚重、装饰较为朴实,罕见雕塑彩画;墙体随屋面坡度层层跌落,多为三跌,也有一跌、二跌、四跌和五跌的,故也称“马头墙”。

但在不同的流域,其封火墙的形式在两个方面还存在着较明显的差异(表 2-5)。一是流域差异:以汉族为主体的㵲阳河和沅水中游流域,即“通京大道”的主要航道,封火墙较为硬朗、稳重,少见高耸的马头墙,在浦市、洪江、新晃等地甚至没有马头墙,只有高大平整的外墙,装饰也朴素、简单;而少数民居聚居地——辰水流域和清水江流域,封火墙则较为轻盈、高挑,特别是清水江上游黎平、隆里一带反差更为强烈。二是类型差异:普通民宅封火墙较低,较少装饰,注重实用;而如会馆、祠堂等公共建筑封火墙较高,形式较为张扬。

表 2-5 沅水中上游封火墙形式一览表

地点	流域	典型封火墙形式	备注
安江	沅水中游干流		河街某店铺
浦市	沅水中游干流		吉家三重院
洪江	沅水中游干流		墨庄

续表 2-5

地点	流域	典型封火墙形式	备注
黔阳	沅水中游干流	 	南正街
芷江	㵲阳河		黄甲街
新晃	㵲阳河		张宅——回春堂——刘同庆油号
铜仁	辰水	 	飞山庙/中南门街区
凤凰	武水	 	建新路
锦和	辰水		西正街

续表 2-5

地点	流域	典型封火墙形式	备注
镇远	㵲阳河		玉皇宫
旧州	㵲阳河		西大街
黎平	清水江		翘街
隆里	清水江		蜈蚣街

注:图片均为自摄。

(a) 旱天井

(b) 湿天井

(c) 半湿半旱天井

图 2-30　窨子屋的天井

(来源:自摄)

② 可变的天井

"窨子屋"的天井一般尺度狭小，在洪江、浦市、黔阳的"窨子屋"的天井还有旱天井、湿天井、半湿半旱天井之分(图 2-30)。湿天井是指"四水归堂"的天井，不过在该流域由于较宽出挑的屋檐和多层建的高度，天井显得更为深邃；半湿半旱天井就是天井上加有半坡屋檐，仅留窗洞大小，如同开启的天窗，少量雨水可落进院子；旱天井就是井上加有屋檐，铺有明瓦的，可透光、可防雨，能保持室内干燥，增加功能的使用面积。这种升出屋面的屋盖称之为天斗。这样使前后两进建筑间又多出了一个共享空间——"过厅"，也称"罩厅""抱厅"。其优势在于天井上覆有屋面，形成的院落又具有了室内厅堂的优点，其特点可概括为院厅复合：一方面保持了院落的采光通风；另一方面又使院落的日常生活因有屋面的遮蔽而变得更加自由灵活。在适应气候上，抱厅比天井更有优势，但在采光上稍差[①]。

③ 独特的晒楼、晒台

由于天井狭小，阳光少有直接落到院内，为了获取更多的阳光，在"窨子屋"上出现了晒楼和晒台(图 2-31)，用来晾晒衣物或存放杂物。晒楼常位于建筑一角，通风向阳，为四面、三面通透的空间。晒楼(晒台)的轻巧与"窨子屋"外墙的厚重形成的强烈对比，成为"窨子屋"独具趣味的亮点。此现象在洪江出现较多。

(a) 俯瞰晒楼　　(b) 远眺晒楼

图 2-31　晒楼

(来源：自摄)

④ 常见的斗窗

斗窗，也称亮斗(图 2-32)，用于采光，形如倒置漏斗，上装有亮瓦，光线直接从屋面引入室内，这对于一楼的大进深房间，有较好的采光、隔热效果。浦市、黔阳、托口等地较为常见。

窨子屋是在社会、经济、历史乃至自然环境共同作用下形成的，有着典型的自然环境约束和深厚的历史背景，是当地社会经济发展到一定阶段的必然产物。笔者认为窨子屋的产生有以下几个原因：

① 肖湘东，陈伟志. 湘西民族建筑的生态观[J]. 山西建筑，2006，32(6)：48.

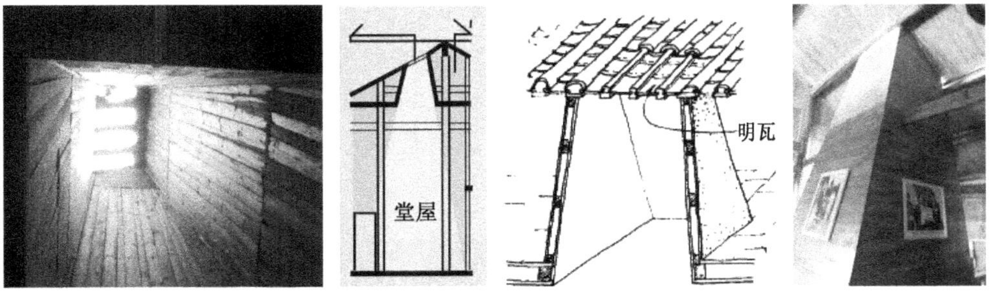

(a) 斗窗内部　(b) 斗窗剖面　(c) 斗窗轴视　(d) 斗窗外观

图 2-32 斗窗

(来源:自摄、自绘)

第一,适宜流域地理气候条件。流域春季阴雨连绵;夏季温度高,降雨量大,天气暑热,温湿多雨,蒸发大;冬季寒冷潮湿。这要求建筑需要良好的通风、有效的排水措施和隔热保温的围护结构。窨子屋形式多变的天井、高大厚实的墙体和宅院的平面结构良好地解决了这些问题。

第二,移民的影响。谭其骧《湖南人由来考》认为:今湖南人的祖先十分之九为江苏、浙江、安徽、江西、福建人,而江西又占其中的十分之九[①]。明洪武年间,300万江南人口沿沅水入滇。由此,湘赣民系对沅水流域的影响可见一斑。而这种移民又是不均衡的:沅陵、洪江、黔阳、镇远等地,由于历史上的改土归流、开通滇黔较早,商业发达、交通便捷,加上政区设置等原因,接纳了大量的移民;而峰峦重叠的武陵山、苗岭腹地,受"苗患"影响较大的凤凰,自然条件差的锦屏、天柱,由于少数民族人口集中,交通相对不便,人地关系紧张,限制了外来移民的迁入[②]。由此可见,沿沅水流域通往川黔的主要干道上,历朝重点把控的"据点"为移民的主要地点。这种移民特点直接反映在"窨子屋"的共同性上。

第三,实用主义的反映。在一些商贸发达的集镇,如浦市、洪江、托口等地,"窨子屋"的建筑形式未严格按湘赣民系民居来建造,这一差异应与商人文化有关。上述集镇历史上都是商贸重镇,未有行政官署设置,在集镇和建筑的营造上受行政干预相对较少,建造活动属于自发状态。集镇和建筑的营造是由若干个体的自愿意向和活动叠合而成的,反映的是不尽统一的主观意志和价值观的共存互动,物质形态常常呈现出均质性,呈"自由放任型"[③]。商人从本质上来说是没有主从关系的,思维方式上存在着兼容变通的特点。在"窨子屋"的建造中,商人以实用为前提,在维持基本形制的前提下,往往根据地形、地势、周边状况以及自己的需要对平面布

① 余英.中国东南系建筑区系类型研究[M].北京:中国建筑工业出版社,2001:110.

② 罗运胜.明清移民对湖南沅水中上游人口发展的影响[J].船山学刊,2008(4):42-45.

③ 王建国.现代城市设计理论和方法[M].南京:东南大学出版社,2001:18.

局和建筑形式做出一些变通。如出现了旱天井棚架，以增加建筑的有效使用面积；为获得更多的功能性空间，出现了专供瞭望和晾晒的屋顶晒楼；在天井中出现连接两侧的天桥(图 2-33)；在平面上出现顺应街道的弧线；在大门开启上，出现侧开、旁开，甚至斜开的方式(图 2-34)。这些因地制宜，不拘泥于形式，创造性的营建，形成了当地自己的地域特色。

图 2-33　洪江常德会馆天桥

(来源：自摄)

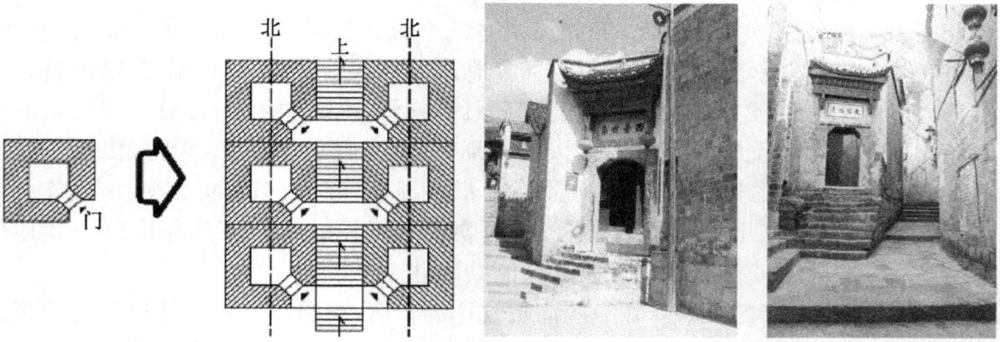

(a) 斜门与街巷关系示意图　(b) 斜门　(c) 歪道

图 2-34　镇远的“斜门歪道”

(来源：自绘、自摄)

第四，商品经济发展的必然产物。现存“窨子屋”是明清以后的遗物，又以清末民国初期的存世最多。当时，该地凭借着“通黔达楚”的交通优势，其物资生产、加工和转运的地缘优势日益凸现，无论是物流仓储还是商旅居家需要大量的坚固实用的综合型建筑，也出现一批与商贾活动密切相关的又具有一定宗教意义的公共建筑——会馆。“窨子屋”建筑特征适应了这一需求。

第五，防匪的需要。由于该流域特殊的地理位置，特有的物资流转背景及复杂的民族矛盾冲突，曾一度失控的中央集权和盘根错节的各种社会势力的长期纠结，特别是清末民初，军阀割据争夺，匪患不绝。剿匪、武装护商之类的事情林林总总。常有土匪入镇抢劫，富商巨贾们不得不高墙厚壁，增强防范，彼此毗邻簇建、坚壁自守又相互依托。处于武陵山南麓的洪江、浦市、托口、新晃等地窨子屋的马头墙垛的造型也随地面高差变化而作相应的跌落处理，有的甚至不做马头墙，以减少建筑物的识别性，而不像江浙地区马头墙逢脊必高、翘角对称。

综上可知：沅水中上游的"蛮夷"部落群是中华民族的祖先之一，也是中华民族农耕文明形成的基础之一，在这里形成了与中原文化几乎同步的土著文化。但由于其分布较为分散，没能形成与中原文化抗衡的势力，总体上呈多源性；楚文化最早入主该流域，由于其本身就是一种多元的开放的文化系统，对于原沅水流域的土著文化的态度是兼容并蓄，所以能深深地根植于这片土地，影响至今；中原文化从先秦起就一直影响着该流域，明清以前以融合为主，其后伴随着大规模移民才强势入驻该流域，成为主流文化。文化的多源特征是该区域地域文化多元性的肇始，多位文化在空间和时间的嵌入形成了该流域多元共生的文化层级现象。

2.2.2 地域文化的多元性

胡塞尔曾言：城镇是"文化传播中仅次于语言的一项最宝贵的集体发明"[①]，因为其为人类带来了广泛的接触和交流，促进了人类的进化，这种交流不仅作用于人类本身，同样作用于人类文化，并且于文化的意义远大于人类本身。文化总是处于发展的状态，它的这种动态性使得多元文化在集镇发展中不断碰撞、沉积，造就了风格多样的集镇空间差异[②]。沿沅水的湘黔古道更是各民族人口迁徙往来的集散之处[③]，情况复杂和多变。在沅水中上游的传统集镇的发展过程中，文化也是在不断发展和变化的，伴随着集镇发展经历了自身的扩散，不同文化间相互碰撞与融合，以及整合再发展的演变过程。文化被强加或者移植这一过程使得原有的文化的发展轨迹发生改变甚至被割裂，同时植入的文化必定留下其植入轨迹及所影响的空间区域。历史上，该流域在多种文化碰撞中发展，而集镇往往成为各文化角力的舞台，而碰撞的痕迹也将成为集镇历史的一部分。每个集镇都有自己的历史发展轨迹，这一轨迹是无法复制的，是每个集镇所特有的，不同的历史文化背景塑造了不同的集镇空间，并以各自不同的风格、形态、活力等形式加以表征。

另外，地域文化的多元性还体现在宗教文化的多元并存上。沅水流域是通往西南的驿道，也成为儒学、佛教、道教等的重要传播之地。如唐太宗曾下诏敕建的

---

① [美]刘易斯·芒福德.城市发展史：起源、演变和前景[M].宋俊岭，倪文彦，译.北京：中国建筑工业出版社，2005：58.

② 王靖.城市区域空间的文化性研究[D].哈尔滨：哈尔滨工业大学，2010：48.

③ 严奇岩.贵州未识别民族人口的分布特点和历史成因[J].民办教育研究，2009(2)：27-31.

佛学院——龙兴讲寺①(图 2-35)。镇远的青龙洞古建筑群为儒、佛、道三教合为一的实物表现,其占地 2.1 公顷,建筑面积 6 156 平方米,共由 30 多座靠崖连洞的单体建筑组成,分为青龙洞、紫阳洞、中元洞、万寿宫(江西会馆)四组建筑群(图 2-36)。近代,西方宗教也随着传教士的到来,深入乡镇,沿水集镇几乎都有传教士。现在铜仁、黎平、镇远、旧州、沅陵(表 2-6)、新晃龙溪口仍留有教堂(如图 2-37)。这一现象在沅陵表现得尤为突出:沅陵的宗教一条街,聚集了天主教天主堂、基督教永生堂、伊斯兰教、清真寺、佛教白圆寺、道教道观等五大宗教的教堂及寺庙;另外,基督教(福音堂)、天主教也分别于 1877 年和 1912 年传入镇远。

图 2-35 沅陵龙兴讲寺
(来源:自摄)

(a) 青龙洞山门

(b) 紫阳洞山门

(c) 中元洞山门

① 龙兴讲寺建于唐贞观二年(公元 628),早于千年学府岳麓书院 348 年,占地面积近 3 万平方米,建筑面积达 1.8 万平方米,规模宏大,工艺精良,用意于教化"蛮民",开化民智。

(d) 中元洞

(e) 紫阳洞(左)、青龙洞(右)、万寿宫(下)

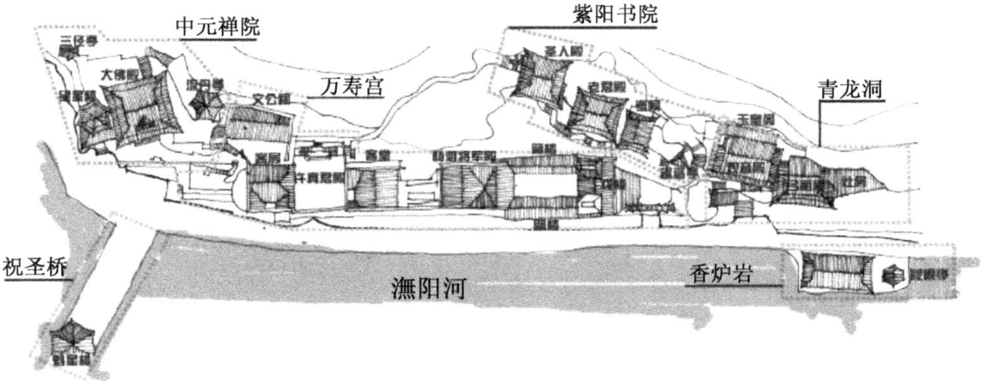

(f) 青龙洞古建筑群平面图(来源:谭祺.西南山地典型古城人居环境研究——贵州省镇远古城[D].重庆:重庆大学,2010:6

图 2-36　镇远的青龙洞古建筑群

(来源:实景为自摄)

(a) 沅陵基督教永生堂

(b) 黎平福音堂

（c）镇远天主教堂　（d）旧州天主教堂　（e）铜仁天主教堂　（f）新晃龙溪口福音堂

图 2-37　沅水中上游传统集镇中现存的教堂

（来源：自摄）

表 2-6　沅陵镇宗教建筑一览表

名称	所属宗教	始建年代	教徒人数	宗教建筑	地址
天主堂	天主教	1901	110	砖木结构，较简陋	宗教一条街
清真寺	伊斯兰教	1803	120	砖木结构，较简陋	宗教一条街
永生堂	基督教	1899	60	砖木结构，装修尚可	宗教一条街
白圆寺	佛教	康熙年间	100	砖木结构，仅有大雄宝殿，山门兼做天王殿	宗教一条街
龙兴讲寺	佛教	628（唐）		由头山门、过殿、二山门、大殿、后殿、观音殿等组成的体量宏大的唐宋建筑群	虎溪山麓
凤凰寺	佛教	1600（明）		砖木结构，有山门、大殿等	城南凤凰山
龙泉寺	佛教	1613（明）		砖木结构，仅留大殿和寺边龙泉	城西龙泉麓

来源：湖南师范大学旅游学院，沅陵县旅游外事侨务局. 沅陵县旅游总体规划[R]. 2004：20.

在历史的长河中，各族文化不断交融嬗变，经过接触、冲突、混杂、联结和融合，形成共生共存。笔者认为：因有大山的阻隔，沅水中上游文化的形成具有多源性；然而通过犬牙交错的河道，它们之间又产生交融、嬗变，经过历史的流觞，形成多元的地域文化特征。总的来看，对沅水中上游土著文化产生深远影响的有两个历史时期：①战国中晚期楚文化的侵入；②明清时期及以后汉文化的侵入。最终形成了以土著原始文化为潜流，以巴楚文化为干流，以汉文化为主流的多元文化格局。

2.2.3 民族地理空间格局

经过几千年的民族迁徙和融合，清代以后在沅水中上游流域形成以汉族为主体的侗、苗、土家、水等族的大杂居，小聚居的民族分布形态（图 2-38），地理空间上整体呈“两腋皆苗[①]，（汉）中通一线”的分布格局。

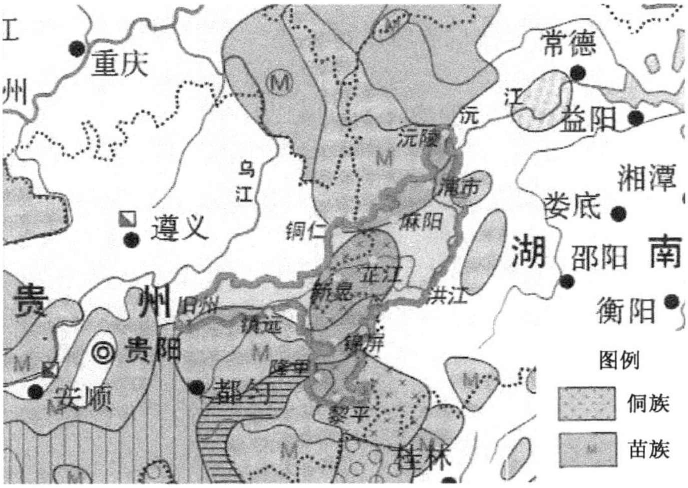

图 2-38 沅水中上游少数民族分布图

（来源：根据 http://tupian.baike.com/79357/5.html? prd=zutu_thumbs 改绘）

1. 移民与民族分布

从考古发现，商至西周时期沅水中游地区仍然以土著文化为主，它承袭了当地新石器时代末期石家河文化的遗脉，也受到中原商文化的冲击，但更多地保留了当地新石器时代所经历的高庙文化、松溪口文化、屈家岭文化[②]。尔后的发展却深受外来移民的影响，总体来说分为两个阶段：一是宋之前，当地民族人口占主体，外来移民逐步融入其中，并形成新的民族特征，可称之为入乡随俗阶段；二是宋元以后，特别是明清时期，汉族人口大量迁入和繁衍，逐步成为流域人口主体，可称之为反客为主阶段，直至今天形成大杂居，小聚居的民族分布状态。

1）入乡随俗

沅水中上游较大规模人口的流入可上溯至五帝时期：在涿鹿蚩尤联合了“九黎”与黄帝作战。“九黎”集团被炎黄两集团击败后南迁至洞庭、彭蠡一带，形成

① 此处“苗”是该地少数民族的统称。

② 杨志勇.沅水中上游商周考古学文化特点与民族格局[J].怀化学院学报，2006，25(12)：1-5.

了"三苗"集团。其被夏禹打败后,继续南退,部分进入了沅水流域,并逐步与当地住民融合,被称为"南蛮"集团,成为今天苗、瑶族的先民。周"南伐蛮方"和战国时期楚国武力拓边后,洞庭、苍梧[①]等地被占,苗、瑶先民又被迫向西迁入武陵山区,与当地少数民族一起被称为"武陵蛮"。春秋战国时,也有一些避世贵族进入该流域,融入苗瑶之间,如苗之宋姓、蔡姓,据传系春秋战国时宋、蔡之裔胤[②]。东汉时期中央政府对武陵地区连续用兵,"武陵蛮"又一次大规模迁移,一部分进入到㵲阳河和清水江流域的雷山、剑河、丹寨、凯里、黄平、麻江、锦屏、天柱等苗岭地界。

随后,中原的"永嘉之乱""安史之乱""靖康之难"后,大批中原移民南迁,江南成为全国社会、经济发达的区域,沅水中上游地区也随着这三次移民潮,逐步被开发。五代时,吉州刺史彭瑊(江西吉水人)归服楚王马殷,其带部属及百艺工匠千余人进入沅水流域,初居沅陵,后奉马殷之命,成为土家族首领吴著冲的助理。彭氏采取软硬兼的手段,除掉了吴著冲,并取而代之,成为土家族的首领,并被授溪州刺史。历经五代、宋、元、明到清雍正五年"改土归流"止,彭氏家族维持了八百年的土司统治。末代土司彭肇槐,因"献土有功",被清廷优遣回原籍——江西吉水。而庞大的彭氏家族,通过漫长岁月的融合,早已遍布武陵山区,成为地道的土家人[③]。

可见,宋朝之前移入沅水中上游的中原汉族除在少数几个已经长期处于王朝统治的集镇外,大多数融入当地的社会、文化、经济当中,"久处苗峒,与之俱化",成了"当地人"。如"花苗",有学者认为其为"外来汉族之化于苗者也"[④]。但他们带来的先进的生产工艺和文化也对当地的经济文化起到了巨大的促进作用,改变了还处于"刀耕火种""渔猎,不事商贾"阶段的原始的生产生活方式,并深刻影响到人们的住居理念及集镇和建筑的营造,对早期商业的产生与发展起到了重要的促进作用。

2) 反客为主

宋王朝加大了对沅水流域的统治力度,熙宁年间(1068—1077)开"南江蛮",设州置县,驻军移民;南宋时期,大规模移民涌入,辰、沅、靖三路人口比北宋后期增长了五倍;元开通"通京大道"后,沿㵲阳河、沅水干流设置了驿站;至此,沅水以官道的形式正式登上了历史舞台。明初由于政治、军事和经济等原因,汉民开始对该流

---

① 苍梧即苍梧山,又称九嶷山,位于今湖南南部宁远县。

② [明]沈瓒编撰,[清]李涌重编,陈心传补编,伍新福校点,湖湘文库编辑出版委员会. 五溪蛮图志[M]. 长沙:岳麓书社,2012:250.

③ 李怀荪. 古代移民与湘西开发[J]. 民族研究,1995(1):60-63.

④ [明]沈瓒编撰,[清]李涌重编,陈心传补编,伍新福校点,湖湘文库编辑出版委员会. 五溪蛮图志[M]. 长沙:岳麓书社,2012:250.

域进行大规模的移民，至清代已根本上改变了当地人口结构和社会经济发展状况。明清移民潮之后，沅水中上游地区（湖南境内）的人口总数大约为 42 万人，而移民就占了 22.2 万，占该区域总人口的一半还多[①]。可见移民之巨，成化之深。

从明初到明末，江西大约有近千万的人口流向湖南、湖北、河南、四川、贵州、云南及其他地区。这些移民中，工商人口占相当大的比重。明人张瀚说："（江西）地产窄而生齿繁，人无积聚，质俭勤苦而多贫，多设智巧技艺，经营四方，至老死不归。"由此可见，江西移民多从事工商业且多为贫苦无定产者。这些散布在全国各地的江西商人，或久居一方，或往来于江西与各地之间，形成了人数众多的江西商人的巨流。据凤凰知名老人曾君武先生回忆，他于 1917 年出生于凤凰，其父是光绪年间由江西丰城迁来凤凰经商的。由于当时江西又称"江右"，故被称为"江右商人"或"江右商帮"。"豫章之为商者，言其适楚，犹门庭也。"到清朝时，竟有"无江西人不成商场""无江西人不成码头"[②]之谚，江西人到处都是，水旱码头尤多。江西商人的这一特征及其他因素一道，决定了明清江西商人和商业文化的几个明显特点：人数众多、资金较少、活动地区广、经营行业多、渗透力极强而竞争力较弱[③]。

清雍正、乾隆时在该流域推行"改土归流"时，大批土司被强行迁入江西。原因是他们的原籍就在江西，其祖、父辈通过经商等方式至少数民族居住地，入乡随俗，服饰、语言及其他生活习惯均与当地居民无异，又因有文化、有财产，遂通过各种办法谋取土司的职位[④]，"改土归流"后遂被遣回原籍。这也证明了江西人为该流域主要的移民。

明清时期，通过国家驿道的建设和大规模的移民屯田，不仅使沅水中上游地区人口出现了激增的趋势，并且使人口结构在族源、血源上产生了历史性的更换，形成了新兴的人口发展区，也产生了各地区间社会观念、生活习惯生产方式的交融与重构，同时带来了经济文化的交流和发展。移民对流域的工商业的发展起了积极的推动作用，并在明清时期形成了比以往与中原更为相同或相近的社会观念及生产方式的经济区，促进沅水中上游地区与长江中下游地区经济的联系。"改土后，客民四至"，中原地区的农民、手工业者和商人纷纷进入沅水中上游，"攻石之工，攻金之工，摶埴之工，设色之工，皆远来矣"[⑤]。这些移民的到来，加快了商业的发展，

---

① 罗运胜. 明清移民对湖南沅水中上游人口发展的影响[J]. 船山学刊，2008(4)：42-45.

② 武占坤. 中华风土谚志[M]. 北京：中国经济出版社，1997(2)：939.

③ 方志远，孙莉莉. 地域文化与江西传统商业盛衰论[J]. 江西师范大学学报（哲学社会科学版），2007，40(1)：52-61.

④ 方志远，孙莉莉. 地域文化与江西传统商业盛衰论[J]. 江西师范大学学报（哲学社会科学版），2007，40(1)：52-61.

⑤ 邓必海. 试论湘西民族集镇的形成和发展[J]. 吉首大学学报（社会科学版），1986(3)：19-25.

一些集镇因之而兴起、繁荣，集镇数量和规模上都有较大发展。而汉民的主体地位逐步被确立，则主要是通过军屯、商屯、民屯等屯垦的方式完成。有些集镇已经完全汉化，少数民族人口已基本不成规模，如江口、镇远等(表 2-7)。

表 2-7　民国时期沅水中上游部分县汉民与苗民①人数状况一览表

现所属行政区划	县别	人口总数	苗民数	比例
湖南怀化	凤凰	130 860	81 849	1∶0.625 5
	芷江	222 328	7 503	1∶0.033 7
	泸溪	109 165	5 974	1∶0.054 7
贵州铜仁	铜仁	92 614	5 494	1∶0.059 3
	江口	69 026	320	1∶0.004 6
贵州黔东南州	镇远	128 303	1 600	1∶0.012 5
	锦屏	65 019	39 005	1∶0.599 9
	三穗	63 051	6 056	1∶0.096 0

注：根据[明]沈瓒编撰，[清]李涌重编，陈心传补编，伍新福校点，湖湘文库编辑出版委员会. 五溪蛮图志[M]. 长沙：岳麓书社，2012：253. 资料整理。

3) "汉文化孤岛"现象

明王朝为控制这片"化外之地"，不仅在各要道上屯有重兵，还深入"蛮地"建立了一些军事屯堡，进行了大规模的军事移民，如在黔东南苗乡侗寨包围之中的汉族古城——隆里。在建筑的营造和生活习俗上最初基本会延续原居住地的风格和形式，不被四围苗、侗等少数民族文化所消融，与当地的建筑风格、形式相差甚远。这些深入"蛮地"的军事屯堡成了"汉文化孤岛"的独特现象，而这些屯堡日渐成为周边农副产品的集贸场所。

明洪武十八年(1385)年，为肃清盘踞西南的元军残余，朱元璋派第六子朱祯率大军进入滇黔。大军沿途征战之处屯军固守，设立了很多军事屯堡。隆里也是同一时期所设的千户所，军民主要来自安徽、江西、江南一带，军屯于此后，便世代留守。隆里在历次民族冲突中几经兴废，但始终扎根于这片黔东南少数民族腹地，在军事和文化上与周边少数民族长期处于一种矛盾对峙的状态。600 余年，隆里的军士后裔"孤独"地守望着，顽强地保留自己汉文化的本色。这种"因对峙而建立，因和谐而存在"的情景，使该流域成了"汉文化孤岛"。这一现象被余秋雨先生称为

① 因该流域的少数民族成分的划分主要是在 1949 年后，所以此处所记"苗民"实则该地主体少数民族的总称，包括瑶、苗、侗、仡佬等民族。

“第四种文明冲撞的文化模式”——汉文化与当地苗侗少数民族主流文化冲撞融合的一种典范的东方文化模式。[①] 这种独特的文化在隆里建筑及人们的生活方式中折射出来的。其建筑风格具有明显的徽派特征，但掺揉了当地苗、侗文化，色彩艳丽，精美古朴，与地道的黑白两色的徽派建筑差别明显(如图 2-39)，尤其是建筑入口均为“八”字形吞口形式，但上方做成类似穹顶式天棚，并施以彩画。这一做法为该流域独特的建筑现象(如图 2-40)，其既反映了汉人移民特征又具有丰富的地域特色。

图 2-39　隆里传统建筑——科甲第

(来源：自摄)

图 2-40　隆里的建筑入口

(来源：自摄)

隆里现完整地保存着明清时期的城镇格局(图 2-41)。街道横平竖直，东西向的西大街、东大街横贯全镇，南大街及西背街、张所街、木马街、王家巷等南北向街巷与之成“丁”字形交叉。这一街巷格局出于当地人的防御和趋吉心理：因为深入苗地，人们害怕“城失”，“城失”意味着“人亡”，为避讳“十”与“失”谐音，隆里古镇的街道不是呈“十”字形，而是“丁”字形，暗喻人丁兴旺。因此北门只有城楼没有城门。隆里人注重诗书传家，出仕从宦，至今很多宅子仍留有“书香第”“科甲第”“耕读传家”的门楹。城中的龙标书院据传是曾贬谪隆里当龙标尉的王昌龄讲学之所，龙标书院因此成了当时黎平府八大书院之首，也是区别隆里与周边少数民族村寨

① 李琼英. 传统与跨越：贵州民族地区著名古镇文化资源与建设研究[J]. 贵州大学学报(社会科学版)，2012，30(5)：58-62.

不同文化背景的标志,另外,隆里的汉戏和"花脸龙"舞龙活动,也被誉为中原文化的活化石。

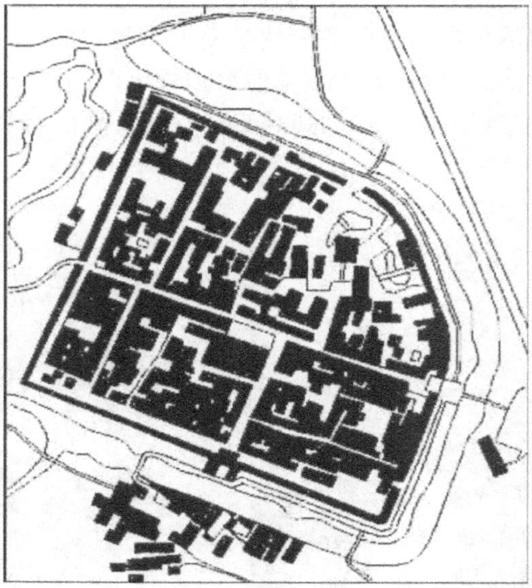

图 2-41　隆里古镇格局

(来源:自绘)

历史上的历次移民使得原住民(如侗族、苗族等)被迫迁往山地等土地相对贫瘠的地区,在沿沅水干流和主要支流的地势较平坦的盆地、台地、山谷等土地肥腴之地汉民逐渐成为主体,而集镇所在之处,也悉数为汉人所据。这成为当前民族地理空间分布格局的主要原因。然而因为交通线路和军事屯守的形势,这种分布呈现出犬牙交错、相互渗透的不均匀状态,总体上来看仍是以汉族居"通京大道"一线,其他少数民族居其两厢的武陵山区和苗岭山区的大杂居、小聚居的分布状态。

2. 水系与民族分布

由于历史和自然环境的原因,本文所涉及的水系在民族分布上也各有自己的特点:①清水江水系:清水江主要流经苗岭大山,水流湍急,水、陆皆难行,为少数民族聚居地,汉人少有。主要少数民族有侗族、苗族、水族。侗族主要分布在湘黔交界地;苗族主要分布在清水江干流;水族间于其中分布。②㵲阳河水系:尽管水系穿越苗侗的历史聚居区,但由于"通京大道"水陆两线均沿㵲阳河走向,经过历代政权的长期经营,形成了以汉人为主体的杂居状态,即上游为汉苗杂居,中游为汉侗杂居,下游至黔阳入沅水,为汉人聚居地。③辰水水系:在辰水水系上游由于靠近乌江水系的主航道,很早就有巴蜀南下的汉人经营,主要为汉族聚居;中游主要为武陵山脉,一直为苗族聚居;下游辰水于辰溪镇注入沅水,靠近沅水主航道,为苗汉杂居,且表现为越是靠近水系航道,汉族比例越高,越是偏远山区,苗族比例越高。④沅水中游:沅水中游芷怀盆地基本为汉人聚居,在北部武陵山区,由以汉人为主体的苗、土家族杂居。

从上述三个主要民族的分布状况来看,具有以下特点:流域南部民族的分布基本以清水江为界,汉族主要分布在苗岭山脉及清水江以北地区"通京大道"沿线集镇,而少数民族则主要分布在清水江以南地区。其中,苗族主要分布在清水江以南的雷公山山区和月亮山区和清水江以北的今黄平县和施秉县地区。而侗族则主要分布在清水下游的黎平县、锦屏县以及月亮山区的榕江县和从江县,而清水江上游的重安江支流地区也有分布[①]。北部基本以辰水为界,辰水北面为苗族,东南、西南为汉族,南面为侗族。在最北端沅陵、泸溪间有土家族杂居。

当然这种边界并不是绝对的,因为民族聚居的边界本身就很模糊,加之地处西南文化区与东南文化区的交接带,交互作用的影响更强,边界更模糊;再者聚居不可能均质地分布,有的地方集中一些,有的地方分散一些,有的地方民族特色典型一些,有的则弱一些。总之,很难形成较为完整、连续、均质的区域。

3. 集镇与民族分布

沅水中上游的传统集镇虽然大部分是以汉族为主体,但仍然有一定规模的少数民族聚居,尽管人数不占多数,但形成了聚居形态。各镇的民族成分与该流域民族分布大体一致。

沅水中游的传统集镇中沅陵为土家、苗、汉杂居,上至怀化盆地主要为汉族聚居;芷江、新晃是侗族聚居地。㵲阳河的镇远地区为汉族聚居,黄平旧州地区为汉、苗侗族聚居地。清水江干流为苗族聚居地,黎平地区为侗、苗、水族聚居地,间有汉族杂居。由上可知,处于国家驿道上的㵲阳河和沅水中游等地,已逐步被汉化;而交通较为不便的清水江流域仍主要是少数民族的聚居地(表 2-8)。

表 2-8 沅水中上游传统集镇少数民族分布及行政层级一览表

序号	名称	少数民族成分	所属水系	所属行政区	行政层级
1	铜仁	苗、侗	辰水	贵州铜仁市市区	清府治,现市治
2	锦和镇	苗	辰水	湖南怀化市麻阳县	清县治,现镇治
3	沱江镇	苗	辰水	湖南湘西州凤凰县	清直隶厅,现县治
4	思旸镇	侗	㵲阳河	贵州黔东南州岑巩县	清府治,现镇治
5	平溪镇	侗	㵲阳河	贵州铜仁市玉屏县	清县治,现县治

① 杨春.清代黔东南地区交通地理与民族关系重构[D].武汉:中南民族大学,2012:8-9.

续表 2-8

序号	名称	少数民族成分	所属水系	所属行政区	行政层级
6	旧州镇	苗、侗	㵲阳河	贵州黔东南州施秉县	清巡检司，现镇治
7	洪江镇		㵲阳河	湖南怀化市洪江区	清巡检司，现区治
8	龙溪口镇	侗	㵲阳河	湖南怀化市新晃县	清无
9	芷江镇	侗	㵲阳河	湖南怀化市芷江县	清府治，现县治
10	㵲阳镇		㵲阳河	贵州黔东南州镇远县	清府治，现县治
11	茅坪镇	苗	清水江	贵州黔东南州锦屏县	清无，现镇治
12	隆里乡		清水江	贵州黔东南州黎平县	清军户所，现乡治
13	凤城镇	苗	清水江	贵州黔东南州天柱县	清县治，现县治
14	德凤镇	侗	清水江	贵州黔东南州黎平县	清府治，现县治
15	三江镇	苗	清水江	贵州黔东南州锦屏县	清县治，现县治
16	黔阳镇		沅水中游	湖南怀化市洪江县	清县治，现县治
17	浦市镇	土家、苗	沅水中游	湖南湘西州泸溪县	清巡检司，现镇治
18	安江镇		沅水中游	湖南怀化市安江县	清巡检司，现镇治
19	沅陵镇		沅水中游	湖南怀化市沅陵县	清府治，现县治
20	托口镇	侗	沅水中游	湖南怀化市会同县	清无（现大部拆毁）

注：①本表中集镇的少数民族是指有一定规模的少数民族群体，而不是指集镇人口构成比例中占多数的民族。

2.3 小结

在不同的历史阶段，自然和人文因素所起的作用是不同的：人类文明发展的程度越高，自然因素影响所起的作用便越小，人文因素所起的作用就越大，反之亦然。基于这一观点，本章从自然和人文两个方面概括了沅水中上游流域的区域性特征，分析了该流域传统集镇商贸空间生存的区域背景，对该流域的气候、地形地貌、山情水势、自然资源等自然地理及环境特征作了简要的概述，指出自然条件是传统集镇和商贸活动形成的基础条件。本文从时间和空间跨度分析了该流域文化层级现象，认为各种不同时间、不同地域、不同种族的文化的接触、冲突、交融，客观上造成了该流域的地域文化的特殊性，并且必然在社会制度、意识形态，乃至建筑形制上反映出来，同时分析了该流域地域文化的多元性特征和民族地理空间格局，认为该流域是巫楚文化、苗侗文化和中原文化交融互动的区域，既存在冲突又相互融合，指出自然地理的过渡性和文化的多层叠积与交融使得沅水中上游成为多种文化交替、磨合的区域，具有边缘性和多元性特征。换而言之，传统集镇商贸空间的形态和空间格局的演变始终离不开使用者和营建时所处的自然地理环境与历史人文背景。

3 传统集镇空间格局及历史演进

沅水中上游水系发达、溪河众多，境内山脉错列，大小山间盆地星罗棋布，水路曾是主要的交通方式，起着主导作用。此间形成的各大小集镇多位于各大小干支流的交汇处，干支流的水运条件很大程度上决定着其发展规模。当时沅水干流与几大主要支流交汇处的沅陵、泸溪、辰溪、洪江、黔阳、托口以及干流沿岸的浦市、安江、镇远等几乎都是当时这一流域内最繁华的集镇。传统集镇分布表现出沿江河的轴向发展特征，形成线状多中心的空间格局。本章重点分析沅水中上游传统集镇在地理空间上的分布格局及其空间特征，并在此基础上揭示该流域传统集镇空间形成与发展的历时性特征。

3.1 流域传统集镇空间的"点—轴"结构特征

3.1.1 "点—轴"空间结构理论

根据中心地理论和增长极理论，结合中国城镇发展的规律，陆大道教授提出具有四个阶段特征的"点—轴"(图 3-1)城镇发展模式：一是原始阶段，点—轴形成前的均衡阶段，地理空间的表征是均质的，社会经济客体为散点状分布，呈无组织状态。二是初始阶段，点—轴同时开始形成，区域局部开始有组织状态，区域资源开发和经济进入动态增长时期。在集聚效应和规模效应的作用下，空间开始形成集聚的点。交流与交往促使轴系统开始形成，该轴必然与点之间存在着关联，并组合构成了简单的空间结构，集镇开始出现。三是形成阶段，由于轴的出现，社会经济客体开始加速聚集，在轴上出现新的节点，集镇发展开始出现等级之分。而发展轴线也出现不同规模，以发展次轴形态向四周延伸，以提高整个区域的可达性。这些发展使得点—轴系统框架形成，社会经济演变加速，空间结构变动幅度增大。四是成熟阶段，"点—轴"空间结构系统形成，区域进入全面有组织状态[①]。

① 谢毅. 基于点轴理论的重庆市城镇空间结构演变实证研究[D]. 重庆：重庆大学，2010：15-16.

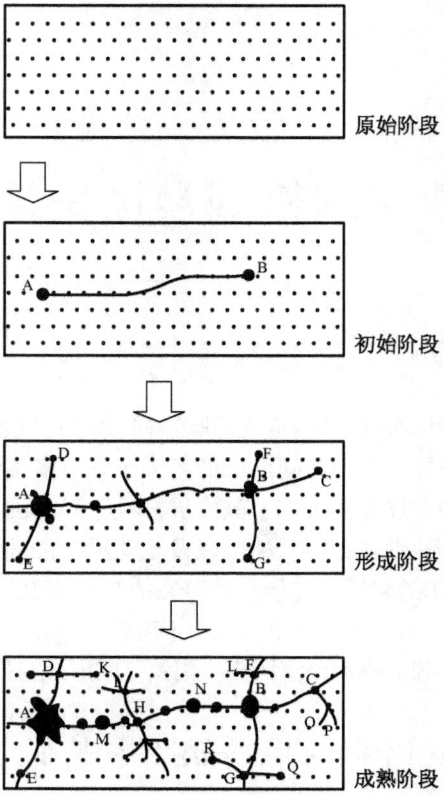

图 3-1　点—轴模式发展阶段示意图

(来源:陆大道.区域发展及其空间结构[M].北京:科学出版社,1995)

"点—轴"理论的提示是:点的出现是系统形成的基础,即必须有原始的集聚现象,出现集镇。一旦点形成后,轴的产生变得重要,即交流交往的方式,这里运输方式及线路是轴的主要形式,并随着其他自然、社会、经济等因素的参与延展成系统。

对于沅水中上游来说,集镇首先在东西两端出现,进而沿沅水主要航道向中部延展,沅水主水道和"通京大道"成为主要发展轴,形成横贯东西的点—轴的空间结构关系;接着沿支流和陆路横纵向展开,拓展到整个中上游区域,形成空间系统。

3.1.2　水轴

沅水中上游流域以水运为主要交通模式,是该区域主要发展轴,传统集镇基本以水为轴沿三条水系分布:

1. 㵲阳河——沅水中游

㵲阳河是沅水最大、最长的支流,其河道一直延伸至离贵阳市 100 千米左右的地界，而且㵲阳河河道相对较宽，河流相对平缓，通航能力较强，其流域也开发较早，河道至湖南境内，与清水江汇合后为沅水中游。自西向东分布着黄平（旧州）、镇远、岑巩、玉屏、新晃、芷江、黔阳、洪江、安江、浦市、沅陵等传统集镇。通京大道也大体沿此河道至湖南境内。

2. 清水江

清水江是沅水河上游，该流域支流众多，沿河崇山峻岭，交通不便，主要为苗族聚居地。清水江河道较为曲折蜿蜒，激流险滩较多，其上游西行不便，向南可与珠江水系沟通。自南向北分布着黎平、隆里、锦屏、茅坪、天柱，至湖南托口等传统集镇。

3. 辰水

辰水自贵州铜仁流入湖南，其上游称为锦江；入湘后，水道逐渐平坦开阔，可常年通航，在辰溪镇注入沅水河。溯辰水而上，进入铜仁后，可换陆路入乌江水道西行，或北上入渝，这也是自中原往西南的重要孔道。

上述河流均在湖南境内注入沅水：㵲阳河与清水江在黔阳汇合，自此至沅陵为沅水中游，分布着黔阳、洪江、安江、辰溪、浦市、泸溪、沅陵等传统集镇。

3.1.3 节点

轴出现后，在地理空间上的河流交汇区域形成东、中、西三个传统集镇节点：

（1）以旧州、镇远为中心的沅水上游西部节点。其北可进入乌江水系，抵川渝；西可经“通京大道”入滇，与西南丝绸之路相连接；南可进入珠江水系达两广。

（2）以黔阳、洪江、芷江、托口为中心的中部节点。主轴与清水江支轴交汇于此，是东南经湖南进入滇黔的水路和陆路的中转站。黔阳、洪江、托口分别是清水江与㵲阳河的交汇口、巫水与沅水的交汇口、渠水与清水江的交汇口；而芷江为通京大道水陆的转运处。

（3）以浦市和沅陵为中心沅水中游东部节点。主轴与锦辰支轴交汇于此，有武水、辰水、酉水三条主要支流注入，也是由湖南进入川渝的重要中转站。

3.1.4 空间结构

根据不同河道集镇分布数量和驿道主要走向，现存传统集镇空间分布呈“一主轴，两次轴，多核心”的空间格局（图 3-2）。

一主轴：黄平（旧州）—镇远—岑巩—玉屏—新晃—芷江—浦市—沅陵

两次轴：

锦辰次轴：铜仁—凤凰—麻阳（锦和）—辰溪

清水江次轴：黎平—隆里—锦屏—茅坪—天柱—托口—黔阳

多核心：东、中、西三个传统集镇群所形成的节点

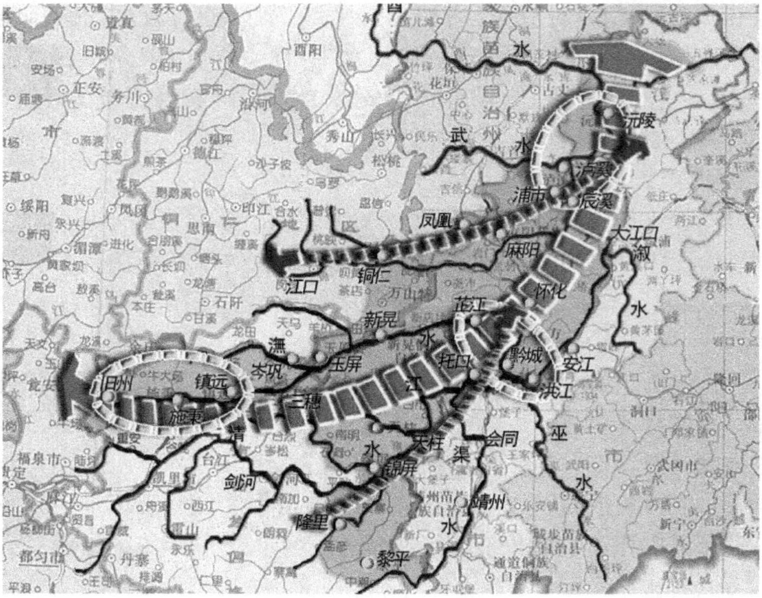

图 3-2　沅水中上游传统集镇空间结构图

（来源：自绘）

3.2 流域传统集镇空间的离散结构特征

学者施坚雅指出在经济空间里成长起来的区域关系是真正地推动社会的动力，“贸易可能因为区域行政体系的薄弱而显出其重要性，但更重要的是，贸易比行政来说，更加显著地受地貌的制约，因为它对经济距离很敏感。因此，在塑造都市体系过程中，地貌制约与贸易模式倾向于互相强化”①。受制于地理条件，该流域驮货的马和骡子一天行走不超过 40 千米，脚夫（或称挑夫）一天最多能跋涉 20 千米②。本文取其平均值：30 千米/天作为该流域经济距离。

对沅水中上游来说，尽管元以后加大了对该区域的行政力度，但相对中原等地区来说，仍然显得薄弱，商贸是该地区发展的主要推力，通京大道的修建，既是加强对该地区的统治，更大的因素是沟通与西南的联系和与西南丝绸之路的对接，行商贸之利。

本文分别以沅水中上游主要通航水道和通京大道作为参考，以最短距离作为

① 毛刚. 生态视野 · 西南高海拔山区聚落与建筑[M]. 南京：东南大学出版社，2003：34.

② [美]James Z Lee. 元明清时期中国西南地区的交通发展[J]. 林文勋，秦树才，译. 思想战线，2008(2)：70-75.

参考数值(表 3-1),可以得出水系、通京大道与传统集镇空间距离①分析图表(表 3-1),反映传统集镇与水系和通京大道的空间关系。

表 3-1 沅水中上游主要集镇与主要交通线路距离统计表(单位:千米)

序号	集镇名	㵲阳河——沅水水道	辰水水道	清水江水道	通京大道(陆路)
1	沅陵镇	0	—	—	0
2	黔阳镇	0	—	—	43.7
3	芷江镇	0	—	—	0
4	铜仁	39.9	0	—	39.9
5	新晃龙溪口镇	0	—	—	0
6	安江镇	0	—	—	30.4
7	麻阳锦和镇	30.7	0	—	22.63
8	洪江镇	0	—	—	52.1
9	镇远㵲阳镇	0	—	—	0
10	浦市镇	0	—	—	0
11	黄平旧州镇	0	—	—	0
12	岑巩思暘镇	7.6	—	—	0
13	玉屏平溪镇	0	—	—	0
14	凤凰沱江镇	52.4	3.7	—	22.4
15	黎平德凤镇	129.1	—	51.3	136.6
16	隆里	111.3	—	29.3	119.1
17	锦屏三江镇	82.2	—	0	123.4
18	天柱凤城镇	70.8	—	18.8	107.9
19	茅坪镇	78.1	—	0	114.5
20	托口镇	19.6	—	0	52.7

注:① 不属于同一水系的未计算距离;
② 只计算线路的理论直线距离,未考虑地形对路程的影响;
③ 水系只考虑可通航的主要河流,较小支流未予考虑;
④ 小于 1 千米未予计算。

① 空间距离并不是指经济距离,经济距离还需要计算在此距离上所付出的经济代价。例如从天柱到㵲阳河的距离,如果从天柱到新晃只需 47.7 千米,而从天柱到黔阳是 64.3 千米,从空间距离看似乎天柱到新晃所花的代价低;但事实上,其行走需要翻山越岭,远比顺清水江而下到黔阳的代价要高得多。此处只考虑水系与传统集镇的依存关系,故经济代价就暂且搁置一边了。但与通京大道的空间距离适当地考虑了这一因素。

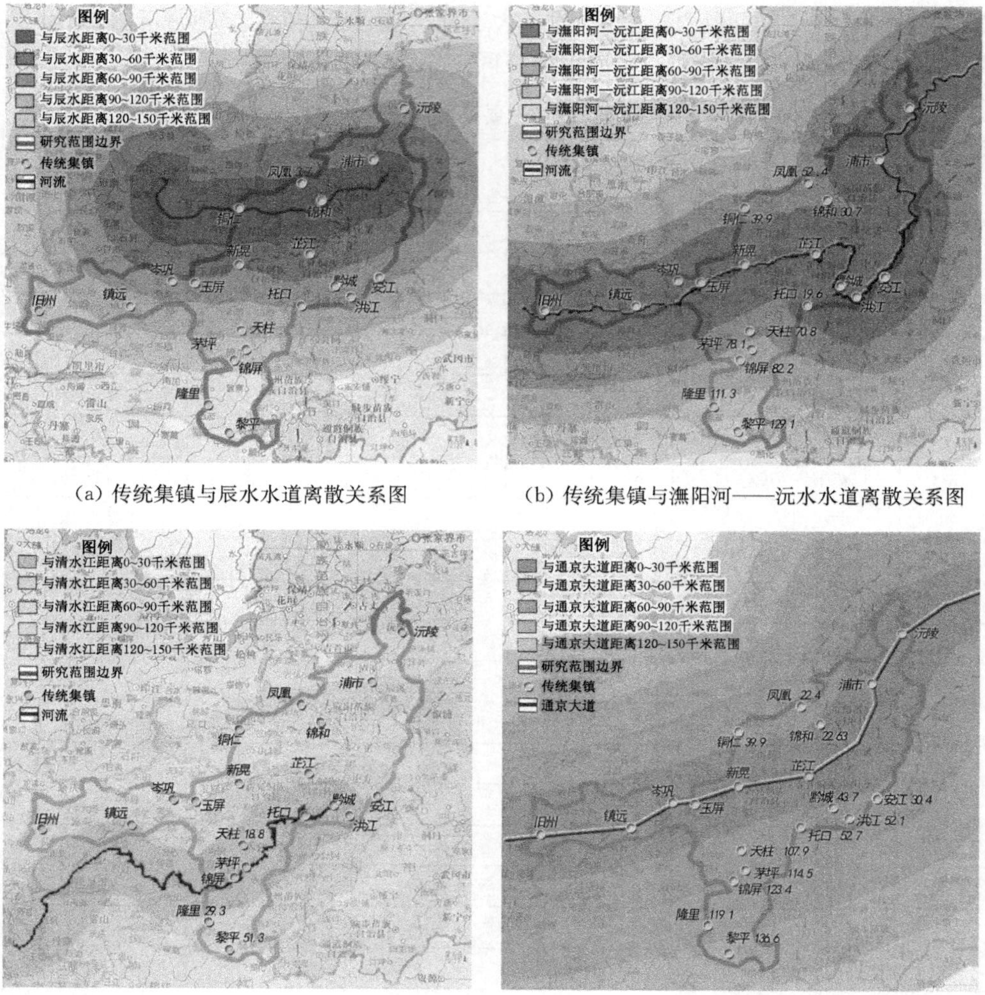

(a) 传统集镇与辰水水道离散关系图　　(b) 传统集镇与潕阳河——沅水水道离散关系图

(c) 传统集镇与清水江水道离散关系图　　(d) 传统集镇与“通京大道”离散关系图

图 3-3　沅水中上游传统集镇与主要历史交通线路离散关系分析图

(来源：自绘)

3.2.1　传统集镇与水道的离散特征

根据统计结果，20%的传统集镇距水系有一定距离，80%的传统集镇分布在水系旁，其中 50%的传统集镇分布在潕阳河——沅水中游水道(如图 3-4)，10%的传统集镇分布在距其 30 千米范围内；15%的传统集镇分布在 60 千米范围内，15%的传统集镇分布在 90 千米范围内，5%的传统集镇分别分布在 120 千米和 150 千米范围内。传统集镇的分布与水系的空间格局存在着一定的线性离散特征(如图 3-3a、b、c)。

3.2.2　传统集镇与"通京大道"(陆路)的离散特征

传统集镇与通京大道(陆路)空间距离关系也有类似的规律(图 3-5、图 3-3d),但相对较大。根据统计结果,40%的传统集镇位于通京大道上,60%的传统集镇距通京大道有一定距离,其中 15%的传统集镇分布在分布在距其 30 千米范围内,20%的传统集镇分布在 60 千米范围内,15%的传统集镇分布在 90 千米范围内,5%的传统集镇分别分布在 120 千米和 150 千米范围内。

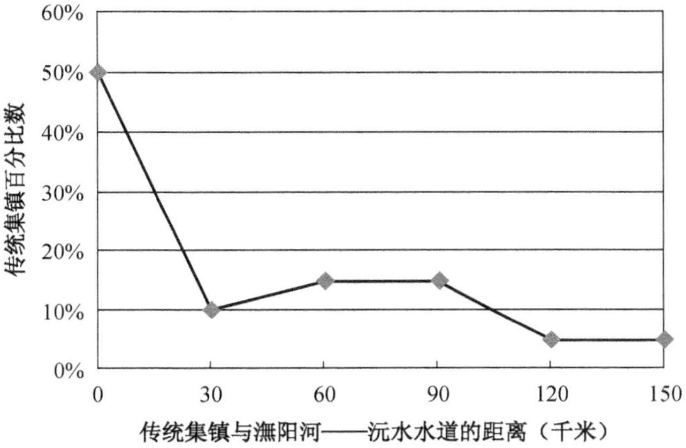

图 3-4　沅水中上游传统集镇与溆阳河——沅水中游关系图

(来源:自绘)

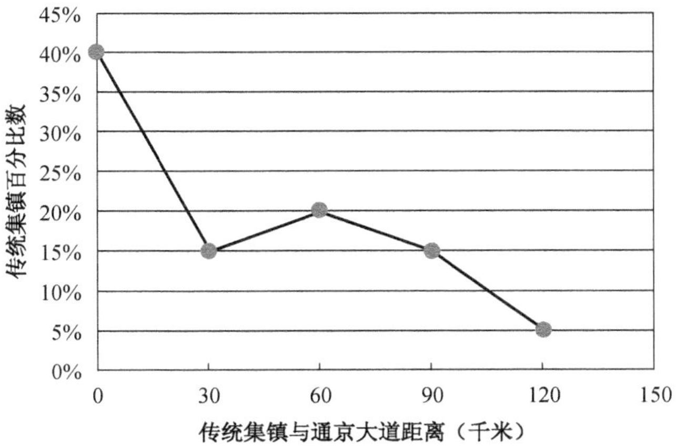

图 3-5　沅水中上游传统集镇与驿道关系图

(来源:自绘)

在沅水中上游以水系为发展轴体现出相互之间的主次关联，它们之间或聚集或离散。这种特征与自然条件、社会经济的水平以及历史发展过程密切相关，它们直接影响了商贸空间的形态和空间构成。

3.3 流域传统集镇的职能结构特征

由于历史作用于每个集镇因素不同，故每个集镇发展各有不同，最终形成的职能也不尽相同。很多集镇职能逐渐多元化，现存传统集镇单一职能的较少，往往都具有多种综合职能，如镇远既是军事屯堡，又是商贸巨镇，还是交通枢纽。沅水中上游流域传统集镇大致有四种较为突出的职能：交通、商贸、军事和地区行政中心（图 3-6）。

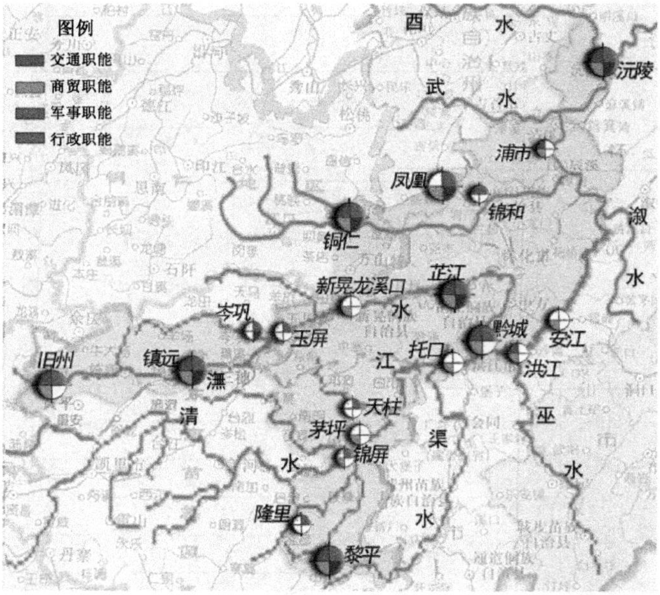

图 3-6　沅水中上游传统集镇职能结构示意图

（来源：自绘）

注：1. 上图主要体现传统集镇的主要职能，并不代表是唯一职能；
2. 行政职能是指府治行政层次，其他未计入。

3.3.1 商贸职能

商贸职能无疑是传统集镇最重要的功能，集镇存在的意义就在于它能够“聚商贾、通财货、便日用、利民生”。由民众消费带动的商品交换是集镇发展的基本动力，并且集镇之间互通有无，存在着彼此的商贸活动，形成了错综复杂的商贸网络，商贸的兴盛与否将直接关系到集镇的兴衰。单一商贸职能的集镇大多有专业市场，如托口、茅坪，为木材交易的集散市场。

3.3.2 交通职能

有些集镇除了提供基本的商品交换职能之外，由于自然条件和交通区位的优势，大量人流、物流等资源在此聚集中转，交通枢纽的功能显得更突出。很多商贸集镇就是伴随着其交通区位优势发展起来的。商贸发展的基础是货物的互通有无，而货物流通必须依赖交通的顺达。可以说，交通顺畅是传统集镇进行商贸活动的重要条件。例如镇远、沅陵等就位于湘黔主要交通线路的关键节点上。

3.3.3 军事职能

历代王朝为加强对该区域的控制，建立了很多军事屯堡，尤其是明朝的卫所制度，使该流域出现了大量的卫所。有的府卫同城，有的则分而置之。卫所的存在需要大量的军需转运与交易，也逐渐成为附近农副产品的交换集市，这直接促进了当地的商贸发展。尽管很多军事屯堡发展成为集镇，但其形态特征明显，大都建有城池，军事防卫特征突出。如隆里，明清以来一直为军户所，其居民多为军户，直至清末才全部转为民户，城内至清末民初仍有军队驻扎，防御特征明显。

3.3.4 行政职能

下述 20 个传统集镇历史上涉及府(直隶厅)、厅、县等行政级别[①]，还有巡检司等基层组织。其中凤凰沱江镇、铜仁、岑巩思旸镇、镇远潕阳镇、芷江镇、沅陵镇、黎平德凤镇为清代府(直隶厅)治所在，其为地区行政中心，使得资源进一步聚集，大大促进商贸活动的产生。天柱凤城镇、玉屏平溪镇、麻阳锦和镇、黔阳镇、锦屏三江镇为清朝厅、县治所在，也大都为商贸发达的市镇。黄平旧州镇、洪江镇、浦市镇、安江镇清代设有巡检司，此四镇都为当时该区域商贸繁盛的场市，现已发展为建制镇或县级区治。而托口镇、茅坪镇当时为该区域木材交易的专业市场，商贸业较为发达，现也成为建制镇。新晃龙溪口镇为清朝时期晃州城北面，与县城隔河而望，因位于贵州通往晃州的驿道上，日久成集，现为一般集镇。隆里尽管以军事防备为首位，但兼有管理统辖地方事务的职能，也成为附近农副产品的交易场所和集散地，现为乡治，为一般集镇。

① 改土归流后，清朝地方行政机构级别为：行省—府(直隶厅、直隶州)—县(厅、州)，县级以下较大的市镇设有巡检司。

表 3-2　沅水中上游传统集镇职能类型及层级一览表

序号	名称	交通	商贸	军事	集镇层级	行政层级
1	铜仁市中南门街区	▲	▲	▲	城关镇	清府治，现市治
2	岑巩思暘镇			▲	建制镇	清府治，现镇治
3	镇远㵲阳镇	▲	▲	▲	城关镇	清府治，现县治
4	天柱凤城镇			▲	城关镇	清县治，现县治
5	玉屏平溪镇			▲	城关镇	清县治，现县治
6	黄平旧州镇	▲	▲	▲	建制镇	清巡检司，现镇治
7	洪江镇	▲	▲		城关镇	清巡检司，现区治
8	新晃龙溪口镇		▲		一般集镇	清无
9	芷江镇	▲	▲	▲	城关镇	清府治，现县治
10	麻阳锦和镇	▲		▲	建制镇	清县治，现镇治
11	浦市镇	▲	▲		建制镇	清巡检司，现镇治
12	凤凰沱江镇		▲	▲	城关镇	清直隶厅，现县治
13	黔阳镇	▲	▲	▲	城关镇	清县治，现县治
14	黎平德凤镇	▲	▲	▲	城关镇	清府治，现县治
15	锦屏三江镇		▲	▲	城关镇	清县治，现县治
16	安江镇		▲		建制镇	清巡检司，现镇治
17	隆里			▲	一般集镇	清军户所，现乡治
18	茅坪镇		▲		建制镇	清无，现镇治
19	沅陵镇	▲	▲	▲	城关镇	清府治，现县治（古镇大部已没于水下）
20	托口镇		▲		建制镇	清无（现已大部拆毁）

从表 3-2 不难看出：原府治、县治之所大都成为当今的市县行政机构所在地，各镇除麻阳锦和镇、岑巩思暘镇为建制镇外，现已大都发展成为县城的城关镇。也有因为商贸繁荣、经济发达越级发展的，如洪江镇从仅设巡检司的集市越格成为县级区。这充分说明由于商品贸易的发展，使得人口得以聚集，经济得以繁荣，行政职能也随之加强。

3.4 流域传统集镇的山水空间格局

不难看出，沅水中上游集镇与自然地理环境关联性最强的无外乎两个因素——山与水。山是其外在承载形态，水是其内在联系纽带。山与水对于沅水中上游传统集镇来说是不可分的元素，它们共同影响着集镇生存与发展。

3.4.1 水之关联——水依镇，镇伴水，水镇相亲

水是该流域传统集镇生存、发展的基本条件，其对商贸空间形态的影响是全方位的。《管子·水地篇》写道："是（水）以无不满，无不居也。"[①]其意思是说，水是万物之本原，没有水是不能居住的。沅水中上游有着千余条大小河流——建筑依水而筑，集镇因水而兴，空间绕水而存，文脉由水而生。作为人类聚居形式之一的集镇，自然受到临近水系的影响。就形态而言，以水作为参考物，集镇可分为三种情况：贯穿型、环绕型和傍依型。

1. 贯穿型

集镇沿河而建是该流域普遍多见的。河溪作为整个集镇的命脉，沿着河流自由外延，形成自然走向。总体看来，河流似乎将整个集镇给中分了，形成了水在城中、城含水畔的格局。如镇远㵲阳镇，其四面环山，中间曲水，有"九山抱一城，一水分府卫"之说，即㵲阳镇分为两个基本单元——"府城"与"卫城"。㵲阳河呈"S"型从中穿过，形成八卦对应格局，相互依托，相互平衡，所以镇远古镇也称"太极古镇"（图 3-7）。

图 3-7　明朝镇远古城格局

（来源：《镇远府志》）

① 刘柯，李克和. 管子译注[M]. 哈尔滨：黑龙江人民出版社，2003：278-282.

图 3-8　光绪十五年洪江街市全境图

（来源：洪江区旅游局提供）

2. 环绕型

河流环绕集镇在该区域更具有代表性。按风水观来说，九曲水最优，玉带水次之，反弓水为凶。玉带水就如同"U"字形环绕集镇，一般水的两侧都是小山包，而集镇所在地地势较缓。集镇如星星般一个个镶嵌在玉带的弯曲中，两边是崇山峻岭，一派怡然自得，若加上一条小河支流相对而来，称为"朝水"，就更符合风水的需求。这样集镇与水临近，又具有防御性，更利于交通与交流。

此类亦有两类情形：一为"汭"位，即两河交汇处；二为"澳"位，即河流弯曲的内侧，河流对集镇呈环抱之势。

(1)"汭"位——洪江镇

洪江镇建在面朝巫水与沅江交汇处的山坡上。巫水与沅江交汇处为码头集中处——犁头嘴。这里曾经码头林立、船舶交织，熙熙攘攘的人群与岸边气派豪华的商贸建筑的景象实可与"清明上河图"相媲美(图 3-8)。沈从文在《沅江上游的几个县份》中开篇便写道："由辰溪大河上行，便到洪江，洪江是湘西的中心……通常有'小重庆'的称呼。"[①]古镇总体格局保持了明、清时代的街、冲、巷的格局：街巷依地势呈网络状自由布置，主要商业街道——河街平行于河道线性张开。沿江空间以商业码头、木排停放场为主。如此格局的还有沅陵镇(图 3-9)和黔阳镇(图 3-10)。

① 刘芝凤. 发现明清古商城：湘西洪江探幽[M]. 广州：南方日报出版社，2002：51.

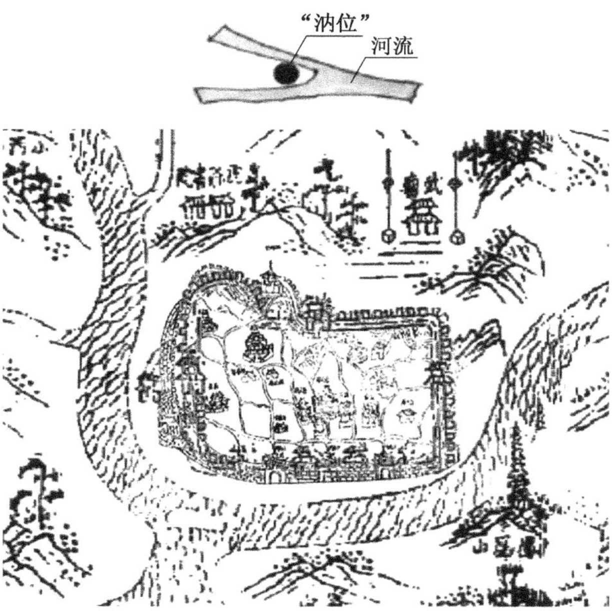

图 3-9 清沅陵古镇格局

（来源：刘昕，刘志盛. 湖南方志图汇编[M]. 长沙：湖南美术出版社，2009：260，298）

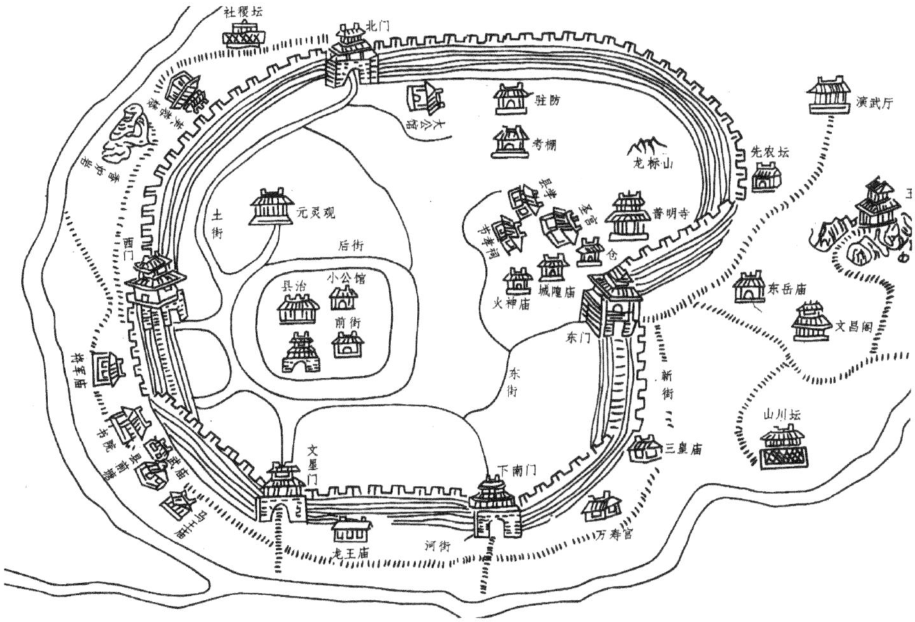

图 3-10 清黔阳镇格局

（来源：黔阳县地方志编撰委员会. 黔阳县志[M]. 北京：中国文史出版社，1994）

(2)"澳"位——锦和镇

锦和镇(图 3-11)始建于北宋熙宁七年(1074 年),为麻阳县老县城。"县城自明洪武初筑土为垣,景泰六年(1455 年)毁于苗,成化八年(1472 年)因旧基重筑之……乾隆七年,署知县宫书禄倍用石工女墙增砌密砖,至今完固。城东西广一里有奇,南北袤一里有奇,高一丈六尺,厚六尺。凡五门,东二,曰土(应为上)东门、曰下东门;曰西门;曰北门;南门曰朝阳"①,现存下东门和朝阳门。

锦江(辰水上游)犹如玉带南环古城东下,朝阳门外建有水府庙修有大码头,东门外有散市亦有大码头,两处为锦和主要水运码头,码头穿过两门对接南街、东街。城内主要街道为东街、西街、南街、北街和十字街。

像如此格局的还有晃州(如图 3-12)和凤凰沱江镇(如图 4-5)等。

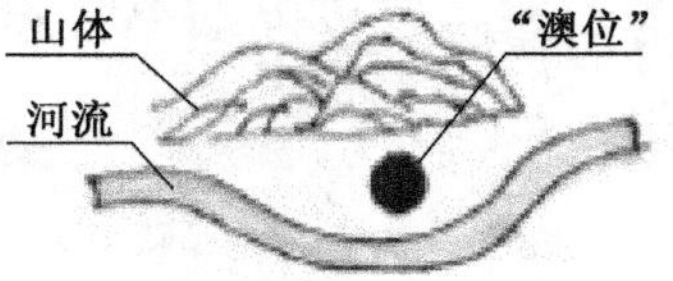

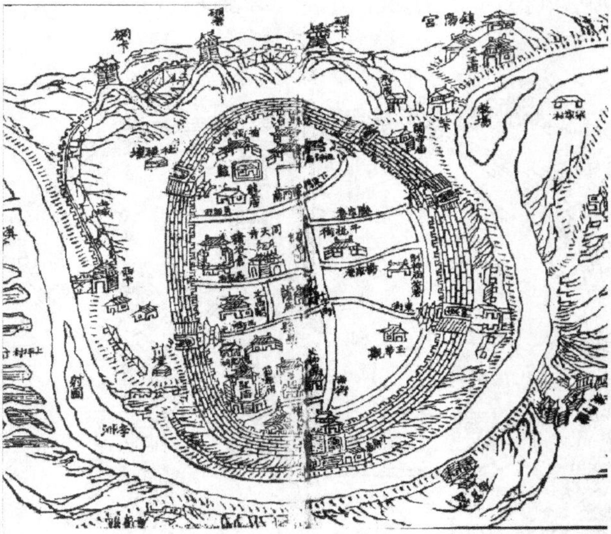

图 3-11 清代麻阳县城(锦和镇)图

(来源:刘昕,刘志盛.湖南方志图汇编[M].长沙:湖南美术出版社,2009:298)

① [清]张官五,吴嗣仲.沅州府志(同治)[M].长沙:岳麓书社,2011:83-84.

图 3-12 晃州古镇格局

（来源：刘昕，刘志盛. 湖南方志图汇编[M]. 长沙：湖南美术出版社，2009：310）

3. 傍依型

有大河流经，集镇一般坐落在沿岸，傍依在河边，沿河修筑码头，生成“河街”。这既拥有充足水源，又享有水运便利。集镇多沿河成线型发展，有时会形成平行的条状，有的则积累成团状集镇。这样传统集镇在该流域也为数不少。

典型的如托口镇（如图 5-11）：清水江经过“内三江”（卦治、王寨、茅坪）、“外三江”（坌处、清浪、三门塘）进入湖南，在湘黔第一口岸——托口，与渠水汇合。这里两水交汇，地势较为平坦开阔，形成了一块山间小盆地。因为争夺木材市场，清水江多次发生“争江”事件，形成了“上江之木不敢放，下江之客托口藏”的局面。在官府的介入下，沿江各帮派达成协议：上游分段“当江”，内地“山客”和外地“水客”只能在托口进行交易，于是托口镇成为清水江流域木材重要的集散市场。托口镇沿河成条状分布，一条河街平行于河道发展，沿河是林立的码头，巷垂直于河道对接码头。民国十五年时，形成了“九街十八巷，一巷一码头”的格局①。

如此格局的还有安江镇（图 3-13）、新晃龙溪口镇（图 3-14）、浦市镇等。

① 涂荣荣. 湖南洪江托口古镇研究[D]. 武汉：武汉理工大学，2008：38.

图 3-13 安江镇街巷肌理图

(来源:黔阳县地方志编撰委员会.黔阳县志[M].北京:中国文史出版社,1994)

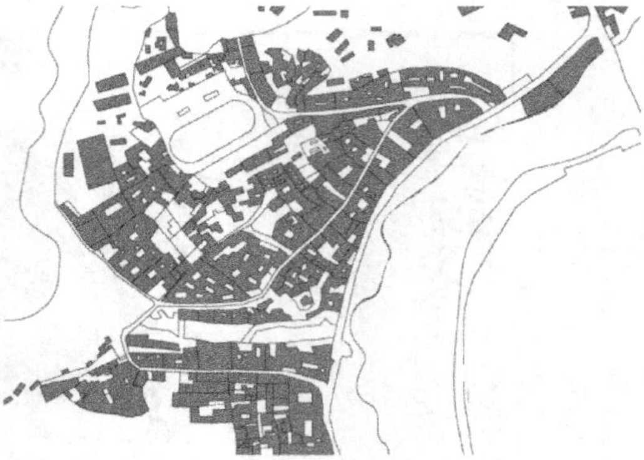

图 3-14 新晃龙溪口街巷肌理图

(来源:自绘)

3.4.2 山之关联——山融镇,镇融山,山镇共生

土地是集镇空间形成的二维基面,可供使用的土地资源是集镇营建和发展的重要因素。然而在沅水中上游,山地是地表的主要特征,有限的土地资源制约着集镇发展。沟壑纵横、群山环绕的自然生态环境,使沅水中上游的集镇形态和建筑空间都与山形山势有着密切联系。所以,山是影响该区域传统集镇的另一重要自然要素。

根据山的走势变化和人类的活动生产的需要,集镇多位于盆地、台地和河谷所在地,山势对传统集镇商贸空间的影响作用主要体现在两个方面:一是对街道走势的影响,因此也形成两种典型的形态——条型和团型;二是以山体作为集镇"底景",建筑组群为适应山势而产生的多重层次感(如图 3-15)。

图 3-15 锦屏与山融为一体的重屋

(来源:自摄)

1. 条型集镇

条型集镇主要是受地形山势所限,集镇发展沿一条主线平行自由放任般延展,众多空间要素沿此线形枢纽渐进"生长","以材料的一致性,对自然地形、不同人群的尺度的一种明智而常常又是戏剧性的响应为特征"①。在空间构成上,常以群组的形态出现。这些看上去"一致"的单元通过历史的积淀,逐渐形成不规则厚度的条状。

条型集镇多处于河谷地段,土地资源紧张,平地较少。为了尽量减少与农业生产的用地矛盾,传统集镇一方面逐步沿河横向延伸,另一方面还沿山坡纵向发展,形成顺应等高线的街道空间格局,街道形态多呈"鱼骨"形;同时形成了密集、紧凑的建筑布局特征,如镇远、锦屏。

起伏的地势、有限的用地,促使集镇建设不得不"因天材,就地利",顺应地形,利用地势,呈现出显著的山地特征,如同山菇般自然生长出来。

一般来说,与河流方向平行延伸的是主街道,基本平行等高线布置,主街道以交易功能为主,并由于马太效应使商号铺面鳞次栉比,界面线型特征明显。

平行等高线布置主街道,必然使次要街道和巷道沿山坡延伸,基本垂直等高线布置。依山而建的建筑处于不同的标高上,呈现出房屋层层叠叠的景象——重屋累居,使集镇空间具有层次感和整体感。

典型集镇如镇远㵲阳镇。集镇整体呈现明显的条状形态,条型空间形态肌理一般来说总有一条主干道,建筑群呈面向道路的形式布局,呈一河两街,顺山势沿河岸线方向发展。支道巷弄则与主路垂直,沿山势而上,分别向南北两侧延伸抬高,呈"非"字形结构,街巷道路宽窄不一,有细微的转折,形成了山地地区、巷道深深的空间格局。再由高低起伏的小道将深纵巷道连接起来,与逐层抬高的建筑一起构成了该地区的城镇风貌。街巷顺应地形没有明确的方向性,并随着高差变化高低起伏,两旁的建筑依山就势,错落有致,参差不齐,形成了变化多端的空间形态,使得人们似乎有种进入了迷宫的感觉(图 3-16、图 3-17、图 3-18)。

石屏历史街区是镇远原貌保存较完整的街区(图 3-19),其主街——兴隆街,位于㵲阳河北岸石屏山脚下,平行于等高线沿河向东西延展,是原府城的主要街道。街道两侧是鳞次栉比的商铺,一眼望去,马头墙高高低低、片片层层,整条街"檐搭檐""角连角",首尾相连,一气贯通。其背面是石屏山,南面是㵲阳河,形成河—屋—街—屋—坡的断面形式。

① 王建国. 现代城市设计理论和方法[M]. 南京:东南大学出版社,2001:92.

图 3-16 镇远潕阳镇全景图

(来源:谷歌地图)

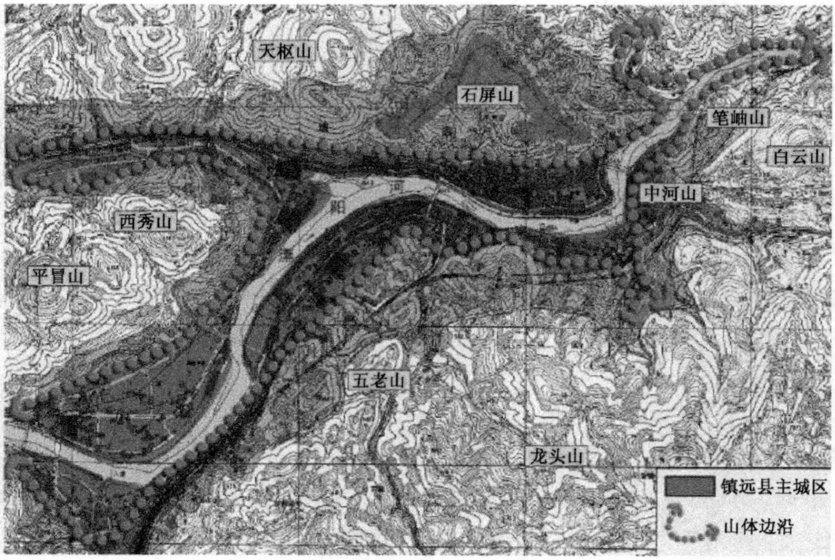

图 3-17 镇远古城的山体边沿

(来源:谭祺.西南山地典型古城人居环境研究——贵州省镇远古城[D].重庆:重庆大学,2010:62)

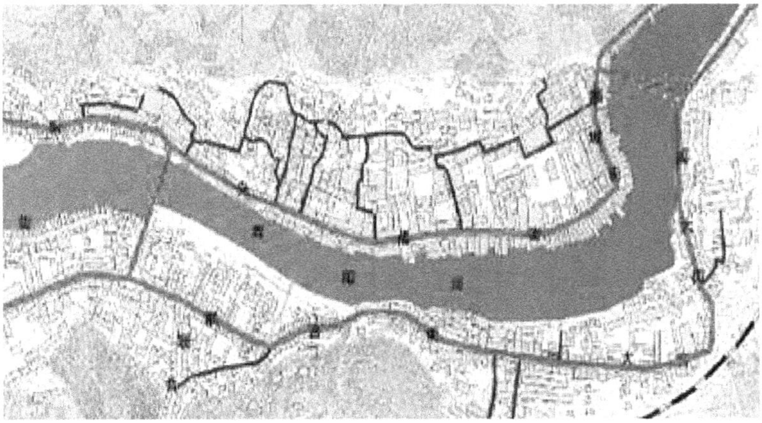

图 3-18 镇远街巷形态

[来源:镇远历史文化名城保护规划(2001 年)资料]

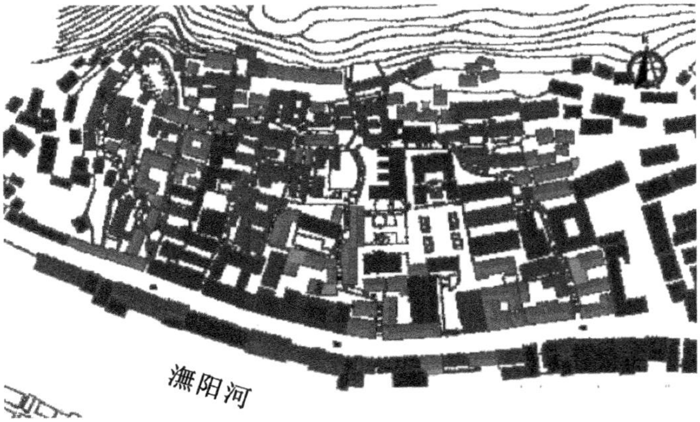

图 3-19 石屏历史街区古巷道分布图

[来源:根据镇远历史文化名城保护规划(2001 年)资料改绘]

2. 团型集镇

中国有句俗语:“没有规矩,不成方圆。”《周礼·考工记》亦云:“匠人营国,方九里……”“方”和“圆”俨然是古代造城建房的一种“法定”规则,《辞源》中解释“街”是指“四通的道路”,源于象形文字“街”,就像一个纵横十字交错的道路口,可见古时街道布置亦遵循“街街相经,廛里端直”的“法定”规则。“方”和“圆”在形态上是“团”的特征,有一种内敛向心的作用力,更有甚者其是我国古代营建理论的一种外显,体现出集镇形态的发展与交替受到少数统治者、精英阶层或相对一致的社区群体的意志理想控制。然而在局部街区布局,特别是住区的布置上又往往呈现出自发状态。所以很多集镇最终出现了整体规划控制,局部有机生长的两种设计思想,同时存在两种价值取向,从而物质形态呈现出局部均质而整体拼贴的特点。尤其是历史悠久而又经历了一系列建设活动的古城,几乎都属于这种情况①。

在沅水中上游,亦有许多此类传统集镇,受到传统"礼制"思维模式和依情就势的自发生长的影响,出现既有规矩形态又有自由发展的叠合形式。主要表现在总体呈团状,外轮廓呈规则的多边形,内部主要街道横平竖直,"街衡相经",多层并列,较少弯曲,主要的公共建筑(如衙门、会馆等)也布局于此,形成公共活动中心和政治、文化和精神的中心,即城内核心部分有规则的布置;而小街小巷则迎合各类建造条件,自由发展,不必"中准绳",依势起伏,弯曲交错,成形成尽端。团型集镇多位于盆地或台地坝子上,这里相对平地较多,且大多伴有河流。

典型集镇如黄平旧州镇。旧州坐落在旧州坝子南部的㵲阳河畔,有着"金盆、银碗、玉带、明珠"的美誉(图 3-20)。㵲阳河畔的万亩大坝是旧州人民休养生息的"金盆";距旧州镇西南 5 千米㵲阳湖是㵲阳河的源头,水域面积约 4 平方千米,被称为旧州镇的"银碗";十八弯绕旧州地界而去的㵲阳河则是"玉带";"明珠"自然指旧州镇(图 3-21)。洪武二十五年(1392 年)旧州以石砌筑城,周九里三分十八步,计 4 062 米,占地面积约 1.4 平方千米,东西相距 1 400 米,南北相距 1 000 米,

图 3-20　黄平旧州坝子

(来源:自摄)

① 王建国.现代城市设计理论和方法[M].南京:东南大学出版社,2001:18.

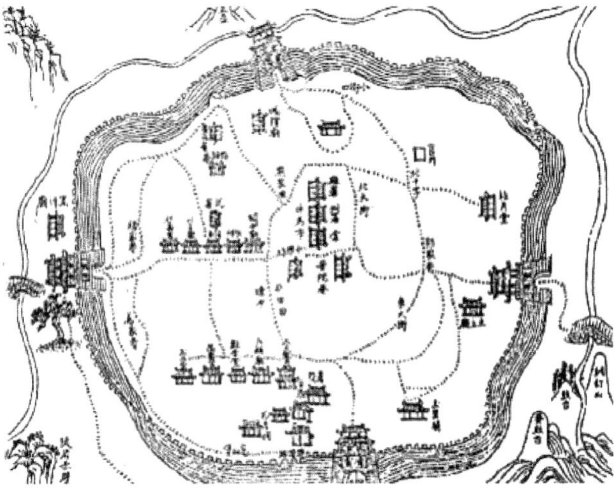

图 3-21 民国黄平旧州古镇格局

（来源：上海同济城市规划设计研究院，同济大学国家历史文化名城研究中心.贵州省黄平县旧州古镇保护规划[R].上海，2012）

有“九宫、八庙、三庵、四阁”之说，另还有六所书院①（详见附表 3）。主要街道呈东西走向，城内有宝相寺、福智院、普陀庵、城隍庙，千户所。旧州镇整体呈团状，但其城墙却是根据山势地形呈不规则状（图 3-22）。

现存旧州城形态狭长，南边地势较高，依托高低不等的山丘；北面地形开阔，为万亩良田。旧州城要较之高几米，整体呈南高北低的形态。城内总体地势较为平坦，仅西城外老里坝高差变化显著，为麻石台阶砌筑的梯街。主街为西大街（如图 3-23），是旧州城历史上最繁华的商业街，西接老里坝，出西门可达㵲阳河，其分为西上街、西中街、西下街三段，街宽是 7～9 米，其他老街仅留街名，原貌已基本不复。现留有传统商贸建筑的街道有：东门街、北门街、西大街、马靛街、福众街、十字

① “九宫”指的是万天宫、天后宫、仁寿宫、川主宫、文昌宫、禹王宫、崇福宫等，这些宫殿系巴蜀闽赣建筑与当地民族建筑在特定社会历史环境下结合的产物，颇具特色。现保留下来的仅有建于清乾隆五十一年（1786 年）的仁寿宫和清道光十七年（1837 年）的天后宫以及乾隆年间的文昌宫等宫殿。“八庙”指孔圣庙、城隍庙、黑神庙、关帝庙、二郎庙、五显庙等，其中以孔圣庙和城隍庙规模最大且富丽堂皇。“三庵”指普陀庵、广长庵、指挥庵。“四阁”指长庚阁、奎星阁、玉皇阁等，其中长庚阁最负盛名，但非常可惜这些古建筑在“文革”时期已损毁不存在了。六所书院：黄平书院始于明弘治元年（1488 年）至清代，先后建有草庭书院、月谭书院、龙渊书院、星山书院、凤仪书院、凤山书院。

街、刘家巷、财神巷、中学巷等(见附表 4),西大街现状保存较好。

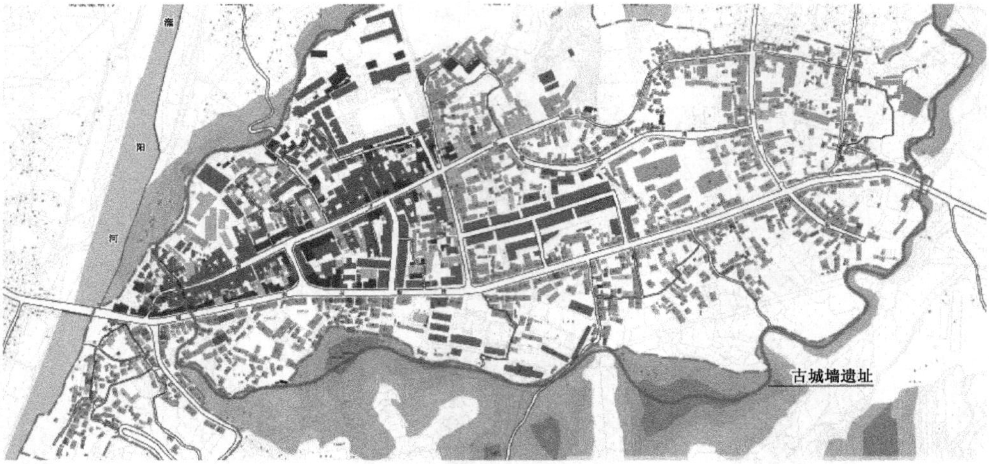

图 3-22　旧州镇街巷肌理图

(来源:根据上海同济城市规划设计研究院,同济大学国家历史文化名城研究中心.贵州省黄平县旧州古镇保护规划[R].上海,2012 改绘)

图 3-23　黄平旧州西大街

(来源:自摄)

西大街东与十字街相连，与马靛街、福众街基本平行，是旧州东西向的主要干道；西垂直至㵲阳河旁。因近㵲阳河源头，水量不大，水运作用受到很大的限制，所以未出现明显的河街形态。北门街和东门街为南北方向干道，以马靛街为界，北为北门街，南为东门街；另有财神巷自西大街通往原北门，孙家巷连接西大街和马靛街、福众街，延伸至城北的鲁班庙，并以其巷口作为马靛街、福众街的分界。以上为旧州城的主要街巷，基本平行或垂直，街道尺度较宽敞，形态较平直，体现出“街街相经，廛里端直”的规划形制；其他街巷则蜿蜒曲折，呈“自然生长”形态。

如此格局的还有沅陵镇、黔阳镇、隆里、芷江镇等。

这些空间上的构成体现了若干个体在城镇营建时的意向和活动的叠合，反映出不尽统一的主观意志和价值观共存互动的特征。它可以反映当时个体的理想，创造一种生活方式，并以此来规范和限定行为和习惯，进而影响空间形态。在经历各个历史时期大量人口的涌入，尤其是明清时期一浪接一浪的移民潮后，客观上中原文化强烈冲击着沅水中上游的本地土著文化，尤其是集镇所在的盆地、坝子地区已然成为主流文化。传统集镇各种要素的综合体，是各种环境、各种文化状况下的文脉的体现，是不同地区、不同民族、不同生活、生产方式在物质形态上的具体反映。

3.5 流域传统集镇空间格局的历史演进

远在商周时代，该流域就有土著人居住，史书上称之为“澄部落”。楚国时为黔中郡，汉高帝五年(前 202 年)改黔中郡为武陵郡。此后均建有郡县，但基本上以羁縻的形式为之，以“武陵蛮”统称之。唐朝时设黔州都督府，后设立相当于省级行政区划的黔中道。宋朝时开始实行土司统治，后完善于明，沿袭至清初，曾实行“蛮不出境，汉不入峒”的禁令。清雍正四年(1726 年)，清政府实行改土归流，此后整个沅水中上游区域正式纳入中央王朝的直辖统治之下。抗日战争时期，这里成为抵抗日本侵略的最后一道防线。

3.5.1 史前时期

考古学家们在“古沅水流域”的新晃大桥头、沅陵丑溪口、辰溪仙人湾、黔阳倒水湾和沿河和平镇、天柱白市、江东、远口镇及锦屏茅坪镇等地，分别发现了 50 万年、35 万年、25 万年、15 万年、13 万年、10 万年、5 万年、3 万年、2 万年、1.5 万年和 1 万年以前的旧石器时代的数百处年代相续不断且相当密集的古人类文化遗址。如洪江高庙遗址(距今 7 800～6 800 年)、天柱白市坡脚遗址(距今 6 000～8 000

年)，潕水两岸成片的旧石器时代文化带等[①]。有学者统计：近 20 年来，距今 1 万～30 万年间的旧石器遗址，仅今怀化市境内的 12 个县就发现了 113 处，出土了大量的砍砸器、尖状器、刮削器和石片、石核、石球、石刀、石铲、石钻等石器以及蚌刀、蚌挂饰和骨针、骨刀、骨铲、骨耜、骨镞等骨器及木棒、木耒耜和夹砂陶、泥质陶等烧制的手工陶器如杯、盘、碗、钵、罐以及竹类编织品。这些都说明沅水中上游流域在史前就有人类频繁活动，且形成了一定规模和原始文明，很有可能是人类起源地之一。[②]

从地缘上看，该流域为《禹贡》记载的古荆州[③]西南一小部分(图 3-24)。从历史学和民族学来看，生活在该流域的最早先民是濮僚、百越；而苗蛮集团是蚩尤的后裔，与黄帝的角逐中战败后，由江淮经洞庭沿沅江河谷进入该地并逐渐与当地

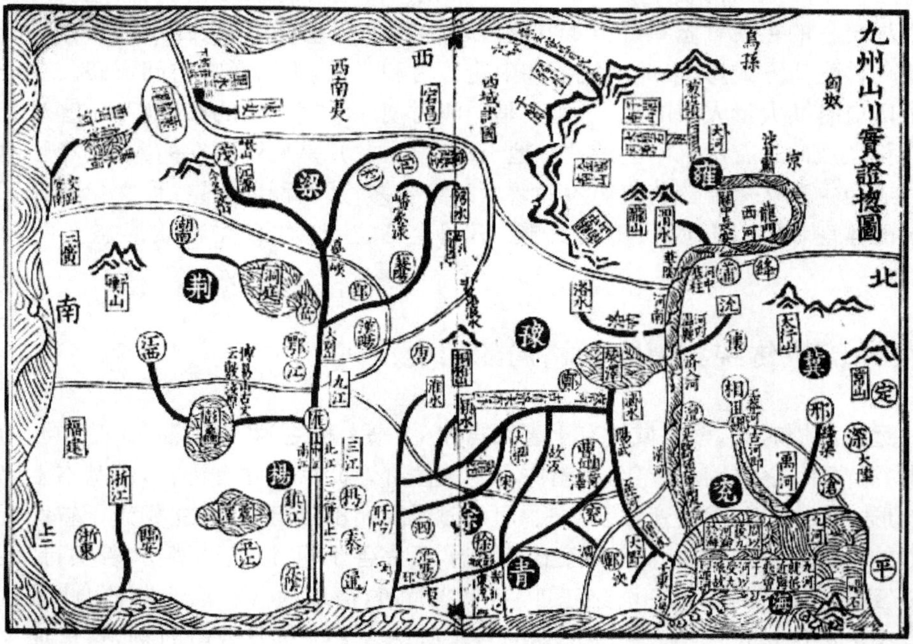

图 3-24　禹贡九州图

(来源：中国历史地图集编辑组. 中国历史地图集 · 第一册[M]. 上海：中华地图学社，1975)

---

① 马立本. 湘西文化大辞典[M]. 长沙：岳麓书社，2008：517-518.

② 蒋南华，王化伟，蒋晓红，等. 武陵黔东——中华及其贵州文明的发祥地[J]. 贵州师范学院报，2011，27(8)：1-6.

③ 古荆州：“荆及衡阳为荆州，实自江汉以至于衡山之阳，约当今湘之全省，及鄂、渝、川黔及两粤之一部，而向化者仅及江汉。自余不过边徼荒服，以为放逐流窜之所而已。”即自汉江以至于衡山之阳，约为当今湘之全省，及鄂、川、黔、渝暨两粤之一部。引自：[明]沈瓒编撰，[清]李涌重编，陈心传补编，伍新福校点，湖湘文库编辑出版委员会. 五溪蛮图志[M]. 长沙：岳麓书社，2012：244.

先民融合;随后西北部巴蜀地区的先民也在北方部族的挤压下东移。历史上曾有“放欢兜于崇山,以变南蛮”[1]“高辛氏以女配神犬盘瓠入五溪”[2]和“巴五子居五溪而长”[3]的记载,这都说明该流域的早期先民就是一个多民族共生的团体。从族源学上看,濮僚是侗壮民族的先民,巴人是土家族的先民,苗蛮是苗瑶民族的先民。这些民族的先民在共同生息繁衍和开发的过程中,使该流域具备了最起码的人类社会物质基础。

这一时期是该流域传统集镇形成的萌芽期。

3.5.2 春秋战国、秦汉至南北朝时期

春秋时期,楚武王三十七年(公元前704年)命庄蹻入滇,“开濮地而有之”[4]。在诸侯混战,逐鹿中原的局势下,土地和人口资源是获得战争胜利的重要物质基础。因此,楚国在征服“汉阳诸姬”和拥有江淮广大地域的条件下,为巩固后方,又对沅水流域的巴濮进行征服和开辟。秦、楚对峙,“秦必起两军,一军出武关,一军下黔中,则鄢郢动矣”[5]。黔中其西沿酉水可入巴蜀,南朔沅水可达滇黔,北上临沅(今常德)出洞庭可抵郢都,东入湖湘达至江淮,可见“黔中”(黔中郡[6])于楚具有极其重要的战略地位,黔中失而楚危。因此秦、楚双方为争夺这一军事要地展开了拉锯战[7]。这一时期,主要在酉水及沅水中下游流域出现了一批军事屯堡,如:沅陵的窑头古城、保靖迁陵的四方古城、里耶古城、常德索县古城等。

图 3-25 西汉十四州部图及民族总体分布图

(来源:余英.中国东南系建筑区系类型研究[M].北京:中国建筑工业出版社,2001:39)

秦代,始皇置黔中郡,沅水中上游处于该郡南部;西汉时,汉高祖刘邦置荆州刺

① 司马迁.史记·五帝本纪[M].北京:中华书局,1982:28.

② 范晔.后汉书·南蛮西南夷列传[M].北京:中华书局,1973:28-29.

③ 伍新福.苗族历史探考[M].贵州:贵州民族出版社,1992:26.

④ 司马迁.史记·楚世家[M].北京:中华书局,1975:1695.

⑤ 司马迁.史记·张仪列传[M].北京:中华书局,1975:2290.

⑥ 黔中郡:据现在已有史料来看,属楚国的黔中郡。其治所为临沅(今湖南常德)。下辖领土大约为今湖南西部的沅水、澧水流域,湖北西南部的清江流域,四川东南部的黔江流域和贵州省东北隅。三十年(公元前205年),重新设立黔中郡,郡治在今沅陵县。

⑦ 余翰武,陆琦.遗产廊道理念下沅水中上游传统集镇发展概略[J].小城镇建设,2013(9):100-104.

史部的武陵郡，治所索县（今汉寿）。其地域范围与秦代黔中郡相似，下辖 13 县，为：索、孱陵、临沅、沅陵、镡成、无阳、迁陵、辰阳，酉阳、义陵、零阳、充、佷山[①]。在秦汉统一的形势下，相对于作为政治、经济和文化中心的北方而言，沅水流域区位明显偏弱。因秦时，凿通了从今宜宾到昆明的“五尺道”，北方中原地区至滇黔地区的联系，多采取经巴蜀入滇黔，而不是溯沅水抵滇黔。尤其是灵渠的开通，沟通了珠江水系和长江水系，人们不必经黔入粤。凭着通达岭南珠江流域的交通优势和湘江流域开阔平坦的自然条件，湖南政治、经济和文化中心逐步东移，从而使沅水流域的交通区位，降至微不足道的地位，经济也随之下滑。至魏晋南北朝时，该流域周边已处于封建王朝的版图之内，沅水水系水运则随着当时政权的强弱缓慢延伸，承担了一定的课赋调运，淮、浙食盐也由此少量运入五溪地区。南齐时（公元 479—502 年），该流域出现了今沅陵、辰溪、泸溪、麻阳、芷江、黔阳、镇远、黎平等集镇，表明水运促进了集镇的形成；而清水江流域及潕阳河中段仍处于“孤岛”状态，汉文化还未及深入（如图 3-26）。上述集镇基本以军事屯守为主，主要目的是控制和统治该流域，伴有商贸发展。

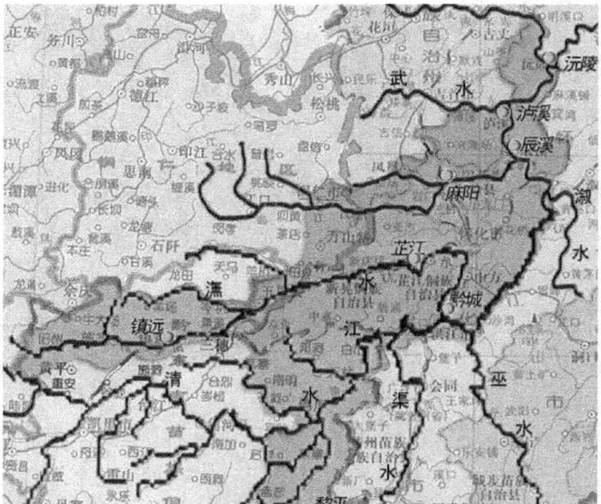

图 3-26　唐宋前沅水中上游主要集镇分布图

（来源：根据行政地图改绘）

这一时期为该流域传统集镇的起源期。中原政治、经济和文化的植入直接催生了沅水中上游传统集镇的起源和发展。在军事为主导的多因素的合力下，该流

① 班固. 汉书·卷 28（地理志上）[M]. 北京：中华书局，1964：1594-1595.

域的传统集镇一开始就具有军事性、殖民性、民族性和早熟性的特点[①]。

3.5.3 唐宋时期

唐代是中国封建社会的鼎盛阶段，当时，全国共有十三个道省(图 3-27)。该流域属黔中道，王朝对该区域加强了统治力度，其周边出现了一大批集镇。这也是州县制体系初步形成的时期，但当时，王朝权力仍无法深入腹地(图 3-28)，滇黔入中原仍主要经巴蜀。唐末五代时期，封建割据，战争连续不断。江西吉水的地主豪酋彭氏进入武陵地区，“以私恩结人心，日渐强盛，至彭咸，谋逐”击毙湘西土著“老蛮头吴著冲”，“余土归诚”。后晋天福四年(公元 939 年)，“溪州刺史彭士愁，率锦(麻阳)、奖(芷江、凤凰)诸蛮攻澧州(澧县)”[②]，与马楚政权大战于溪州，最后停战议和，立铜柱盟誓。[③]。宋统一后，该地属荆湖北路。到了宋后期，王朝孱弱，对“五溪郡县弃而不问”[④]。这一方面保存了该流域政治、经济、文化和民族乃至自然的原生性；另一方面也延缓了其政治、经济和文化的发展进程，带来了长期的封闭与落后，影响了集镇的形成与发展。期间沅水中上游与下游实行了分治，潕阳河段有所开发，在沅水中上游出现了一批新的集镇[⑤]，如：三穗、施秉、黄平旧州等(如图 3-28)。但在清水江流域，王朝势力仍未有效深入。清水江流域仍是侗人、苗人聚居区，据《黎平府志》称：改土归流前，这一带被称为“化外生苗之地，不隶版图”。

图 3-27 唐黔中道图

(来源：余英. 中国东南系建筑区系类型研究[M]. 北京：中国建筑工业出版社，2001：53)

这一时期除了各级州县治所外，在水陆交通发达的地方，出现了因贸易、交通扭转而形成的集镇，如洪江、安江、浦市等。各产业蓬勃兴起也促进了集镇的发展，如沅陵窑头的陶瓷业、浦市的染织业、洪江的木材加工业、麻阳铜矿开采和沅陵、浦市、会同的金矿开采、铜仁的丹砂开采等。同时，由于生产力和商品经济的发展，还出现了大批草市。“草市人朝醉，畲田火夜明。泷江入地泻，栈道出云行”为宋代辰

---

① 张衢. 湘西沅水流域城市起源与发展研究[D]. 长沙：湖南师范大学，2003：59.

② [清]席绍葆，谢鸣谦等修，湖湘文库编辑出版委员会. 辰州府志(乾隆)[M]. 长沙：岳麓书社，2010：22.

③ 邓必海. 试论湘西民族集镇的形成和发展[J]. 吉首大学学报(社会科学版)，1986(3)：19-25.

④ [元]脱脱. 宋史・西南溪洞诸蛮(上)[M]. 北京：中华书局，1977：14181.

⑤ 余翰武，陆琦. 遗产廊道理念下沅水中上游传统集镇发展概略[J]. 小城镇建设，2013(9)：100-104.

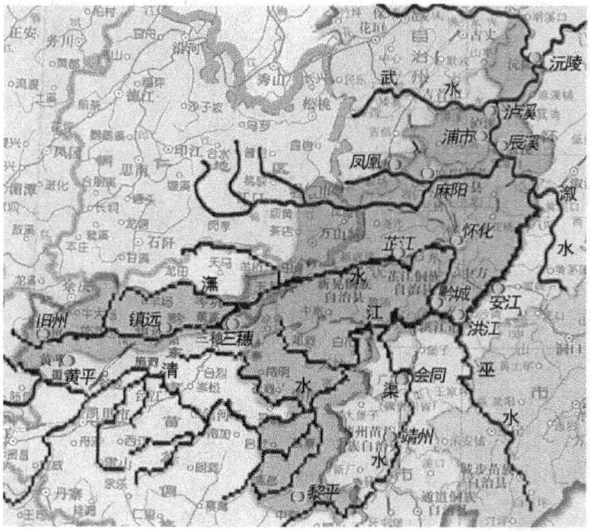

图 3-28 唐宋时期沅水中上游主要城镇分布图

（来源：自绘）

州太守陶弼所作，反映出当时当地草市的兴盛与繁荣。它们的出现，标志着沅水中上游流域的营建活动已摆脱了单纯以政治和军事为目的的阶段，进入了工商贸易立市的时代①。

3.5.4 元明清时期

13 世纪，蒙古军从西南和北方夹攻偏于江南的南宋王朝，实施“斡腹之举”。灭宋后，于 1290 年，沿沅水修建了一条通往昆明的驿道，客观上大大改善了沅水中上游的交通状况。其后，明“定鼎金陵，用事滇黔”②，对该流域进行了大规模的军事开边，积极推行移民屯垦政策，在卫所领属之下，移入大量的军屯户，出现了一批以卫所为基础的大小集镇，流域集镇建设进入了快速发展期。

元、明、清三代定都北京后，政治中心转移至北京，以运河连接江南的经济中心，这种南北的交通取向使得滇黔地区与江南和北京的联系多采取东入沅水的东西水陆交通走势，随即强化了沅水流域作为滇、黔东西交通取向上的门户作用，从而带动了该流域的商贸发展，商贸集镇也如雨后春笋般繁茂起来③。清代当地集

① 张衢．湘西沅水流域城市起源与发展研究[D]．长沙：湖南师范大学，2003：35．

② 转引自张衢．湘西沅水流域城市起源与发展研究[D]．长沙：湖南师范大学，2003：42；守惠．沅陵县志·艺文．湖南师范大学馆藏．清同治十二年修，卷一．

③ 余翰武，陆琦．遗产廊道理念下沅水中上游传统集镇发展概略[J]．小城镇建设，2013(9)：100-104．

镇发展已较为成熟(图 3-29)。从同治年间所修的《沅州府志》可以看出这一时期已经出现除县治所以外的大量集镇(表 3-3、表 3-4),并且有了一定的职能分工,形成了一些专业集市,并出现了明显的层次性。现在保留下来的传统集镇大多是这一时期的繁荣商镇,如芷江县龙溪口镇、黔阳县(现洪江市)托口镇、洪江镇、镇远㵲阳镇等。

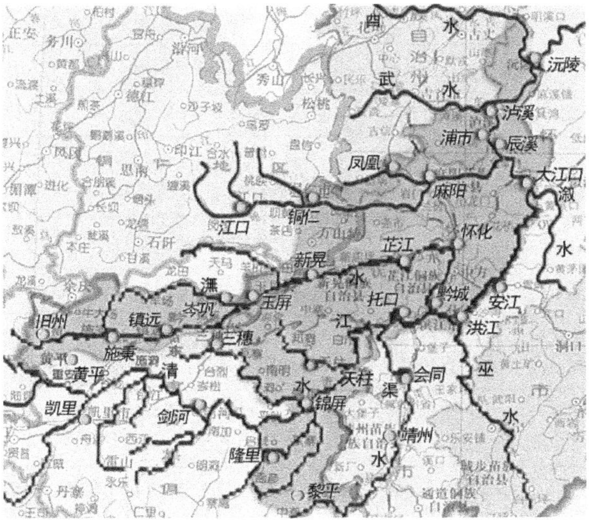

图 3-29 清朝时期沅水中上游主要城镇分布图

(来源:根据行政地图改绘)

表 3-3 清凤凰厅开设场市一览表①

县名	集场	方位及赶场日期	备注
凤凰厅	南门外场	附城百日场	
	廖家桥场	城南二十里,三八日期赶	应为城西
	落濠场	城南三十五里,五十日期赶	应为城西
	乌(阿)拉营场	城南四十五里,二七日期赶	应为城西
	新寨场	城西七十里,四七日期赶	
	新厂场	城南四十五里,四九日期赶	
	杜望场	城南六十里,三八日期赶	
	永新场	城南七十里,五十日期赶	

① [清]黄应培,孙均铨,黄元复. 凤凰厅志(道光)[M]. 长沙:岳麓书社,2011:44.

续表 3-3

县名	集场	方位及赶场日期	备注
凤凰厅	长凝(宜)哨场	城北十二里,一六日期赶	
	得胜营场	城北四十里,五十日期赶	
	竿子坪场	城北六十五里,四九日期赶	
	水打田场	城南三十里,三八日期赶	
	强虎哨场	城北九十里,三八日期赶	
	江家坪场	城南四十五里,二七日期赶	

表 3-4　清沅州府所属著名市镇表①

县名	集镇	商贸内容和基础条件
芷江县	公坪市	县东六十里,美(每)一里,驿舍所在,烟户集焉。往来行旅,歇店称便
	榆树湾市	县东九十里,美(每)二里溮水北岸居民数百户,凡油、豆、米、谷、煤、铁之属,皆集于此。路为滇黔所必经,行客信宿。县丞分驻,人烟愈密
	怀化市	县东一百二十里,世承五里近辰境由山塘至此,驿路迢递,离城绝远,故多贩,以供乡村市物者
	兴隆市	在县西六十里,平一里与便水驿隔江进庐、聚落杂货罗市、附近乡村所产米粟亦集于此
	新店市	县西一百十五里,平二里去晃州驿甚近,凡市货易、钱、行旅、餐宿亦群集焉
	龙溪口市	县西一百三十里,平二里溮水之北,临水架楼列肆……市五谷俱集,贩豆尤多……估客以舴艋载远,他如牛、马、羊、豕之畜……至于江浙、闽粤之货,亦集于此,盖西来之盛区也
黔阳县	托口市	县南四十里,原神里为渠水入沅之地,上通贵竹苗峒,巨木异材,凑集于此,官之采办与商之贸贩者,皆就此估直以售,编筏东下。凡服用所需皆列于市,肩运米粟亦就水次粜焉
	江西街(江市)	县南二十里,托口下流,倚沅水岸,市颇饶居积,而附近场墟,凡各邻邑行商聚货,每月二七交易,往来多至数千百人不等,盖邑中第一大墟里也
	沙湾市	县东八十里,供一里,地濒沅水,居安江洪江之中,嘉庆间始设市,商贾恒聚集焉
	新路市	县东一百三十里,前临沅水,后通宝庆,为宝庆府便道,故设市于此,“货物日以繁富,贸迁者多就焉”。夜市三更始罢,日中反少,盖乡民自溆之龙潭来,朝发夕至,次日即返,肩挑背负,乃米码头也
	铜湾市	县东北八十里,黔阳辰溪芷江交易所,每四九墟期多至三四千人

① [清]张官五,吴嗣仲. 沅州府志(同治)[M]. 长沙:岳麓书社,2011:96-102.

续表 3-4

县名	集镇	商贸内容和基础条件
	安江市	县东南九十里，子七里，旧以下十里去县太远，控驭不及，择安江为适中处，设巡检司。县东南九十里，子七里。烟火近千余家，栉比鳞次，为区落之胜。人汲山泉酿林安酒以名。其柑橘、枣、粟之品实繁味别，亦他邑不及，故人争趋焉
	洪江市	唐末已有草市。宋熙宁八年(1075)设洪江铺；宋元祐五年(1090)因商务流通早已形成街市格局，划定为"洪江寨"，明洪武年间(1368—1398)，设洪江驿，置驿丞，有驿船4艘，水伕4名；明代嘉、隆之际，商品经济初具雏形；明万历(1573—1620)年间，洪江犁头嘴店铺林立，作坊成片。清康熙二十六(1687)年，成为五方商贾的商贸巨镇
麻阳县	江口市	县东南二十里，界域上下各里，兼倚(依)水次，鱼稻杂货于此居奇
	滥泥市	县东九十五里一都里，居茅坪桑林之开，为境中要道，近亦置站……而旅店、村沽食用之物颇便往来及近张贸易
	岩门市	县东北五十里二都里，旧为营之冲，故设巡司于此……邸舍市廛称繁盛
	石羊哨市	县北六十里二都里，距镇竿城二十里。凡营屯、饷粮、商贾货物，沿西溪而上者，至此催夫陆运，以达镇城，贮卸最为多，故人烟稠密，市店相望
	高村市	当水陆之冲要，为行旅必所经，烟户繁多，商贾辐辏

这一时期是该流域传统集镇快速发展、全面繁荣，充满生机的时期。

从沅水中上游所属的行政区划来看(图 3-30)，在五千年漫长的发展中，其基本属于同一个行政区管辖，间或有短暂的割裂。在明中后期，单独成立贵州省后，才被分割成湘黔两省。在类同的自然环境中，长期的同"郡"(部落)、同"府"(黔州都督府)、同"道"(黔中道)、同"制"(土司制)，使沅水中上游形成了共同属性的价值取向和文化认同感。

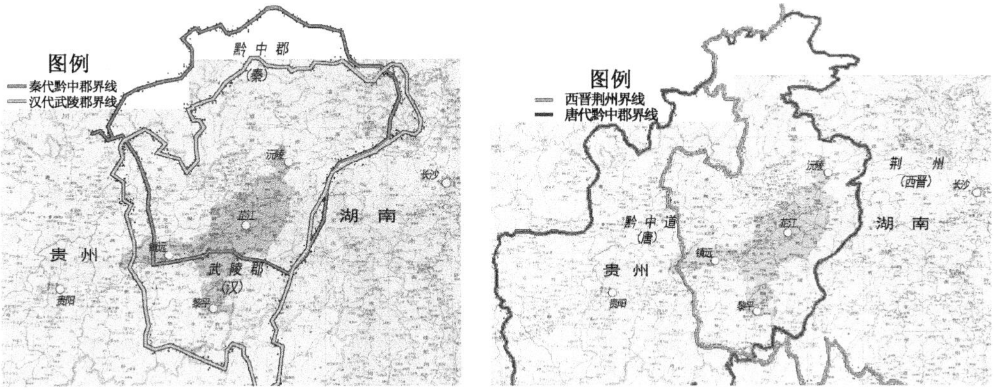

(a) 秦、汉时期该流域行政区边界图

(b) 西晋、唐代该流域行政区边界图

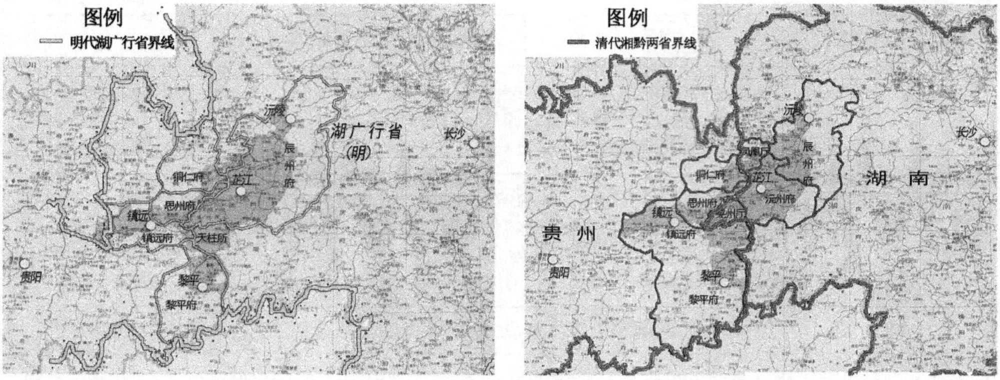

(c) 明代该流域行政区边界图　　(d) 清代该流域行政区边界图

图 3-30　沅水中上游各历史时期行政区划边界图

(来源:根据中国历史地图集编辑组.中国历史地图集·1～9 册[M].上海:中华地图学社,1975 改绘)

3.5.5　近代至民国时期

鸦片战争后,鸦片种植开始传入中国。由于沅水中上游地处湘、渝、黔、桂、鄂交汇处,境内山间小盆地星罗棋布,河流密布,气候温和湿润,为鸦片的种植和贩运提供了地缘、地形和气候上的优越条件。因此,自 1840 年后,流域内大量种植鸦片,统治者鞭长莫及,加之军阀割据、“千年匪患——匪赖烟以存、烟赖匪以生”①。一时间,鸦片的种植和贩运走私,带来了该区域的畸形经济的繁荣。

另外,该流域崇山峻岭,盛产“苗杉”,贵州的王寨(今锦屏)、茅坪、卦治,湖南的洪江、托口成为为苗杉交易的中心市场②。同时期,另一贸易物资——洪油(该地产的桐油)也畅销江浙一带,甚至出口到东南亚、澳大利亚、西欧等地区③。当时的桐油产量和交易量位居全国第二,占总量的百分之三十以上。1937 年抗日战争爆发后,国民政府迁都重庆,僻居西南,沅水中上游流域成为抗日战争大后方。一时间大批难民涌入,许多机关、工厂和学校也随之迁入,由此迎来了该地集镇短暂的繁荣和发展。

总之,通过上述历史时期集镇的形成发展可以看出:唐宋以前,该流域基本为少数民族所据,只有流域周边几处较大集镇(如沅陵、黔阳等)为汉人所据,基本维持楚汉以来的格局,采取的主要是军事屯守的防叛策略,沅水河道少为商用,中原通往西南,主要从四川入境。唐宋期间,朝廷对该流域加强了政治统治,强化了羁

① 土家族简史编写组.土家族简史[M].湖南:湖南人民出版社,1986:201.

② 杨有赓.清代黔东南清水江流域木行初探[J].贵州社会科学,1998(8):48-53.

③ 李菁.近代湖南桐油贸易研究[D].湘潭:湘潭大学,2004:1.

縻制度，沅水河道逐渐被打开，商用价值逐渐被提升，在盆地、平坝出现大大小小的集镇，如新晃（晃州）、安江、麻阳、镇远、浦市、黄平等，尽管仍摆脱不了军事立镇的初衷，但商贸被逐步重视起来，已出现了大的商用码头。特别是宋朝时期，由于北方长期的军事对峙，宋军所需的战略物资，如军马等，需要从西南进行换购，但此时由长江中下游经川入西南的旧路显得路途遥远且通行不畅；而经洞庭，沿沅水至西南，则可避开三峡险道，减少路程，降低运输成本，加强货物流通。这为后来"通京大道"的开通，奠定了基础。

元明清时期，沿沅水河道至西南的通道被彻底打通了，市镇如雨后春笋般出现，很多已经深入到"生地"，如隆里等。同时许多水路和陆路的支线也被开辟了出来，使该流域的交通状况较之前大为改观，也使该流域内的资源（如林木等）得以开发外运，经济也进一步活跃。随着改土归流的完成和移民的大量迁入，商品贸易已取代军事屯守成为该流域的集镇形成的主要原因，出现了如洪江这样以商品贸易和货物流转为主的大商镇。沅水中上游流域主要州县（镇）建制沿革见表3-5。

表3-5 沅水中上游主要州县（镇）建制沿革时间表

序号	州县名	治所	始建时间	历史沿革
1	铜仁市	铜仁	明永乐十一年(1413年)①	元代设置"铜仁大小江蛮夷军民长官司"，明永乐十一年(1413年)设铜仁府，景泰二年(1451年)筑城，嘉靖九年(1530年)改建石城，民国二年(1913年)改铜仁府为铜仁县
2	岑巩县(思州)	思旸镇	元初设思州安抚司②	元初思州安抚司由龙泉坪迁清江，后迁回；元至正二十二年(1362年)，思州分为两部，明洪武元年(1368年)，分置思州、思南二宣慰司，明洪武六年置都坪峨异溪蛮夷长官司，属思州宣慰司；永乐十一年(1413年)置思州府，永乐十二(1414年)年置都素长官司。民国二年(1913年)废府改名思县，十二年(1923年)直属于贵州省；十九年(1930年)年改为岑巩县③
3	镇远县	潕阳镇	北宋大观元年(1107年)在镇远置安夷县④	唐代已置梓姜县，元代设镇远府，北宋大观元年(1107年)在镇远置安夷县，归思州辖治；南宋宝祐五年(1257年)修城池于屏山之上，六年(1258年)赐名"镇远州"，洪武二十二年(1389年)置卫筑城，永乐十一年(1413年)改为镇远府，弘治十一年(1498年)置镇远县后府县并存，万历二十一年(1593年)改筑石城。民国三年(1914年)在镇远城废府设黔东道

① http://www.xzqh.org/hrml/show/gz/22181.html.

② http://www.gz007.net/info/gzls/cengonghistory.html.

③ 贵州岑巩县志编撰委员会. 岑巩县志[M]. 贵阳：贵州人民出版社，1993：1.

④ 夏鹤鸣，廖国平. 贵州航运史（古、近代部分）[M]. 北京：人民交通出版社，1993：62-63.

续表 3-5

序号	州县名	治所	始建时间	历史沿革
4	天柱县	凤城镇	明洪武二十五年(1392年)①	明洪武二十五年(1392年)置天柱千户所,属湖广靖州卫;万历二十五年(1597年)置天柱县,析会同、绥宁二县地益之,属湖广布政司靖州;崇祯十年(1637年)迁治龙塘,改龙塘县,不久回治天柱,仍复天柱县名;十二年(1639年)改隶镇远府。清雍正五年(1727年)天柱县改隶贵州,属黎平府
5	玉屏县	平溪镇	元设蛮夷长官司②	元为平溪等处蛮夷长官司。明洪武二十三年(1390年)置平溪卫,属湖广都司;万历二十九年(1601年)还隶湖广。清雍正五年(1727年)平溪卫改隶贵州;同年改平溪卫为玉屏县,属思州府
6	黄平县	旧州镇	南宋宝祐六年(1258年)建黄平城③	《华阳国志·南中志》记载:“汉且兰国邑,在今贵州黄平县西之老黄平……故秦汉时已能建成且兰国邑。”南宋宝祐六年(1258年)建黄平城,赐名镇远州。元至元二十八年(1291年)置黄平府。明洪武七年(1374年),改黄平府为黄平安抚司,隶播州;洪武十五年(1382年)改千户所为黄平卫;明万历二十八年(1600年)置黄平州,隶平越府。康熙十年(1671年),置黄平州;康熙二十六年(1687年),移黄平州治于兴隆卫(今黄平县驻地),另于旧州设巡检司,隶黄平州;乾隆十年(1742年),改设巡检司。民国二十四年(1935年),设区、镇隶县
7	洪江区(洪江市)	洪江镇	宋熙宁八年(1075年)设置洪江铺④	宋熙宁八年(1075年)设置洪江铺,元祐五年(1090年)改称洪江砦。明洪武年间(1368—1398年),设洪江驿。康熙二十六年(1687年),会同县若水巡检司移驻洪江;乾隆十六年(1751年),若水巡检司改名为洪江巡检司。民国初,称洪江镇。民国十三年(1924年)称会同县洪江市,20世纪90年代改为洪江区
8	新晃县(晃州)	新晃镇	唐贞观八年(634年)置夜郎县⑤	唐贞观八年(634年)置夜郎县;天宝元年(742年)改为峨山县。宋元时期为卢阳县地;清嘉庆年间(1796—1821年)改为晃州直隶厅。民国二年(1913年)置晃县
9	芷江县(沅州)	芷江镇	汉高帝五年(公元前202年)置无阳县⑥	汉高帝五年(公元前202年)置无阳县,晋太康年间(280～289年)置潕阳县,隶属武陵郡。隋开皇九年(589年),改置辰州,大业初废辰州,复置沅陵郡。唐武德七年(624年)废沅陵郡,复置辰州;先天二年(713年),置潭阳县。宋熙宁七年(1074年),以潭阳郡地置卢阳县。元至元十二(1275年)置沅州安抚司。明甲辰年(1364年),改为沅州府;洪武九年(1376年)改府为州。乾隆元年(1736年)升沅州为府。民国元年(1912年),裁县存府,次年裁府复县

① http://www.gz007.net/info/gzls/tianzhuhistory.html.

② http://www.xzqh.org./html/show/gz/22184.html.

③ 刘刚.黄平:地平土黄书旧州[J].当代贵州,2004(6):54.

④ 洪江市志编撰委员会.洪江市志[M].北京:生活·读书·新知三联书店,1994.

⑤ 黄成助.晃州厅志[M].台北:成文出版社有限公司,1975.

⑥ 芷江侗族自治县县志编撰委员会.芷江县志[M].北京:生活·读书·新知三联书店,1993.

续表 3-5

序号	州县名	治所	始建时间	历史沿革
10	麻阳县	锦和镇	北宋熙宁七年(1074年)①	陈天嘉三年(562年)置麻阳戍;唐武德三年(620年)置麻县,属辰州,又为锦州招谕渭阳县地;宋熙宁七年(1074年)改隶沅州;明洪武初筑土为垣,正德五年(1510年)筑砖城;乾隆元年(1736年)属沅州
11	洪江市(黔阳县)	黔阳镇	汉高帝五年(公元前202年)置镡成县②	汉高帝五年(公元前202年)置镡成县;唐天宝初易名龙标县;宋熙宁七年(1074年)复置黔江,元丰三年(公元1080年)置黔阳县,其名沿用至20世纪90年代,后改为洪江市
12	泸溪县	浦市镇	南宋隆兴年间(1163—1164年)有浦口堡③	宋隆兴年间(1163—1164年)有浦口堡;元时,浦口设军民千户所;明太祖洪武元年(1368年),卢溪县在浦口建立溪洞县巡检司;清康熙二十八年(1689年),沅陵县在此置池蓬巡检司移驻浦市;民国三年(1914年)后归泸溪辖
13	凤凰县	沱江镇	元初设五寨司④	唐武后垂拱二年(686年)凤凰从麻阳析出,次年设渭阳县,属锦州卢阳郡,县治设凤凰阿拉营镇黄丝桥。自元始置五寨司,司治在今县城沱江镇(原称镇竿镇),明永乐三年(1405年),置竿子坪长官司,仍属保靖宣慰司管辖;隆庆三年(1569年),在凤凰山设凤凰营。康熙四十三年(1704年),置凤凰营于沱江镇;乾隆十六年(1751年)改凤凰营为凤凰厅;嘉庆二年(1797年),凤凰厅升为直隶厅,属湖南布政使司。民国二年(1913年),废凤凰厅,改建为凤凰县
14	黎平县	德凤镇	明洪武十八年(1385年)⑤	唐代,黎平为龙标县治地,时称五脑寨(德凤镇),始兴土司。元世祖至元二十年(1283年),改称黎平。明洪武十八年(1385年)设五开卫于五脑寨;明洪武二十一年(1388年)设黎平守御千户所;永乐十一年(1413年)设黎平府;万历十年(1582年)黎平府改军民府。中华民国元年(1912年)改为黎平县
15	锦屏县	三江镇	明洪武二十年(1387年)⑥	明洪武二十年(1387年)置铜鼓千户所,属五开卫;三十年(1397年)改铜鼓千户所为卫,隶湖广都司;永乐十一年(1413年)以五司属新化府;宣德九年(1434年)改隶黎平府。清雍正五年(1727年)改隶贵州,并撤销铜鼓卫,改设锦屏县,属黎平府;道光十二年(1832年)撤销锦屏县,改由开泰县锦屏乡县丞分驻。民国二年(1913年)移开泰县治于锦屏,改为锦屏县,属黔东道

① [清]张官五,吴嗣仲. 沅州府志(同治)[M]. 长沙:岳麓书社,2011.

② 黔阳县地方志编撰委员会. 黔阳县志[M]. 北京:中国文史出版社,1994.

③ [清]席绍葆,谢鸣谦等修,湖湘文库编辑出版委员会. 辰州府志(乾隆)[M]. 长沙:岳麓书社,2010.

④ 黄应培,孙均铨,黄元复. 凤凰厅志(道光)[M]. 长沙:岳麓书社,2011.

⑤ 黎平县志编撰委员会. 黎平县志[M]. 成都:巴蜀书社,1989.

⑥ http://www.jpzf.gov.cn/mljp/zjjp/lsyg/201704/t20170407_1726419.html.

续表 3-5

序号	州县名	治所	始建时间	历史沿革
16	安江镇	安江镇	五代时置硖洲①	五代时置硖洲，称硖洲新城；宋熙宗年间(1068—1077)，章惇平硖洲，取"民安江靖"，改置安江寨。元袭旧制。明洪武年间(1368—1398)改为安江堡，又名双岩城，后裁堡置安江巡检司。清道光十二年(1832)裁司设驿，旋改为安江塘，复置安江镇，民国仍为镇
17	隆里乡	隆里乡	明洪武十八年(1368年)	明洪武十八年(1385年)设龙里千户所，隆里古城始建；永乐三年(1405年)复建。清顺治十五年(1658年)更名为隆里所。民国十九年(1930年)设隆里乡
18	茅坪镇	茅坪村	明洪武三十年(1397年)	明洪武三十年(1397年)因侗人林宽的起义，朱元璋用兵30万由沅州(今湖南芷江县)"伐木开道200里直抵天柱"前往镇压，途经茅坪，其名始见史书，后成为木商聚集之地，是"内三江"之一。
19	沅陵县(辰州)	沅陵镇	汉高帝五年(公元前202年)置沅陵县②	战国属楚黔中地，秦属黔中郡，古城在县内太常乡窑头村(窑头古城)。汉高帝五年(公元前202年)始置沅陵县，属武陵郡。隋开皇九年(589年)，改置辰州，治沅陵；大业二年(606年)，复改辰州为沅陵郡，隶荆州。唐武德二年(619年)，改为辰州。元至元十二年(1275年)五月，改辰州为辰州路，治沅陵；至正二十四年(1364年)改辰州路为辰州府，治沅陵。民国元年(1912年)，废沅陵县存辰州府，府仅辖沅陵县地
20	托口镇	托口镇	唐贞观八年(634年)置朗溪县	唐贞观八年(634年)，析龙标置朗溪县，属叙州，托口即朗溪古城。宋置托口砦，属黔阳县。民国时期为托口镇，1949年以后隶属四区(托口区)，1956年建乡，1958年改乡建公社，1984年恢复乡建制，1985年撤乡并镇

3.6 小结

本章从宏观的区域层面上以"点—轴"空间理论分析了沅水中上游传统集镇以"水轴"为发展轴的空间分布状态，归纳其为"一主轴，两次轴，多核心"的空间格局，以"经济距离"为尺度分析了它们与"通京大道"水陆线路的离散特征，其职能的结构特征体现了该流域的传统集镇的层次分化。

基于中观尺度，从集镇与山、水的空间关系角度，描述了沅水中上游传统集镇与山水和谐交融的自然特性，同时也指出营建者的意识在集镇内部空间形成中的作用，认为该流域的传统集镇的总体特征是整体规划控制，局部顺应山水自发

① 黔阳县地方志编撰委员会. 黔阳县志[M]. 北京：中国文史出版社，1994：54-55.
② 沅陵县志编撰委员会. 沅陵县志[M]. 北京：中国社会出版社，1993.

形成。

基于集镇的空间分布，从历时性方面分析了该流域传统集镇空间格局的历史演进过程，揭示了该流域传统集镇“因兵而起，因商而盛”的历史特征；从历代统治者对该流域的开辟经营时间先后归纳出该流域传统集镇的形成在空间上是先四周后中间、先点状深入后线状控制，以及主体呈东西向分布的历时性特点；并可清晰地发现自秦汉至元代，无论是军事开边、设置州县，还是工商立市，都是沿沅水主要干支流——在河谷平原和盆地重心区建治立市（州城、县城和市镇几乎都为临水型城镇），并随着明清的军事开边和改土归流，集镇由干流向各主要支流，由河谷平原和盆地向山区平坝逐步推进。由此可以推断该流域的传统集镇基本沿两条主线发展：一是先建立军事屯堡，后发展为区域性商镇和行政中心；二是先出现草市，后聚集为商贸重镇。

4 传统集镇商贸空间的形成机制

传统集镇商贸空间的形成是在多种因素下共同作用下的一个持续发展、逐步演变的动态过程。这些因素之间有的互相制约，有的互为促进，并且不同时期的主导因素也不同。沅水中上游传统集镇商贸空间的形成与发展及其文化传统的形成与传承与军事、交通、商贸、移民、政治等因素的发展有重大关联，本章将重点从这五个方面分析沅水中上游传统集镇商贸空间的形成机制。

4.1 军事开边，以商资军

沅水中上游长期以来一直是“梗隔三省，遂成化外”之地，伴随着中华文明浩瀚五千年，该流域的军事开边事件不绝史料(参见附表10)。不管是战事还是屯守都要巨额的军费支撑和大量的军需消耗，历代王朝除采用划拨的方式外，还积极引用商贸的方式以资军需。

4.1.1 开边屯守

沅水中上游流域的军事事件始见于三皇五帝时期，炎帝、黄帝两集团在涿鹿联合击败了“九黎”，“九黎”集团被迫南迁，定居于长江中下游的洞庭、鄱阳诸湖和汉山、衡山一带，形成了“三苗”集团。《舜典》：“窜三苗于三危。”《史记注》：三苗，国名也，其国“左洞庭有彭蠡”[①]。尔后又被夏禹打败，一部分南下至今川、黔、滇边境；一部分进入今江西、湖南的洞庭湖、鄱阳湖以南的崇山峻岭之中。此时，部分“南蛮”已经进入了沅水流域，并逐步与当地民族融合，被称为“南蛮”集团，成为今天苗、瑶族的先民。公元前9世纪末8世纪初，周宣王“乃命方叔南伐蛮方”和战国时

① [明]沈瓒编撰，[清]李涌重编，陈心传补编，伍新福校点，湖湘文库编辑出版委员会. 五溪蛮图志[M]. 长沙：岳麓书社，2012：244.

期，楚国武力拓边，占领洞庭、苍梧[①]等地，苗、瑶先民又被迫向西迁入武陵山区，与当地少数民族一起被称为“武陵蛮”。随后，楚人伐濮，庄蹻沿沅水，溯㵲阳河入滇（如图 4-1），该地纳入楚之黔中郡。在楚与秦前后几百年的对峙中，在沅水流域建立了许多军事屯堡（如沅陵的窑头古城等），这时该流域集镇的相关记载始现于史册。由此可见，该地的集镇起源带有强烈的军事性质。又如黔阳，已有 2 200 年历史，为汉王朝深入“蛮地”的军事堡垒，扼守着东西主要航道——㵲阳河入沅水的入口。

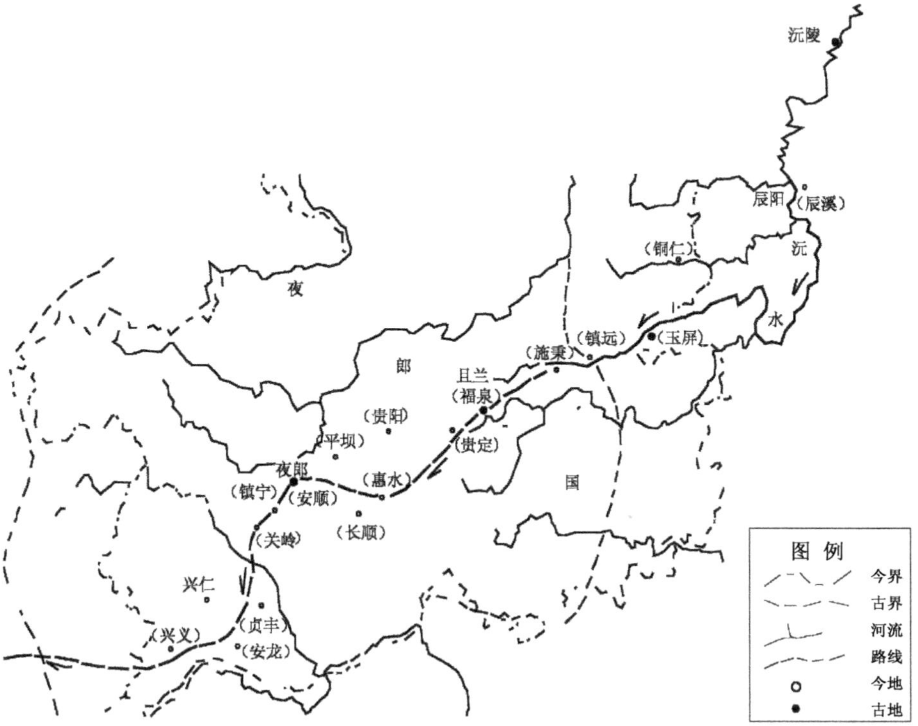

图 4-1　庄蹻入滇线路示意图

［来源：夏鹤鸣，廖国平．贵州航运史（古、近代部分）［M］．北京：人民交通出版社，1993：22］

此后历代均曾在该流域设立军事屯堡，并逐步深入武陵和苗岭山区腹地。明代在此地实行了戍边的军事体制——卫所制——“……度要害地，系一郡者设所，连郡者设卫，大率五千六百人为卫，千一百二十人为千户所，百十有二人为百户所，所设总旗二，小旗十，大小联以成军”[②]（如图 4-2）。在本文研究范围内明代设有兴

① 苍梧即苍梧山，又称九嶷山，位于今湖南南部宁远县。

② 彭立平．明清九溪卫所与土司关系［J］．商，2014(21)：69.

隆卫（旧州）、偏桥卫（施秉）、镇远卫、清浪卫（岑巩）、平溪卫（玉屏）、沅州卫（芷江）、铜鼓卫（锦屏）、五开卫（黎平）、辰州卫（沅陵）九卫，另有黎平所、天柱所、汶溪所三处千户所。从其分布（如图 4-3）来看，卫所在㵲阳河至黎平清水江河段分布密集。笔者认为这主要出于两个原因：①㵲阳河河段是通京大道的重要河段，而黎平是沅水通往都柳江的重要中转，需要保证其通畅；②该两段河道是侗、苗等少数民族的聚集地，为戍边防叛，需重兵守卫。

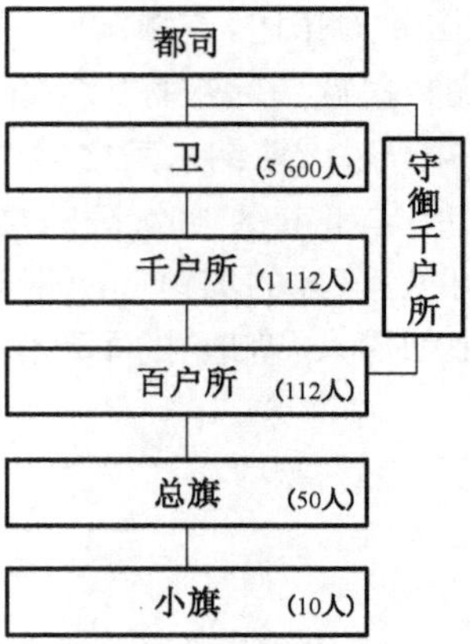

图 4-2　明军事组织结构图

（来源：王琳峰. 明长城蓟镇军事防御性聚落研究[D]. 天津：天津大学，2011：54）

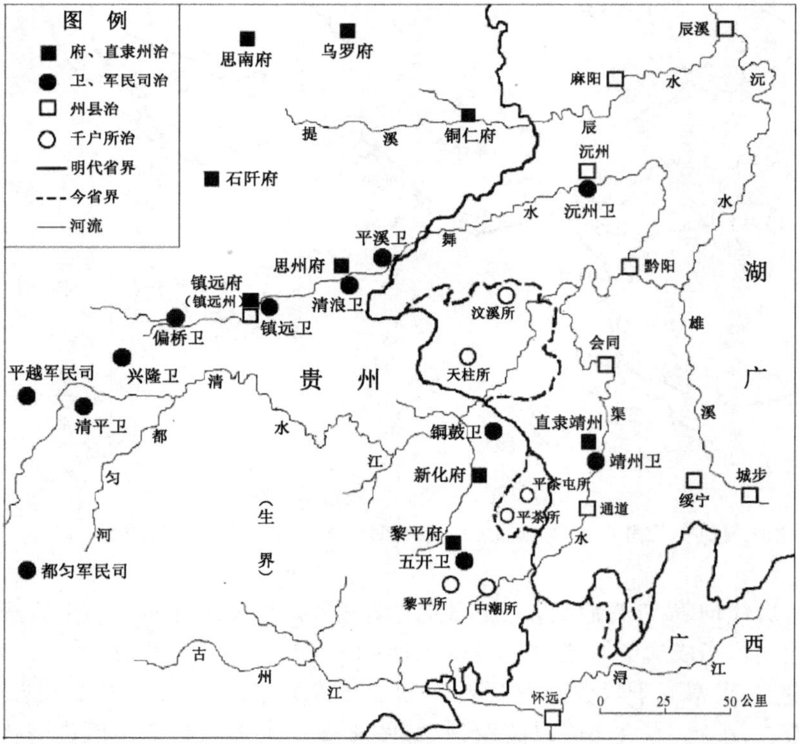

图 4-3　明沅水中上游府卫分布示意图（1413 年）

［注：图中新化府于宣德九年（1434 年）并入黎平府，乌罗府于正统三年（1438 年）并入铜仁府。来源：吴春宏. 明清时期黔楚边境的府卫纠纷——以黎平府与五开卫为例[J]. 中国历史地理论丛，2011，26(2)：33-43］

军屯的军事目的强烈，往往较短时间内即完成一定规模的城池的建设。《辰州府志》记载：“（凤凰）厅城自元明为五寨司土官，旧有土城。嘉靖甲寅年（1554 年）冯岳开府沅州，移麻阳参将孙贤驻防。丙辰（1556 年）始建砖城，开四门各覆以楼。凡十五月而工成。久而渐倾，国朝康熙四十八年改为厅，议建石城……。”①“（辰溪）（如图 4-4）县城自汉至明初新旧县皆未建城，正统十四年（1449 年）靖州清水江苗焚虏县境，公私庐舍皆毁。景泰二年（1451 年）知县杭宗道始筑土城，佥事洪昌遣官督徒役千五百人，总戎陈友督荆陵征苗兵五百人以助，凡七月而成，周环四百七十丈有奇，……统五门。”②修凤凰旧城，费一年三个月完成；建辰溪新城，面积约 10 公顷，仅费七月而成。由此可见，不管是修旧城还是建新城都在短时间内完成，营建时同时考虑了山形水势和一定的社会需要进行规划布局。临苗疆的城池周边还设有哨、卡等军事设施，防备森严，如凤凰（图 4-5）、天柱（图 4-6）。

图 4-4　辰溪县城图

（来源：刘昕，刘志盛. 湖南方志图汇编[M]. 长沙：湖南美术出版社，2009：266）

① [清]席绍葆，谢鸣谦等修，湖湘文库编辑出版委员会. 辰州府志（乾隆）（一）[M]. 长沙：岳麓书社，2010：140.

② [清]席绍葆，谢鸣谦等修，湖湘文库编辑出版委员会. 辰州府志（乾隆）（一）[M]. 长沙：岳麓书社，2010：137.

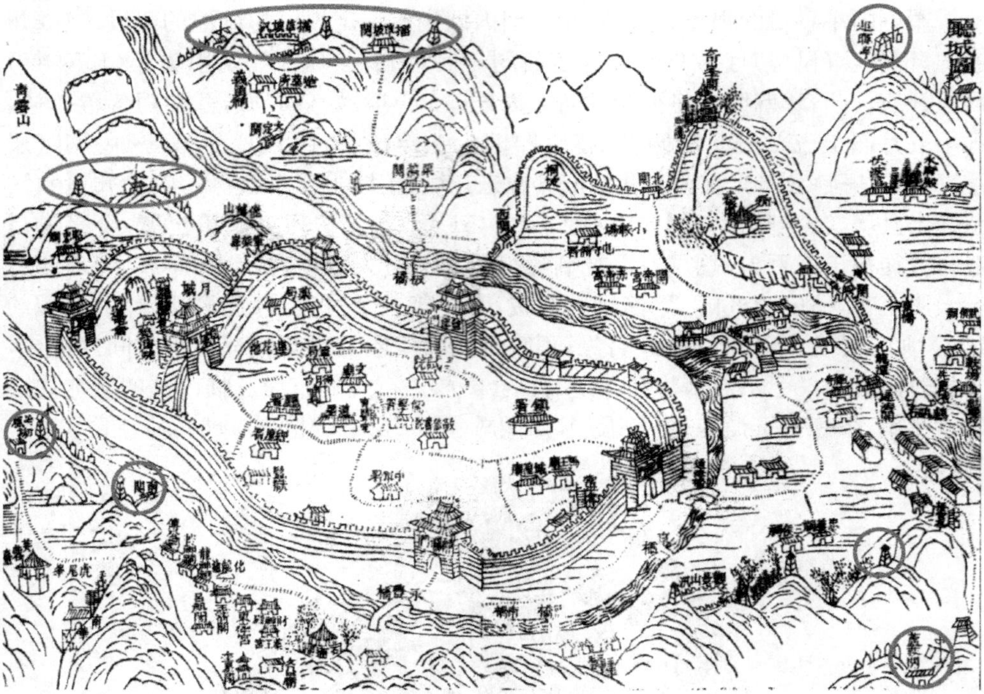

图 4-5　清代凤凰厅城及哨所图

[来源:黄应培,孙均铨,黄元复.凤凰厅志(道光)[M].长沙:岳麓书社,2011:21]

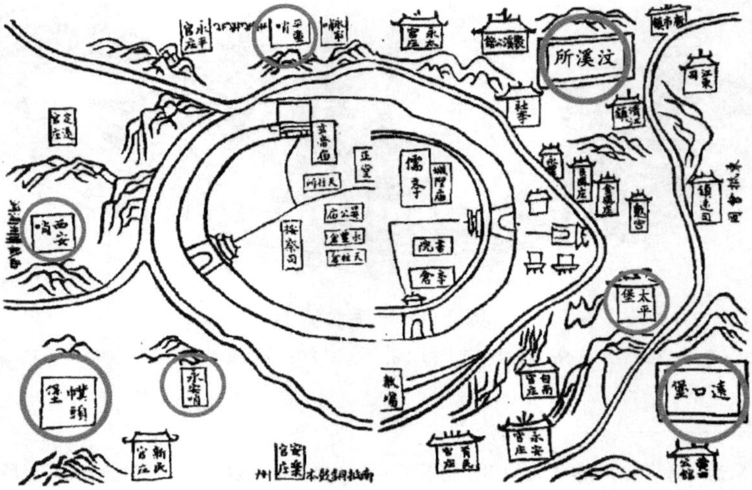

图 4-6　天柱县(德凤镇)及哨所图

(来源:刘昕,刘志盛.湖南方志图汇编[M].长沙:湖南美术出版社,2009:349)

图 4-7 凤凰苗疆边墙
（来源：自摄）

此外，另一军事设施——边墙，也影响着集镇商贸空间的形成与发展。由于腊尔山生苗一再叛乱，明朝多次对湘西用兵。这既需众多军队，又耗费大量军费。但是，苗民还是不断地反抗。最后，只好实行“民不入峒、蛮不出境”的隔离政策。在湘西永绥、凤凰、乾州沿线修建许多堡、哨等军事建筑并将它们连接成数百里的长城，并一直保存到清初，史称“苗疆边墙”，也称南方长城（图 4-7）。明朝先后四次修筑苗疆边墙，第一次是参将孙盛主持的。宣德年间，总兵肖授修筑二十四堡。到嘉靖年间，总督张岳增修十三哨。当时，孙盛将哨堡的小城郭连接起来的，形成长城——自五寨司（今凤凰县城）奇梁隘（今奇梁洞）起，经清溪哨、高楼哨、得胜营、竿子坪，直至乾州哨望城坡，长约七十里。第二次是兵部侍郎蔡复一发起的。万历四十二年（1614 年），蔡复一亲临苗疆，组织重修边墙。地点主要在镇竿镇境内（今凤凰）的渡头坑、毛都塘、两头羊、洪岩井、大田、泡水等处。由于高山峻岭、溪沟纵横，地形十分复杂，边墙质量十分粗糙简陋，政府提出复工重修。第三次还是蔡复一主持修建的。边墙从与贵州铜仁交界的亭子关起，修至镇溪千户所（吉首乾州镇）止，全长共三百二十余里。第四次，由辰沅兵备道副使胡一鸿委派镇竿游击邓祖禹等人续修边墙。在原来边墙镇溪段的尾上开始续修，自镇溪至保靖宣慰司（今保靖县）的喜鹊营止，又加修了 60 余里。至此，整个苗疆边墙全长共 380 余里。清初时，这些边墙仍发挥着很大作用，隔离政策仍旧实行，并起着军事防御的功能。嘉庆二年（1797 年）凤凰厅同知傅鼐开始在原“边墙”沿线修筑碉卡、哨台和民屯汛堡。经过数年努力，到嘉庆十年（1805 年），整个苗疆民苗交界沿线地区（即凤凰、乾州、永绥、古丈坪四厅和保靖县）全都修建了军事设施，并相互连接了起来。

边墙的修建，使苗民活动范围大大减小，由溪河平地退缩到边缘山区。更重要的是边墙把当时的苗民一分为二，边墙外的苗民为生苗，仍然延续着以前的生活方式，边墙内的苗民为熟苗，开始慢慢接受汉文化。同时，边墙内的人口急剧增加，集镇得到稳定快速发展；而边墙外则生产力发展缓慢，集镇发展受到抑制，至今其界内都未形成较大的集镇。

4.1.2 资军商贸

在建城修堡的同时，明王朝实行了“纳米中盐”等商贸措施来保证军需。“纳米中盐”宋代早已有之，但仅限于今贵州边境。至明代中叶，贵州东部和中部地区各族人民起义，官军缺粮，均依靠商民“纳米中盐”来解决。“纳米中盐”主要是用淮盐、浙盐、川盐及云盐，其中前三者主要依靠沅水水运。洪武十五年(1382 年)，首次规定盐米比价，户部确定“凡……普安纳米六斗者，给淮、浙盐二百斤；米二石五斗者，给川盐二百斤；……乌撒纳米二斗者，给淮、浙盐二百川盐亦如普安之例”。洪武二十年(1387 年)，普安军民指挥使以“蛮夷叛，大军所临，动经岁月，食用浩穰而道里险远，馈运弗继，(要求)减盐价以致商人”①。在开中制度下，盐商成为重要的支边商队，成为自主经营的服务于政府的“行商”。从国家财政的角度分析，开中制度即政府采取经济手段，利用民间资本的力量，由商人出资承担国家军需物资的转运，为边区的军需供应提供了有力的保障。“纳米中盐”是商人用粮换盐，然后就地分销，换取利润。这一过程中运输、仓储、销售等环节缺一不可。这些环节客观上要求集镇提供相应的商贸空间，如码头、街道、商铺等。

另外，屯守还需要日常用品的交易，于是在各屯守处门口或是附近形成了集市(场)，进行定期赶场(图 4-8)。《凤凰厅志・集场》记载有南门外场(百日场)、乌拉营场(二七日期场)、得胜营场(五十日期场)、强虎哨场(三八日期场)等十一处集市②。此类集市大多是位于城、卫、所、营、哨等驻军处，并逐渐固定下来，于城口沿道路延展，形成新的商业街道。如镇远卫城外至清代已形成了新的街道。新的街道先从府城的西门发端，沿城外道路和河道向西延展，逐渐形成不规则带状或块状，与镇远卫城隔河相望。商贸空间也变得形式多样，形成了多层级的商业组织结构，其功能也趋于混杂。

从流域历史发展来看，沅水中上游集镇是随着中原地区对当地社会生产力影响的扩大和统治者对这一地区的征服和开辟而发展起来的。中原统治者为征服和开辟这一地区把先进的社会生产力(科技文化)和军事城堡植入本流域，其集镇的起源一开始就带有军事的殖民性。而维持军事屯堡的运转需要的大量军需，政府主要从两方面来解决：一方面采用屯田的方式保证基本生存问题；另一方面则进行边贸，以弥补军费开支和方便屯军的日常生活。这样卫所所在地，也成了该流域最早的商品贸易和流转的集中地，之后，大都发展成了集镇，如镇远潕阳镇、凤凰沱江镇等。

---

① 夏鹤鸣，廖国平. 贵州航运史(古、近代部分)[M]. 北京：人民交通出版社，1993:78-80.

② 黄应培，孙均铨，黄元复. 凤凰厅志(道光)[M]. 长沙：岳麓书社，2011:44.

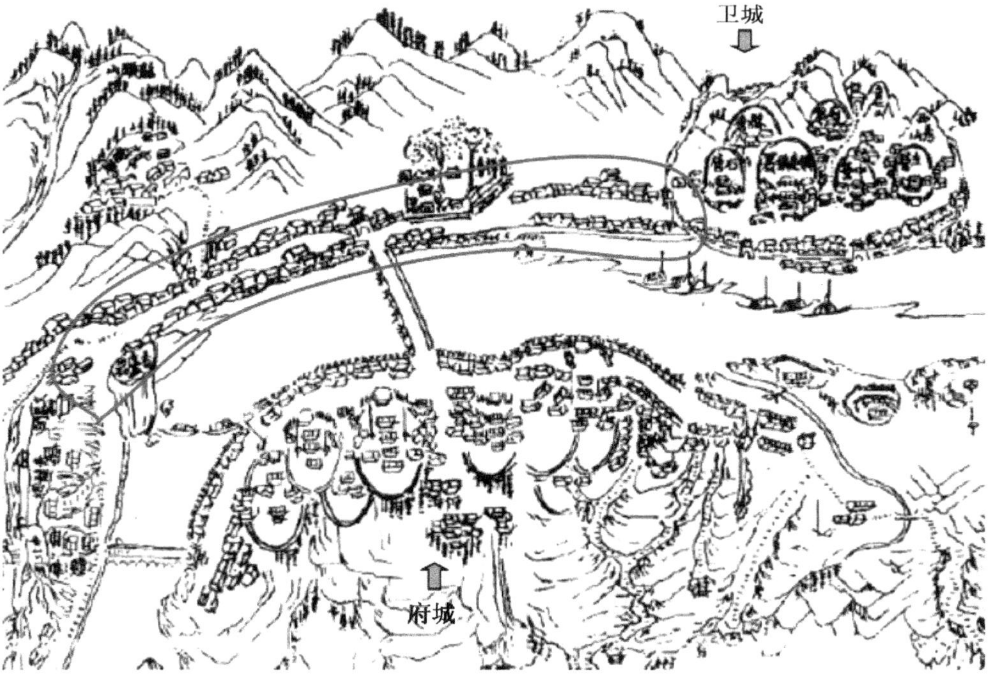

图 4-8　清代镇远卫城外街道形态

（来源：《镇远府志》）

4.2 交通畅达，物货顺捷

交通运输对商贸空间格局形成具有促进作用，经济及社会交往须借助于交通途径。交通途径、交通工具，对友好交往效果好坏之意义，越是在古代越发显得重要①。该流域由于境内山脉错列、盆地散布、水系发达、溪河众多，水路成为主要的交通方式，起着主导作用，甚至形成了交通枢纽。《辰州府志》载："近市者负贩以什一，百货皆自下而上，日久费重，故价昂而利微，其挟高货者乐于行，□油、蜡、生铁、盐、鱼之利，往来舟楫相衔，获利者常厚，郡中以浦市为商贩荟萃之所。②"可见舟楫之利、长途贸货获利厚矣，亦可说畅达的交通运输是商人们的生命线。

事实上大多集镇都位于各大小干支流的交汇处或是水运条件较好的码头，干支流的通航条件决定着其发展规模。如位于沅水干流与几大主要支流交汇处的沅陵、泸溪、辰溪、洪江、黔阳、托口以及干流沿岸的浦市、安江、镇远、茅坪等几乎都是

① 王瑞平.明清时期云南的人口迁移与儒学在云南的传播[D].北京：中央民族大学，2004：11.

② [清]席绍葆，谢鸣谦等修，湖湘文库编辑出版委员会.辰州府志（乾隆）(一)[M].长沙：岳麓书社，2010：273.

当时这一流域内最繁华的集镇[①]。

沅水中上游是通往西南的孔道，自元开通"通京大道"后，特别是明清时期，政府投入大量人力、物力和财力改善交通设施，不但疏通了多处险滩暗礁，使水路通达；还修建了大量陆路交通，使该地区交通大为改善，大大提高了该流域的物资中转能力。许多集镇就是伴随物资流转而繁荣起来的。

4.2.1 "线"的能力——水道的通航度

水运在我国有着悠久的历史，黄帝尧舜时即"刳木为舟，剡木为楫，舟楫之利，以济不通致远，以利天下"。濮人商汤时分布于江汉一带，曾助武王伐纣，春秋战国时散布于楚西南(今滇、黔、川以至江汉流域以西)。"濮"即与水有关，很早濮人就能"以舟船之利"行走于沅水中上游流域。

元明清后，沅水及其支流成为该地区和联系西南与中原的主要的交通干线。这与其河流走向及通航能力密不可分。沅水主要支流辰水在铜仁地区与乌江水系仅一山之隔；㵲阳河在黄平地区与乌江水系也相隔较近；清水江与珠江主要支流都柳江河源犬牙交错，自古就有联系。

这些沿江河水系天然形成的通畅的较为连续的河谷成了自然的通道。在复杂的地形地貌的限制下，陆路交通不便，人们的交流交往基本上是沿着河谷这一自然通道进行和延伸的。沅水中上游流域，主要有三条通道：㵲阳河河谷、辰水河河谷、清水江河河谷。水道的通航能力决定了河谷的通道能力(表 4-1)。

表 4-1　沅水干流及主要支流基本情况表

支流名称	位置	流域面积	干流总长(km)	天然落差(m)
沅水干流	—	—	568	187
辰水	西岸	7 536	313	304
㵲阳河	北岸	10 334	444	484
清水江	上游	17 145	487	812

1. 㵲阳河河道及其通航能力

㵲阳河为沅水主要支流，发源于瓮安县垛丁区凤关乡，经施秉、镇远、玉屏等县城至露水溪入湖南省境，至黔阳与清水江汇合(图 4-9、图 4-10)。古代通航起点为黄平旧州，天然落差 484 米，平均比降 1.62‰。镇远以下平均比降较低，为1.24‰，两岸多系丘陵，水势较缓，为沅水上游最好的航道[②]。1932 年旧州有船 250 只，每只载重 7 吨，客货混装。商家自办的占 2/5，船家自办的占 3/5。船只停泊于西门

① 余翰武，陆琦. 遗产廊道理念下沅水中上游传统集镇发展概略[J]. 小城镇建设，2013(9)：100-104.

② 夏鹤鸣，廖国平. 贵州航运史(古、近代部分)[M]. 北京：人民交通出版社，1993：5.

坡码头，可直达湖南黔阳，长趋武汉。青溪有船 12 只，往返施秉与洪江之间。另据 1936 年调查，镇远有船 24 只，其中头号船 9 只，载重 6～7 吨；二号船 10 只，载重 4～5 吨；三号船 5 只，载重 3～3.5 吨。据文献记载，㵲阳河段有船舶 350 只左右，运力 2 000 吨上下[①]。可见，㵲阳河以载重量为 6～7 吨的船舶为主，数量较多，显示其河道的繁忙程度。

图 4-9　镇远㵲阳河河道

（来源：自摄）

图 4-10　昔日镇远㵲阳河繁华的河景

（来源：镇远县博物馆提供）

---

① 夏鹤鸣，廖国平. 贵州航运史（古、近代部分）[M]. 北京：人民交通出版社，1993：164.

2. 辰水河河道及其通航能力

辰水源出贵州江口县梵净山西南的龙门沟，经江口、铜仁，至文昌阁入湖南省境，经锦和至辰溪汇入沅水（图 4-11）。古代通航起点为闵孝，天然落差 304 米，平均比降 1.97‰；铜仁以下水势较缓，平均比降 1.05‰。河段两侧，除局部峡谷外，多为丘陵，古代亦属通航条件较好的河流，唯其航程较短。江口以上越过分水岭后可以到达石阡，与乌江支流石阡河水运衔接，故在早期曾是沟通湘、黔、川水陆运道的组成部分。1932 年铜仁有民船 59 艘，载重 17 吨；货船 60 艘，载重 20 吨；客货混合船 78 艘，载重 20 吨。船长 9～12 米，宽 3～3.3 米，分七八个隔舱，使用风帆，停泊铜仁、漾头、湖南各港，行驶在铜仁至常德一带。江口有民船 50 只，载重 3 吨；客货混合船 20 只，载重 2 吨，行驶在闵孝至铜仁段。综上，辰水河河道的船舶共计 267 艘，运力 3 953 吨①。

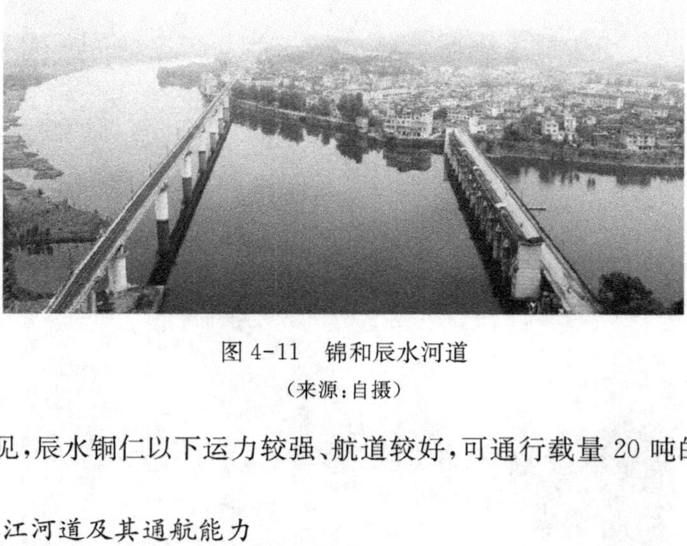

图 4-11　锦和辰水河道

（来源：自摄）

由此可见，辰水铜仁以下运力较强、航道较好，可通行载量 20 吨的大船，但航程太短。

3. 清水江河道及其通航能力

清水江自都匀以下均可通航，但上游落差较大，都匀到分水溪，平均比降 1.22‰，重安江与之汇合后以下河段，水流平缓，水质常清，清水江由此得名，其天然落差 812 米（图 4-12）。据 1932 年调查，清水江上游共有客船 200 只，货船 250 只，客货混合船 150 只，船型皆同，各载 0.75 吨，停泊下司码头，行驶在下司至洪江间，运力 450 吨。重安共有货船 300 只，载重 3 吨，有商家自办的，也有苗家制备

① 夏鹤鸣，廖国平. 贵州航运史（古、近代部分）[M]. 北京：人民交通出版社，1993：164.

图 4-12 锦屏清水江河道

（来源：自摄）

的，直驶洪江，分为货舱、尾舱、大舱。两处合计船舶共 900 只，运力1 350吨。[①] 直至 1960 年，全河仍有木船 596 艘，运力3 682吨，当年的货运量达到 733.9 万吨[②]。清水江支流洪州小河、亮江和重安江，古代已有水运活动，其他如巴拉河、南哨河、六洞河等，在近代也有水运发展。沿岸聚集了坝固、旁海、凯里、重安、下司、施洞、革东、剑河、南加、锦屏、远口、白市等重要码头。可见，清水江上游以苗船为主，运力相较其他河道最小。

4. 沅水干流河道及其通航能力

沅水中游即黔阳至沅陵段，河面宽阔，地势较为平坦，大部分河段流经芷怀盆地、安洪盆地和麻沅盆地，天然落差只有 187 米（如图 4-13）。沿岸设有众多的水运码头，用于物资中转。“据民国 27 年（1938 年）3 月黔湘水道查勘报告：仅聚集洪江港的木帆船有 511 艘，其中大船（载重 10 吨以上）97 艘、中船（载重 2.5 吨以上）117 艘、小船（载重 2.5 吨以下）297 艘。”[③]洪江仅为沅水中上游众多水运码头的一个，运力已达 2 000 吨以上，沅水干流河道的航运能力可窥见一斑。

从河流走向来看，辰水、潕阳河均自西向东注入沅江，沿河由湖南直进入贵州腹地，然后西行至云南，在地理上起到沟通东西的作用；清水江支流众多，一部分蜿蜒西行，一部分南至黎平境内，沟通珠江水系，呈南北走向。

从通航能力来看，沅水干流通航能力最强；潕阳河河谷较为宽阔，水流较为平缓，河道较长且宽，有一定深度，落差较小，适宜行船；其他两条河道也通往贵州，但

① 夏鹤鸣，廖国平. 贵州航运史（古、近代部分）[M]. 北京：人民交通出版社，1993：5.

② 罗美芳. 明清时期清水江水道的开辟与社会发展[D]. 贵阳：贵州大学，2007：5.

③ 洪江市志编纂委员会. 洪江市志[M]. 北京：生活 · 读书 · 新知三联书店，1994：215.

图 4-13 沅水干流大江口河道

（来源：自摄）

均有其不足之处：一是辰水，其河道短促，行至铜仁江口，需改陆路才能前行；二是清水江，其河道虽深入贵州腹地，但水流湍急，至其上游几不能行舟，需改走陆路，但这里山高林密，也不易于行走。由此可见，“通京大道”选择㵲阳河河道作为驿道主道也就顺理成章了。

4.2.2 “点”的疏通——河道的整治

交通作为经济发展的重要推力，历来受到重视，俗语云“要想富，先修路”。历朝历代对“路”的投入，可以说是不遗余力。从秦王朝全国通衢的“驰道”，到隋唐的“大运河”修建，无不是举全国之力为之。在沅水中上游流域，也历经了几次较大规模的河道治理和修缮。

1. 明代㵲阳河河道整治

宣德八年（1433 年），朝廷修葺镇远府与偏桥卫（今施秉）之间的诸葛洞滩。这是有史可查的㵲阳河首次整治，也是贵州省航道工程的开端。整治后，船舶可直至黄平旧州。自此以后，湖广、江西、福建、四川等地客商云集于此，当地商业活跃、市井繁华，成为重要的水陆码头。黄平旧州也是沅江沿㵲阳河上溯到黔东的最后一个水运码头，古时所有京广百货均由㵲阳河水路舶来，至此转陆路驮往贵阳、安顺等地，而当地土特产又经此沿沅水水运到洞庭湖后，分销至武汉、上海、江浙一带[1]。另外，政府还整治施秉老洞滩、平溪（今玉屏）的显灵滩河道。至此，在上述几条河道上出现了一系列有较好水运码头的集镇（图 4-14）。

① 史继忠. 黄平旧州古建筑群[J]. 当代贵州，2007(11)：51.

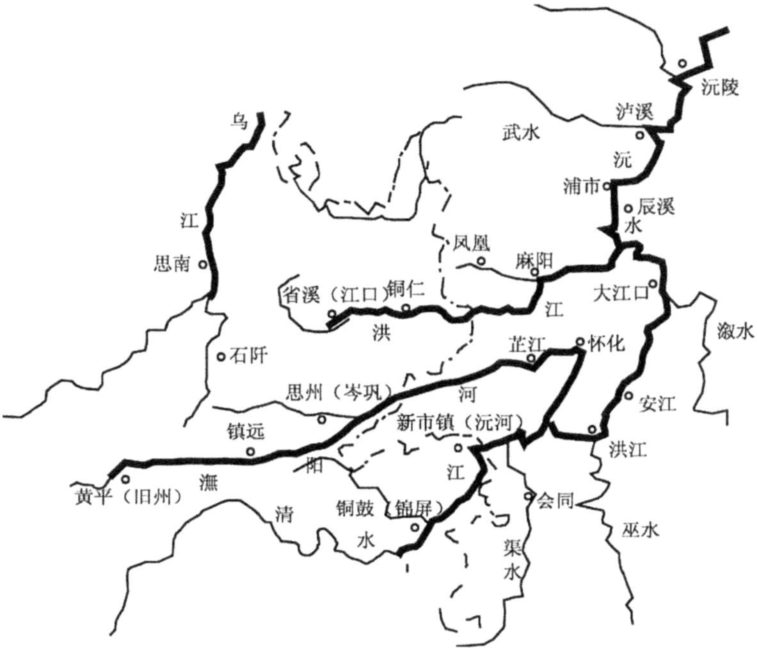

图 4-14 明代沅水中上游主要通航河段及主要港埠分布示意图

（来源：夏鹤鸣，廖国平. 贵州航运史(古、近代部分)[M]. 北京：人民交通出版社，1993：67）

2. 清代沅水河道的整治

清代对沅水河道进行了广泛的治理。顺治十七年(1660 年)对㵲阳河上游的诸葛洞滩、老洞滩、鹞子滩等各类滩险 52 处进行了整治。治理后，㵲阳河航道大为通畅，"商贾可省捆载之劳，鱼盐亦得顺流之势"，从镇远向上延伸 180 余里，可再次直抵黄平。之后，清廷又先后治理了清水江和辰水，如雍正七年(1729 年)，为解决"清水江河道……向来阻梗，货物不通，民苗交病"①的局面，鄂尔泰、张广泗奏请朝廷疏浚清水江，"于是复有舟楫之利"②，大大改善了水运的通航能力。此后，清水江沿岸的远口、王寨、清江、施洞、重安一带，遂成"舟楫东来，商贾云屯"的交易市场③。乾隆时期，张广泗还主持沟通都柳江和清水江的水利工程，使得广西物质能够大量进入该区域；另外，还加强了辰水与乌江水系的联系，使川、渝、湘、黔的货物能够自由往来各地。清代的河道整治不但加强了东西向的河道治理，同时也注意与乌江水系和都柳江水系的沟通，实则是加强了南北向的交通联系，可使川蜀南达两广。

① 锦屏县政协文史资料委员会，锦屏县志编纂委员会办公室编. 姚炽昌选辑点校，锦屏碑文选辑(内部刊印本)[M]. 1997：77.

② [清]吴振棫. 黔语二卷[M]. 上海：上海书店出版社，1994：606.

③ 万红. 试论清水江木材集市的历史变迁[J]. 古今农业，2005(2)：103-112.

4.2.3 "网"的构建——水陆联运

元代，在全国范围内修建了驿道，经明清不断修缮和增补，形成了一个较完善的国家层面的道路网络。在沅水中上游亦有一条驿道横穿——"通京大道"。该线路成为联系中南亚的"贡象之路"，经洞庭至武汉后，直通"京师"，其也成为元后在内陆西南丝绸之路的重要延伸。除此官道外，由于物资流通和往来，在沅水中上游流域还利用水系还形成了几条商道。

1. 通京大道

至元一十八年(1281 年)，元朝修通了北京至西南的交通驿道——通京大道(图 4-15)。此线路在贵州境内称普安道，在镇远和铜仁地区进入沅水流域，到内地"比走入川诸道捷近两千余里，且新道路径平直，行人至镇远还可水陆分道，因此具有较大的客流容量，沿途平坦又出健马，开通后迅速成为云贵各省省联系内地的主要交通线"。《滇志》指出此路是"黔之腹心，滇之咽喉"[①]。其走向为各地沿长江水系至洞庭，由岳阳、常德沿沅水可至辰州(今湖南沅陵)，经辰阳(今湖南辰溪)、安

图 4-15 明代西南交通示意图

(来源：郭沫若主编. 中国史稿地图集(下)[M]. 北京：中国地图出版社，1990：74)

① 陈慧慧. 晋(普)安道与元代云南行省的区域经济开发[J]. 社会科学论坛，2007：121-123.

江、洪江、黔阳、芷江、晃州(今湖南新晃)、达镇远,西经偏桥(今贵州施秉)、兴隆(今贵州黄平),然后改走陆路,经清平(今贵州凯里清平)、平越(今贵州福泉)、新添(今贵州贵定)、贵州(今贵阳)、罗殿(今贵州安顺)、普安(今贵州盘县)、塔剌迷①、曲靖、马龙、杨林、遂接通中庆(今云南昆明),与西南丝绸之路②相连。元在镇远至岳州(今湖南岳阳)的沅江水道上设立24处水驿,置125艘,水夫803人,赴京进贡的少数民族和赴内地的官员多由镇远乘船北上"实为便当"③。尽管,沿水路出入沅水中上游较为方便,但从时间代价上来看,实是高昂。如乘船从镇远到常德顺流而下需5~9天,时间差异取决于船的型号,船越轻,航速越快。但从常德逆流而上到镇远则要1个月的时间④。于是人们选择从浦市上陆路,经榆树湾(今怀化)直至芷江,以该区域一天行走的路程——30千米⑤为参考,不仅时间上比水路快,而且路程大为缩短。所以,通京大道事实上有水陆两条:自辰州(沅陵)至沅州(芷江)辅有一段陆路,即自浦市,经小龙门、花桥至榆树湾驿(怀化),然后西折至沅州(图4-16)。上述道路开通以后,交通来往频繁,商贸交易活跃,"明清两代,数百万内地人口沿此路蜂拥入滇"⑥。

(a) 新晃驿道　　(b) 浦市驿道　　(c) 旧州驿道

图4-16 现存的部分陆路驿道

(来源:自摄)

① 塔剌迷:在今贵州盘县以南,方国瑜以"乐民"与"剌迷"之音相近,疑"或明时易名"为乐民。(斯信强.七百年滇黔驿道考[J].贵州文史丛刊,2009(4):34-37).

② 西南丝绸之路是连接中原与东南亚以至欧洲的通道,始于蜀(起点为成都),经云南的昭通、曲靖、大理、保山,从腾充(今腾冲)和德宏地区出境,进入缅北的密支那或曼德勒,辗转身毒(印度,音yan du,古印度的音译)和东南亚诸国,继而通向中东和地中海,因此又被称为"蜀身毒道"。

③ 陈慧慧.晋(普)安道与元代云南行省的区域经济开发[J].社会科学论坛,2007(3):121-123.

④ [美]James Z Lee.元明清时期中国西南地区的交通发展[J].林文勋,秦树才,译.思想战线,2008(2):70-75.

⑤ 该区域驮货的马和骡子一天走不了40千米,脚夫(或称挑夫)一天顶多能跋涉20千米,本文取其平均值:30千米/天。([美]James Z Lee.元明清时期中国西南地区的交通发展[J].林文勋,秦树才,译.思想战线,2008(2):70-75).

⑥ 方铁.云南历史上的对外通道(一)[J].今日民族,2002(4):32-34.

2. 盐运古道

古语有云：无铁不足以言耕言战，无盐则不足以立国理财。盐在周代已作为货币来使用。沅水中上游的盐均需外运，主要盐源有：淮盐、浙盐、川盐、粤盐。若将盐进行物质交换，就必然有运盐通道。淮盐、浙盐沿官道进入沅水中游，再由各支道分运；粤盐溯珠江水系进入清水江流域的黎平府，再转运，或经靖州中转；而川盐则溯乌江水系至旧州、镇远，再经㵲阳河转运，此道称乌江盐油古道[1]（图 4-17）；或是沿西水至里耶，再转陆路至凤凰、洪江，然后分销。盐运古道成为除官道外重要的商道。

伴随着盐这一人类生活的必需品的转运与销售，新兴了诸多的商业聚落，其中盐业的生产、运输、贸易以及由此到来的盐业移民加速了集镇的演化与发展。

图 4-17　沅水中上游流域古代交通示意图
（来源：根据资料自绘）

3. 其他支道

通京大道由元政府始修，明王朝又在 1381 年重修，且另开辟了两条次道：一是“靖州—黎平—镇远”驿道（图 4-17），自湖南靖州向西经永坪、石家、西楼、三里、江团、铁炉、铜古、黄团 8 驿至黎平府，全程约 80 千米；再西延经铜鼓（锦屏）、邓水长官司而达镇远，设驿 3 处[2]。二是“思南—铜仁—麻阳—浦市”驿道（图 4-17），《凤凰厅志》记载：“（铜仁）驿铺，五寨站在本城内经历经管，现设马三匹夫十名，下通至麻阳县岩门小站交替。[3]”此道平行于“通京大道”，与南北向入川渝道路相交错。大量出入川渝的物资在此道上中转，浦市成为此道重要的水陆码头。

由始修至重修，再加以延伸和整治，经过四百多年的不断经营，沅水中上游基本形成了陆路和水路交织的水陆运输格局。

---

① 乌江盐油古道是连接蜀和湘黔的一条运输古道，川盐经乌江多次转运后经陆路由沿河通向松桃、铜仁、秀山，或是由思南经石阡龙家坳至思州（今岑巩），再转水运至龙溪口（今新晃）及镇远等地，每年达数万斤。由于盐运的拉动，大量川、陕商人进入贵州，在乌江两岸收购桐油生漆、五倍子等土特产品，由乌江下运出黔。主线由重庆经长江至涪陵进入乌江，经陆运越过分水岭，入沅水㵲阳河抵达湖南沅陵、常德；另一条经乌江支流龙川河水运由沿河再上延至思南，转陆运经闵家场至洪口，再利用锦江、辰水水运过铜仁、麻阳至辰溪，又经沅水而达沅陵。

② 黔东南苗族侗族自治州地方志编纂委员会. 黔东南州志·交通志[M]. 贵阳：贵州人民出版社，1993：113.

③ 黄应培，孙均铨，黄元复. 凤凰厅志（道光）[M]. 长沙：岳麓书社，2011：43.

4. 水陆联运交通网络格局

抗战时期，日寇控制了长江中下游，国民政府只能从西南引入物资，沅水中上游承担这一运输任务。1940 年初，国民政府开辟了由重庆经川江至涪陵进入乌江，然后陆运越过分水岭，再经沅系水道达沅陵、常德的交通干线，另辅以两条支线：①由涪陵利用乌江水运，经彭水、龚滩至沿河，转陆运经秀山至茶峒，再利用酉水经保靖至沅陵；②由乌江水运沿河上延至思南，转陆运经闽家场至江口，再利用辰水水运过铜仁、锦和至辰溪而达沅陵，构成川渝黔湘边境水陆联运路线（图 4-18）。从上图可以看出，其线路基本利用了古驿道的走向，陆路的方式改为以修建公路，汽车运输为主，大大提高了运输能力。

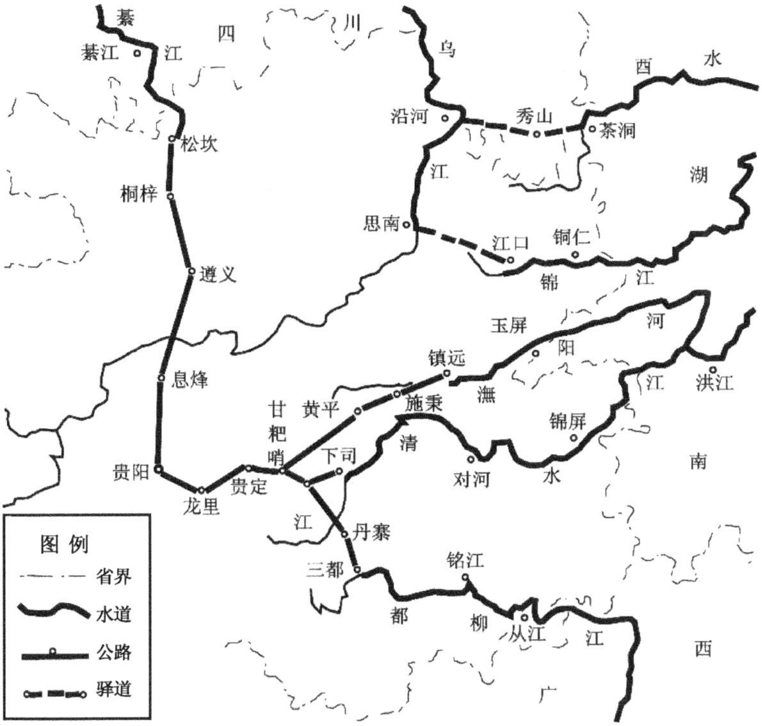

图 4-18 抗战时期沅水上游的水路联运路线示意图

［来源：夏鹤鸣，廖国平. 贵州航运史（古、近代部分）［M］. 北京：人民交通出版社，1993：189］

自古，水路一直都是该区域主要交通方式，尽管激流险滩的存在对船型尺度、操纵方法和航行措施有很大影响，增加了航运的困难，其条件明显逊于平丘河流；但在交通不发达的时期，滩险对航运的阻碍毕竟是“点”的问题，而崇山峻对陆运的阻碍则是“线”和“面”的问题。古代人背马驮的陆运艰辛，自不如一叶之舟的方便高效。所以水运条件是决定该流域集镇形成、发展的重要条件。随着社会经济的发展，人类改造自然能力的增强，元明清政府投入大量人力、物力和财力改善道路交通。特别采用陆路沟通几大水系的连接，使得该流域形成了水陆联运的交通网络。许多水陆交汇码头伴随着物资运输和商品贸易迅速发展起来。人们汇集于码头附近，沿河修建起密集的商铺、宏伟的大宅、华丽的会馆。各地的商人汇集于此，客观上促进了当地经济文化上的交流和发展。

从该流域集镇的历史发展和现存的集镇状况来看，有良好的通航能力和港口条件的地方较易形成集镇。可以说，水运交通是集镇形成和发展的基础条件，交通条件和方式影响着集镇的规模和形态。在交通条件和方式发生改变的地方，易发展成较大的商贸集镇，如位于水陆转运的交通枢纽的洪江、镇远、浦市等。从商贸空间形态来看，码头空间无疑是集镇重要的节点空间，水陆交通方式在此发生转变，意味着空间关系的变化。另外，一些陆路驿道即为商道，很多商业街道就是依靠驿道直接生成的，两侧挤满了临街做买卖的商铺。

4.3 资源支撑，因商而盛

司马迁在《史记·货殖列传》中道："天下熙熙皆为利来，天下攘攘皆为利往。夫千乘之王，万家之侯，百室之君，尚犹患贫，而况匹夫。"可见，"无利而不往"的商贸活动是集镇发展的重要推手。沈从文在《湘行散记》中写到"想从湘西往四川，调查桐油的生产，往贵州铜仁，调查朱砂、水银的生产，往玉屏调查竹科种类，注意造箫制纸，……沿沅河溯流而上，直达目的地，到地时取行李上岸落店，毫无何等困难"；在浦市时描写道"沿河七个用青石作成的码头，有一半皆停泊了结实高大四橹五舱运油船。此处船只多从下游运来淮盐、布匹、花纱，以及川黔所需的洋广杂货。川黔边境由干旱路来的朱砂、水银、苎麻、五倍子，莫不在此交货转载。木材浮江而下时，常常半个河面皆是那种木筏。本地市面则出炮仗，出印花布，……"，"川滇黔之烟土、丹砂、白蜡与桐茶膏油、松杉材木等物产，乘流东下，而聚西洋货，连樯扬帆，溯波而上，销路无阻，仍可利市十倍。"①可见，从沅水下运商品主要为桐油、木材、药材、丹砂、茶、土布、鸦片等本地的农特土产，溯流而上的主要为盐、布匹、花纱、洋广杂货等日常用品。交通方式主要沿沅水干支流走水路，兼有旱路运输。上述对该流域商贸场景的白描表明商贸活动在沅水中上游已是异常的普遍和繁荣。就商贸本身来说，使得集镇商贸繁荣，充满活力的因素，除了商品(资源)丰富，物流畅通，经营方式多样，较大规模的各类、各地商人的汇集及流动也是必不可少的。我们可以通过各集镇的商人规模、形式及商品的种类和流通量窥见其一斑。

① 沈从文. 湘行散记[M]. 长沙：岳麓书社，2013：48-49.

4.3.1 流通商品丰富，市场繁荣

沅水中上游山高林密、矿产丰富，盛产农副产品，这些为主要的输出商品；而缺少盐、布、米、日杂用品等商品，这些为主要输入商品。出入的商品互补性很强。商品的互补离不开商品的流通，商品的输出与输入离不开交通运输，再加上大量屯军，需要周转大量的军需物资，所以该流域的集镇的一个较大特点就是进行物资的流转。

商贸亦使得民族间交流增加，少数民族地区人民将自身生活资料已经转化为卖给汉族的商品，如牲畜、木柴、药材、绢、葛布等；汉族卖出的则是盐、布、器具、粮食等。"苗民入市与民交易认驱牛马，负土物与杂粮、布、绢诸类以趋市场，易盐，易蚕种，易器具，以通有无。"①

1. 木材

在工业革命前，竹木是房屋建造、水利建设和制造交通工具、生产工具、家具等所需的基本材料，以至于有的西方经济史学家把这一时代称之为"木材时代"。木材的使用在中国可谓是炉火纯青。早在周敬王十三年(公元前 507 年)就出现了如鲁班等能工巧匠。而竹木商贸自宋明以来日渐发达，至清代，民间竹木商贸也愈发兴盛，木商已成长为与盐商、票商齐名的三大商之一。②

清雍正年间，在实行"改土归流"的同时，以武力开辟苗疆，令黔东南清水江流域的木材采运贸易也渐次纳入由沅水经洞庭湖与长江水系连接的全国性市场网络之中。此后，"开通清水江之利"带动了沿江两岸的经济贸易活动③，由此产生一批以木材运输和交易为主的集镇(表 4-2)。

表 4-2 湘黔交界地区木材市镇统计表④

流域	市镇名称	产地	出口地	价值
清水江流域	王寨(三江镇)	黔东各地、清水江沿岸地区	洪江、常德等地	岁以数十万计
	茅坪			
	卦治			
	清浪(鸬鹚村)			
	新市(瓮洞镇)			
	坌处			
	三门塘			

① [清]严如煜：苗防备览．卷八、九，嘉庆二十五刻本，转引自孔觅．清代浦市城镇商业研究[D]．吉首：吉首大学，2013：13.

② J. U. Nef. The Rise of the British Coal Industry. (London: George Routledge and Sons, Ltd, 1932): 191，转引自张少庚．清代长江流域竹木商业研究[D]．武汉：武汉大学，2004：1.

③ 沈文嘉．清代清水江流域林业经济与社会发展论要[J]．古今农业，2005(2)：94-102.

④ 涂荣荣．湖南洪江托口古镇研究[D]．武汉：武汉理工大学，2008：15.

续表 4-2

流域	市镇名称	产地	出口地	价值
沅水干流	黔阳	芷江、贵州	常德	
	托口镇	贵州、本地	常德	
	芷江	贵州、本地	常德	
	洪江	贵州、靖州、芷江、黔阳等地	常德	68 万元
	沅陵	洪江、麻阳、泸溪等地	常德	35 万元

湖南林木也以杉松为主，产量至多、品质至佳者，当推西湖木及东湖木①。西湖木又称“辰杉”。辰州(沅陵)曾是沅水中游最大的竹木集散地，上游黔东南、湘西州的木材都要过辰州。此外，湖南黔阳之托口市“在县南四十里原神里，为渠水入沅之地，上通贵州苗峒。巨木异材，凑集于此。官之采办与商之贸贩者，多就此编筏东下”(图 4-19)。洪江市位于巫水、渠水、沅水交汇之地，明后期以桐油、木材而兴；据《洪江育婴小识》，乾隆初的洪江“列肆如云……洪白之胶油，木材之坚美，乘流东下达洞庭……”②。上游地区的木材必经洪江，水客木商则聚此采购，洪江镇因而成为沅水上游重要的木材集散交易市场。清末民初洪江输出木材(含条木)最高达六十余万两，价值七百万银元③。木材的运输，则是顺江而下，当地人称之为“放排”。“商贾络绎于筏。放木筏顺流而下，获利甚厚。”④“黔诸郡之富最黎平，实惟杉之利。……大筏小桴，纵横組束，浮之于江，经坌处、远口、瓮洞入楚之黔阳，合沅水而达于东南诸省，无不届焉。”⑤为了在运输中避免相互之间混淆，木商发明了“斧记”⑥(如图 4-20)。

由于木材交易采用当江交易，在江面上现场成交。所以对于木行建筑来说，其不必考虑货物储存，更多考虑的是交易的商谈空间，即“议”的空间。

2. 桐油⑦

沅水中上游历来是桐油重要的生产加工区和贸易区，早在明清时期沅水中上

---

① 西湖木则是指沅水中上游及其沿岸一带所产的杉木，因产于辰州府，故有“辰杉”之称。东湖木指产自湘、资二水之木材。

② 转引自张少庚. 清代长江流域竹木商业研究[D]. 武汉：武汉大学，2004：13.

③ 刘泱泱. 近代湖南社会变迁[M]. 长沙：湖南人民出版社，1998：151.

④ [清]爱必达. 黔南识略・黔南职方纪略[M]. 杜文铎，等，点校. 贵阳：贵州人民出版社，1992：122.

⑤ [清]吴振棫. 黔语[M]. 上海：上海书店出版社，1994：634.

⑥ 斧记：以本商行的名称或其中一字打造个斧形的钢戳作为自己商行的标志，收买到散木或由上游来了木排验收时就将铁制“斧记”打嵌于木条、木排上，以为标志，示该木有主。从贵州至汉口，大凡水客都知道各“斧记”主人是何人。于是斧记几乎成为木商的代名(张少庚. 清代长江流域竹木商业研究[D]. 武汉：武汉大学，2004：27)。

⑦ 桐油之种类有四：一为桐油，二为光油，三为洪油，四为秀油。桐油、光油，最为普通。洪油产于湖南会同县之洪江镇，秀油产于四川之秀山县。地域不同，制法也不同。命名的由来，当始于此。然而随着时间的推移，逐渐发生了变化，近代所称的洪、秀油，其区别已在本质，而不在产地。(李菁. 近代湖南桐油贸易研究[D]. 湘潭：湘潭大学，2004：8).

图 4-19 堵塞了半个河面的木排

(来源:沈从文. 湘行散记[M]. 长沙:岳麓书院出版社,2013:126-127)

姜绍铭家收藏的斧印

徐荣昌油号柱子斧记

图 4-20 沅水流域木商的斧记

(来源:涂荣荣. 湖南托口古镇研究[D]. 武汉:武汉理工大学,2008:14;周红. 湖南沅水流域古镇形态及建筑特征研究[D]. 武汉:武汉理工大学,2011:61)

游就是桐油的重要输出地。"改土归流"以后,桐油已成为该区域的重要商品,"乡民多耕此以为利,商贾趋之"[①]。桐油的主要用途是燃料和涂料,兼有医药、制革等广泛用途。该流域所产的洪油,因功效独特、品质优良,远销江浙一带。清朝爱必

① 邓必海. 试论湘西民族集镇的形成和发展[J]. 吉首大学学报(社会科学版),1986(3):19-25.

达的《黔南识略》记载：玉屏县“植宜桐、茶、白醋、桃、李、杉之属”；铜仁府“树饶桐、茶、黄杨之属”；黔东为贵州油桐种植最广、产油桐最多之地，至清末时年产量约 5 万担。其中又“以铜仁、玉屏为最著”，铜仁出产竟达 2 万担至 2.8 万担左右。① 而同时期，湖南洪江经营洪油的商号有张积昌、高灿顺、恒源永、庆元丰等十几家，资本占当时会同县商业资本的 1/3，常年运销量 10 万余担。② 近代以来，由于国际市场的需求增大，桐油成为远程贸易的主要商品之一，长期占据出口贸易的首要位置，成为“出口货大宗”。其运输方式在公路、铁路等现代交通普及前，主要采用水运运输。由于沅水航道不适宜大型油驳运输，仍采用了传统的帆船（图 4-21）水运。一般先以人力挑运挑至码头，然后改装帆船，运到常德、湘潭换装较大的帆船，转销汉口、镇江等地。据湖南海关统计，桐油出口数量 1912 年为 13 万余担，至 1921 年增至 20 余万担，1928 年增至 42 余万担，1929 年增至 51 万担，较 1912 年约增加了 3 倍。若以价值论则 1929 年为 1 200 余万，较 1912 年增加 10 倍③。20 世纪 20 年代，湖南出口商品总额最多仅 3 000 万两左右，而桐油则常在 1 000 万两左右，其地位之重要，不言可知④。桐油成了该流域的“市场经济之中心”，带动了与桐油产、供、销相关联的榨油、造纸、竹器编织及贸易、运输等行业蓬勃兴起。

图 4-21　沅水上的帆船

（来源：沈从文. 湘行散记[M]. 长沙：岳麓书院，2013：129）

桐油传统的包装方法有篓装和木桶装，后又出现铁桶装，传统的储存方法为：“以大木桶或木仓储油，其容量自千斤至万斤不等”。到近代末期，“桐油储藏采用油池、油驳或油桶均可。油池：亦称油柜，与储藏汽油的油池相同，为钢板所制。多为圆形，也有方形的，容量自数吨至数千吨”⑤。

① 李锦伟. 农业结构的变化与明清黔东商品经济的发展[J]. 农业考古，2010(1)：257-261.

② 蒋学志. 从洪江古商城看中国近代商业管理模式的变迁[J]. 湘潭师范学院学报（社会科学版），2006，28(5)：123-126.

③ 杨志军. 近代湖南区域贸易与社会变迁（1860—1937）[D]. 长沙：湖南师范大学，2010：80-83.

④ 李石锋. 湖南之桐油与桐油业[M]. 长沙：湖南经济调查所，1935：7.

⑤ 李菁. 近代湖南桐油贸易研究[D]. 湘潭：湘潭大学，2004：17.

由图 4-22 可知，洪江油商原油的收购有三种渠道：一收购桐籽，自行榨油；二从农户手中收取桐油；三委托行贩，收买桐油。汇集洪江后，远运至镇江、常德、武汉等地进行销售，其销售方法有二：一现货交易，批量分销；二协议交易，常年派驻雇佣的庄客（伙计）负责销售洽谈，销量较为灵活①。在收购阶段，交易较为零散，产品为原料或半成品，为小农经济范畴的商贸活动；至洪江后，对桐油进行包装、储存、批量运输、远途交易，已属于商品经济范畴，其交易模式已有质的变化，更注重对市场的把握。前者注重生产空间；后者需要有一个安全稳定且长效的商贸空间。而销售下游，则考虑交易的方便，可现货交易，亦可期货交易。

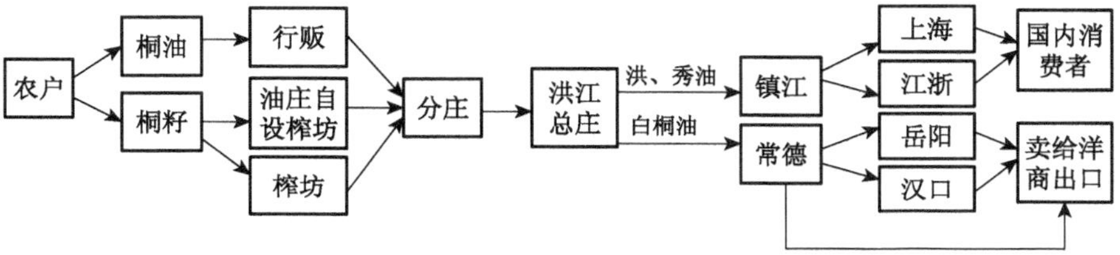

图 4-22　桐油的收购与销售图

（来源：李菁. 近代湖南桐油贸易研究[D]. 湘潭：湘潭大学，2004：17）

在桐油的贸易中，沅水中上游兴起了不少集镇，其中以拥有“八大油号”②的洪江为最。据《中国实业志》记载：“鼎盛时期，同业有十六七家之多，运出桐油（洪油）达二十万担以上，值七百万银元……。”洪油的商号有十几家，资本占洪江商业资本的 1/3③。“洪江成为湘西南和湘黔边境的桐油集散中心，……省内极少销售，几全数经常德、岳州（今岳阳）出口。”④抗日战争爆发后，洪油资金大都集中在“八大油号”手中。他们在新晃、托口、浦市等地还设有分庄，用于收购、生产和储藏洪油，直接促进了当地的集镇和经济的形成与发展。

3. 特商

咸丰年间，作为西方侵略者的特殊商品——鸦片渗入沅水流域。到同治、光绪年间，鸦片种植和贩运在沅水中上游已很普遍。因鸦片“得价甚昂贵，故乡村篱落皆遍植之”。林则徐曾在此“扫尽五溪烟”。辛亥革命后直到中华人民共和国成立前，沅水流域成为川、滇、黔各省军阀争夺之地，军阀、土匪把鸦片作为获得粮饷、发财致富的重要来源。军阀强迫农民种植鸦片，强征“烟税”。贵州省境内烟地面积

① 实业部国际贸易局. 中国实业志·湖南省（第二卷）[M]. [出版地不详]：宗青图书公司，1935：162.

② 徐荣昌、刘同庆、庆元丰、杨恒源、恒庆德、肖恒庆、新昌、永兴隆为洪江的“八大油号”。

③ 余翰武，杨毅. 走马洪江古商城[J]. 小城镇建设，2005：36-39.

④ 刘泱泱. 近代湖南社会变迁[M]. 长沙：湖南人民出版社，1998：151.

竟占全省耕地的 2/3①，不种地，除吊打外，仍需交二两鸦片，巧立名目曰“懒税”②。清水江流域每年出产烟土约 3 万担，运往常德、武汉等地；洪江是该流域特商业（鸦片）的主要集散市场和贸易中心，鸦片年运销量达 3 万担以上，洪江烟馆达 200 家之多。咸丰五年（1855 年），洪江设立了“厘金局”（图 4-23），专门从事鸦片税的征收③，这也是洪江唯一设置的政权组织。湖南巡抚衙门每年从洪江收取的鸦片税近 4 万两银子，占到了全省鸦片税收入的 1/4④；而至民国时期，洪江缴纳的鸦片税款更是占到了全省鸦片税的 45%。洪江贵州会馆为当时黔地烟帮所建。鸦片业带动了洪江百业兴旺和市场繁荣⑤，使之与桐油、木材成为洪江三大支柱产业。

(a) 厘金局入口处（来源：自摄）

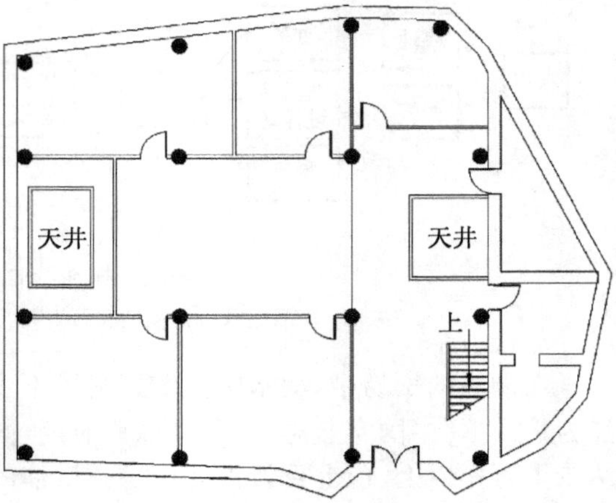

(b) 厘金局一层平面示意图

图 4-23　洪江厘金局

［来源：蒋学志. 从洪江古商城看中国近代商业管理模式的变迁[J]. 湘潭师范学院学报（社会科学版），2006. 9(28)：123-126］

烟草也是政府的一项重要税源，光绪《辰州乡土志》载：“本郡西南，由船溪垢，苇堡以上至散水堡、干溪堡、宋水坪，沿浦市镇、康佳洲、小溪湾、红土溪、铁柱潭，二百里间，无村不以种烟叶为辅田产之进款，每岁可出价银十余万两。康佳洲全洲民户，至舍农事，专恃此出产……每年运至常德销售，约四万余捆（每捆百余斤）。”⑥

① 夏鹤鸣，廖国平. 贵州航运史（古、近代部分）[M]. 北京：人民交通出版社，1993：14.

② 邓必海. 试论湘西民族集镇的形成和发展[J]. 吉首大学学报（社会科学版），1986(3)：19-25.

③ 杨安华. 清代怀化商业的发展和商人的经商活动[J]. 怀化师专学报，2001，26(6)：29-31.

④ 蒋学志. 从洪江古商城看中国近代商业管理模式的变迁[J]. 湘潭师范学院学报（社会科学版），2006，28(5)：123-126.

⑤ 杨安华. 清代怀化商人的发展和商人的经商活动[J]. 怀化师专学报，2001，26(6)：29-31.

⑥ [清]席绍葆，谢鸣谦等修，湖湘文库编辑出版委员会. 辰州府志（乾隆）[M]. 长沙：岳麓书社，2010：296.

《沅州府志》亦有记载："(烟草)近人多嗜此郡，县多有种者。[①]"可见，烟叶的种植、消费与出售已成为当地一种经济来源，山谷间随处可见袅袅的烤烟房。烟草的运输方式为水陆兼运，视商品数量和需求时限而定。

4. 盐

盐主要为该地的输入商品，是重要的军需物资，主要为东进的淮盐、南下的川盐和北上的粤盐。北宋嘉祐二年(1057 年)，始有淮盐运输，供应湘黔边境。淮盐主要经洞庭沿沅水，由下而上通过沅水各个支流进入湘黔边境。明清之际或是应"开中"之策，用于商屯建设。"纳米中盐"，主要是用淮盐、浙盐、川盐，间或有粤盐北上。清乾隆间淮盐输入贵州年运量均在百万斤以上，由锦江、㵲阳河、清水江上运[②](图 4-24)。

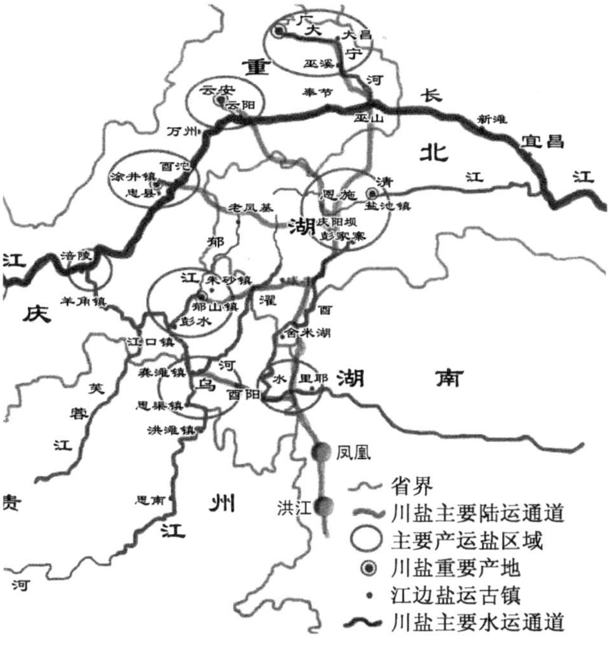

图 4-24　川盐南下运输网络

(来源：赵逵. 川盐古道：文化线路视野中的聚落与建筑[M]. 南京：东南大学出版社，2008：69)

5. 其他物资

当地大宗商品还有矿产，如铁、汞、金、铅等[③]。《晃州厅志》记载："惟金三品贡

① [清]张官五，吴嗣仲. 沅州府志(同治)[M]. 长沙：岳麓书社，2011：251.

② 夏鹤鸣，廖国平. 贵州航运史(古、近代部分)[M]. 北京：人民交通出版社，1993：111.

③ [清]席绍葆，谢鸣谦等修，湖湘文库编辑出版委员会. 辰州府志(乾隆)(一)[M]. 长沙：岳麓书社，2010：314.

于荆州非无所宝者也，然天精物华应候，而曳凿幽追险倡为利薮，使有司蒙贪赖之愆，匹夫有乾没之罪。功令之所不兴也，旧如硃砂有贡，今已地隶铜仁，故凡晃之可以起产者，概奉封禁云志矿产。硃砂产在厅治北四十里许，前属辰州，后改属贵州铜仁府，……[①]"《沅州府志》记载："铁，芷江后山士子镇，江上三各里，多鼓铸以货者，其品有三……[②]"

除了上述大宗商品外，还有茶、药材、白蜡等对外输出商品，也有洋布、大米等日杂用品等物品的输入。唐宋以来沅水中上游的所产的五倍子、生漆、茶籽、黑木耳、白蜡等土特产，以及麝香、牛黄、天麻、杜仲、艾粉等名贵药材，成为畅销商品[③]。

乾隆初期，《洪江育婴小识》中描述："(洪江)当是之时，列肆如云，川楚之丹砂、白蜡、洪白之胶油、木材之坚美，乘流东下达洞庭，接长江而济吴越，连帆大舳衔尾而上，环货骈积，率以花布为大宗。南连桂林，西趋滇黔，利市三倍，居市者长子孙，百工技艺之流襁至而辐辏，地窄人众，至劈山湮谷，连屋层楼，栉比而居，俨然西南一都会。"[④]由此可见，货物品种之多、交易之繁茂使位于水运要冲的洪江成为该区域的大商城。其次，峒茶贸易是沅水中游少数民族区域的主要商贸活动。明清时期，沅水中游地区大批商人云集，贩卖峒茶。明英宗时期还因为湖南私茶太甚，造成茶马互市受阻。当时就有官员奏请："禁湖广军民人等不许交通番僧贩鬻私茶，违者治罪"[⑤]。这从一个侧面也反映了当时该流域峒茶贸易的兴盛。再次，是由江右商人控制的药材买卖，他们在卫所设立药材收购点来收购药材，贩运出境，牟取利益，客观上大大推动了当地贸易的发展。

商品的流通迅速带动了该流域集镇的发展，便有特色物产资源的码头快速成长为集镇，如：卦治、王寨、茅坪，即"内三江"，因为木材交易，由山村发展成为"商旅几数十万"的大墟市；而物资集散地的洪江、浦市亦成为商帮云集的大商镇。

4.3.2 商人形式多样，规模较大

人的社会关系可以分为血缘、地缘和业缘三类关系。血缘关系和地缘关系是与生俱来的，是不以人的意志而决定的；而业缘关系则是在人类社会分工的基础上形成的复杂的社会关系。血缘和地缘使得人类得以聚居，集镇的产生使得业缘关系的得以发展。从发展层次看，业缘关系是比较高的社会关系，是在商品经济形成规模后才出现的，前两者往往通过业缘再次发挥作用。恩格斯把不从事产品生产

---

① 黄成助. 晃州厅志[M]. 台北：成文出版社有限公司，1975：93.

② [清]张官五，吴嗣仲. 沅州府志(同治)[M]. 长沙：岳麓书社，2011：251.

③ 夏鹤鸣，廖国平. 贵州航运史(古、近代部分)[M]. 北京：人民交通出版社，1993：12.

④ 蒋学志. 从洪江古商城看中国近代商业管理模式的变迁[J]. 湘潭师范学院学报(社会科学版)，2006，28(5)：123-126.

⑤ 黄建胜，张凯. 论明清时期沅水中游地区的商贸发展与江右商人[J]. 湖南工程学院学报，2012(1)：69-72.

而只从事产品交换的商人阶层的出现看做是第三次社会大分工。随着商人阶层的出现，社会上就产生了一种专门从事商品交换的经济事业——商业①。近代，沅水中上游流域"城乡商贸往来，有自下路装运来者，如棉花、布匹、丝、扣等类，曰杂货铺；如香纸、烟、茶、粮食等类，曰烟铺；亦有专伺本地货物涨跃以为贸易者，如上下装运盐、米、油、布之类，则曰水客。至于本地出产，如桐油、五倍子、硷水、药材各项，则视下路之时价为低昂"②。可见当时形形色色的商品已进入该流域，业缘关系已初步形成，商贸活动也呈多样化趋势，形形色色的商人已奔走于其间并已经各展其能，即出现不同类型的商人。就其形式来看，商人可分为行商、坐商和牙商。

1. 行商

行商又称"客商""游商"，此类商人主要采取货物流通的方式将商品进行异地销售，从中赚取差价。其成本主要是运输成本和资本的时间成本，其商业行为受到三大因素的影响：一是两地货品的差价；二是货品的需求；三是流通渠道的通畅程度。一旦任何一个条件不满足，行商就有可能消失。可见，行商具有很强的游动性和不确定性。历史上一些跨区域的重大商贸往来线路有从陆路通往西亚的丝绸之路；从海路通往欧、非两洲的海上丝绸之路；通过云南出境的西南丝绸之路；通往川藏的茶马古道等。在这些线路上，此类行商居多，且具有明显的区域性，当他们结伴而行就形成了商团，长期往返其间就形成了商帮。商贸路线的存在是行商得以存在和发展的关键，所以历代统治者对这种线路的保护和开辟都非常重视，如汉代，汉武帝对西域的用兵，明代郑和七下西洋等。在沅水中上游流域，为了加强统治和保障流通，统治者在贸易线路上更是设驿建城修路，保障物资及人流能够顺利出入西南地区，同时也促进了该流域集镇的形成与发展。

从业态来看，沅水中上游的行商主要是竹木商、油商、烟商、绸布商、药材商等；从地缘来看，以江右、徽州、福建、宝庆等地人居多；从商业规模来看，出现了从事大宗货物交易和长途贸易的商行、商号。如竹木商，其大致可分为山客、水客、木行、木号四种。山客亦称为"山贩"，一般为产木地区附近之人，熟悉产区情况。山客向山主圈购林地，砍采木材，售与水客，或运至下游投行求其介绍，售与水客。水客亦称"木商""木帮"，行动无定，不设铺面，不常驻一地。水客主要业务为向山客（或木行、木号③）购买木材，运至下游售与木号④。行商不在本地居住，其随着贸易的繁荣而主要通过"泛江湖，涉道途，多游南北"的方式往返于贸易地。

还有一类游走于各个集市大街小巷的行商——小贩，他们根据各地的赶集时

① 邱绍雄. 中国商贾小说史[M]. 北京：北京大学出版社，2004：2.

② 李思宏. 湘西山地村落形态特征研究[D]. 长沙：湖南大学，2009：13.

③ 木行、木号为牙商。

④ 张少庚. 清代长江流域竹木商业研究[D]. 武汉：武汉大学，2004：25.

间，集市的空间分布，走街串巷、上山下乡（图 4-25），以出售土特产、山货或季节性强的瓜果蔬菜及实用性强的日常用具等商品为主，其交易形式灵活、方便。正是由于他们的游动迁徙，使得集市场所逐步从初级形态走向成熟。

图 4-25　走街串户的小商贩

（来源：自摄）

但无论是小贩还是行商商团，都是将商品直接运至销售地，具有卖主寻找买主，向买主主动会合的特点，因此当地的"商环境"①对于行商来说十分重要，集镇的开放性和兼容性时刻影响着行商的买卖行为。行商对于集镇的形成与发展起着举足轻重的作用，正因为有了行商，才使得货物得以流转，资本得以流通，商贸才越发活跃，集镇才越具有活力。但行商也是不稳定的，如果出现任何有碍于其经济利益的因素出现，其即会消失。历史上很多传统集镇的没落很大因素就是大批行商的离去。

2. 坐商

坐商对商贸空间的形成和形态的表征起着重要的作用。坐商是由于"市"的交易形式的出现而产生的，表现出相对的稳定性，并逐步形成诸如商铺等商贸建筑，而鳞次栉比的商铺的长期存在结成了繁华的商业街道，进而影响着集镇的结构和空间形态。

坐商的特征为：有固定的经营场所、稳定的交易的时间和长期出售的商品类型，即定时、定点、定商品。坐商有两类基本形式：①定点摊贩。定点摊贩是最早的坐商形式，如同今天农贸市场内固定的摊位——有摊主、有固定的买卖时间和商品。此类坐商一般出现在日常人流较为集中的地段或是交通路口，经营规模较小，其主要是由游走的小贩演化而来的。他们是"市"形成的最初形式和元素，由于长

① "商环境"包括光环境、声环境、交往环境和完善的附属设施所构筑的舒适的购物环境，参见：徐苏斌. 日本商业建筑发展小议[J]. 世界建筑，1998(6)：25-29。笔者认为"商环境"可理解为：人们进行交易时所处的物质和心理的场所环境。其内容包括诸如商业区位、商贸空间、商业模式、商业行为等物质层面和购物心理、消费观念等精神层面。

期往返于其间，留下固定的经营地点，由行商转变成了坐商。开始的交易场所可能是露天的（图 4-26、图 4-27），其后为了交易的舒适与便利，增加了围护，形成了固定的建筑空间，进而影响到街道空间和集镇空间形态。目前此类形式更多地转化为农贸市场和各类专业市场。②店铺、商号。此类商人主要在集镇，出售各种各样商品，包括如油米酱醋等生活必需品和珠宝字画等奢侈品及装饰品，以及从事如饭店、旅馆等服务业。历史上许许多多集镇的兴起与繁荣都源于大批坐商的聚集。

在安江的街头，有长期固定买卖米粿（当地的一种土特产）的摊点，事实上这些摊位也是晒制这种米粿的场所。做好以后就垒在边上卖。

图 4-26　安江街头长期固定的摊点

（来源：自摄）

在凯里万寿宫前的老街曾经是最繁华的街道，桥头一直有这个理发摊位。据当地人说，不管刮风下雨，理发师傅有没有来，这里总是留出来的，因为在当地人眼里，这里就是长期固定的理发摊位，他人不能占用。

图 4-27　桥头长期定点的理发摊位

（来源：自摄）

坐商具有买主向卖主主动会合的特点。所以是无论小摊贩、小店铺和大商号必须针对本地市场，适应当地的消费生活需要来组织货源，创造良好的商贸服务环境，有效地进行营销来吸引顾客；而良好的商贸环境，使得人流货流不断涌入，坐商也随之聚集，店铺、商号不断延展形成商业街道，进而形成商业街区。

3. 牙商

牙商因居买卖间，是撮合买卖双方贸易，花费口舌的人，因而又称“牙人”“邪郎”“牙侩”，也称“掮客”“居间人”，现代被称为“经纪人”“代办商”“经办商”等①。中国最早的牙商被称为“质人”，质人就是管理市场、收取一定费用的经纪人。如西周市场上就有“质剂”之法。《周礼·地官·质人》记载：“质人掌成市之货贿：人民、牛马、兵器、珍异。凡卖使者质剂焉。”市场里的各种商品买卖都由质人负责，成交后由“质人”给买卖双方立书契券约（质剂），作为凭证②。唐代还出现了“牙侩”业的管理机构“牙行”。到了宋代，牙行已成为相当稳定的行业，贸易商品也由最初的牲畜买卖过渡到各种商品的买卖。

在集市、店铺采用以币易货的交换是直接贸易，而有“牙商”从事的交换则是间接贸易。卖货者把货物交给“牙商”，再通过其换回自己所需要的物品。在沅水中上游，最有特点的是上文所提及的木行、木号。木行亦称“木牙”，木行充当山客、水客买卖双方的中介，本身并不贩卖木材，完全为代客买卖之经济人性质，其收入为收取介绍佣金③。有的木行、木号为方便交易还设有固定铺面及牌号。

一般来说，只有当一个地方一个行业具有较大的市场规模，才会出现“牙商”。因此，此类商人越多，就反映出当地经济越活跃。牙行或牙商是经济发展的必然产物，是与商品流通相适应一种商人形式。明清时期由政府规定设立牙行的集市，商品买卖必须通过牙行交易，不准自行买卖，甚至有“买卖要牙，装载要埠”之说④。到了明清后期，出现商帮，商帮负责人即帮会会长充当了此类商人，并带有一定的管理性质。

4. 商人规模

洪江被称为“五省通衢”。光绪间，洪江已有“五府十八帮”的商人来此经营，成为湘、黔、桂、川、鄂边区的重要商埠⑤。光绪十三年（1887 年），洪江有在册居民 22 290 人，至宣统年间有近 5 万人口，全国 20 多个省市的商贾游客聚居于此。1934 年，洪江 3.76 万人，经商者达 1.3 万人。⑥ 抗战时期，人口增至 16 万人左右。全国 20 多个省市包括国外的洋人和港台澳的商人纷至沓来，开设商业店铺的就有 1 300 余家。其中木行鼎盛时期，经营木材的木行有 200 余家，从业者达数千人，常年运销量 40 万～80 万两码（1 两码约合 1.2 立方米）。⑦ 另外，“山客”有 151 户（其

---

① 王静，许小牙. 掮客·行客·钱庄[M]. 成都：四川人民出版社，2003：25.

② 王静，许小牙. 掮客·行客·钱庄[M]. 成都：四川人民出版社，2003：68.

③ 万红. 试论清水江木材集市的历史变迁[J]. 古今农业，2005(2)：103-112.

④ 杨毅. 集市习俗、街子、城市——云南城市发展的建筑人类学之维[M]. 北京：中国戏剧出版社，2008：42-43.

⑤ 湖南省地方志编撰委员会. 湖南省志·贸易志·商业[M]. 长沙：湖南出版社，1992：149.

⑥ 湖南省地方志编撰委员会. 湖南省志·贸易志·商业[M]. 长沙：湖南出版社，1992：156-172.

⑦ 蒋学志. 从洪江古商城看中国近代商业管理模式的变迁[J]. 湘潭师范学院学报（社会科学版），2006，28(5)：123-126.

中含“木牙”15 户左右），“水客”有斧记（牌号）200 余把。

芷江，乾隆时期为沅州首邑，商贸繁盛。据《晃州厅志》记载，此时“近市者间逐十一，然率居积营生，少离乡井，所在列肆……或私立牙店，坐列估价以蠹贩者，……[①]”。黔阳县“乡曲以富名者，本富十之七，末富十之三，奸富则无”。因商致富者占总富户十之三，足以说明商人数量之多[②]。新晃龙溪口（镇），民国二十五年（1936 年）有三万多人口，商户 424 家。民国二十八年至二十九年（1939—1940 年），龙溪口有商户 850 家，小商贩 800 余户，可见当时的繁华与热闹。《晃州厅志》所记载的“龙市晚归”（图 6-6）被誉为晃州（新晃旧称）八景之一，有诗为证：“龙市赶墟来，一哄人声满。夕阳下空山，乱踏昏烟返。”黔地“三江[③]买卖不下数百万金生理……三帮、五勷[④]不下千人”，以至茅坪、王寨、卦治三处，商旅几数十万[⑤]。而活跃于黎平、镇远、安江、浦市等地的不乏来自全国各地巨商大贾。

可见，当时在集镇中专门从事商贸经营的人口占有较高的比例，从侧面证实了商贸活动给传统集镇带来的繁荣。

4.4 移民迁徙，因人成市

人口的流动与聚集，是集镇形成与发展的基础条件之一。沅水中上游流域的移民活动主要有三种类型：①由于军事守卫而带来的军户屯垦；②由于商贸交流带来的人口流动；③由于人地关系下产生的生产移民。

4.4.1 军屯移民

明朝为了守卫西南，必须保证湘黔道路的畅通，因此，不得不沿途驻大军屯守，实行卫所制，“州卫并设，以耕以守，以护封疆”[⑥]，其不单纯是防卫，还兼有驿递和殖垦功能。根据《明史》记载：“黔东南清水江流域在明初移入的军户人数就达十八万人之多。”如在沅州，洪武二十七年（1394 年），朝廷在地界内每驿置一堡，每堡置屯田戍卒二百人驻守，且令走递。在建立卫所的同时，由卫所驻军负责，大规模进行屯垦。同时，政府还积极鼓励外面的汉族平民来此地开荒种地。《贵州通志·前

---

① 黄成助. 晃州厅志[M]. 台北：成文出版社有限公司，1975：256.

② 杨安华. 清代怀化商人的发展和商人的经商活动[J]. 怀化师专学报，2001，26(6)：29-31.

③ 三江指汇至锦屏的清水江、小江、亮江，该处集镇也称三江镇，现为锦屏县治。此处三江应指到该三条河流的流域范围。

④ “三帮”指安徽、江西和陕西的木商；“五勷”指湖南的常德、德山、河佛、洪江和托口的木商，均是清水江流域经营木材生意的地域性体制的商业组织。

⑤ 沈文嘉. 清代清水江流域林业经济与社会发展论要[J]. 古今农业，2005(2)：97-102.

⑥ 王瑞平. 明清时期云南的人口迁移与儒学在云南的传播[D]. 北京：中央民族大学，2004：40.

事志》载:"如有人才壮健,能种田亩并情愿前往苗疆承领逆产充为屯军者,每户上田给六亩,中田八亩,下田十亩,其附田山土,尽令恳种。"在这种招募制度下,促使中原或相邻省份许多破产的汉族农民纷纷前往充为"军屯"[①]。

尽管设置军事屯堡是中央王朝为了统治和控制该流域的一种政治手段,带有军事戍边的目的,屯垦移民有一定的被动性和强制性,但客观上带来先进的生产技术,促进了文化交流和商品流通。

4.4.2 商贸移民

商贸移民有两类:一是"商屯"移民。商屯又称盐屯,是明代为以资军需,而实行的一种以盐换粮的政策。明代政府为防止苗民的反抗,加强了交通联系,在交通沿线建立了卫所。为了保证军队的粮食供应,明政府就实行了"开中"[②]这一措施。"募盐商于各边开中,谓之商屯",即允许并鼓励商人用粮食换取食盐,运购官盐以转卖于民。由于运粮去边境,道路险远,消费过重,盐商们为了谋取更多经济利益,自筹资金、自募农人屯耕,换取盐引。从此,商屯大兴,牟利的商人纷纷前来招中土地,甚至许多内地农民也都被招募来垦田种地。这种商人出资、农民出力的"商屯"是明代以来出现的一种新的移民现象,移民中一部分是商人,一部分是农民。[③]

二是商人移民。出于军需和当地的特色商品资源,大量商人云集沅水中上游沿河各集镇,最为典型的就是商帮和行业会馆的出现,如洪江,清代中期,成立了"五府十八帮"行会组织,各业共有坐商店铺 246 家,会馆 29 座。其中很大一部分商人长期居住于此,成为坐商。至民国时期,有超过 1/3 的集镇人口从事商贸活动,全国有 20 多个省市的商贾聚居于此,90%的集镇居民是外籍人口。以经商身份落户该流域的商人以江西人居多,且形式多样,从富商巨贾到小摊小贩人数众多。如新晃龙溪口的黄锦顺老板黄锦贤,于同治年间从江西外出挑卖瓷器,辗转芷江新店坪、晃县兴隆坳,最后定居龙溪口,逐渐成为油脂巨商。商贸繁荣吸引着各地商人的云集,一部分商人成为当地集镇的居民。可见,产生这一移民的动力实质是人的经济理性和趋利行为。

4.4.3 生产移民

因该地区地理区位相对偏僻,食货两难,苗蛮所萃,人文少及,故宋代以前一直为流囚、遣客栖息之所。从汉朝至明初的千余年间,仍是地广人稀,传统的农业未

① 陆跃升. 明清"军屯""商屯"与黔东南"苗疆"农业发展考述[J]. 农业考古,2014(1):16-18.

② 开中:指明代政府鼓励商人输送米粮等至边塞而给予食盐运销权的制度。明洪武三年(1370 年),始行于山西,后普及全国,弘治五年(1492 年),废止。

③ 薛原. 资源、经济角度下明代长城沿线军事聚落变迁研究——以晋陕地区为例[D]. 天津:天津大学,2007:24-25.

见完全开发。[①] 故《史记·货殖列传》称:"楚越之地,地广人稀。"这为大规模移民殖垦提供了生存空间,而与江南相似的自然气候环境为殖垦提供了已被人熟知的自然条件。如黔阳县境内的汤、邱、李、蒋、诸姓人户,是两宋时来此落籍的河南人。另有杨姓,于南宋末年由江西吉安府泰和县迁入黔阳、怀化、溆浦一带。黔阳县湾溪民国九年(1920年)《杨氏族谱》记载:"今龙溪、活水、张思坪、炉里、溆浦田心冲、武冈水东桥,合我湾溪为七户,此七户杨之所由称也。端玉公行二……先由铜湾迁苏家冲,后迁湾溪,此湾溪杨氏之始所由也。……今数十里内,人少杂姓,鸡犬相闻,烟户约近千家,男妇约计五千口,皆系家庭一本之亲。"[②]

另外,也有特定的历史的事件,导致该移民活动的产生。元末明初,湖南境内连年征战,人力、物力、财力几乎损失殆尽。战后,土地荒芜,无人耕种。而这时的江西赋重不堪忍受,听闻常德、武陵等十县"土旷人稀,耕种者少,荒芜者多"[③]。"闻道湖南多荒,开荒三载无科征。"人们争相逃往求生。于是,便有了"扯江西,填湖南"的大规模移民。会同县县志办搜集到二十三个家族的谱牒,其中便有十四个家族系元末或明初来自江西。如明洪武初年,江西泰和县一批移民来到黔阳县伏水定居。后来,移民中的黄姓人成为当地的望族,于是,伏水便改称为"江西街"(今亦称江市)沿用至今。民国十九年(1930年)《沅陵县志》载:"邑中老籍有开封者,有江南者,尤以江西为最多。今所指为土著,十之八九为江西人。"[④]谭其骧先生在《湖南人由来考》一文提到:湖南人来自天下,江、浙、皖、闽、赣东方之人居其什九;江西一省又居东方之什九;而庐陵一道、南昌一府,又居江西之什九,沅水流域移民情况亦同。明成化中期,吉安"地方虽广而耕作之田地甚少,生齿虽繁而财谷之利未果多……小民不得安生。""江西州县,多有无田无业之人。"由于江西人口相对过剩,外迁者甚多,且由于地域近利,湘赣境地相接,中无巨山大川之隔,所以在江西人眼中,到湖广谋生犹如"跨过门庭",实在是便当得很。"楚地百姓愚而且惰,自耕嫁之外并无商贾别业","渔米薪颇饶,民不习技艺而拙于封植。"无论从生产习俗或生活习俗来看,当时的湖南落后于江西许多,尚处于较为淳朴的低水平阶段。文化及生产力的先进性使得江西移民在当地取得优势并长期占据,并有了取而代之的保障。明后期本地区普遍出现"土客互易""客浮主疾"的现象。

可见,宋后人地关系是生产移民形成的基本动力,这种迁移一定程度上有主观能动性,并且是以家族或同乡的集体迁移的形式出现,在迁移地会形成自己相对独立的生活圈,所以在建筑的营造和生活习俗上会更多地体现原居住地的风格和形

① 易晓萍.明清时期湖南人口迁移及其规律研究[D].湘潭:湘潭大学,2007:4-5.

② 李怀荪.古代移民与湘西开发[J].民族论坛,1995(1):60-63.

③ 易晓萍.明清时期湖南人口迁移及其规律研究[D].湘潭:湘潭大学,2007:4-5.

④ 李怀荪.古代移民与湘西开发[J].民族论坛,1995(1):60-63.

式，但经过与当地的土著居民的长期交流和融合，相互之间会产生一定的影响，并反映在以建筑的营造为主的物质形态上。

从移民特点来看，军屯移民和生产移民主要从事农业生产，军屯移民还受到军户限制，很难从事商品贸易，只能依靠军事屯堡从事以集会交易[①]为主的商品交换；生产移民只有在有充足的生产剩余产品且人口集聚到一定规模后的时候才能聚集成镇，从事的也是以集会交易为主的商品交换；他们的交易目的主要是满足自身的生活和生产需求。而商贸移民是集镇人口增加和商贸繁荣的重要力量，主要从事默契交易[②]，即经营以赢利为目的的商品交换，他们对交通运输更为依赖，更倾向于商贸的规模和商品成本，对商贸环境也有较高要求。所以，笔者认为军屯移民和生产移民是集镇形成和存在的"人"的基础，而商贸移民则是推动集镇快速发展的动力。军屯移民和生产移民对集镇的商贸空间能产生一定影响，而商贸移民则是集镇的商贸空间形态的决策者。

4.5 制度迭替，制衡不一

自秦迄宋，封建王朝对该流域施行的是一种较为宽松的"羁縻政策"。当地土著人头领授以官职，略微管束，加以笼络，给予自治，使之不生异心。至唐宋时，才渐次趋于强化。或封有功之臣衔领疆域，予以世袭。如杨再思随父金吾将军平定沅水流域中上游地区叛乱，屡建奇功，随即便受命镇守沅州，以峒制"羁縻蛮州"。当地人为纪念其功绩建"飞山庙"（图 4-28、图 4-29、图 4-30），现在沅水中上游仍有不少遗存。在"羁縻"制度下，当地的商品贸易以自发形式为主，兼有服务军事的盐贸和粮运。

(a) 沿街入口

(b) 内部戏台

图 4-28 锦屏飞山宫

（来源：自摄）

① 集会交易主要存在于本民族内部，同时也有可能存在于地域社会的各民族之间。

② 而默契交易则主要存在于共同体之间，一般不存在于共同体内部。

(a) 沿街入口　　　　　　　　　　　　(b) 过殿

图 4-29　铜仁飞山宫

(来源:自摄)

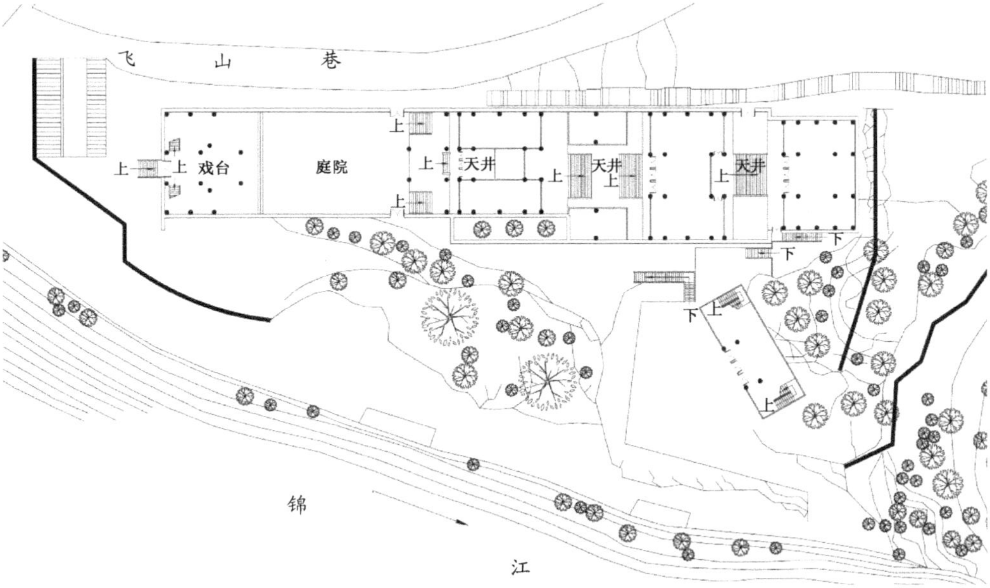

图 4-30　铜仁飞山宫平面示意图

(来源:自绘)

元明清王朝是实行的"土司制度"。土司制度则是一套较为严格的管理制度,它是由羁縻政策发展、演进而来的。元代略具雏形,明代臻于完备,至清代乾嘉年间,开始改土归流,该制度逐渐瓦解、废弃。该制度一方面对区域政治局面稳定和民族和谐起到了一定的促进作用;另一方面造成了"生地"和"省地"之间的隔阂,特别是"汉不入境、蛮不出峒"的禁令以及边墙的修建一定程度上阻碍了商品贸易的发展。

雍正四年(1726 年),清廷以鄂尔泰任云南巡抚兼总督事,其向雍正皇帝提出了"改土归流疏",他说:"云、贵大患,无如苗蛮,欲安民必先制夷,欲制夷必先改土归流"[①],并开始对包括在沅水中上游的西南地区推行"改土归流"。改土归流,实际上可以分为三部分:一是在生苗地界,以武力开"疆",改化外之地为州县,设流官;二是在土司地区,废除土司制度,设立州县,以流官取代土官;三是在卫所地区,废卫所置州县,改军为民。改土归流是一个"同化"的过程,政治上将世袭的少数民族长官换成汉官,也称流官;在经济上,引进先进的农耕技术和工具,鼓励开荒种粮;在文化上,设立各级各类学校,实行科举制度等,提倡汉民族文化价值体系,大力进行汉化改造[②]。此外,还取消了"蛮不出境,汉不入峒"的禁令[③],汉族人口开始大量涌入,打破了原有相对保守的文化和传统的生活生产方式,对当地传统文化造成了一定的冲击和改变。

基于当时的社会发展水平,羁縻制度和土司制度对稳定该流域的社会局面,促进民族和谐起到了一定的作用,但在一定程度上也阻碍了商品贸易的发展;改土归流结束了这一长期禁锢,推动了当地商品贸易的发展和文化的交流,现在山区的许多小集镇都是改土归流后迅速发展起来。

4.6 小结

本章从军事、交通、商贸、移民、政治五个方面分析了沅水中上游传统集镇商贸空间的形成机制,认为:①军事开边是该区域集镇初始的直接推手,其起源一开始就带有军事的殖民性和文化的早熟性,此时的商贸活动是伴随并服务于军事发展的。②交通运输是该区域传统集镇形成和发展的基础条件和关键因素,贯穿于该流域的"通京大道"对商贸空间格局的形成起到了巨大的促进作用,其中水道是主要通道,陆道是水道的有力补充,并在该流域形成了水陆联运的交通网络系统,大大提高了物资流转能力,促进了商品贸易繁荣,同时也在很大程度上决定了商贸空间的形态。③商贸活动很大程度取决于商品的类型和交易、运输形式。该流域的主要输出商品是木材、桐油、鸦片和诸如五倍子等农副产品,输入商品主要为盐、粮和日常用品,这都决定了商品运输以水运为主的特征和以码头为重要交易空间的商贸空间特点。④移民活动是该流域明清以来突出的社会特征,正是由于大量人口以军屯、商贸、生产等不同形式的迁入,促进了当地生产力水平的快速提高和商品贸易的迅速发展。人口的聚集、剩余产品的增加促使各种交易形式的产生,催生

① 王瑞平.明清时期云南的人口迁移与儒学在云南的传播[D].北京:中央民族大学,2004:134.

② 潘光旦.潘光旦民族研究文集[M].北京:民族出版社,1995:158-159.

③ 唐荣沛.中国湘西古镇——洗车河[M].贵阳:贵州民族出版社,2005:52-53.

了各种街市、集场，造就了丰富的商贸空间形态。⑤政治制度对该流域商贸的影响是双面的，在不同时期不同阶段不同地点影响不一：在“羁縻”制度和“土司”制度下，沅水中上游的商品贸易以服务军事的资军贸易为主，政治色彩强烈，而以农副产品为主的自发交易处于次席，商品经济受到一定的限制；“改土归流”后，该区域伴随着水陆驿道的迅速开发，商品经济逐渐占据主导地位，以长途贸易为主的当地特色商品蓬勃发展，“城”“墙”已不能阻碍商品经济的发展，商贸空间形态也发生明显转变，多样化和复合性成为其主要特征。当然另一方面，汉族人口开始大量涌入，及随之而来的生活生产方式的改变也对当地传统文化造成了一定的冲击和改变。

5 传统集镇商贸空间形态及其特点

经济发展离不开商品贸易,"无利而不往"的商贸是集镇发展的重要推手。商品交换和经济发展是集镇最基本的功能之一,人们集聚到集镇多数是出于经济上的考虑。"市"是集镇存在的基础,是集镇众多活动的源泉。集镇中没有了"市",就缺少交换,社会就难以分工,集镇发展就缺乏经济基础,进而影响到社会的进步。

受自然地理环境的影响,历史上沅水中上游传统集镇商贸活动明显具有自身的特点,存在"点、线、块、面"四种不同层面的商贸空间,本章在分析这四种不同层面的商贸空间特点的基础上,深入探究码头空间、会馆建筑和商业街区等商贸空间发展对区域经济、政治、文化等方面的促进作用。

5.1 中国传统社会的商贸空间发展历程

5.1.1 "在井之说"与"在野之说"

进入原始社会后期,社会从渔猎文明走向农耕文明,生产力的发展产生了富余劳动产品,因而出现了物品交换。张良皋先生说:中国人对"市"的认识,早在神农时代就已开始[①]。《易经·系辞下》记载,集市交换始于神农"日中为市"。司马光《资治通鉴》中也说:"神农日中为市,致天下之农,聚天下之贷,交易而退,此立市之始。"[②]可见,早在神农氏时代(大约在距今 10 000 或 12 000 年)就发生了有组织的贸易活动。可以说,人类自从有了物物交换,就已经开始了原始的商贸。"市"是指交易场所,此时这一场所有两类:一曰"在井";一曰"在野"。

"在井之说"发生在邑内井旁。"古人未有市,若朝聚井汲,便将货物于井边货卖,故曰市井"[③];《管子·小匡》亦云:"……,处商必就市井。"尹知章注云:"立市

---

① 张良皋.匠学七说[M].北京:中国建筑工业出版社,2002:137.

② 杨毅.集市习俗、街子、城市——云南城市发展的建筑人类学之维[M].北京:中国戏剧出版社,2008:35.

③ 洪亮平.城市设计历程[M].北京:中国建筑工业出版社,2002:3.

必四方，若造井之制，故曰市井”。毋庸置疑，此处的“井”并非指水井本身，而是指“井”所处的空间。相传黄帝时期“八家为井”，井与人们生活密切相关，生活离不开水井，淘米洗菜洗衣挑水都在井边进行，每个井就是一片街坊的中心①，人们劳作交往于此，井旁的空地也就成为邑中最可能产生交易交往活动的重要场所之一，拉普卜特将其的场所功能称之为“汲水的隐性功能”②。所谓“市井”之说由此而来。

“在野之说”可能出于邑与邑之间的物品交换，且是在“森林边缘”（在南方交易地点大多会于山麓之下较开阔的场地），各聚居点之间交通便利之处。所以“谷旦于差，南方之原。不绩其麻，市也婆娑”③。

由上可见，当时“市”的空间形态特征：空地——市场。无论是在邑内井旁的空地，还是在邑间山野边的空地，人们早聚而晚散，人聚而市，人散则旷，商住是分开的。现沅水中上游地区仍有“赶场”④的习俗，每到场期乡民和各色商贩就会到固定的地点（一般是交通便利的地方）或是附近的集镇上去摆摊贸易。每到此时，人头攒动，摩肩接踵，热闹喧腾，此种景象古今相同（如图 5-1）。沅水流域早期集市也形成于大山之边，河水之缘。交易者或是肩担，或是提篮，或是摆摊，或是蹲点。久而久之，集中之地便有些临时简易的木构敞棚出现，进而演变成固定的集市。

图 5-1　沅水流域的早期集市

（来源：[明]沈瓒编撰，[清]李涌重编，陈心传补编，伍新福校点. 五溪蛮图志. 长沙：岳麓书社，2012：42）

由此可以推测当时的易货场所大多位于沅水干支流两岸地势平坦，又处交通要冲的台地上，有利于定点定时进

① 张大玉，欧阳文. 传统村镇聚落环境中人之行为活动与场所的分析研究[J]. 北京建筑工程学院学报，1999，15(1)：11-23.

② 拉普卜特. 文化特性与建筑设计[M]. 常青，等译. 北京：中国建筑工业出版社，2004：5.

③ 马世之. 中国史前古城[M]. 武汉：湖北教育出版社，2003：2.

④ “赶场”这种贸易习俗流传至今。这种民间约定俗成的定期集市，在我国普遍存在。在南方如广西、广东、福建等地称作“墟”，在四川、贵州等地称作“场”，云南等地称作“街”，江西等地称作“圩”，北方称作“集”。（季富政. 巴蜀城镇与民居[M]. 成都：西南交通大学出版社，2000：5）.

行产品交换，进而形成了"日中为市，交易而退，各得其所"的原始墟市。但总的来说，当时该地经济还处于较为原始的状况，墟市成无组织的散点状态分布，未有集镇的形态出现。

5.1.2 里坊之制

夏、商、周时期，中原地区出现了城市，"市"有了固定的交易场地。《周礼·天官冢宰·内宰》称"佐后立市"。《周礼·考工记·匠人》曰："……左祖右社，面朝后市。市朝一夫。"这些体现的是奴隶贵族的"宫市"。对于交易时间则曰："市，朝则满，夕则虚，非朝爱市而夕憎之，求存故往，亡故去。"①《史记·货殖列传》所说"虞而出之，工而成之，商而通之"，即在商代出现了商人阶层，涌现了一批富至"千金""巨万"的自由大商人，如周之白圭，秦之吕不韦，越之计然、陶朱，鲁之子贡、猗顿，郑之弦高。富商的出现标志着商人地位的提高，他们不但富甲天下，而且还跻身于统治阶层。各国对商贾也非常重视，《左传·昭公十六年》记载郑国桓公曾与商贾订盟："尔无我叛，我无强贾，毋或匄(丐)夺，尔有市利宝贿，我勿与知。"②郑商人弦高敢于犒秦师，说明在郑国商贸发达，商人力量雄厚，社会地位较高，商人才有实力也愿意为国利而损己利。另有秦之吕不韦、郑之子产、齐之管仲等名臣无不是重视商贾贸易以致强国。

春秋战国时期，商贾已发展到了一定程度，此时的临淄、咸阳、邯郸、大梁、郢等都市不仅是诸侯国的政治中心，同时也是各地区的商贸中心。《国语·齐语》和《管子·小匡》中记载齐桓公任用管仲改革国都临淄，划分为二十一个乡，工商之乡占其六，其中"市立三乡，工立三族"，即市场区占国都七分之一。当时的乡里结构，五家为轨，十轨为里，四里为连，十连为乡，可知临淄的市场区共有三个乡，即一百二十个里，合计六千户商民，无论是从商民数量还是从所占国都面积来看都具有相当的规模。③ 而从《周礼》"夫人过市罚一幄"来看，民市也是存在的，而且类型多样。

这些都说明了此时的"市"已有了具体的地点，具有了一定的规模，但被局限在某一特定区域，市与居仍是被割裂的。商人阶层也逐渐强大，并开始登上政治舞台。

春秋、两汉直至唐代是里坊制的产生、发展和鼎盛期。秦汉时的市制规模更为庞大，内容也更为丰富。以同类商品聚集的行列——"肆"为单位组成的称为市，商品必须归所属的肆，各肆区分不可紊乱，若干肆而成一市。"市"为进行交易的特定地点，并设有司市掌贸易事，还有贮存货物的"廛"，管理人员办公处所——"思次"，

---

① 邢君. 广州明清时期商业建筑研究[D]. 广州：华南理工大学，2008：34.

② 贺业钜. 中国古代城市规划史论丛[M]. 北京：中国建筑工业出版社，1986：73.

③ 邢君. 广州明清时期商业建筑研究[D]. 广州：华南理工大学，2008：38.

所有这些地点都集中安排在一个大院内，院子四面筑有围墙，形成一个相对完整封闭的商业区，再开设市门，有交易之时击鼓为号。由图 5-2 可见：市场为一个四合大院落，中间设有广场，四周庑廊围绕；市内货品摆放有规可依，形成了集市、列肆、廛、隧为一体的封闭古典市坊制，市形态上已经是一个相对完整的体系①。汉代文献常见有“列肆”“市列”或“列”之称，可见市当是呈行列的。“市楼”(又称“旗亭”)是市场管理机构所在处，开市时于此升旗，形成了一种封闭式的市场。张衡在《西京赋》描述当时的市场为“货别隧分”“通阛带阓”“旗亭五重，俯查百隧”。② 可见，市场有一定程度的围护，更有专门的管理部门。汉长安的商业区(市)集中在城北，有东市、西市之分，规模颇大。至今，平遥古城完好地保留“市楼”的形态。“市楼”的这种形式并没有随着“列肆”的消失而消失，而是演变成了报更打点的钟楼或鼓楼。在沅水中上游的一些传统集镇中也曾设立过此类建筑，如清代沅州府(芷江)主街上跨街而建的谯楼(图 5-3)。隋唐长安城布局严整，分区明确，里坊用严实的城墙严格分开，坊内设有交易、集会场所，集中设有东西两市。

图 5-2　东汉画像砖(《宁城图》摹本)所显示的市场

(来源：洪亮平.城市设计历程.北京：中国建筑工业出版社，2002：3)

① 刘博佳，李凌高.中国传统商业环境的情感艺术探析[J].规划师，2010，26(12)：124-127.

② 贺业钜.中国古代城市规划史论丛[M].北京：中国建筑工业出版社，1986：201.

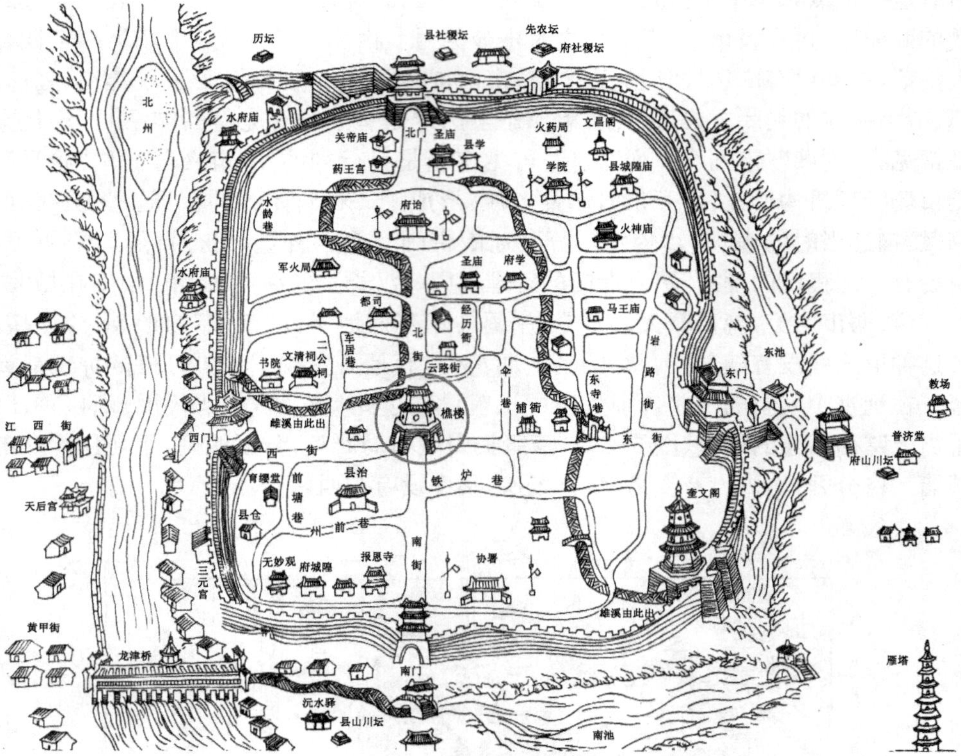

图 5-3　清沅州府(芷江)城图

(来源:芷江侗族自治县县志编纂委员会.芷江县志[M].北京:生活·读书·新知三联书店,1993:86)

至唐代,由于社会经济迅速发展,封闭狭小的里坊已不能适应商品经济的发展,许多城市出现了“违制”的现象,如:扬州的“十里长街市井连,月明桥上看神仙”(张祜诗)、“夜市千灯照碧云,高楼红袖客纷纷”(王建诗);汴州的“水门向晚茶商闹,桥市通宵酒客行”(王建诗)。可见,当时一些商业都市出现了街市和夜市。另外,中小商贸集镇也遍地开花,唐大中五年(851 年)《州县职员令》规定“其不满三千户以上者,并不得置市官,若要路须置,旧来交易繁者,听依三千户法置”①。唐人姚合有诗云:“客行野田间,比屋皆闭户。借问屋中人,尽去作商贾。”由此可知,当时除了大都会,边远州县农村也已经自发出现集市贸易,用来定期交换商品和商品买卖。此时,商品货币关系由城市渗入了乡村,很多集镇也开始出现,其中大多数是由“在野之市”转化而来的②。

① 贺业钜.中国古代城市规划史论丛[M].北京:中国建筑工业出版社,1986:28.

② 樊树志.明清江南市镇探微[M].上海:复旦大学出版社,1990:42.

5.1.3 街巷之制

北宋中叶，封闭式的市场已满足不了商品贸易的发展，沿街设店的商业街也开始出现，由此产生了诸多的行业街市，街巷制也逐步代替了里坊制。街巷制一方面释放了城市活力，另一方面激发了商品经济的活力。反而，商贸行为的活跃进一步促进了城市繁荣。如《清明上河图》所描绘的街市生活（图 5-4）：熙熙攘攘的街道，鳞次栉比的沿街店铺，各式各样的广告卷幡。沿街店铺后是庭院，从所绘亭台楼阁来看应是适宜居住的私家庭院。

图 5-4 《清明上河图》中的街市生活

（来源：http://doc.orz520.com/a/doc/2013/0218/2110621.html）

在行业街中，通宵营业的夜市、鬼市、集中游乐的“瓦子”[①]，形成了城市中文化娱乐的中心。与此同时各种市场、集市和庙会也有蓬勃发展。因市场的开放与扩展，传统分阶级、按职业聚居、由里吏监管、暮鼓晨钟、日落闭户的城市生活开始转向更为丰富多彩的市井生活。南宋时，街巷制已逐步完善。贺业钜先生在研究临安城市制规划的基本内容时提到了几点[②]：①确立了行业街市制度。临安街市分

① 《梦粱录》云：“瓦舍者，谓其来时瓦合，去时瓦解之义，易聚易散也，不知起于何时。”“易聚易散”道出了瓦子的特征，即其场所虽有固定区域，但一些设施多属临时建筑。两宋时期，瓦子作为一种类似于广场的开放性空间大量出现，成为市民活动的最佳场所。瓦子之内常有表演杂剧、曲艺、杂技的勾栏，也有卖药、估衣、卖吃食的店铺，各种活动在瓦子内展开。伴随着集市与瓦子的形成，更加活跃、开放的都市生活方式也随之形成，集市与瓦子也就成为承载市民日常生活的载体，具有了市民情结。

② 贺业钜. 中国古代城市规划史论丛[M]. 北京：中国建筑工业出版社，1986：212-213.

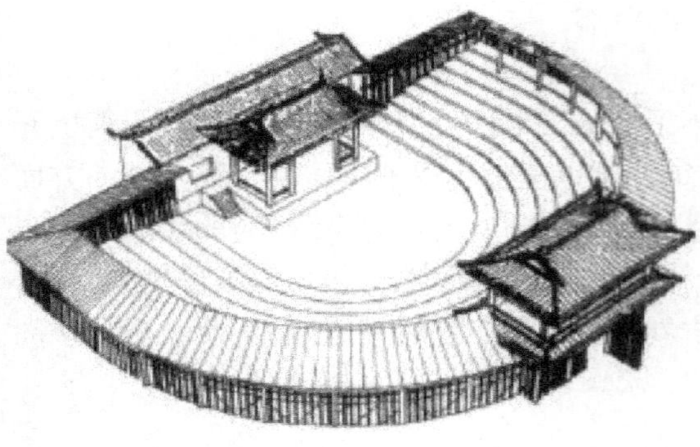

图 5-5　瓦子复原图

（来源：洪亮平. 城市设计历程. 北京：中国建筑工业出版社，2002：38）

两类：一类是集中在此上"行"（市或团）交易的批发处所，如米市桥、黑桥的"米市"，坝北修义坊的"肉市"等行业街市。另一类是集中同业铺店营业的零售街市，如融合坊至市南坊的"珠子市"、五间楼北至官巷南街的"金银盐钞引交易铺"。②在居民坊巷内设置生活日用必需品铺店。③集中"塌房"组成的新型仓库区。"塌房"是出租给商贾贮藏的仓库（或货栈），也就是里坊制里的"廛"。"塌房"集中起来独立成为城市的一个专业性的区。④瓦子、酒肆、茶楼等服务性商业遍布全城。瓦子（图 5-5）内除演剧的"勾栏"外，还有酒楼，著名的熙青楼就附设在临安的南瓦子内。瓦子是营业的娱乐场所，是当时商业中的新型服务性行业。临安城内除坊巷开设坊酒肆外，闹市中遍布了酒楼和茶馆。《梦粱录·夜市》曾记载："杭城大街买卖昼夜不绝，夜交三四鼓，游人始稀，五鼓钟鸣，卖四市者又开店矣。"①

从上述情况可以看出，自里坊制崩溃后，街巷制是以整个城市作为市场领域来规划的。"肆"发展为行业街市，成为集镇商贸空间的骨干，并在各坊巷内产生了小型日用商品铺店，成为商业组织的基层网点，直接为居民日常生活服务。行业街市以批发和经营特殊商品为主，坊巷铺店则主要为零售日用必需品。除了这些，还包括由"廛"转化的"塌房"，以及瓦子、茶楼、酒馆所组成的新型服务行业的出现。

可见，当时的城镇建设从城市规划手法、建设尺度和街道空间上更适应承载商品经济的发展和商贸活动的外向性特征。商贸活动由沿街街面承载，街道呈线性交叉于集镇内部，街面具有开放性；居住则在其围合的内部。而一些小规模的手工艺作坊作为产品生产场所，既可以存在于沿街街面，也可以存于其后居住区内。换句话说，除了较大型的公共建筑，沿街的建筑功能较为混合，各自根据所需的生产、生活及商贸活动来安排建筑的各类使用功能。这一方式对后世的集镇布局、街道的布置及沿街建筑的功能影响颇深，甚至延续至今。

5.1.4　街区的开放性与交混性

明清时期，资本主义萌芽，社会生产力进一步提高，雇佣劳动力出现，劳动力得

① 贺业钜. 中国古代城市规划史论丛[M]. 北京：中国建筑工业出版社，1986：214.

到进一步解放，这时，商业在集镇中的主导地位进一步加强，形成了大量专门从事商贸活动的集镇或者城市核心区。同时期，几次移民潮使得大量商旅、流动人口聚集城市，商业与居住等其他城市功能进一步混杂，形成了功能混合的街区。而且商贸活动中出现了“商帮”，“商帮”在全国各地的商贸集镇分设会馆，一时间使得商业会馆在各个大小集镇林立，会馆还成为地缘性社会文化整合的基地。某种程度上说，商业会馆多寡成为当地商业发展水平是否发达的标志；而会馆林立的街区一般也是当地最繁华的商业区。由于移民们所从事的多为开发性的农业、手工业或商贸活动，本身带有商业性，特别是“商帮”与会馆的出现使得商贸空间形态发生了一些质的变化，街区日益凸显出对外的开放性和功能的混合性。

而在集镇建设方面，存在着规划建设和自发建设相融合，反映到城市地理空间中则是：前者布局多为规整方正，显示出封建等级礼制的影响；而后者则布局自由、因地制宜、随宜而设，并随着商品经济的发展由自发建设形成更为灵活自由的布局形式。沅水中上游传统集镇的形成与发展无不是这两方面因素共同推动的结果。

如果说，宋以后，“街”的开放性得到增强；那么，明清以后，“城”的开放性则进一步凸显了。城镇建设已突破“城”的界限，在城外形成新的街区。新的街区一般先从城门发端，沿城外道路或河道等交通线路延展，逐渐形成不规则带状或块状，商贸空间也变得形式多样，形成了多层级的商业组织结构，其功能也趋于混杂。有些城镇甚至没有“城”的界限，街区发展是在自发力的作用下发展形成的，往往手工作坊、商业店铺、物流仓储、批发贸易等商业功能中掺杂着书院、报馆、税馆、庙宇等其他社会文化功能，居民的许多社会交往活动也在这里发生。街区既是人的工作场所、服务场所，也是人的消费场所；既提供各种商业业态服务，也满足人们的各项社会文化生活需求，每天吸引着人们为了各种目的来此汇集。

由此可见，商业街区是集镇的“场”空间，正是这种“磁性”吸引着各类活动，并因其多样的物质形态承载和容纳着多元的活动方式，形成了物流、货流、人流、资金流及所依附的文化流的聚集，呈现出空间的开放性和交混性。

5.2 商贸空间的构成

商贸空间是传统集镇空间体系的重要组成部分，但也有其自身特点，可以用“点、线、块、面”来归纳其空间形态。“点”是指商贸节点空间；“线”是指商业街道空间；“块”是指商贸建筑空间；“面”是指由点、线、块组成的商业街区空间。“点、线、块”商贸空间在物质形态上有着其具体的内容和空间形态，有着较为明晰的边缘界限，它们之间相对独立又联系紧密，并且以某种内在联系结成了商业街区，这种联系除了物质层面的，更多地在于社会和文化的纽带作用，它们共同构成了商贸空间系统。

沅水中上游传统集镇的商贸空间也有其自身的特点：就物质空间形态而言，其由码头空间、商业街道空间、城口空间、井台空间、亭桥空间和商贸建筑空间等几类空间组成，商业街区形态也有条状、十字形和团状。码头空间是该空间系统的起点和终点；商业街道空间是该系统的主干；城口空间是该空间系统的重要节点空间，对商业街道空间起到控制作用；井台空间是商业街道空间的有力补充；亭桥空间与商业街道呈交叉关系，是商业街道空间的联系纽带；而商贸建筑空间则是这些空间之所以成为商贸空间的实体基础。它们互为依存，相互作用，共同构成了具有沅水中上游地域特色的商贸空间系统(图 5-6)。

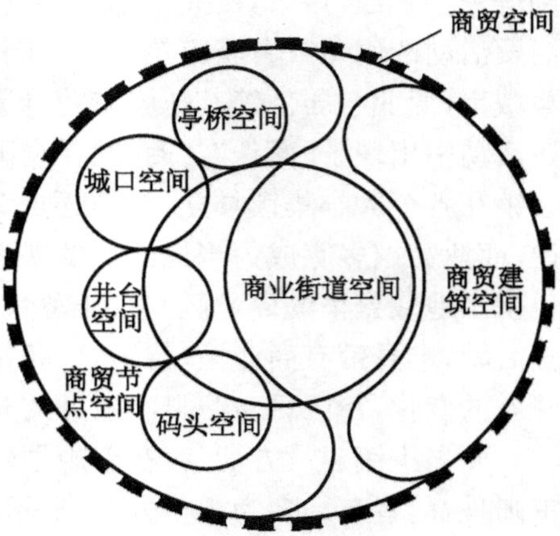

图 5-6 商贸空间结构图

(来源：自绘)

5.3 “点”——商贸节点

相对于商业街道连续的线性空间相比，点状空间更具有驻留感。传统的商业街道通常表达的是共性化的连续意象，给人平缓舒适的感受，而节点则提供了丰富的个性化意象，加强人的感官印象，也成为人们判断自身位置的标志物。凯文·林奇认为其是“线”上的“一个突变”。所以，对于线形的空间来说，节点具有重要意义。对于沅水中上游传统集镇的商贸空间来说，节点有码头(水埠)、城口、井台、亭桥等。

5.3.1 码头(水埠)空间

河道是沅水中上游传统集镇的主要运输线，也是该流域的商贸发展轴，码头本质上是水陆交通形式上的一个换乘点，是集镇内外联系的主要道口，是运输路线枢纽节点，也是集镇的信息和经济源头，亦是商贸空间的起点与终点。本文主要从码头的平面形式及其与集镇其他空间元素间的关系探讨码头的空间形态。

1. 平面形式

沅水中上游码头形式多样，从平面来看可分为丁字形、八字形、一字形和扇形。而一字形根据台阶与河道的关系有平行于河道和垂直于河道两种形态，也是该流域最常见的码头形式(表 5-1)。

表 5-1 沅水中上游传统集镇码头平面形式一览表

序号	平面形式	图　式	实　景
1	丁字形双跑式	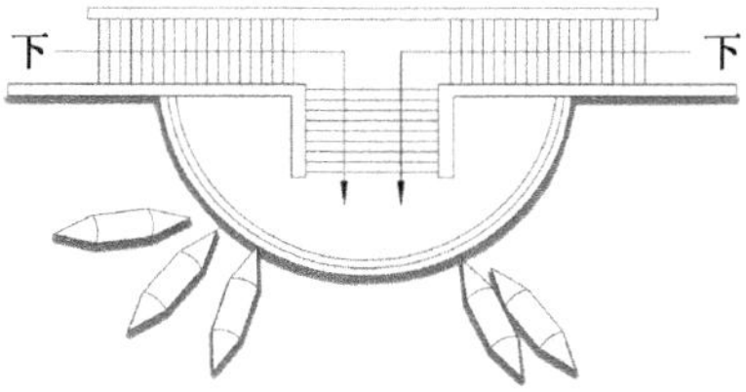	 图 1　镇远冲子口码头
2	一字形直跑式	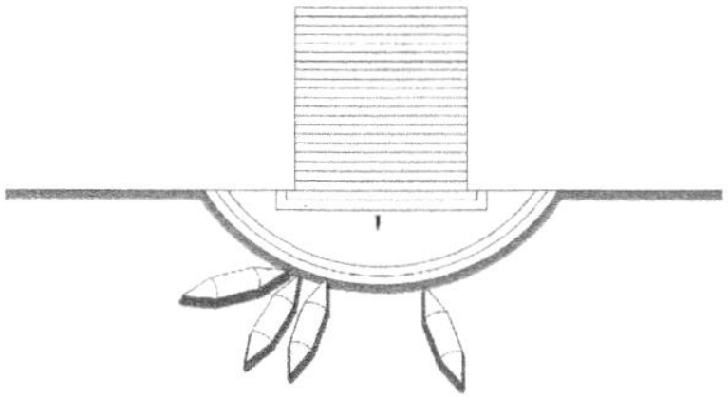 垂直河道	 图 2　旧州潕阳河码头
3		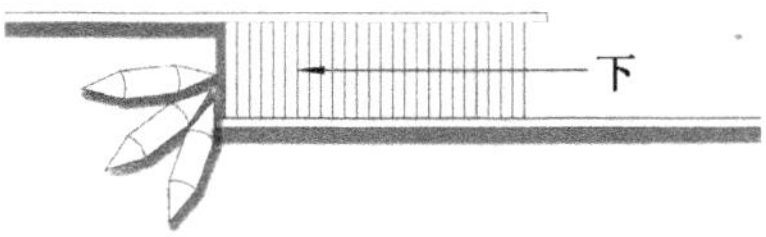 平行河道单向直跑式	 图 3　镇远米码头
4	八字形直跑式	 平行河道双向直跑式	 图 4　芷江天后宫码头

续表 5-1

序号	平面形式	图 式	实 景
5	扇形圆台式	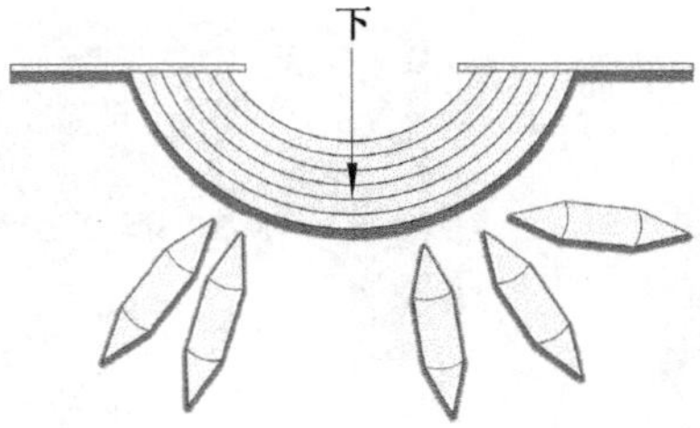	 图 5 凤凰北门码头

2. 与集镇其他空间元素间之关联

从码头与集镇其他空间结构元素的关联性来看，沅水中上游传统集镇码头的主要类型有以下几种：

(1) 巷接码头。也就是说，集镇的主要街巷的正对面都有相应的码头与之相对接。此形式是该流域集镇最为常见的。由于河岸线落差较大，一般都有较长的青石板台阶与街巷对接。这种方式能使人流、物流自码头以最便捷的路径出入集镇。此类码头一般为公共码头，整个集镇的货流、人流均可从此出入。

镇远(图 5-7)有冲子口巷——冲子口码头、米码头巷——米码头、复兴巷——

图 5-7 镇远主要码头分布图

(来源：上海同济城市规划设计研究院，同济大学国家历史文化名城研究中心. 镇远历史文化名城保护规划[R]. 上海，2001 改绘)

禹门码头、四方井巷——府城大码头。

冲子口码头（如表 5-1 图 1）：码头位于兴隆街与新中街交界处，隔街正对冲子口巷巷口，是一座处于闹市中心区并有舟桥将府、卫两城连接起来的泊船与架桥两用码头。码头弓形圆台式，平台东西长 20 米，进深 4.5 米，平台上东西两侧各有一条石阶升至街面。

米码头（如表 5-1 图 3）：码头位于府城新中街南侧新大桥下游，始建于明初，主要用于转卸来自湖南等地运济粮，故名"米码头"。码头平台半椭圆形，东西长 14 米，南北宽 6 米。上有 51 级石阶至街面，高为 9.6 米。因临近舒祥泰酱园厂，又名酱园厂码头。

府城大码头（如图 5-8）：码头位于府城兴隆街，与禹门码头比邻，是镇远重要的水运码头和渡口码头。明代，府城大码头与对岸卫城大码头设有渡口，称"永安渡"。码头用方青石铺砌半圆形，直径 17.4 米，从码头登上兴隆街道共 30 级石阶。

图 5-8 镇远府城码头

（来源：自摄）

禹门码头（如图 5-9）：码头位于府城兴隆街中端南侧，为明清两代货物装卸量较大的码头之一。码头呈岸阶式，青石镶砌，长 8.4 米，河面至街面相对高差 6 米，分五层台阶，33 级石阶。

洪江（如图 5-10）有一甲巷——一甲码头、三甲巷——三甲码头、吉庆街——吉庆码头、宋家巷——宋家码头、洪盛街——洪盛码头、清平街——松林码头、太素巷——太素巷码头。

图 5-9　镇远禹门码头

（来源：自摄）

图 5-10　洪江码头分布图

（来源：改绘）

清康熙十五年(1676 年),洪江有万寿宫、司门口、一甲巷、贵州馆、塘坨、犁头嘴、长郡馆、松林、洪盛、火神巷、赵家和廖码头 12 个码头。民国初至年抗日战争前,陆续增加了飞山宫、炮铺桥、大佛寺、太平宫、关对殿、宋家、三甲巷、湘乡馆、鼓楼脚、麻阳馆、陆家、申家、左家和岩码头 14 处,连同柳溪、横岩、岩门,共有 29 处码头,绝大部分为装卸码头,形成“七冲、八巷、九条街”①的城镇格局。这些码头沿河呈扇形分布,几乎是参差比邻,可见当时商贸之繁盛。但现因为水电站的修建和旧城改造,均已不复存在了。

托口(图 5-11)有丰家巷——丰家码头、火烧巷——万寿宫码头、暗巷——财码头、郭家巷——郭家码头、竹子巷——新街码头、赵家巷——敖家码头、杨家巷——杨公庙码头、郑家巷——郑家码头。

图 5-11 托口码头分布图

(根据涂荣荣. 湖南洪江托口古镇研究[D]. 武汉:武汉理工大学,2008:39-42 改绘)

民国十五(1926 年)年时,托口形成了“九街十八巷,一巷一码头”的城镇布局,九街从西向东依次有大桥街、龙盘街、棋盘街、新街、半边街等,十八巷有丰家巷、火烧巷、大桥巷、暗巷子、蒋家巷、郭家巷、竹子巷、赵家巷、杨家巷、郑家巷、里仁巷等,每条巷子都对应一个码头。

① 七冲:为打船冲、俞家冲、龙船冲、木粟冲、季家冲、牛头冲、塘冲;八巷为育婴巷、财神巷、一甲巷、宋家巷、油篓巷、洪盛巷、三甲巷、太素巷;九条街为小河正街、老街、荷叶街、新街、皮匠街、高坡宫街、土桥坑、煤灰坡、堡子坳等。平整稍直且长的称为街;沿山沟而建的叫冲;冲、街之间因地势变化所形成的走道称为巷。

（2）建筑对接码头。沅水中上游很少有如江南水乡般独户私家小码头，对接码头的建筑主要为会馆、祠堂、寺庙等公共建筑。

镇远有天后宫（福建会馆）——天后宫码头、吉祥寺——吉祥寺码头、城隍庙——城隍庙码头。

天后宫码头（图 5-12）：码头位于新中街南侧。码头巷道隔街正对天后宫门坊。为圆台式弓形码头，平台长 16 米，进深 3.8 米，高出河面 1.2 米。从平台到街面石级巷道长 18 米，宽 3 米，高差 10 米，有石阶 53 级。

图 5-12　镇远天后宫码头

（来源：自摄）

吉祥寺码头：码头位于卫城吉祥山前㵲阳河南岸。为圆台式弓形码头。码头平台有两条石级分别向东、西两方斜升通达街面。码头在历史上除装卸货物之外，还是淦舟停靠场所，其附近河段是淦船的活动区域，"镇远十二景"之一"燕矾演唱"即在此。

城隍庙码头：码头位于府城兴隆街南侧，距禹门码头上游约 30 米，因码头巷道通往原府城城隍庙，故称"城隍庙码头"。码头呈扇形圆台式，青石板铺筑。临水六级石阶分别围成弓形平台宽 9.8 米，进深 6.6 米。码头北侧有一段长 10 米，宽 2.4 米石级巷道与街道联通，有石瞪 28 级，高差 5.1 米。

万寿宫码头（图 5-13）：万寿宫码头正对万寿宫牌楼，为单跑式，梯段平行于河面，梯段宽度约 1.2 米左右，梯度较陡，主要用于乘客上下而非货物装卸。

图 5-13　镇远万寿宫码头

（来源：自摄）

图 5-14　镇远卫城码头

（来源：自摄）

洪江有七属会馆——七属码头、辰沅会馆——辰沅码头、新安馆——新安码头、武宝馆——武宝码头、福建馆——福建码头、山陕馆——山陕码头、江西馆——江西码头、贵州馆——贵州码头、大佛寺——大佛寺码头(图 5-10)。

芷江有天后宫——天后宫码头(表 5-1 图 4)。

(3) 城门码头。有的码头直接从城门下到河道,由于地势较高,码头梯段较长,但在沿河部分往往横向展开,可用于多船停靠。

镇远有上北门——上北门大码头(图 5-15、图 5-16),又称杨柳湾古渡码头。码头位于卫城上北门码头下游 80 米处。这里岸柳成行,人称"杨柳湾"。渡口泊船处较为平缓开阔,平台原为大青石镶砌,船台突入河中。因几度洪水冲塌,现改修

图 5-15　镇远上北门码头

(来源:自摄)

图 5-16　镇远上北门码头老照片

(来源:镇远县博物馆提供)

成弧形凹口，由石块、水泥砌筑，平台宽 6.5 米，进深 5.4 米。码头设有亲水平台，为当地人休闲纳凉之处。

卫城大码头：卫城大码头位于周大街北侧，正对府城大码头岸，两码头彼此有渡船过往，泊船与渡河两用。码头由青石砌阶梯构成，东西长 12.5 米，从河面至街面有 26 个石级，相对高差 5.6 米(图 5-14)。

凤凰有北门码头(表 5-1 图 5)，凤凰城巍峨的北门外建有北门码头，呈扇形延伸至沱江，两个平台，约有 40 个石级，采用红砂石砌筑而成，曾是凤凰最繁忙的码头。

铜仁有中南门码头(图 5-17)，铜仁城南中南门下建有中南门码头，由于高差较大，自洞内即开始放台阶，较为陡峭，反衬出中南门的雄伟险峻。沿河设有几阶宽约 0.8 米、长约 9 米的船舶停靠处，大大缓解了台阶陡峭的形态。

图 5-17 铜仁中南门码头

(来源：自摄)

另外，从转运货物类别来分有米码头、油码头等；从权属关系来看，可分为私家码头(如托口的郭家码头、郑家码头等)、专用码头(如洪江的山陕码头、辰沅码头)和公共码头(如托口新街码头、凤凰北门码头等)、河关码头(如镇远的大河关码头)①。

码头除了上述货物装卸、客运集散、往来运输等商贸功能外，在集镇的日常生

① 河关码头为官用码头，主要功能是沿河设卡，用于给缴纳税金的船舶停靠。镇远的大河关码头，早年为沙湾渡，明洪武年间建㵲溪桥，渡口改作码头。因石屏山与中河山隔河对峙，如同山门，故又称石门关。清代在此设厘金总局督办税务，成为出入黔贵水路的重要关卡，也是湘黔古道必经之处，所有过往商船必须在此靠泊。其所得商税收入曾位于贵州省第一。

活也扮演了很重要的角色，如：早晚时妇女在此洗洗衣物，拉拉家常，传递信息；在夏日夕阳西下时，是市民消暑、孩童嬉戏的场所，这些都无不散发出浓郁的生活气息(图 5-18)。

(a) 嬉戏场所

(b) 家务场所

(c) 劳作场所

图 5-18 充满生活气息的码头

(来源：自摄)

由上可知，传统集镇的码头本质是陆地延伸至水面的踏步石梯，其一般用青石或麻石砌筑而成，也有凿石而成的。码头的平面形式取决于码头的性质和其与集镇其他空间元素的关系，如当街道是岸街时，码头梯段平行于街道；当街道是河街和天街时，码头梯段垂直于街道。码头不可能单独存在于集镇中，其必然与集镇的街道空间产生关联，与其一起构成集镇的交通系统。同时，由此也可以看出，码头空间是一个开放的空间，是集镇中的公共开敞空间，大量以水运营生的人群和以水运为命脉的个体和团体活跃于此，从而产生了生动的生产和生活场景。这些场景反映了人们在此的活动轨迹——挑、抬、歇、打、掉、运，而这些活动决定了码头石梯的尺度、走向和规模，同时也反映出码头的性质和与河道、街道的运输关系。有些码头还是货物交易的场所，如木材的当江交易都是在码头完成的。可以说有了码头，才有了商贾如云的城镇市街，才有了三教九流与行帮会馆，经过漫长的岁月，沉淀出丰富的历史底蕴。

5.3.2 城口空间

沅水中上游是苗、侗、瑶、土家等少数民族历史聚居地，历代王朝在此修筑了许多防卫性很强的城池，并大量驻军，以防止少数民族"叛乱"，维护其统治。很多地方经过长期的经营和活动，逐渐发展成为当地的经济、政治、文化中心①。到现在，很多城池被破坏，也有些城池至今保持完整，如隆里、凤凰、黔阳等。

城门是传统集镇出入的必经之地，行人和客商均经此过往。城门口成为人流密集穿插的节点。在城门还定时开闭的年代，城门口成为"乡下人"易货的场所，久而久之即成"草市"②，如凤凰的南门百日场。现今，很多地方的城门口还有"草市"的特点，即白天熙熙攘攘，而晚上则门庭寥落。当商贸活动长期存在时，便有人在城门口修筑能够长期从事商业活动的建筑，并定居下来。随着定居的人多起来，建筑沿着主要干道延伸，逐渐形成以商业功能为主的街道，如凤凰（图 5-19）从北门至东门，沿城墙、河边形成了一条外街。建筑紧靠城墙，仅留一条窄窄的小街，而沿河则是吊脚楼。街道在此常有一种临界的感觉。城内外商业氛围相差甚远。

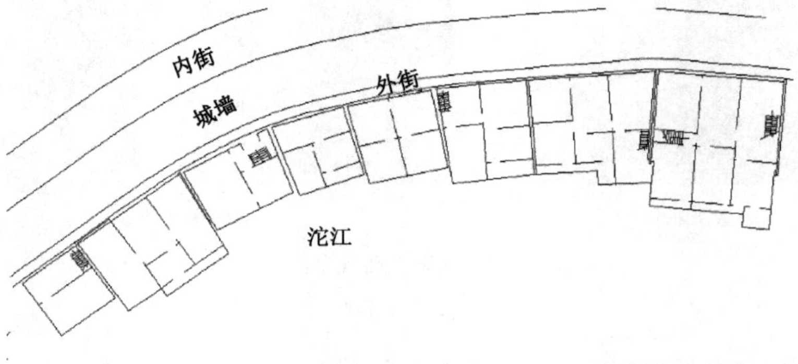

(a) 平面图(来源：自绘)

---

① 余翰武，吴越，伍国正. 传统集镇街道商业空间的意象力解析——以湘西地区为例[J]. 建筑科学，2008(24)：123-126.

② 陆志钢. 江南水乡历史城镇保护与发展[M]. 南京：东南大学出版社，2001：7.

(b) 城墙外街

(c) 城墙两侧的街道

(d) 北门至东门沿街河畔的吊脚楼

图 5-19　凤凰古城城门口

(来源:自摄)

城口空间一般在城门外侧设有一个扩大的场地,或可称之为城门广场(如图 5-20、图 5-21)。实际上,其为城外几条道路的交汇处,多呈不规则形态。城楼高耸

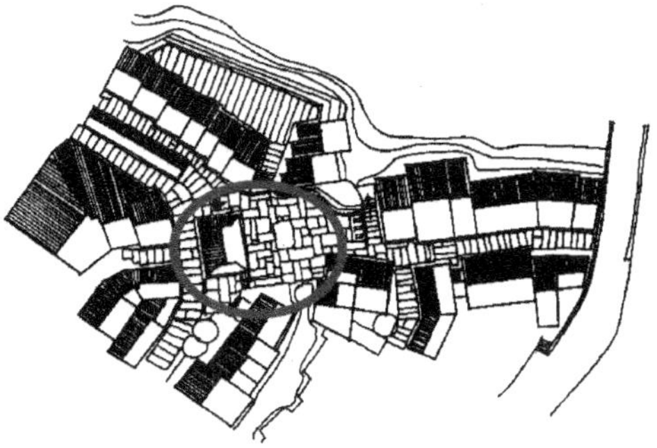

图 5-20　凤凰古城东门平面示意图

(来源:自绘)

图 5-21　黔城古城西门平面示意图

(来源:自绘)

于广场前,控制着包括街道在内的整个城口空间。在这里游走的商贩很多,还经常设有临时摊点,商贸活动在此也显得灵活多样。

5.3.3 井台空间

古语有云,"处商必就市井",可见古时交易与井台的紧密关系,它们的出现与市民的日常生活密切相关。井台成为街道的一个特殊节点,是在开放的街巷取代封闭的里坊后。"这些空间或凹入街巷的一侧,或镶嵌在街巷的转角处",从图 5-22 可以看出这种井台空间形成一种"二围"或"三围"空间,即"阴角"[①]。"这种使人感到温暖的阴角空间"[②]所产生的"角落效应",引发人的"积极"行为,加上水井本身具有的生活性功能,让人们易在此顿足、停歇,从而提供了潜在的商机。多数水井是依于街道一侧(图 5-22),这对于线性均质的街道而言,无疑是加入了异质,突出了其节点的作用,对街市贸易提供地点性指示,提供了可辨别和描述的对象,增加街道空间的意象。但要说明的是明清后的井台空间提供的是潜在的交易机会,而并不能直接导致交易活动,相对来说其生活性功能更强。

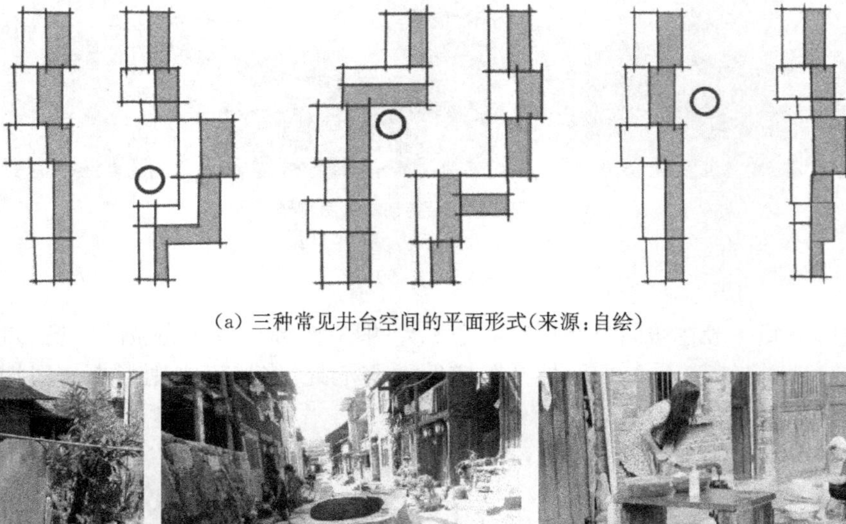

(a) 三种常见井台空间的平面形式(来源:自绘)

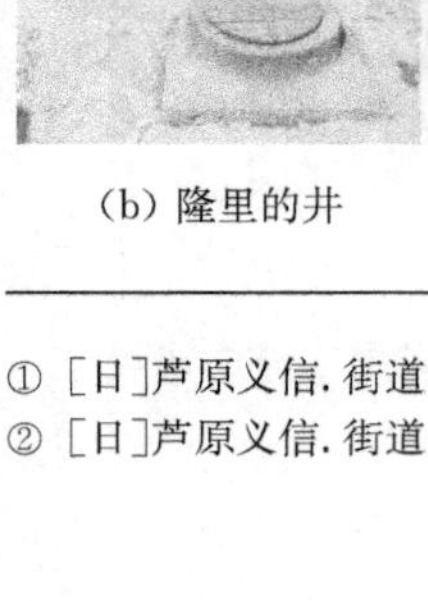

(b) 隆里的井

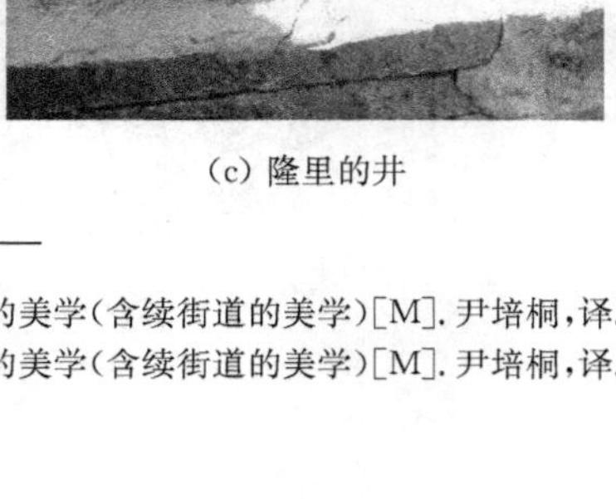

(c) 隆里的井

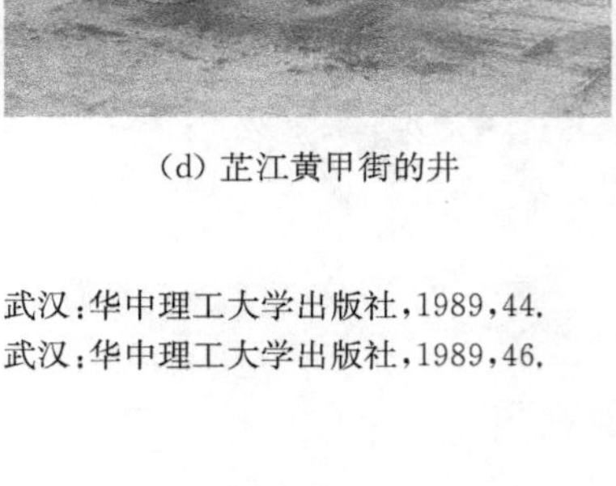

(d) 芷江黄甲街的井

① [日]芦原义信. 街道的美学(含续街道的美学)[M]. 尹培桐,译. 武汉:华中理工大学出版社,1989,44.
② [日]芦原义信. 街道的美学(含续街道的美学)[M]. 尹培桐,译. 武汉:华中理工大学出版社,1989,46.

(e) 黎平大井街的井　　(f) 黎平翘街的井　　(g) 镇远四方井

图 5-22　传统集镇街中的井台空间

(来源:自摄)

位于街道旁的水井一般是公用水井,是人们日常生活必不可少的去处,人们洗衣、淘米等生活劳作大多在井边完成,由于这些工作主要由妇女承担,所以有学者也称之为"女性空间"。它们一般位于以零售日常用品为主的商业街道中。对于去集镇赶集的"乡下人"来说,井台是他们休息停留的好去处;而对于游走灵活的小商小贩来说,井台无疑是"做生意"的好地方,一方面可以打尖歇脚,另一方面这里是人们必到之地,也是传播信息的场所,商业机会也多一些,完全可以在此"守株待兔",不必劳苦奔波。水井两侧的临街店铺则是近水楼台,水井无疑会给商铺带来一些人气,也给街道带来一些生机。如隆里的水井、黎平翘街的水井、芷江黄甲街的水井等都位于集镇的主要街道旁,平时人来人往,用水高峰时熙熙攘攘,形成了充满生活气息的交易场所。

值得说明的是水井在古代是城镇生活中必不可少的公共设施,人们对水井的重视已近乎对神灵的祭祟。被认为有灵气的井,人们还在其墙壁上砌筑神龛甚至建龙王庙以供奉香火[①]。如黎平大井街的水井平台,凹入建筑一侧大约 2.5×4.5 米见方的铺地,形成一个半开敞空间,在位于平台东北角立一个小庙,内无神像,此庙虽小,却凝固着当地人的一份信仰,同样有人烧香祭祀。而镇远的四方井,建于明代,位于府城四方井巷中段,偏于街巷一侧,因井口四方得名,井深 2.2 米。北面离井口 0.6 米处有一石穴,泉水自孔穴流入井中。井台东、西、北三面均用细凿青石铺砌和筑墙,墙高 1 米,井台总占地 7.1 平方米。四方井北面上方也供有土地、龙王等几尊神人以人祭祀。隆里有些井旁则立有"井泉得道龙王之神位"的青石碑供人祭祀。

5.3.4 亭桥空间

亭桥是指桥面上加盖长廊或屋、亭、阁而形成的特殊桥梁,又称屋桥、廊桥、瓦桥、风雨桥。在桥上加盖廊屋,可以防风防雨,既保护桥身,又可供行人落脚休息。

① 梁雪.传统城镇实体环境设计[M].天津:天津科学技术出版社,2001:134.

廊桥不仅具有交通性，还兼有驿站、祭祀、社交、贸易等功能，是体现当地民俗文化、社会经济特点的重要标志，甚至作为风水景观而存在。因为建筑华丽，内部装饰考究，侗族称其为花桥。湘、桂、黔三省交界的侗族地区是亭桥最为集中和特色最鲜明的区域之一。就其下部结构形式来看，亭桥大致可分为木拱廊桥、石拱廊桥、平梁木廊桥、八字撑木廊桥和悬臂廊桥五种类型。

木拱亭桥也称叠梁式风雨桥、虹梁式亭桥。整座桥梁结构由大小均匀的巨大圆木纵横相置、交叉搭置、互相承托、逐节伸展，形成完整的木撑架式主拱骨架。在各类亭桥中，木拱亭桥的结构最为特殊而巧妙，不仅在中国木构桥梁中技术含量最高，而且被认入是中国在世界桥梁史上的独特创造①。有的桥屋又发展为精美的楼阁。因此，木拱亭桥被桥梁专家誉为"古老要领的现代遗存"，具有"活化石的价值"。石拱亭桥在建桥工艺上不如木拱廊桥高超，但它比木拱亭桥更耐风雨侵袭和洪水冲刷，施工维修也较方便，因此分布范围较广。其由于设计巧妙、形式多样，常常成为集镇的标志，同时也往往成为商贸空间节点②。

芷江龙津桥（图 5-23）是明朝万历十九年（1591 年）由僧人宽云四处化缘修建，桥长 246.7 米，宽 12.2 米，中间过道宽 5.8 米，高 15 米（最高处 17.99 米），为中空式木结构廊桥，整个结构无一钉一铆，皆榫栓勾连，被称为"三楚西南第一桥"。龙津桥有石砌桥墩 16 座，用鸡蛋、石灰、桐油黏合四方形青石砌成，十分坚固。桥面除了两侧的长廊，还建有 7 座精美的桥楼，位于中部的主楼亭为八角攒顶式的五层桥亭，翘角飞檐，势欲凌空。桥两侧的桥廊檐有三层，桥楼亭檐有五层，上盖青蓝色琉璃瓦，瓦下配以白色瓦当，层层叠叠，高高低低，远观近看都宛如闪烁着青蓝色光

内部　　桥头

图 5-23　芷江龙津桥

（来源：自摄）

① 戴志坚. 福建廊桥的建筑文化特色[C]. 2005 海峡两岸传统民居学术研讨会论文集. 武汉：华中科技大学，2005：241-245.

② 余翰武，吴越，伍国正. 传统集镇街道商业空间的意象力解析——以湘西地区为例[J]. 建筑科学，2008(24)：123-126.

泽的龙鳞。桥体中间走人，两边有店铺经商，桥西头建有一个小寺，叫长虹寺。龙津桥头西接修建于宋元时代的老街——黄甲街，东联老街——索子街。尽管在四百多年里，龙津桥几经损毁和修复，但始终散发出生机，被誉为沅州八景之一——龙津春浪（图 5-24）。

图 5-24　芷江龙津古桥图

（来源：张官五，吴嗣仲．沅州府志（同治）[M]．长沙：岳麓书社，2011：25）

新晃龙溪桥又名三拱桥（图 5-25），为石拱亭桥，建于清代乾隆年间，因四墩三拱而得名。桥长 50 米、高 7 米、宽 5 米。桥墩、桥面以及两旁的拦马石，均是青石料岩砌成，两端为整齐的青石台阶。清代同治十年纂修的《沅州府志》记载："龙溪

内部　　桥头

图 5-25　新晃龙溪桥

（来源：自摄）

口在潕水之北，临水架楼而肆者为新街，又蹑次而上俗呼老街。市上五谷俱集，饭豆尤多，凡产自贵州境内马鞍山、平崖场诸处者，由玉屏朱家场肩货于此……至于江、浙、闽、粤之货亦毕集于此。盖西来鄽闬之盛区也。”[①]可见，该桥是贵州客商进入龙溪口的咽喉要道。桥头连着老街和新街，桥头比邻开有二十来间店铺，每当夜幕降临，家家门前的斗篷灯、纸糊灯，次第闪亮，照得桥面如同白昼。

图 5-26　凤凰虹桥古桥图

（来源：黄应培，孙均铨，黄元复. 凤凰厅志（道光）[M]. 长沙：岳麓书社，2011：27）

凤凰虹桥始建于明洪武初年，因恰似一条雨后彩虹横卧在沱江河上，故原名“卧虹桥”，为凤凰八景之一——溪桥变月。原桥没有屋盖，为三孔拱桥（如图 5-26），后加建为石拱亭桥，桥面两头各立拱牌坊门一座，位于沱江的中游凤凰城东门外（图 5-27）。桥型为 2 台 2 墩共 3 孔，每孔跨 13 米，拱券全宽 9.5 米，桥面宽 8.4 米，桥高 11 米，桥长 79 米，为红砂岩砌筑。桥面两侧为商铺，中间走廊 4 米，现在所见的虹桥为清朝康熙九年重建。传说沈从文的干爹的“滕回生堂”药店，就开设在这桥上。民国三年（1914 年），沱江大水，虹桥受重创。时任湘西镇守使的田应昭下令按原样进行修缮，并书“虹桥”二字于拱牌坊门上。现虹桥设有各色店铺，成为凤凰城商业气氛最浓、最繁华的地段。

① 张官五，吴嗣仲. 沅州府志（同治）[M]. 长沙：岳麓书社，2011：129.

内部　　桥头

图 5-27 凤凰虹桥

(来源:自摄)

亭桥也有学者称之为"雨街"[①],意为可遮风挡雨的街道。桥头与岸街衔接,是人们活动频繁的地点,亭桥起到联系两条平行街道的作用,交通性给其带来了商业价值。有的亭桥内部,索性建起商铺,俨然一条商业街,甚至成为集镇的中心。

5.4 "线"——商业街道

"当我们想到一个城市时,首先出现在脑海里的就是街道。街道有生气,城市也就有生气;街道沉闷,城市也就沉闷。"[②]可见街道于集镇的重要,而商业街道更是地方特色的体现,更容易留于人们脑海之中。传统商业街道一般尺度较小,两侧的建筑物距离较近,体量不大,有很强的亲和力;同时,自发性较强,顺势而为,街道时宽时窄,或直或弯,也能顺应地形,有高有低。这种形态为人提供了适宜的活动空间,人在街道中具有充分的自由和很高的灵活性。传统商业街道之所以富有活力,是因为它同时肩负了三重功能:交通、公共空间和建筑前场地。总的来说,沅水中上游传统集镇商业街道具有以下几个特点:

5.4.1 与水道的依存——关联性

由于古时水运的关系,传统集镇一般濒临沅水及其支流。集镇中主要街道为商业贸易服务。由于落差较大,河道主要承担运输功能,与街道形成平行或垂直的形态。平行于河道的街道形成河街和岸街(半边街),垂直于河道的街道因为要处理高差,通常形成台阶式的天街[③]。河街临河段一般为吊脚楼建筑,街道在内侧,人们背水而居,建筑临街而建,为河—屋—街—屋的空间形态;岸街则临河为街道,

① 张良皋.乡土中国——武陵土家[M].上海:三联书店出版社,2001:48.

② [日]芦原义信.街道的美学(含续街道的美学)[M].尹培桐,译.武汉:华中理工大学出版社,1988:23.

③ 张良皋.乡土中国——武陵土家[M].上海:三联书店出版社,2001:37-47.

通常有较大的码头，形成河—街—屋的空间形态；而天街与河道一般以码头连接，形成点—线的空间形态(图 5-28)。这种街、河、屋的多样组合始终贯穿在传统集镇的商贸空间的营建当中，并将街道的交通性与商贸活动的流动性有效的融合在一起，让它们彼此构建、彼此关联。

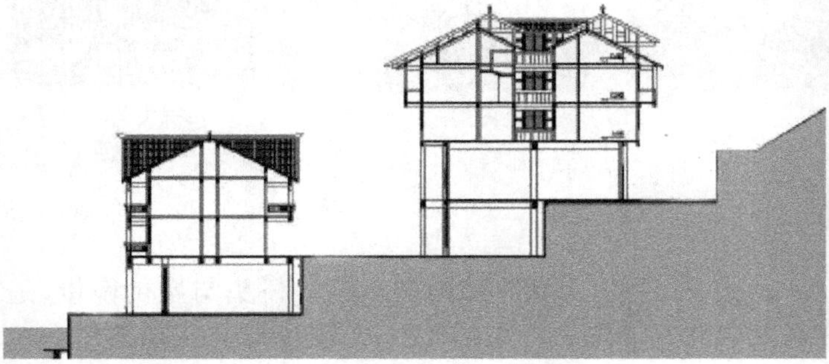

(a) 索子街断面形式示意图

(b) 河街——芷江索子街

(c) 老里坝沿街立面整治示意图

(d) 天街——旧州西城门外老里坝

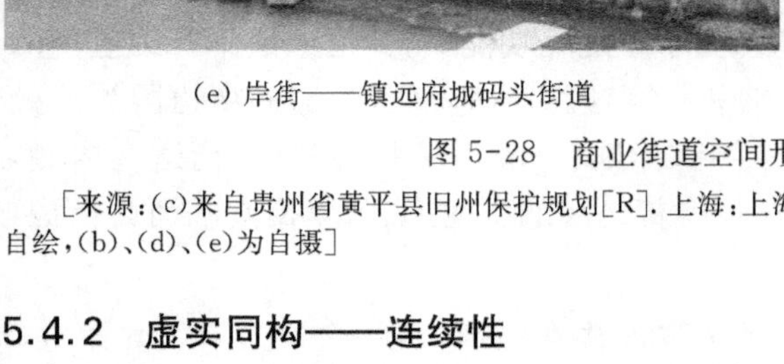

(e) 岸街——镇远府城码头街道

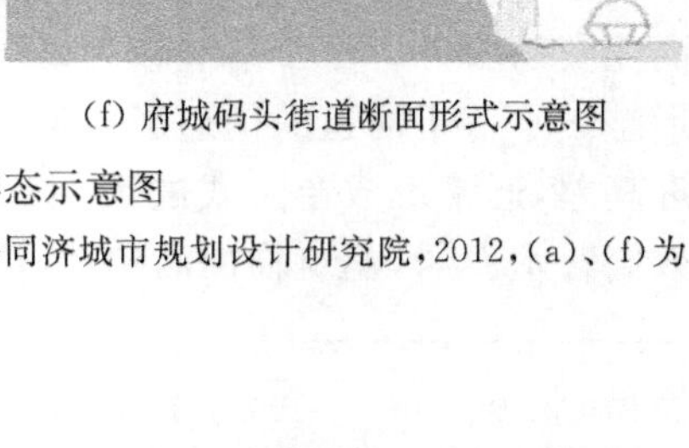

(f) 府城码头街道断面形式示意图

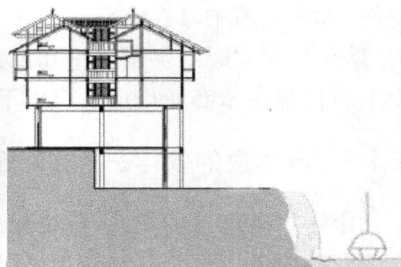

图 5-28 商业街道空间形态示意图

[来源：(c)来自贵州省黄平县旧州保护规划[R].上海：上海同济城市规划设计研究院，2012，(a)、(f)为自绘，(b)、(d)、(e)为自摄]

5.4.2 虚实同构——连续性

“虚”是指临街商铺的门窗洞口等。商业街道两侧由于大都是商铺，开放性决定了其临街的界面是“虚”的，开敞的。“虚”界面较易引起空间的流动，引导人们在不同空间中穿插，从而引起人们的兴趣，延长驻留时间。这种流动与驻留无疑加强了交往，增加了交易的机会。

街道两侧众多突出的实墙既划定了“虚”空间的范围，也增强了感官上的韵律感。尤其是向上的马头墙鳞次栉比，在天际线的掩护下，连续感极强。凯文·林奇在《城市意象》中指出，街道“只要可识别，就一定具有连续性”，包括流线的通畅、宽度的连续和景观的连续①。这种虚实关系构成了具有空间流动的商业街道界面，也强调了其连续性(图 5-29)，这也是商业聚集的外在表征，体现了商品流通和荟萃的特点。

(a) 黎平翘街

(b) 芷江黄甲街

(c) 黔阳新街

(d) 玉屏钟鼓楼前街

(e) 浦市太平街

(f) 铜仁城南老街

(g) 黄平西下街(正在维修)

(h) 安江下河街

(i) 隆里来龙街

---

① 凯文·林奇.城市意象[M].何晓军，方益萍，译.北京：华夏出版社，2001：92-94.

(j) 托口大桥街　　(k) 锦和下河街　　(l) 凤凰东正街

图 5-29　街道两侧鳞次栉比的店铺

(来源:自摄)

5.4.3　宜人的尺度——认同感

芦原义信曾指出当宽高比为 1 时,两者之间存在均称之感[①];当比值在 1～2 时,比例关系合理,空间尺度也比较亲切。沅水中上游传统商业街道的宽高比大多在 2∶1～1∶2 之间。这种尺度关系,无疑是从人体的"亲切感"去感受和体验生活,以人体的"舒适度"去判断街道的尺度,达到活动与空间的融合。"舒适"的尺度,使人们心情放松,也增强了交流与交往的机会;亲切的"空间",使人们"日常生活"的感受增强,消费欲望得到释放,也增加了认同和归属感。彼此的认同是交易产生的前提条件,宜人的空间氛围对这种认同起到了促进作用(表 5-2)。

表 5-2　沅水中上游传统集镇街巷形态及典型商业街道尺度一览表

地点	街巷肌理	典型商业街道	街巷名及尺度(宽/高)
安江	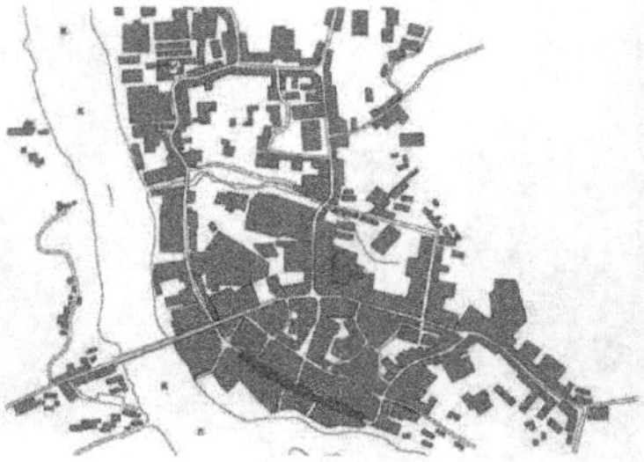		下河街 1.6∶1～1∶1

① [日]芦原义信.街道的美学(含续街道的美学)[M].尹培桐,译.武汉:华中理工大学出版社,1988:35.

续表 5-2

地点	街巷肌理	典型商业街道	街巷名及尺度（宽/高）
浦市			太平街 1∶1～1∶1.5
凤凰	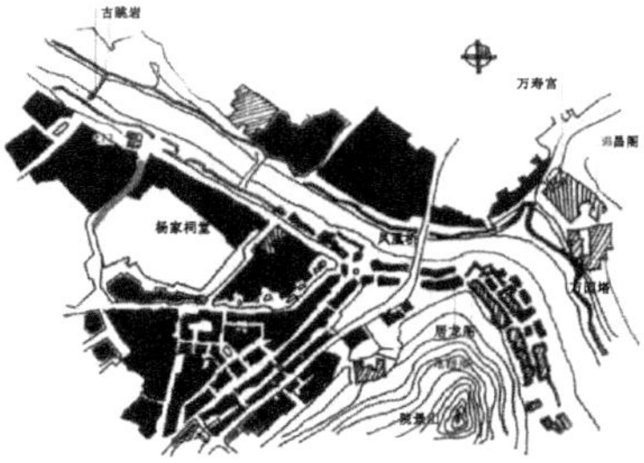		文星街 1∶1.5～1∶2
黔阳			南正街 1∶1.3～1∶1.7
托口			大桥街 1∶1～1∶1.3

续表 5-2

地点	街巷肌理	典型商业街道	街巷名及尺度（宽/高）
新晃（龙溪口）	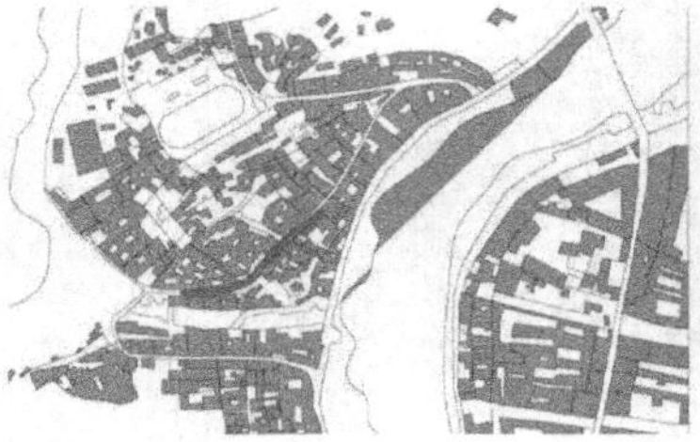		下正街 1∶1～1∶1.2
芷江	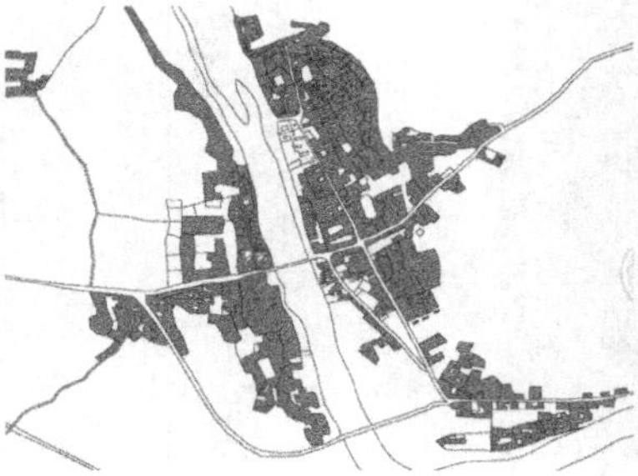		黄甲巷 1∶1～1∶1.5
镇远	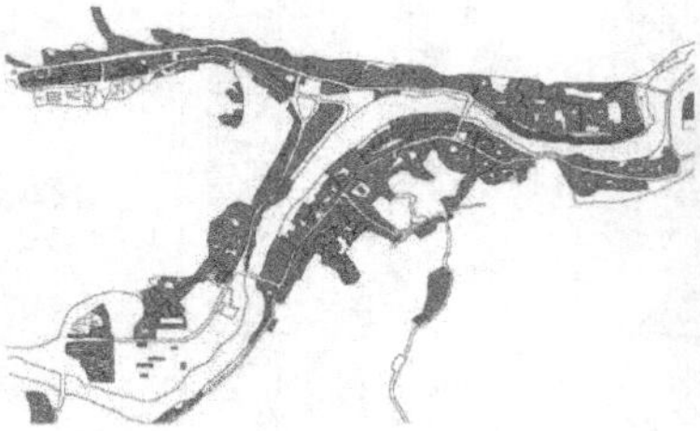		兴隆街 1∶1～1∶1.2
旧州			西大街 1.5∶1～1∶1

续表 5-2

地点	街巷肌理	典型商业街道	街巷名及尺度（宽/高）
隆里			来龙街 1∶1～1∶1.5
黎平			翘街 1∶1～1∶1.2

注：1. 本表中托口肌理根据涂荣荣. 湖南洪江托口古镇研究[D]. 武汉：武汉理工大学，2008：34 图 3-7 改绘；凤凰肌理根据魏挹澧. 湘西风土建筑[M]. 武汉：华中科技大学出版社，2010：52 改绘；黎平肌理根据黎平县翘街修建性详规[R]. 荆州市城市规划设计研究院，2011 改绘。

2. 其余均为自绘和自摄。

3. 宽/高比值存在变化是因为沿街道建筑有高矮不一，或街道宽度有变化的情况。

5.4.4 业态的发展——行业化

最初，沅水的传统集镇发展的经济基础是小农经济，传统集市主要是小生产者的互通有无、调剂余缺的交易场所。明清后，商品经济得到进一步繁荣，出现了大宗商品的交易，一些集镇发展成为地区性商业中心，成为连接本地和域外市场的集散地和重要枢纽。集镇的街道也出现了按行业分区或分街的现象，相同或相近的行业遵循商业的"马太效应"①出现了集聚现象。如在浦市，江西商人用大船从景德镇运来各类瓷器，在浦市设庄批发分售，湘黔之地所需瓷器均由浦市批发转运，形成了从太平街到正街 500 米的瓷器街，街两旁大都是江西人开设的瓷器店。在

① 马太效应，即强者恒强，弱者恒弱，来源于《圣经 · 马太福音》："凡是有的，还要给他，使他富足；但凡没有的，连他所有的，也要夺去。"

洪江，各行业的经营场所也有固定的街道或区域(图 5-30)，如：木行设于沅水河畔的犁头嘴，以便于接待木客，管理木排；米行、米店集中在宋家码头至廖家码头的米厂街(今已毁)；纸行位于巫水河边的姜鱼街至三甲巷河街一段；瓷铁业主要开设在三甲巷至一甲巷码头的正街，宋家码头和三甲巷码头成为主要装卸瓷铁的码头；绸布、百货、南杂等商店集中在今沅江路、巫水路的犁头嘴至廖家码头一带；手工作坊则主要集中在堡子坳、老街；一甲巷为油号、木行等富贾的豪宅和商号所在地；而龙船冲、塘冲一带则聚集了钱庄、报社、镖局、衙门等金融、公共服务的行业；木栗冲和余家巷主要是烟馆、妓院聚集之所，是富贾巨商挥金如土的奢靡之所和往来客商的"温柔之乡"。又如托口河街(建设街)因有 18 个码头与沅水相接，汇集了 12 家竹木作坊及商铺，7 家银楼、银匠铺，6 家铜庄，4 家药铺，酒家、染布坊各 2 家，铁匠铺、面粉店各 1 家。

图 5-30　洪江行业分布图

(来源：根据欧阳虹彬.洪江古镇形态研究[D].长沙：湖南大学，2004：16-18 改绘)

集镇街道的行业化促进了商品经济的进一步发展，使得商业的集聚效应和商贸的影响力进一步加强，这为其后商业社区的形成与发展奠定了物质基础，也为资本主义商品经济的萌芽提供了生存的土壤。

5.5 “块”——商贸建筑

商贸建筑不仅是功能空间的实体，更承载了多样化的历史信息，是社会文化与经济实力的反映。因功能需求不同，商贸建筑产生多样化、差异化和复合化的特点。商贸建筑是与商人、商贸活动相适应的，手工业、销售业、服务业，包括后期的金融业都是与商贸活动的产生密切相关的。手工业是通过制作、销售具有使用价值货物——商品来获利，其销售与制作的空间反映在建筑空间上往往是混杂的；而服务业如餐饮、旅店等，其提供的商品更为多元化，对建筑的选址、形式、功能等都提出了更为复杂、多样的要求；销售业和金融业除了柜台式的经营方式，不容忽视的是它们所需要的安全的储藏空间。从建筑总体功能出发，商贸建筑可分为商铺、商行和会馆等。

5.5.1 街市型——商铺

一般而言，中国封建时代经济的主体是小农经济，小农经济自给自足的特性直接限制了商品交换的频繁程度，从而抑制了商业的规模发展。因为大多传统集镇主要是周边农村农副产品的物资集散地，经营范围亦不出日常所需，缺少大宗商品的流通，所以当地的商铺作坊普遍规模不大，商贸建筑也主要以临街设铺为主。这种小规模商贸活动对空间的需求也比较简单(图 5-31)，有的甚至只需在门外支一小摊即可进行交易。

(a) 一层平面示意图　　(b) 屋顶平面示意图

图 5-31　浦市某店铺

(来源：自摄、自绘)

1. 商铺功能形式——店宅合一

最常见的还是店宅合一的形式。《辰州府志》记载:“此居近市者多构层楼,上为居室下为贮货物,为贸易之所。[①]”这种要求恰好与合院整体围合、多进分割的空间形态暗合,为合院住宅用于商铺提供了方便。因合院外墙封闭的空间特征与开放的商业个性不符,于是商人将临街的外墙打通,仅留结构柱,形成对外开敞的门面。同时,利用天井将前面的商铺空间与后面的住宅分开,形成前店后宅的空间形态。

例如王大本宅(图 5-32)位于黄平旧州西上街北侧,建于清末,是经营布匹染印的商铺,商号“荣昌号”。该宅占地 466 平方米,坐北朝南,为三进天井院式布局。典型的三开间的前店后宅的店居。临街为铺面,中间开门,两边为直接对外铺面,柜台保存完好,门开正中则有利于货物的进出和院落空间的完整。铺面房结构为抬梁穿斗混合式,重檐硬山青瓦顶青瓦剁脊。面阔三间,宽 8.5 米,进深两间,为 9.0 米。明间为过厅,两此间为双合铺面,内设货架,并有两个内柜台相对而置。前檐额枋为一根通长大梁,用以减掉明间两棵檐柱,提高了铺面空间的灵活性。往后依次为厢房、正房、后院。建筑依地势分三段逐渐升高,第二进东侧无厢房。厢房为单坡屋面,因地势有高差,西厢房为两栋独立木结构房屋相接而成。东西厢房之间为一小天井,小天井通过几级踏步连接第二进天井。天井为生产场地——染印场地,石制染印台至今保存完好。两侧为檐廊,正房为穿斗式单檐硬山青瓦顶木构建筑,于染印场地东侧,以檐廊隔开,为连续四间,长 26.7 米。明间为堂屋,堂屋大门向内凹入。第三进院原有正房一栋,现已无存。后院为生土夯筑的泥墙围护,设有猪圈、厕所[②]。

这种商业民宅,布局紧凑,功能齐全,形式酷似里弄住宅,面窄进深大,前店后宅,是该流域街市型商业建筑的典型例作。而“中开门,柜台侧立”的商铺形态为旧州多数商铺所采用,沅水中上游流域其他集镇也常见。

有的店铺面街开间全敞开的,以增加面街的营业面积,经天井后是住房;有的因用地、用房紧张,就在店铺楼上设生活用房,形成下店上宅的形式;或者两者相结合的布局方式。这种方式街店空间较为通透、流通性好,更能吸引顾客,街即店,店就是街的一部分,店与街融为一体,给零售商贸带来极大好处。

2. 商铺沿街形式

传统集镇的沿街店铺一般为三开间(图 5-33),还有多开间(图 5-34)。这主要是因为居住建筑主要以“一明两暗”的形制为主,也是受到了“礼制”的挟制,因《明

---

① [清]席绍葆,谢鸣谦等修,湖湘文库编辑出版委员会. 辰州府志(乾隆)(一)[M]. 长沙:岳麓书社,2010:274.

② 彭银. 贵州黄平旧州西上街“前店后宅”式民居建筑初探[J]. 古建园林技术,2013(2):112-116.

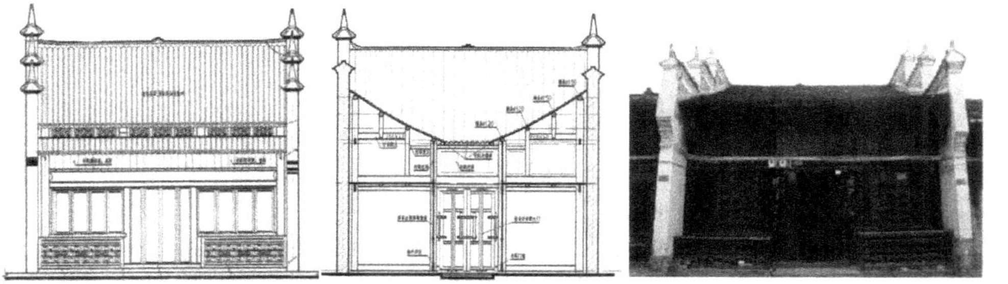

（a）沿街立面示意图　　（b）横剖面示意图

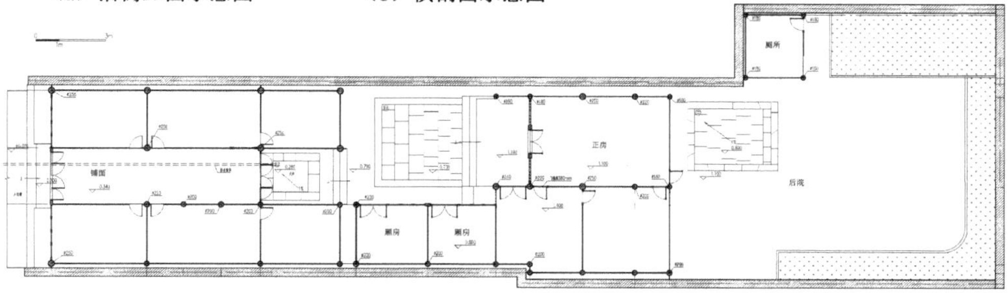

（c）一层平面示意图

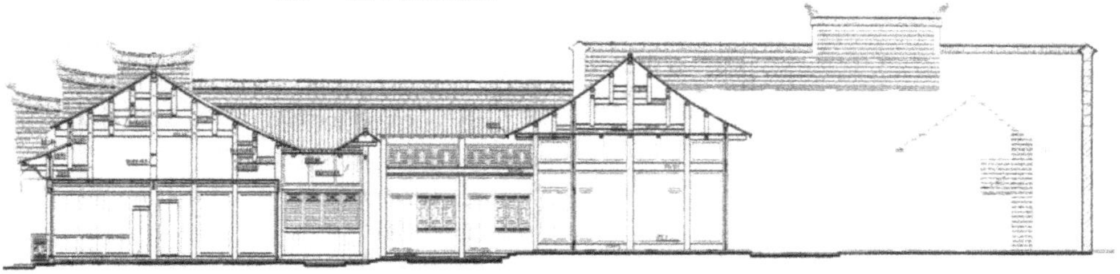

（d）纵剖面示意图

图 5-32　前店后宅——黄平旧州西上街王大本宅

（来源：彭银. 贵州黄平旧州西上街“前店后宅”式民居建筑初探[J]. 古建园林技术，2013(2)：112-116）

会典》卷三六十一部载：“庶民所居房舍，不过三间五架”。位于“士农工商”之末的“商”，自然要严守“礼制”。然而到了封建社会晚期，随着商品经济的蓬勃发展，商人地位不断提高，在商贸发达、离政治权利中心较远的集镇，已出现了“违制”的现象。如黄平旧州的“达源发”商铺（如图 5-34a），采用的是六开间。该建筑建于清光绪年间，前临西中街，后达马家巷，原有单檐重楼硬山顶正房六栋，两侧有单坡屋面厢楼十栋。现存西中街正房一栋，厢房各一，两侧砌青砖马头墙维护。其后正房两栋，前后带廊，两正房间及其前后均有厢楼，形成三个天井的院落空间。

图 5-33　黎平翘街某店铺

（来源：自摄）

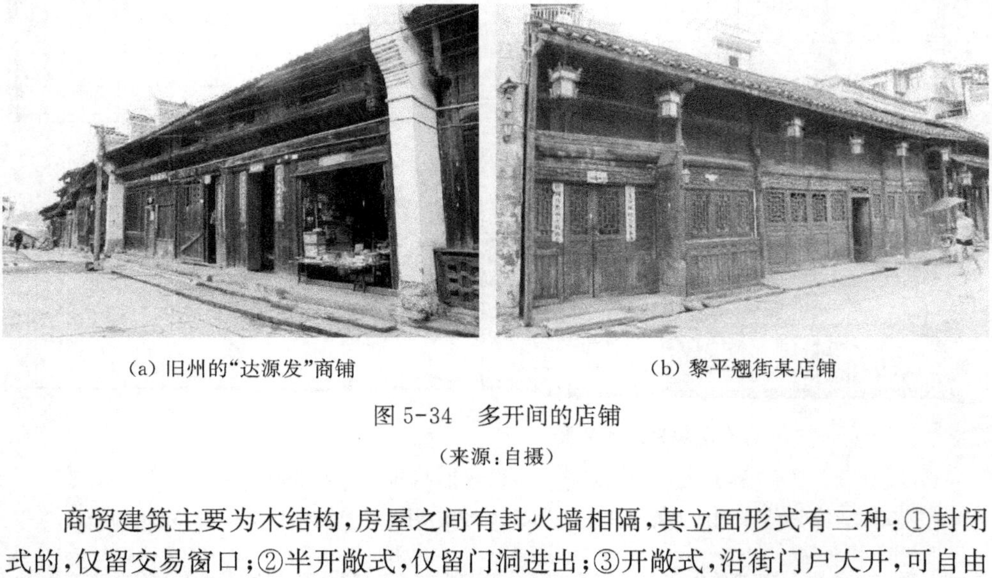

(a) 旧州的"达源发"商铺　　　(b) 黎平翘街某店铺

图 5-34　多开间的店铺

（来源：自摄）

商贸建筑主要为木结构，房屋之间有封火墙相隔，其立面形式有三种：①封闭式的，仅留交易窗口；②半开敞式，仅留门洞进出；③开敞式，沿街门户大开，可自由出入。影响其立面形式的因素还有檐下形态（图 5-35）：①卷棚式；②挑廊式，二层悬挑一层或挑廊；③挑檐式；④檐廊式。这些都便于利用檐下的空间和加强商铺的属性界定，同时也丰富了建筑的外立面。

3. 商铺的经营形式

随着生产力的发展，明清后沿街店铺成为传统集镇中最为主要的商贸空间形式，并由于马太效应使商号铺面比邻紧连，形成相对稳定的商贸空间。柜台是除了板门外室内外沟通的重要建筑构件，一般在铺面一侧或两侧对称设置。根据柜台在建筑空间所处位置和交易方式形成两种不同的商贸空间形态——窗口式和内堂式。

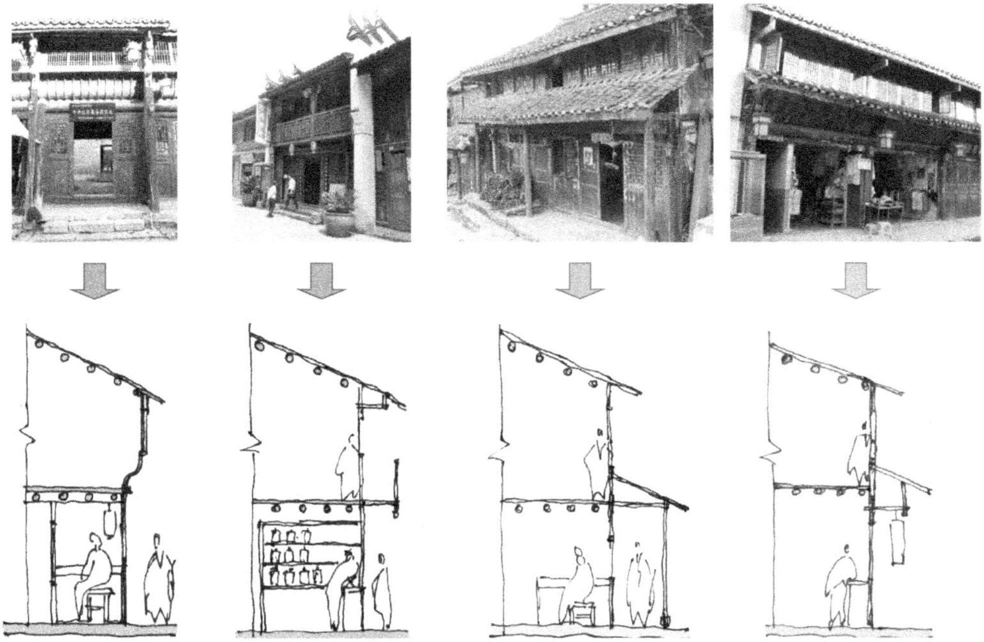

(a) 卷棚　　(b) 挑廊　　(c) 檐廊　　(d) 挑檐

图 5-35　檐下处理方式

（来源：自摄、自绘）

（1）窗口式商铺

商铺极力向外拓展，通过深挑檐、宽松棚等方式占用街道交易空间，其柜台直接对外，柜台后为可拆卸木板，经营时间透过柜台即可看见店铺内的商品，柜台是买卖双方交换的台面，通过窗口，交易主要在街道空间完成。柜台又分内置和外置两种(图 5-36)，内置柜台台面大部分在室内，仅留有少许宽的台缘于室外。

(a) 柜台外置(旧州)　　(b) 柜台内置(托口)

图 5-36　柜台设置方式

（来源：自摄）

柜台做成可放置商品的货架，所以外侧一般用木板封闭形成建筑外围护，柜台与建筑形成整体，实用性更强。外置柜台伸出建筑，在结构上为建筑的附加物，所以柜台一般为空架。为了美观，柜台通常设置一些图案，以直棂和

"卍"字图案居多,并多用木板封闭(图 5-37)。

图 5-37　柜台装饰图案

(来源:自摄)

就材料而言,柜台材料有木作和砖砌两种,也有以土坯包砖(图 5-38)的做法。

也有一些简易方法(图 5-39),临街木板墙上开个窗口,支块简易木板,交易活动便产生了。

图 5-38　砖砌柜台(芷江)

(来源:自摄)

图 5-39　简易柜台(洪江)

(来源:自摄)

(2) 内堂式商铺

此类商铺(图 5-40)则是精心布置商业铺面内部空间,将室外空间引入到建筑内部,其柜台内置,兼有货架等商品陈列展示,交易在室内完成。

(a) 锦和某店铺

(b) 浦市某店铺

图 5-40 摆满商品的内堂式商铺

(来源:自摄)

店铺目前仍是传统集镇最为常见和普遍的交易场所,而鳞次栉比的商铺反构成了商业街道,较容易形成较开放的线形的商贸空间形态,也成为传统集镇最基本也是最有特色和活力的地带。

5.5.2 货贸型——商行(商号)

沅水流域曾经是中国木材、桐油、药材、鸦片等商品的产地和集散地,出现了很多以大宗商品贸易为主的商行。这些商行有的沿商业主街布置,兼有零售,这些店铺往往底层是对外经营,留有货钱交易的柜台和会客洽谈的空间,也有部分住房,仓库一般移至二层;有的则深入街巷,以远距离货贸为主,街道主要用于解决交通问题。但不管哪一类商行,其建筑都需要解决贮存大量货物的功能。前者在沅水中上游的传统集镇广有分布;而后者则主要分布在浦市至新晃、铜仁一带,“窨子屋”便是此类商贸建筑的典型体现。新晃龙溪口刘同庆油号(图 5-41)建于清光绪初年(1875 年),是洪江刘同庆油号在该地设的分庄。建筑面朝东南,为三进窨子屋,第一进天井低于建筑平面约 2 米,取消一侧厢房设台阶而上,厅由木板隔开,两侧设有过道,主要为对外功能;第二进天井与建筑平面齐平,是主要生活区,两侧均为卧房;第三进天井紧临后墙,略低于建筑平面,厨房、厕所等功能布置在此处。三座天井均为旱天井,天井上屋盖铺有明瓦用于增强采光。在第一进设楼梯上二层,楼梯宽 1.5 米,是一般以居住为主的楼梯宽的 1.5 倍;踏步较为平缓,在 160～170 mm之间,较一般以居住为主的楼梯(200～230 mm)低了许多(图5-42);二层于楼梯对面一侧设有房间,与一楼大体相同,其余为开敞大空间,主要为储存桐油的功能。一层较高大,约为 5.4 米,二层约为 3.5 米。整栋建筑由高墙围合,只在二楼开了少量的小窗。

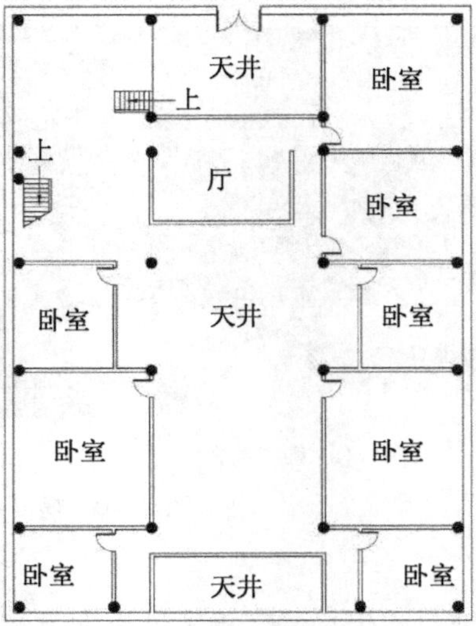

图 5-41　新晃龙溪口刘同庆油号(左为大门口,右为一层平面示意图)

(来源:自摄、自绘)

(a) 镇远周达文故居楼梯

(b) 新晃龙溪口刘同庆油号楼梯

图 5-42　商号楼梯与住宅楼梯之比较

(来源:自摄)

从平面布局和建筑构件的设计来看,刘同庆油号较多考虑了桐油的运输和贮存的功能,如设计宽大平缓的楼梯,便于上下搬运;天井加设天斗,保持屋内干燥,以防日晒雨淋;外墙厚实封闭有利于防火、防盗,也能保持室内阴凉、干燥,利于桐油储藏。另外,利用第一进天井解决高差的同时,厅堂前移,便于会客洽谈。可见这都是为了适应桐油贸易、商业往来而对建筑设计和功能的更改,形成了前商后宅、下住上储的形式。这样的设计既满足了商贸往来,又保证居住的私密性要求,同时增强了建筑的安全防卫,符合当时当地动荡的历史环境。

而在洪江、托口、黔阳、新晃、芷江有数百栋像这样的“窨子屋”,如洪江的刘同庆、徐荣昌、庆元丰、杨恒源、肖恒庆、恒庆德、永兴隆、新昌“八大油号”,还有陈荣信商行(图 5-43)、杨三凤商行、杨义斋木行、余家巷烟馆、东海堂青楼、复兴银行等其他

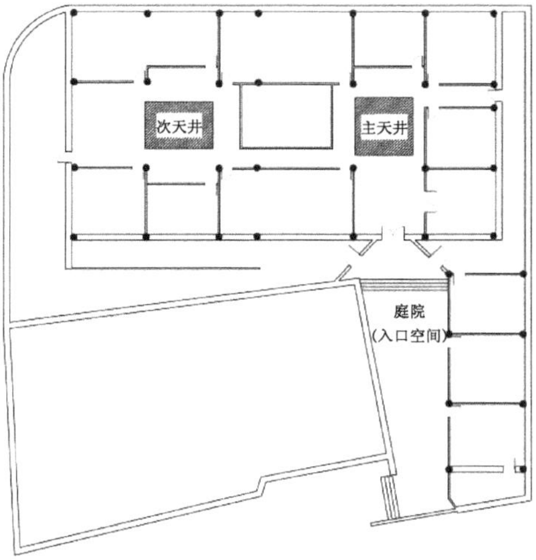

(a) 一层平面

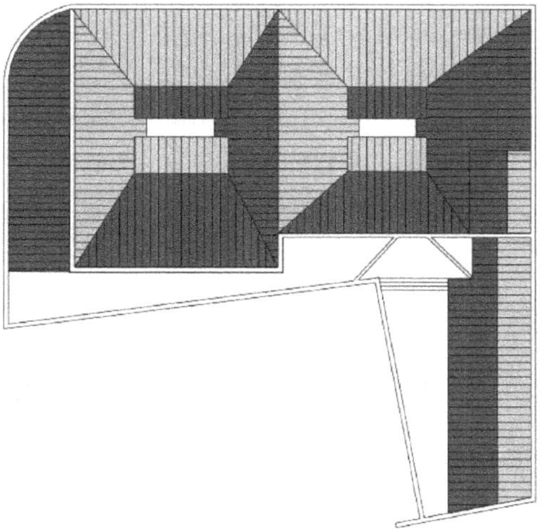

(b) 屋面

(c) 商行入口

(d) 窨子屋入口

(e) 半湿半干天井

图 5-43 洪江陈荣信商行

(来源:平面示意图根据蒋学志.湘西南洪江古商城建筑源流与形态特征[J].南方建筑,2006(3):55-59 改绘,实景为自摄)

行业商号、钱庄等均是此类"窨子屋"。服务行业的商贸建筑的平面布局更为灵活，往往脱离了平面形制的约束，且根据场地形势和自身功能需求作出较大的调整，商贸活动与日常生活杂糅在一起，在同一个"屋檐"下相生相伴、相互依存，直接反映了沅水中上游流域当时真实的商业形态与市民生活。

陈荣信商行始建于清道光二年(1822 年)，主要经营木材。由长约 20 米的甬路进入庭院，入口是不规则的长形庭院，右为三间厢房。上几步台阶，就进入了陈荣信商行。入口后通过过厅进入第一进天井，两天井间为堂屋，主要作会客之用，两侧和后院为厢房，用于居住。商行为东西向三间两进院落，东西长约 24 米，南北宽约 14 米，系一单檐木质穿斗梁架结构的两层楼房。有独立的货物存放空间:东西两端及南侧的狭长的配房。二楼部分空间也作为货物堆放场所，所用承重木方间距甚密，约为 0.5 米。楼房底层高约 4 米，二楼空间高约为 3.5 米，最高处约 10 米。从甬道—入口空间—天井—东西配房这一系列空间遵循其使用功能展开，其基本形制为典型的四合天井式，在较小的基地范围内解决了居、储、议(商)的功能，这是商行建筑空间的突出特点。

又如托口徐荣昌油号(图 5-44)呈前院后庭两进三间两廊式布局，前院为进深约 6 米的庭院，两层穿斗式建筑，楼梯在建筑后部，宽大平缓。一般一层为居住，二层为居、储混合。此类货铺形态在该流域较大的集镇也极为常见。

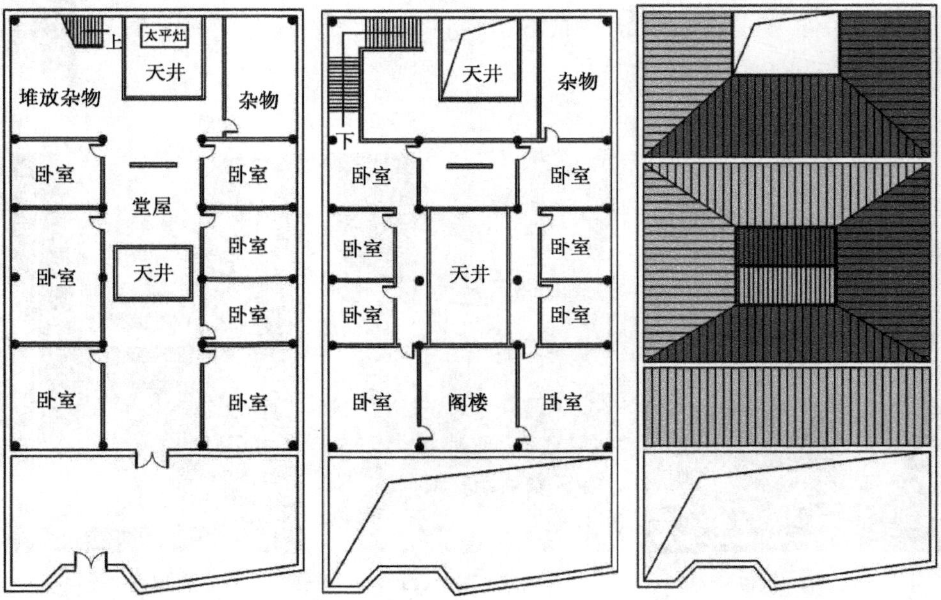

(a) 一层　　(b) 二层　　(c) 屋面

图 5-44　托口徐荣昌油号平面示意图

(来源:根据涂荣荣.湖南洪江托口古镇研究[D].武汉:武汉理工大学,2008:51 改绘)

而新晃龙溪口的大生堂(现为龙溪书院,又名潕阳书院)(图 5-45),清朝至民国期间以经营药材为主,该商行的特点是:前店后宅、宅店分离,前店完全以经营为主,尽管入口较小且较为封闭(这应与龙溪口所处地匪患丛生,出于自保,以及药材以近购远销的经营模式有关),但店铺内宽敞明亮,店铺后端有宽大平缓的楼梯供货物上下。由于进深较大,除在楼梯处设有旱天井采光,还在店铺与后院的连接处

(a) 临街前厅入口

(b) 后栋入口

(c) 中厅

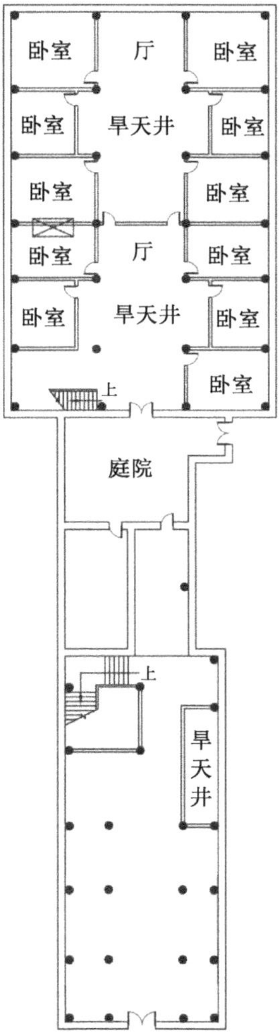

(h) 一层平面图示意图

(来源:自绘)

(d) 临街店铺

(e) 后天井

(f) 前后栋间露天小院

(g) 侧天井

图 5-45 新晃龙溪口大生堂商号

(来源:自摄)

设有侧天井采光。店与宅之间设有一个进深约为 5.5 米，宽度约为 6.3 米，面积约为 35 平方米的小庭院，与店铺连接处有杂屋一间。后宅为两进四合天井式，楼梯在入口左侧，全部采用旱天井形式。

商行的经营特点是：货物产地、加工和销售均不在本地，经营靠商业本身的规模效应，并利用当地良好的交通区位和运输条件，远途运输，异地交易，所以其对街道更注重的是交通性，依赖更多的是码头。

商行建筑的显著特点是：①由于主要功能是储存货物和洽谈业务，因此更注重安全性——商贸空间形态较为封闭（图 5-46），外墙高耸封闭，少开窗——便于防火、防盗、防匪；②为便于货物的存储和运输，楼梯平缓，便于上下搬运；③内部天井施以屋盖，提高空间的使用率；④商行一般沿街道毗邻而建，平面布局特色总体表

(a) 新晃龙溪口福寿街

(b) 锦和某街道

(c) 洪江里仁巷

图 5-46　街巷两侧的商号

（来源：自摄）

现为窄面宽、大进深，多数的平面布置是前店后宅，或下店上宅；⑤平面形制与东南系民居基本雷同，但功能随使用目的和使用者的不同而不同。这些特点客观地反映了商行建筑功能和所处的历史环境与建筑空间形态的互动关系。

5.5.3 会馆

会馆可以看做一类特殊的商贸建筑，一般是由商人或商帮出资，为联系乡谊、祭祀本土神灵而修建的。这个看似没有具体商业功能的公共建筑，实则隐藏着巨大商机，是商人们联络人脉，获取商业信息和机会的重要场所，也是规范行业行为，制定行业标准的议事地点。而且，其一般都位于集镇的最繁华的商业街道，是商业街区不可分割的组成部分。

明清时期，中国资本主义商品经济开始萌芽并有了一定的发展，中国的经济社会形成了"十大商帮"，并以各自的地域命名。各大商帮都有自己重点经营的区域和范围，晋商主要活动于北部蒙古地区和西北地区，还把势力伸向了俄国、日本、东南亚地区。洞庭商人主要在以太湖流域和两湖为中心的长江中下游地区，以及以运河交通线为中心的北方地区和闽广和海外地区。江南是徽商活动的大本营，当地曾有"无徽不成镇"之说。徽商的主要活动区域有云、贵、川、两湖、浙、晋、秦、闽、粤、豫以及日本、东南亚等地[①]。江右商人"人数众多，操业甚广，活动地区广泛，……"，湖广流行着"无江西人不成市"的民谚，在滇黔有"非江右商贾侨居之，则不能成其地"[②]之说。其足迹遍布全国，远达海外，但重点经营长江中下游流域，尤以两湖及滇、黔、川五省更甚。而在沅水中上游集镇中浦市、洪江、黔阳、镇远、旧州等商贸发达之地麇集了各大商帮的会馆。

各商帮为显示实力与财力，往往在会馆修筑上不惜花费大量金钱——"争修会馆斗奢华，不惜金银亿万花"，以至于会馆建筑争奇斗艳、精彩绝伦。会馆起初为各地移民所建，为联系乡谊、寄托乡思之用。随着时间的推移，会馆的功能日益增加并规范，主要为"祀神、合乐、义举、公约"等基本功能[③]。后期由于移民已久，"地缘"观念渐渐淡化，而为了规范行业竞争行为，用于同业商议事务的同行业会馆出现，"业缘"观念渐兴，会馆性质也渐由移民会馆转变为行业会馆（公所）。各类会馆的存在对于维护社会秩序，规范行业行为起到了至关重要的作用。

1. 沅水中上游会馆分布及类型

沅水流域作为"西南丝绸之路"在内陆的重要延伸和"通京大道"的必经之地，自然是商帮云集，会馆林立。其无论是移民或经商的路线皆是随着水陆交通的走

---

① 王瑞成. 明清商业聚落与城镇社区——以徽商为主的分析[J]. 中州学刊，2002(1)：125-128.

② 黄建胜. 湘西地区江西会馆功能研究——以浦市、凤凰万寿宫为例[D]. 吉首：吉首大学，2012：23.

③ 王日根. 明清民间社会的秩序[M]. 长沙：岳麓书社，2003：176.

向而决定的。会馆的分布一般在集镇的沿河沿江地带，往往对应一个码头，方便货物集散。本文对该流域的18个集镇的会馆做了一次粗略统计(见表5-3、表5-4)，发现其中移民会馆最多的是江西会馆和福建会馆。另外还有四川会馆(巴蜀宫)、秦晋会馆、江南会馆、苏州会馆(馆娃宫)、徽州会馆(新安会馆)、黄州会馆(福主宫)、海宁会馆(灵祐宫)、池州会馆(九华宫)、两粤会馆(南华宫)等；另外还有湘黔两省省内的其他地方会馆，如七属会馆(七属指通道、会同、绥宁、靖州及锦屏、天柱、开泰七州，由县商民集资创建，跨越湘黔两省，又名关圣宫)、五府会馆(清代有长沙、衡州、宝庆、常德、辰州五府)、两湖会馆(又称禹王宫)，贵州会馆(忠烈宫)、辰沅会馆(波伏宫)、宝庆会馆(武宝会馆、太平宫)、湘乡会馆(龙城宫)、衡州会馆(寿佛宫)、常德会馆(又称洞庭宫)、长沙馆(长郡公所)、永州会馆(濂溪宫、舜帝宫)、沱江会馆(天王庙)、湘乡会馆(广济宫)、靖州会馆(飞山宫)、溆浦会馆(义陵宫)、麻阳会馆(盘瓠宫)、武冈会馆(洞天宫)、湘阴会馆(龙城宫)、沅州会馆(三王宫)①。

表5-3　沅水中上游传统集镇外省移民会馆分布及统计表

	A	B	C	D	E	F	G	H	I	
集镇名称	江西会馆	四川会馆	福建会馆	秦晋会馆	江南会馆	苏州会馆	徽州会馆	两粤会馆	其他	现存情况
铜仁		1	1							
思暘镇	1		1							
潕阳镇	2	1	1	2	1			1		现存A2处、C1处
凤城镇	1		1		1					
平溪镇	1									

① 根据以下资料整理汇编(因才疏学浅，恐有遗漏，姑且如此)：沅陵县志编撰委员会. 沅陵县志[M]. 北京：中国社会出版社，1993；黔阳县地方志编撰委员会. 黔阳县志[M]. 北京：中国文史出版社，1994；芷江侗族自治县志编撰委员会. 芷江县志[M]. 北京：生活·读书·新知三联书店，1993；[清]席绍葆，谢鸣谦等修，湖湘文库编辑出版委员会. 辰州府志(乾隆)[M]. 长沙：岳麓书社，2010；黄成助. 晃州厅志[M]. 台北：成文出版社有限公司，1975；张官五，吴嗣仲. 沅州府志(同治)[M]. 长沙：岳麓书社，2011；洪江市志编撰委员会. 洪江市志[M]. 北京：生活·读书·新知三联书店，1994；[清]黄应培，孙均铨，黄元复. 凤凰厅志(道光)[M]. 长沙：岳麓书社，2011；黎平县志编撰委员会. 黎平县志[M]. 成都：巴蜀书社，1989；贵州岑巩县志编撰委员会. 岑巩县志[M]. 贵阳：贵州人民出版社，1993；谭祺. 西南山地典型古城人居环境研究——贵州省镇远古城[D]. 重庆：重庆大学，2010；涂荣荣. 湖南洪江托口古镇研究[D]. 武汉：武汉理工大学，2008；黄建胜. 湘西地区江西会馆功能研究——以浦市、凤凰万寿宫为例[D]. 吉首：吉首大学，2012；欧阳虹彬. 洪江古镇形态研究[D]. 长沙：湖南大学，2004；徐波. "长河漂泊古朴意，边城泛化凤凰魂"——湘西凤凰古城有机保护原则的建立与实施[D]. 天津：天津大学，2004；高琦. 湖南洪江黔阳古城研究[D]. 武汉：武汉理工大学，2008；彭银. 贵州的会馆建筑[J]. 古建园林技术，2012(2).

续表 5-3

	A	B	C	D	E	F	G	H	I	
集镇名称	江西会馆	四川会馆	福建会馆	秦晋会馆	江南会馆	苏州会馆	徽州会馆	两粤会馆	其他	现存情况
旧州镇	2	1	1		1				云南会馆	现存 A、C 各 1 处
洪江镇	2	1	1	1		1	1	1	黄州会馆	现存 F 1 处
龙溪口	1									
芷江镇	2		1							现存 C 1 处
锦和镇	1									
沅陵镇	1									
浦市镇	1	1	1	1	1	1	1	1	黄州会馆	现存 A 1 处
沱江镇	1									现存 A 1 处
黔阳镇	2	1	1	2	1	1	1		黄州会馆、湖州会馆、海宁会馆、池州会馆	现存 A 1 处
德凤镇	1									
三江镇				1				2		
安江镇	1		1							
托口镇	1			1			1			
总计 69	21	6	10	8	5	3	4	5	7	现存 10 处

注：旧州四川会馆名为川主会馆，又称万天宫；

芷江水府庙、许真君庙也由江西人建，暂且归在江西会馆一类；

黔阳秦晋会馆分设山西会馆、陕西会馆两处。浙江会馆（蓉城宫）暂且归在江南会馆一类；

锦屏另分设广东会馆（玉虚宫）一处，还有五省会馆（冀鲁豫秦晋）一处，因都属北方省份，暂且归在秦晋会馆一类；

洪江另有广西南宁府宣化宫，暂且归在两粤会馆一类；

镇远另有冀鲁豫会馆，暂且归在秦晋会馆一类。

表 5-4 沅水中上游传统集镇湘黔两省会馆分布及统计表

	A	B	C	D	E	F	G	H	I	J	
集镇名称	贵州会馆	湖广会馆	衡州会馆	湘乡会馆	宝庆会馆	七属会馆	常德会馆	长沙馆	永州会馆	其他	现存情况
铜仁											
思睗镇		1									现存 B 1 处
潕阳镇	1	1									
凤城镇											
平溪镇		1									

续表 5-4

	A	B	C	D	E	F	G	H	I	J	
集镇名称	贵州会馆	湖广会馆	衡州会馆	湘乡会馆	宝庆会馆	七属会馆	常德会馆	长沙馆	永州会馆	其他	现存情况
旧州镇		1									
洪江镇	1		1	1	1	1	1	1	1	辰沅会馆	现存 E、G 各 1 处
龙溪口		1			1						
芷江镇					1						现存 E 1 处
锦和镇											
沅陵镇											
浦市镇	2	1	1		1	1	1	1	1	靖州会馆、溆浦会馆、沱江会馆	
沱江镇											
黔阳镇	1		1	1	1	1	1	1	1	靖州会馆、麻阳会馆、武冈会馆、湘阴会馆、沱江会馆、沅州会馆	现存 C、E、H 各 1 处
德凤镇	1	1									现存 B 1 处
三江镇											
安江镇				1	1						
托口镇							1				
总计 48	6	7	3	3	6	3	4	3	3	10	现存 8 处

注：思旸镇（岑巩）、潕阳镇（镇远）、旧州、德凤镇（黎平）为两湖会馆，暂且归在湖广会馆一栏；
浦市有湖北会馆（禹王宫），暂且归在湖广会馆一栏。

从表 5-3、表 5-4 可知，潕阳镇（镇远）、黔阳镇、洪江镇、浦市镇这四处会馆最为密集，共有会馆 74 处，占统计总数的 63.2%；现存 11 处，占现存总数的 61.1%。究其原因有以下几点：①区位优越，交通便利。黔阳位于潕阳河与沅水交汇处；洪江位于巫水与沅水交汇处；浦市有宽阔的河面、优良的水运条件，也是武陵山区南部通往洞庭的陆路出口；该四镇均位于“通京大道”上。②移民众多。该四镇均为移民大镇，城镇人口大多为江西、湖北及湖南中东部移民。③地域文化趋于多元开放。由于外来人口较多，所以文化呈多元性，兼容性较强，较容易立足生存。随着经济的发展，以地域观念和封建宗法制度结合起来的“移民会馆”，限制了同行业的自由竞争，不能适应更大范围的商品贸易的需求，故渐有“行业会馆”的产生。“行业会馆”与“移民会馆”有着不同的信仰，通常选择历史上同行业的或相关联的名人作为其膜拜的行业神①。如屠宰业会馆中通常称三义宫或张爷庙、桓侯庙，内供有“刘、关、张”或单供“张飞”；如粮食业称炎皇宫，供炎帝；药材业称药王宫，供药王孙思邈；石匠、木作业的鲁班宫，供木作鼻祖鲁班等。沅水中上游传统集镇中这样的行业公所多达二十多种(见表5-5)，发展为较大行业的有桐油、木材、药材、钱庄、绸布、衣庄、南杂、瓷铁、粮食、珠宝、书纸、烟酒等。此外还有一些服务行业，如戏曲业的翼宿宫或老郎庙，供唐明皇；娼妓业的三皇宫，供天地人皇。各集镇行业种类和规模不尽相同，如在洪江，宣统三年(1911)有记录的商业行会就有23家；同时期，黔阳有商业行会26家；其他各集镇也根据其所有的产业拥有或多或少，或大或小的商业行会，而未经登记的行商、摊贩及个体手工业者更多。

表5-5 沅水中上游行业会馆统计表

序号	名称	行业会	祭祀神灵	备注
01	神农宫	油盐业	神农	
02	天王庙	裱糊、油桶业	天王爷	
03	药王宫	药材	孙思邈	
04	蔡伦宫	造纸	蔡伦	
05	轩辕宫	裁缝	轩辕	
06	炎皇宫	粮食	炎帝	
07	鲁班宫	石匠、木作业	鲁班	
08	三义宫	屠宰	刘关张(或张飞)	
09	南狱宫	朝山	祝融	
10	吉庆宫	鞭炮	李枚(火德星君)	
11	九华宫	江南	九天玄女	
12	玄女宫	篺缆、家具、船篷、建筑、纺织	玄女	
13	太清宫	烤烟	老子	
14	宝鼎宫	香铺	燧人	
15	财神殿	钱庄业	赵公元帅	
16	北辰宫	卜筮(棺葬业)	玄天上帝(北极星君)	
17	文昌宫	印刷	文昌	
18	白玉宫	雕刻	杨惠之	

① 杨宇振.中国西南地域建筑文化研究[D].重庆:重庆大学，2002:133.

续表 5-5

序号	名称	行业会	祭祀神灵	备注
19	灶王宫	厨师	灶王	
20	玉蚨宫	纸扎	天孙	
21	洞庭宫	排运	洞庭龙王	又称南昌会馆
22	三光殿	铁作业	太阳神君	
23	炎帝宫	监工	炎帝	
24	三皇宫	娼妓	天地人皇	
25	罗祖宫	理发	罗祖	
26	翼宿宫(老郎庙)	梨园(戏曲业)	唐明皇	

行会及“行业会馆”的出现折射出了行业分工的细化和商业业态多样化的趋势,体现出商品经济发展的程度。如果说“移民会馆”的多寡反映出当地商贸运输的发达程度的高低,那么,行业会馆的多寡则反映出当地商品经济进程的发达程度的高低。由此可以从侧面了解到当时当地的商贸活力和市井生活的基本情况。

2. 现存典型会馆

由表 5-3、表 5-4 可知,沅水中上游流域以江西会馆、福建会馆数量最多,分别占会馆总数的 17.9%和 8.55%,其规模也较大、质量较好,建造工艺较为精致。从现存的情况来看,也以其为冠,分别占现存总数的 33.3%和 16.7%,留存的数量较多、完整度较高。

(1) 江西会馆

江右商人的足迹遍布全国,远达海外,而江西会馆作为在异地经商者立足点,是由江西籍商人在各地所设立的机构,以供同乡同行集会、寄寓之用;是一种集工商、移民为一体的同乡组织。江西会馆一般称“万寿宫”,也有“仁寿宫”“水府庙”“许真君庙”“许旌阳庙”等称谓,其间也有取“豫章郡”之意,称豫章宫的。而江西籍商人所经营的商品种类也品目繁多,几乎是无利而不往。有的地方甚至出现了“江西街”。如洪江市江市镇,原名伏水,明洪武初年,江西泰和县一批移民来到此定居,发展为当地望族,便将镇名改为“江西街”,后简称为江市。谢圣纶在《滇黔志略》中说:“滇、黔各处,无论通衢僻村,必有江西人从中开张店铺,或往来贸贩。”清初查慎行写的《西江志·风俗》也记载:

南昌府:地狭人稠,多食物于四方,所居成市。(弘治《南昌府志》)

临江府:地当舟车四会之街,遂末者多。(邓元锡:《方域志》)

吉安府:土瘠民稠,所资身多业邻郡。(罗文恭《舆图志》)

抚州府:人稠多商,行旅打四裔,有弃妻子老死不归者。(邓元锡:《方域志》)

九江府:山峻水沃,……民习经商,人事纺织。(《彭泽旧志》)

赣州府：瑞金山多田少，稼桔之外，间为商贾。（《瑞金县志》）[①]

又加上江西与湖南的地理位置接近，社会心理趋同，也是江西人大量向湖广迁移的一大因素。

章文焕先生曾对全国江西会馆的数量及分布情况做了统计，称全国共建有江西会馆 1 450 多座[②]（图 5-47），其中湘西境内有文献记载和实物遗存的就有 36 座[③]。江西会馆几乎遍布湘黔两省城乡，并且从图中可以看出沿潕阳河一带分布较为密集，主要沿"通京"大道横穿贵州，进入湖南后主要沿沅水干流和辰水流域分布，清水江上游分布较少。但目前在本文研究范围内有实物遗存且保存较好的有以下几处（见表 5-6）。

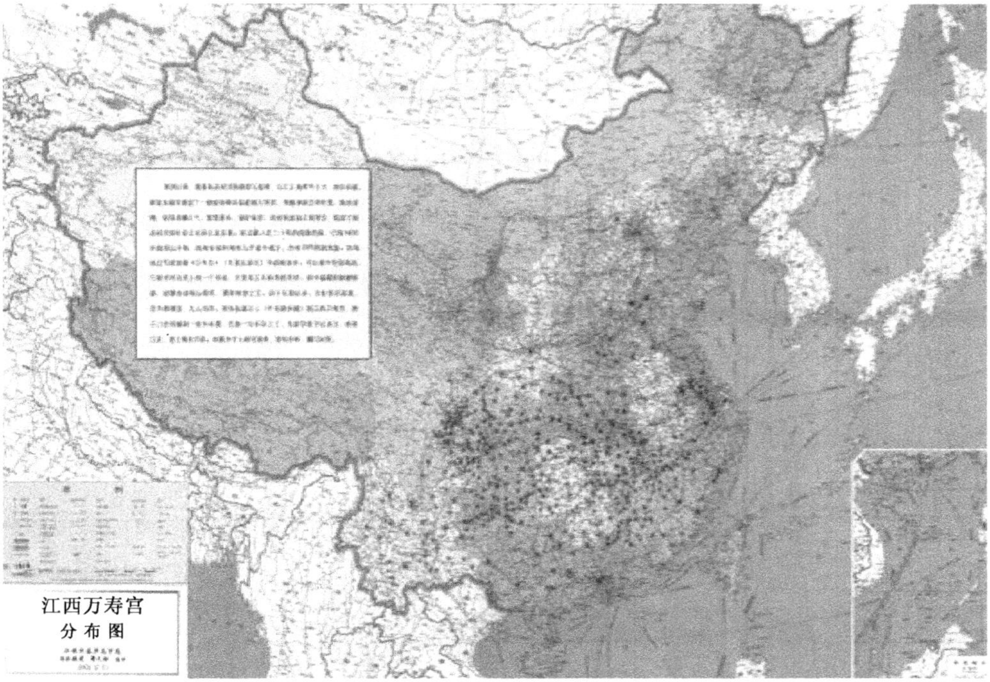

图 5-47　万寿宫历史分布图

（来源：黄建胜．湘西地区江西会馆功能研究——以浦市、凤凰万寿宫为例[D]．吉首：吉首大学，2012）

① 查慎行．《西江志·风俗》[M]．//傅衣凌．明清社会经济史论文集．北京：人民出版社，1922：188-189．

② 章文焕．净明伦理与江右商帮精神[C]．"道教与经济社会发展"论坛，2008．

③ 黄建胜．湘西地区江西会馆功能研究——以浦市、凤凰万寿宫为例[D]．吉首：吉首大学，2012：18．

表 5-6　沅水中上游现存江西会馆建筑一览表

序号	集镇名	现存会馆名称	现存情况		建筑年代
1	黔阳	万寿宫	占地面积约 1 500 平方米，建筑面积 1 000 平方米，分为主殿与偏殿两部分建筑，左偏殿为观音殿，右偏殿为财神殿		始建于同治十二年(1873 年)，重建于光绪元年(1875 年)乙亥秋
2	浦市	万寿宫	由前后两个庭院组成。前院纵深 23 米，平均宽度 12.8 米，建筑面积约 365 平方米		始建于雍正五年(1727 年)，咸丰二年(1852 年)和民国七年(1918 年)曾两次维修
3	凤凰	万寿宫	前后共建殿宇、房舍 20 余间，占地 4 000 多平方米。建筑面对沱江，坐东北，朝西南，由大门、戏台、正厅、正殿组成		始建于乾隆二十年(1755 年)，咸丰四年(1854 年)、民国十七年(1928 年)两次加建
4	旧州	仁寿宫	仁寿宫原为江西临江府会馆，位于西中街，该宫坐北朝南，宽 17.6 米，深 51 米，占地 897.6 平方米		始建于清乾隆五十一年(1786 年)，光绪十四年(1888 年)重建
5	镇远	万寿宫 仁寿宫	万寿宫占地 1 800 平方米，建筑面积 1 300 平方米，为一组从南往北延伸的高封火山墙四合院群。仁寿宫仅留牌楼，内已毁		万寿宫始建于雍正十二年(1734 年)，仁寿宫始建年份不详

浦市万寿宫(图 5-48)，由前后两个庭院组成，牌楼、戏楼部分已毁。前院纵深 23 米，平均宽度 12.8 米，建筑面积约 365 平方米。主殿为一层、三间、四排七柱木构架；两侧为封火墙。前院由厅堂、天井、廊道、殿堂四个部分组成；天井两边有两层戏台看楼。正殿两边为厢房，第二进院落为后殿，后殿分设小戏台及耳房。后院结构与前院相似。东西两侧为高耸的风火墙，在两墙上各开一门，形成过道，方便

出入。后殿后面是后花园。整个建筑庄重古朴、美观典雅。后又经过咸丰二年(1852 年)和民国七年(1918 年)两次维修,得以幸存至今。

图 5-48 浦市万寿宫(左、右)

(来源:自摄)

凤凰万寿宫(如图 5-49)坐落在东门外沙湾。始建于清乾隆二十年(1755 年),先后于咸丰四年(1854 年)在西侧建遐昌阁,民国十七年(1928 年)在大门北侧筑建阳楼,共建殿宇、房舍 20 余间,占地 4 000 多平方米。建筑面对沱江,坐东北,朝西南,前有开阔的坪坝。沿轴线自西向东依次有山门、戏楼、万寿宫。门楼为 3 拱门,与虹桥三拱遥遥相对,入门为三组建筑:戏台—正厅—后殿,人从戏台下穿过,进入院落。正殿、正厅对面是戏台,戏台以 20 根大木柱支撑,采用歇山屋顶,两侧为高耸的马头墙,抬梁式构架,正殿 22 根支柱,辅以梁额枋连接,殿前横标上高悬一匾,上书“铁柱功崇”。① 后山花园为历代寄葬之地,环境幽雅,松柏古木、墨石、异草皆有。

旧州仁寿宫位(图 5-50)于旧州镇西中街,始建于清乾隆五十一年(1786 年),光绪十四年(1888 年)重建。坐北朝南,前迎大街,宽 17.6 米,深 51 米,占地 897.6 平方米。街面墙垣有“仁寿宫”竖额,下辟双合门,墙后有戏楼 3 间,明间为歇山式戏台,两次间为单坡屋面硬山式楼房,与东、西厢楼相连。厢楼面阔 4 间,15.6 米,进深 3.1 米,亦单坡屋面,前作雕花栏杆。戏楼正对正殿,为单檐硬山顶。

黔阳万寿宫(图 5-51)位于黔阳沅江北岸,对面是大坳界。黔阳万寿宫始建于同治十二年(1873 年),重建于光绪元年(1875 年)乙亥秋。总占地面积约 1 500 平方米,建筑面积 1 000 平方米,分为主殿与偏殿两部分建筑,左偏殿为观音殿,供人祈求平安,右偏殿为财神殿,供人祈求发财。由外入内,有一戏楼、一天井、一大殿、一过厅、一内殿。

① 黄建胜.湘西地区江西会馆功能研究——以浦市、凤凰万寿宫为例[D].吉首:吉首大学,2012:18-20.

(a) 遐昌阁

(b) 戏台

(c) 门楼

图 5-49　凤凰江西会馆
（来源：自摄）

图 5-50　旧州仁寿宫(左临街立面、右内部戏台空间)
（来源：自摄）

黔阳万寿宫设计精巧独特、雕琢玲珑剔透。其正面为高大的青石牌楼，进入大门，就是戏楼，在戏楼两侧为厢房。屋顶瓦面极陡，呈现钝角三角形，或飞檐翘角或

图 5-51　黔阳万寿宫(左临街立面、右内部戏台)

(来源:自摄)

回廊游转,或卧龙啸空,或奇兽驰地,蔚为壮观。

镇远万寿宫(图 5-52),为一组由南向北延伸的四合院群,是青龙洞古建筑群中规模最大的一组。现存山门、戏楼、厢楼、杨泗将军殿。戏楼位于前院正门后,正对杨泗将军殿;两侧是厢楼,上、下两层均为观戏包厢;杨泗将军殿殿堂明间原供祀杨泗将军塑像,东西两侧供财神与康公塑像,后均毁于“文革”。后院为许真君殿,毁于“文革”,现仅存大门、高封火山墙及殿后石完与完台。

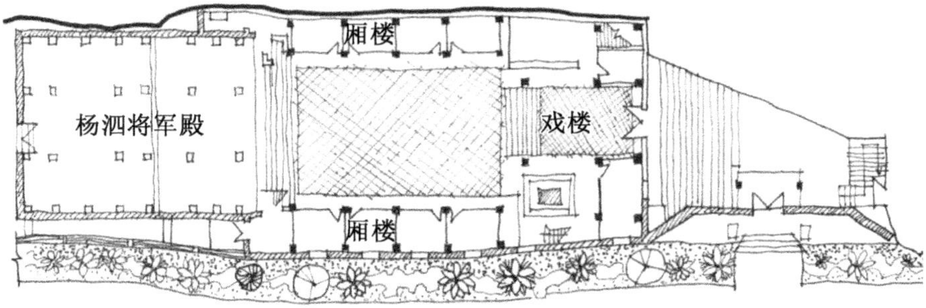

(a) 一层平面示意图

(b) 剖面示意图1

(c) 杨泗将军殿

(d) 剖面示意图2

(e) 万寿宫戏台

(f) 万寿宫外景

(g) 牌楼（山门）

图 5-52 镇远万寿宫

（平、剖面图来源：谭祺.西南山地典型古城人居环境研究[D].重庆：重庆大学，2010：72-77；实景来源于自摄）

（2）福建会馆

“闽商”是福建省商人的简称，是中国十大商帮之一。“闽”字从字面上理解为：门内为虫，即在家是虫，在外是龙，走出门外才有出路(当然其有着深厚的历史和地理原因，本文不作累牍)，故闽商游走四方，不但往返内地，而且蜚声海外。他们沿长江逆流而上，经洞庭后溯沅水而至沅水中上游流域，最迟是明末清初进入该地。主要经营木材、桐油、鸦片及其他日用产品，范围较为广泛。为了联络感情、谋求发展，福建人在沅水中上游流域的重要商埠建立了许多福建会馆，供奉福建乡土神——妈祖娘娘[①]。所以，福建商人所建的福建会馆一般会称为天后宫，或天妃

① 妈祖信仰起源于福建，是海上保护女神，其主要神职是安澜利济，保佑海上航行的安全。其信仰圈原主要集中在沿海地带，是一种海洋性的民间信仰。由于历代封建统治者对妈祖的加封赐溢，妈祖信仰和祭祀逐渐合法化，妈祖在众神中的地位也不断提高：从天妃而至天后，再晋封为天上圣母，封号至清嘉 （转下页）

庙、天妃宫，并随着闽商的踪迹而广布全国和东南亚。本文对该流域传统集镇现存的福建会馆的统计见表 5-7。

表 5-7 沅水中上游现存福建会馆建筑一览表

序号	集镇名	现存会馆名称	现存情况		建筑年代
1	镇远	天后宫	占地面积 1 320 平方米，距今有 220 多年历史了		清代中叶 18 世纪末
2	芷江	天后宫	占地 3 700 平方米，现存建筑面积 1 970 平方米，至今已有 260 多年，被称之为“内陆最大的妈祖庙”		始建于乾隆十三年（1748 年），同治年间复建
3	旧州	天后宫	占地 1 228 平方米，今存两殿及厢房 4 间		始建于清道光十七年（1837 年），于光绪二十七年（1901 年）重建

黄平旧州天后宫（图 5-53），为福建会馆，位于旧州镇西下街，占地 1 228 平方米。为单檐硬山顶木构建筑，现存两殿及厢楼四间，它始建于清道光十七年（1837 年），合院式建筑，前有轩廊，面阔 3 间，为 16.3 米；进深 6.9 米。内檐装修已非原貌，殿内有藻井，其下架梁为明袱，后殿与前殿形式略同，面阔 16.5 米，进深 12.2 米。殿内架梁露明、断面砍削规整，驼峰有雕饰，后殿前后两侧，各有单坡面厢房 1 间，阔 4.13 米，深 3.8 米。倚后墙，有石砌花台一座。

（接上页）庆时已达 30 个字之多，在诸神封号中遥遥领先，影响力不断扩大，其神格也被提升到无可比拟的高度，具有了统御众神、君临万灵的地位。妈祖信仰被列入国家的祀典后，成了朝廷供奉的正神。按照国家的礼制，平民百姓在地方上立祭祀朝廷所封的天妃、天后就不属于淫祀，而是合于礼制、合于律令、顺理成章的事了。

(a) 正殿　　(b) 正殿藻井　　(c) 后院天井

图 5-53　旧州天后宫

(来源:自摄)

镇远天后宫(图 5-54)位于府城城西,背依石屏山,西向㵲阳河,始建于清代中叶,距今有 220 多年历史,占地约 1 320 平方米。入口石坊偏于院落南侧,有长石级与街道相连。戏台背街而建,采用吊脚形式,正对大殿。正殿屋脊饰有二龙抢宝。殿有双层飞檐,中连十字梅花形如意斗拱,正壁面饰木质细格镂花窗门,具有鲜明的福建风格。天后宫的山墙也颇具特色,正面是左右对称的半截观音兜,两侧是三叠式的封火墙。门前隔街有 34 级石梯通至月亮码头(天后宫码头)。

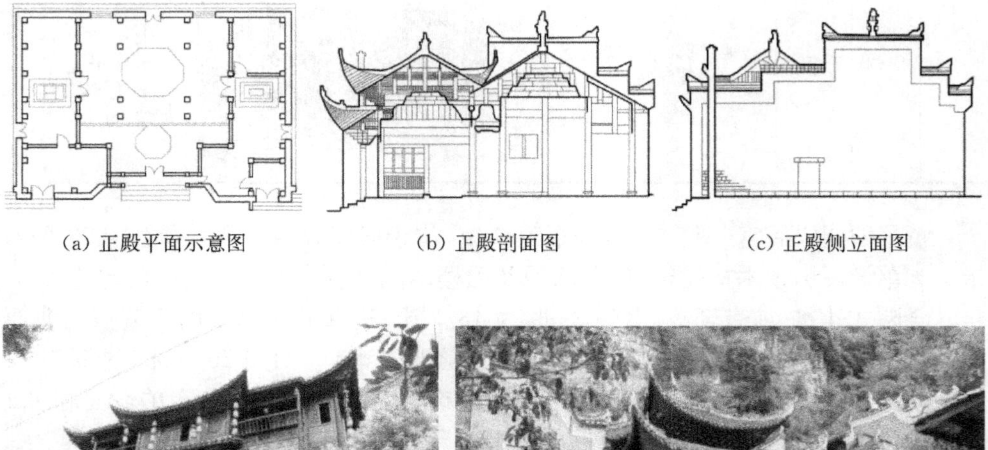

(a) 正殿平面示意图　　(b) 正殿剖面图　　(c) 正殿侧立面图

(d) 戏台临街南侧　　(e) 天后宫正殿

(f) 戏台

(g) 天后宫门楼

(h) 天后宫码头

图 5-54 镇远天后宫

(平、立、剖面图来源:谭祺.西南山地典型古城人居环境研究[D].重庆:重庆大学,2010:99;实景来源于自摄)

芷江天后宫(图 5-55、图 5-56),坐落在芷江县城潕水河西岸,坐西朝东,现保存完好。乾隆十三年(1748 年)始建,占地 3 700 平方米,现存建筑面积 1 970 平方米,被称之为"内陆最大的妈祖庙"。根据 1989 年 3 月在芷江天后宫内出土的名为"千秋金鉴"的一方石碑碑文记载可知,芷江天后宫的前身是清康熙年间设的福建会馆。芷江天后宫入口为青石门坊,坊高 10.6 米,宽 6.3 米,厚 1.14 米,呈重檐歇山顶门楼形状,坊上浮雕共有 95 幅,大小不一,互相错呈。门坊浮雕精美,18 级青石台阶紧接沿河街道。中间三进:戏台、过殿、妈祖殿;人从戏台下穿过。南北建有耳室,北为财神殿、药王殿、观音殿、玉皇殿、南岳圣帝殿,南为三清殿,全部建筑结构基本保存完整。

(a) 戏台

(b) 过殿

(c) 跑马廊

(d) 财神殿、药王殿

(e) 妈祖殿

(f) 放生池

(g) 三清殿

(h) 观音殿

(i) 门坊上的浮雕——武汉三镇

(j) 天后宫码头

(k) 天后宫门坊

(l) 门坊上石狮

图 5-55　芷江天后宫实景

（来源：自摄）

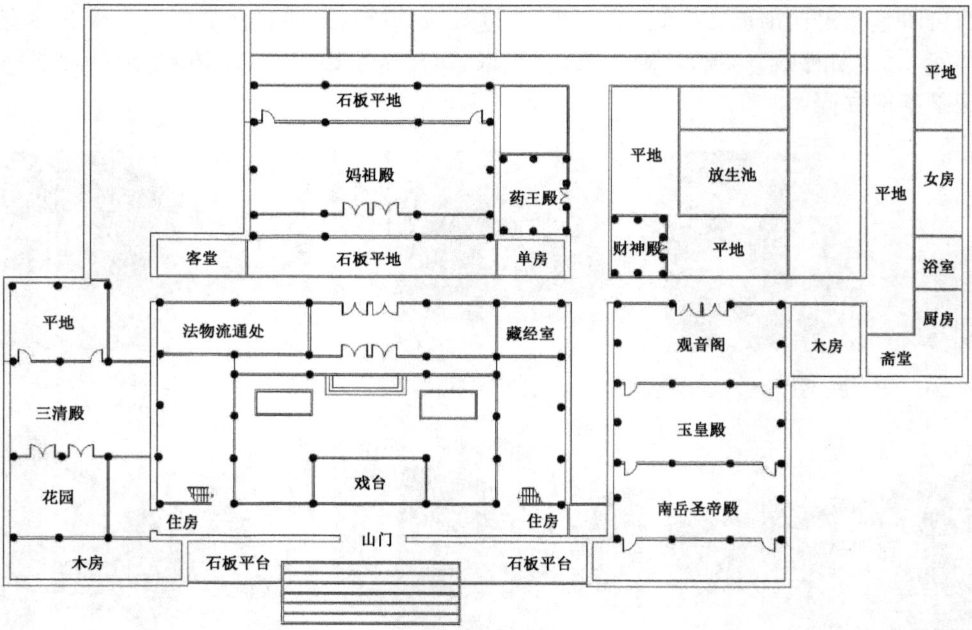

图 5-56　芷江天后宫平面示意图

（来源：自绘）

3. 建筑特点

会馆是传统集镇中重要的公共建筑，不仅具有商业性还具有社会性。仅从平面布局来看，沅水中上游会馆建筑本身属于南方天井式合院建筑的体系，以“天井”为基本单元，形成几进组合。各省会馆布局形制基本相同，但俗尚不同，主要通过建筑造型和装饰上体现出不同的地域文化特色。从具体的平面功能上看，会馆建筑大体分为两类：一类是有戏台的，另一类是无戏台的。

前者主要由戏台、厢楼（耳楼）、正厅、后厅及居住用房（厢房或小院）组成。因财力、地形等因素，会馆规模或大或小，功能或多或少。第一进一般由正殿、戏台、厢房三部分围合成院。会馆由于观戏的原因，空间较大成为庭院，如上述所说的万寿宫、天后宫，其庭院面积都在 500 平方米以上，满足观戏和商贸的要求，庭院两侧还设有跑马廊或厢楼观戏。一般把底层架空的戏台当作主入口，厢房多为一楼一底，设有走马廊。戏台正对面为正殿，为主要祭祀对象，根据地形情况有的设偏殿，有的设后殿，供奉其他神主。另外，建筑的重要性使防火显得非常重要，同时为了互相攀比，显示气派，会馆的封火墙一般都非常高大，并且造型考究，风格各异。入口处通常设有高大的牌楼，做工考究，制作精良，雕刻精美，穷其奢华。有的甚至形成园林式布局，集休闲娱乐功能于一体，如黎平的两湖会馆（也称湖广会馆，如图 5-57，图 5-58）。主体建筑由禹王宫、戏楼构成，北侧是由庑厅、三楹阁楼、荷花水塘翠微亭、芙蓉阁、长廊所围合的庭院，环境优美，颇有江南园林的神韵。

(a) 禹王殿　　(b) 荷花池　　(c) 入口

图 5-57　黎平两湖会馆实景

（来源：自摄）

后者则更偏于商贸实用，不设戏台。由于没有观戏的功能，一般天井较小，有的甚至做成天斗，以增加建筑的功能使用面积，功能更偏重于货物储存、商贸交流和居住，形式更倾向于公馆，如洪江的常德会馆（图 5-59）：一楼层高 4 米，南为大门；进门右侧是会客厅和账房，即交易空间，左侧是厨房和杂屋。二楼基本为仓储空间，靠近楼梯的西侧和北侧处均为仓库，东侧为住房。三楼上有天桥相连；两侧是宽敞的走廊，宽约 1.4 米。屋顶伸出一个类似凉亭较通透的小间，称之为晒楼。

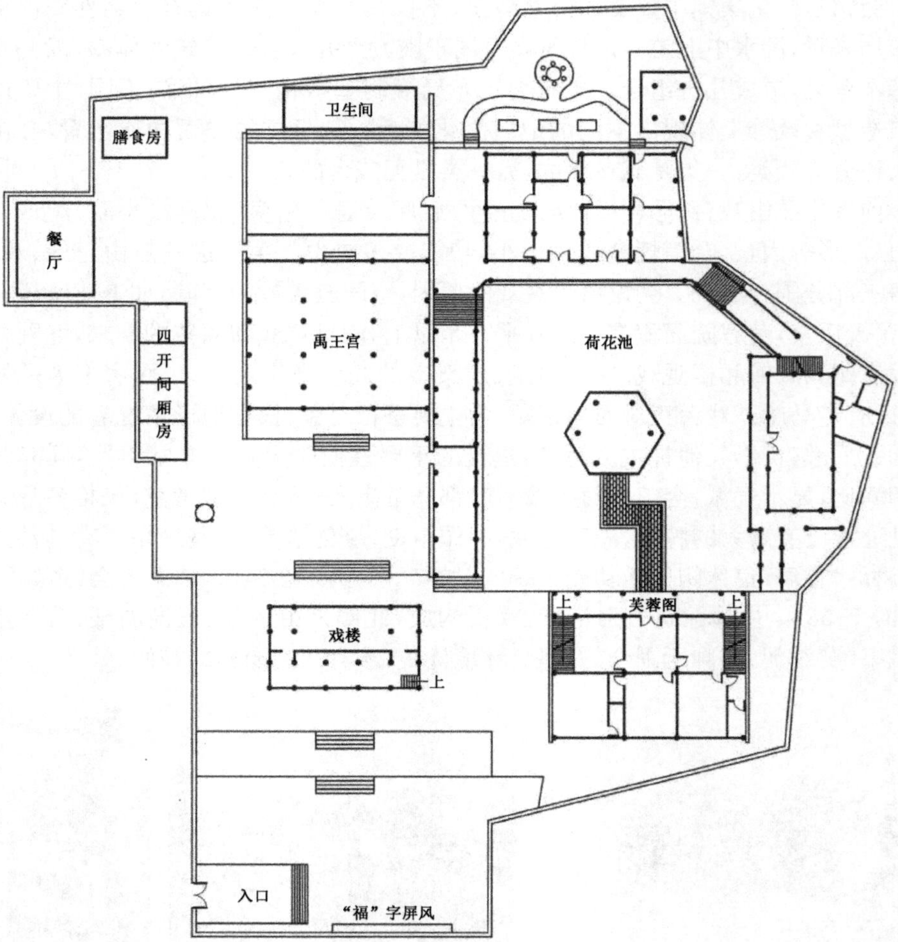

图 5-58　黎平两湖会馆平面图

（来源：根据黎平建设局提供资料改绘）

楼梯两部，分为货梯和生活用楼梯；货梯在西北角，宽而平，便于货物的运输，仅上二层，楼梯下是厕所；生活用楼梯在东南角，入口右侧，可以直上晒楼。显然这样布置，没有了"祭祀、合乐"的功能，更多的是从实用的角度出发，为客商提供日常生活、寄存货物和交流议事的场所。

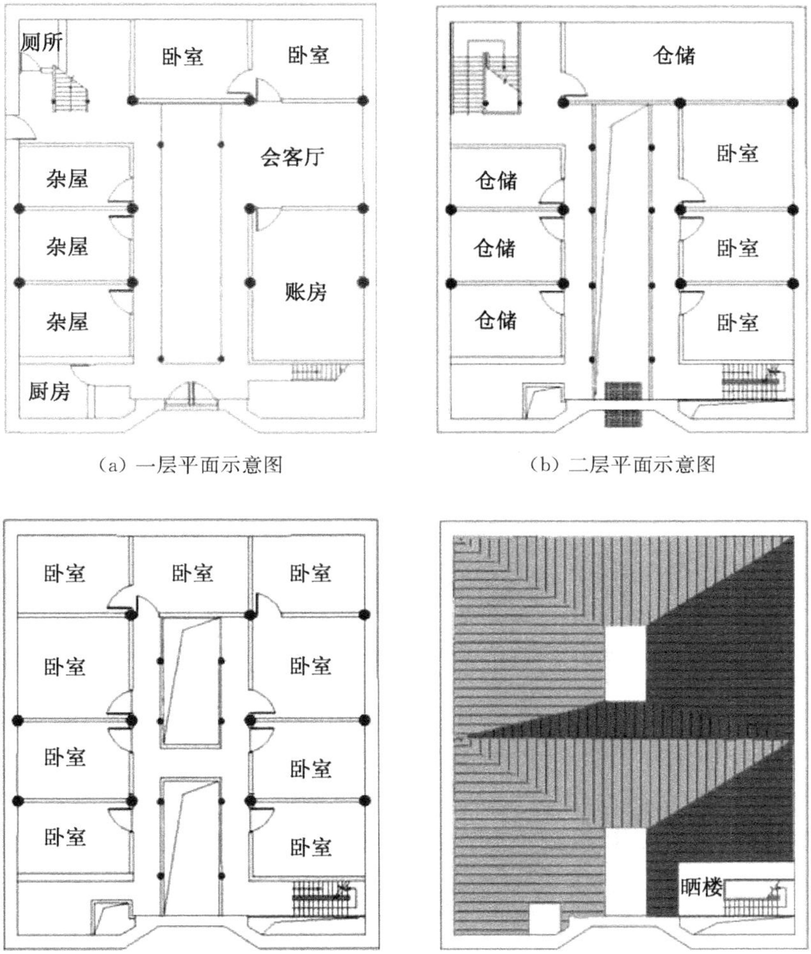

(a) 一层平面示意图 (b) 二层平面示意图

(c) 三层平面示意图 (d) 屋顶平面示意图

图 5-59 洪江常德会馆

（来源：自绘）

各会馆的不同之处主要在于：一是因为财力所致，营建的规模和用工有所差异。位于主航道上商贸繁荣的传统集镇中往往所建的会馆数量多、规模大、等级高，建筑的艺术成就也较高。二是因为信仰不同，供奉的神灵不同，会馆建筑的主题也就不相类似，这主要反映在建筑装饰内容上。会馆中很多石、木雕刻所表达的主题往往与信仰有很大的关联。另外，由于所处地域多丘陵山地，很难找到较大的平整用地，所以建造会馆时往往因势利导，按实际地形产生变通，如镇远天后宫山门就偏于一隅，且凹入场地以提供足够长的台阶处理高差。而洪江的苏州会馆

(图 5-60)因为用地紧张不得不将大门入口斜置,平面也不尽规整。

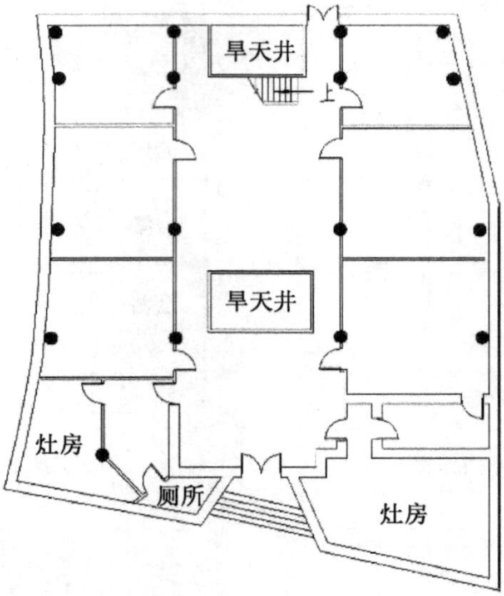

图 5-60　洪江苏州会馆

(来源:蒋学志.洪江古商城明清会馆建筑研究[J].中外建筑,2005:77-80 改绘)

4. 会馆功能

杨国桢先生指出:“它(会馆)根植于传统市场经济扩张、人口迁移和流动频繁、商人子弟不断入仕的社会经济大环境中,形成整合流动社会的功能和机制,既是明清社会变迁的产物,又为传统社会结构的更新起了一定的作用。”[①]也就是说,会馆还往往具有复合的社会功能,是明清社会政治、经济、文化变迁的特定产物。

(1) 具有集镇的“会客”功能

对于欧洲的城市来说,广场是城市的中心,是城市的“会客厅”,是具有全民性象征的场所。在中国传统社会的城镇中,并不具备此类市民广场,而会馆戏台前的“广场”某种程度上充当了这一角色。就空间形态和尺度来说,戏台前“广场”一般呈长方形,进深较面阔大,较狭长,这与人观看的视角有关,广场两侧一般为跑马廊,为有钱或有身份的人观看戏曲所备,宽和高比一般在 2 以内。但也有反例,如镇远和芷江的天后宫(如图 5-54f、图 5-56)它们是面阔大于进深。戏台前广场的面积大小不一,这受到所处地形、会馆在当地商人的经济实力等因素的影响。尽管戏台是位于会馆内部,对于街道等集镇公共空间是封闭的,但因其的公共性,它对人的态度是开放包容的。尤其是在庙会期间,其海纳百川,人们可以自由进出,较

① 王日根.乡土之链:明清会馆与社会变迁[M].天津:天津人民出版社,1995:1.

轻松地进行交流。这对于传统集镇来说是珍贵的公共交往空间，一定程度上起到了“会客”的功能。当然，相对于欧洲城市广场的日常性来说，会馆戏台前的“广场”的目的性更强，受文化意识等深层次精神因素驱使更甚。

（2）具有强烈的乡土情结和联谊作用

梁漱溟先生说：“离开家族的人们没有公共观念、纪律习惯、组织能力和法治精神，他们仍然需要家族的拟制形态。”①会馆就是一种既以家族为摹本但又超越家族的社会组织，它标志着这个传统社会的社会管理体制的进一步完善。由于地域文化而产生语言、文化习俗的不同构成了商人们在当地谋求发展的障碍，所以起初会馆多以同籍为纽带，以士绅为领导，以乡土神、通祀神等神灵作为精神支柱，通过共同的信仰来维系感情②。“叙乡谊，通商情，安旅故”是其创立的初始宗旨。会馆为壮自己的声势，尽请名角、名班演出，戏台成为会馆不可缺少的组成部分，如：江西会馆规模大小不一，但戏台是必备的，所谓“每一皆有戏楼”；在太平全盛时，无日不演戏，甚至“有一馆数台同皆演者”；如浦市的万寿宫原还有外台，内台之分。这也使得会馆建筑功能的日常生活化。商人们通过戏曲亲近家乡的文化，通过戏曲来娱乐放松、交流信息。

由此可以看出，商业会馆是脱胎于封建的乡土社会，凭借着“乡谊”建立起来的自发性的商业和社会组织。他们建立会馆是为了崇祀桑梓大神，凭借乡井的结合在移民地再造一个乡井的环境。这种会馆大多以庙、寺、宫、观标明自己的存在，如江西会馆称“万寿宫”、福建会馆称“天后宫”、宝庆会馆称“太平宫”等。有的甚至不惜千里，花重金从原祖居地聘请工匠，运来建筑材料进行会馆营建。这就决定了会馆无论从平面形制，还是建筑风格，都带有明显原祖居地的建筑特征。

（3）具有强大的经济功能

明清时期，沅水中上游流域的商品经济开始繁荣，工商业者在传统集镇人口中的比重大大增加（见前文 4.3.2 商人形式多样，规模较大），从商者自然把经济利益放在首位。会馆主要是由同乡商人聚资共建，在商业贸易当中起到保护同乡利益、对会员的仲裁、商业规矩制定、金钱借贷、代办厘金、货物存储等各种作用。其在商贸活动的组织、开展、管理上起到了极大的作用，在均衡各方利益、实现特定行业或地域的利益最大化上起到了重要协调作用；同时还要协调本行业与官府的关系、与地方的关系以及各商帮行会的关系，维持市场秩序的稳定③。大多数会馆都对特定的行业、从业人员、经营场所等有相应的管理，另一方面因为本身建造、维护的需要，所以很多会馆本身就用来商业经营或租赁。在后期，会馆逐渐由乡土化走向行

① 梁漱溟. 中国文化要义[M]. 上海：学林出版社，1987：80.

② 王日根. 明清民间社会的秩序[M]. 长沙：岳麓书社，2003：321.

③ 黄建胜. 湘西地区江西会馆功能研究[D]. 吉首：吉首大学，2012：28.

业化，反映了人们对地域观念不合理成分的摒弃，更加注重行业精神的凝聚与发扬，这克服了过去行业之间的地域壁垒和地域垄断，对行业的成长与发展势必是有利的。

另一方面，会馆酬神祭祀，类同于庙会。此时香客众多、游人蚁聚，一些商贩也来摆摊售货。刚开始可能只是提供拜祭用的香烛、纸箔和供远道而来的香客充饥的各类食物商贩在此设摊，逐渐地，其他行业见有利可图也参与了进来，久而久之便形成吃、穿、用、玩无所不包的集市，每逢会馆举行酬神祭祀的活动之日，就是赶集之日，也是远近交易之时，所以有学者将庙会也称庙市①。这使得以商业贸易为主的经济活动逐渐成为会馆酬神祭祀的重要内容。此时的商贸活动已经和酬神游乐活动融为一体，酬神游乐聚集人群，为商贸活动提供了消费主体；而商贸活动又激发了民众参与庙会的积极性。传统祀神活动一般由一个民间组织机构具体策划、组织、指挥，会馆充当了这一组织者。会馆出面组织演戏、酬神、节庆仪式等活动，由商人资助，举行得奢华隆重，其中目的之一就是要宣传与壮大自己，体现本帮的经济实力。所以，会馆首先是商业资本的组织，它带动着当地或行业的商贸的发展，发挥着强大的商贸职能，其次会馆酬神祭祀活动的开展从客观上促进了当地的交易行为，亦从文化层面上肯定了商贸在城镇的地位和作用。

(4) 具有广泛的社会功能

会馆既是经商的场所，同时也承担了部分社会功能，也是明清维系社会稳定的政治力量。中国封建社会是依靠名分的权力凭借中央集权与基层的自治相辅而行来实现其统治的，会馆成为移民中的一种有效的社会组织因而为政府所支持，大批官僚主动介入兴办会馆的行列；而官僚的介入又保证了会馆的传统式的政治地位②，使得商人不惜重金投入会馆营建来维系这种官商间场所媒介。另外，会馆作为组织单位积极参与当地的公共事业，广大商民也都积极投身社会公益事业：每遇灾祸，各会馆都会组织救济捐助；每逢年关，会馆都要例行善举，向当地贫民施舍“年米”以度年关。同时，会馆还对当地福利、文教育事业积极投入和支持，如协办育婴堂、收养所等，如在浦市、洪江、凤凰等地设育婴堂。据载，“洪江众商于光绪六

---

① 张余. 庙会文化概观[J]. 民间文化旅游杂志，1994(1)：36-39. 文中载：庙会，亦称“庙市”。庙会唐代已经存在，在寺庙节日或规定日期举行，一般设在寺庙内或其附近，故称“庙会”。《北平风俗类征·市肆》引《妙香室丛话》：“京师隆福寺，每月九日，百货云集，谓之庙会。”庙会是中国传统集市的形式之一，具有鲜明的代表性。以后的集市尽管与寺庙无关，但其经营形式相同，故也叫庙会。对于中国人，特别是农民群众来说，庙会已经成了其生活习俗的主要部分。正如卢梭所言：“缓慢诞生的风俗习惯”已经成为“难以撼动的基石”。由于我国的社会进程长期处于重农抑商的封建小农经济的缓慢发展中，因而庙会的发展与演变也十分缓慢，因为庙会给广大民众的物品交易、娱乐游玩、观赏民间文艺表演以及求神拜佛等提供了方便，因而受到民众的普遍欢迎。

② 王日根. 明清民间社会的秩序[M]. 长沙：岳麓书社，2003：214.

年(公元1880年)捐建育婴堂收养弃婴,其输助倡于十馆,其岁入仰入月捐。更虑婴口岁增,难其为继也,复筹增贴捐以济其不足。"[①]又如浦市万寿宫先后创办过义学、豫章学校,这都反映了会馆功能的社会化。

商人对会馆建设的经济投入和社会热情代表了明清社会因素的变迁趋向,即商人已作为新兴的政治力量登上了政治舞台,并且有强烈的愿望和经济实力为自身谋取政治利益,这需要一种共融的体态和包容的心态。由此可见,会馆在中国传统社会中既保存了传统,又容纳了社会变迁,因而在保持社会的平稳转变中发挥着重要作用。

(5) 具有文化宗教职能

酬神会戏是会馆活动的重要内容,"每遇节演戏酬神,习以为常"。由于会馆的宗教祭祀功能,其成为是娱神活动的中心,各会馆有各自的"信仰圈"。会馆的酬神活动以及其他民间文艺活动,不但丰富了传统集镇的日常生活,也为它们提供了交易的场所和机会,也是原本土文化的传承、发扬与纪念。各地商人往往信奉本土神灵,如江西会馆供奉许真君,福建会馆供奉妈祖,故其会馆往往就是该神的庙宇,反映出原本土信仰。

在传统社会中,等级制度是维护社会秩序的重要工具,但在会馆庙会及娱神活动中,它被极大地淡化了,各种社会集团、组织或个人都能参与到这类活动中来,等级、职业、性别、年龄等界限被淡化了,体现了极大的包容性、全民性和开放性[②]。会馆庙会和集市相融合,出现了集祭祀、娱乐、贸易于一体的集市活动,关系到宗教信仰、商业、民俗、文艺娱乐等诸多方面,所以,它既是一个商贸空间,也是一个文化空间。

5.6 "面"——商业街区

商业街区可以看做是由"点""线""块"空间形态所构成,是空间"面"的形态。沅水中上游传统集镇中常见商业街区形态有:条状、"丁"字形、"十"字形和团状,一般是由几条商业街道、若干商贸节点和商贸建筑组成。凡以街道作为主要的交易承载空间的传统集镇,其商业街区一般都是条形、"丁"字形或十字形的,这是由街道的线型特征所决定的。团状商业街区是商品经济发展到一定程度后形成的,其交易行为不仅仅限制在街道,而是更多的外展和内延,表现在:对外采用远途贸易,大宗货物的流转;对内产、供、销形成产业链深入集镇的各个角落,并伴随着服务业的蓬勃兴起,商贸建筑的功能也变得更为复杂多样。它们之间必然以某种关联而

① 转引自:孔觅.清代浦市城镇商业研究[D].吉首:吉首大学,2013:27-28.

② 赵世瑜.中国传统庙会中的狂欢精神[J].中国社会科学,1996(1):183-196.

结成一起，产生这种关联的因素有自然条件（如地形地貌等）和社会历史条件（如政治制度、文化意识等）。归纳起来有两种典型形态：受控型和自发型。

5.6.1 受控型商业街区——以黔阳镇为例

沅水自西而东，㵲水由北向南，汇于黔阳西南。自古以来，便利的水运交通一直是其赖以生存、发展和繁荣的命脉。

黔阳的商业重心倾向沅江边，以南正街为核心，北至东正街，南至河街，西至中正门，东至鼓楼，为黔阳的商业街区（图 5-61）。街区商业街成“丁”字形、“十”字形交叉。南正街为主要商业街道，原县衙也处在街中部北侧，另有永红街、红旗街、河街等商业街道。城墙外水畔为河街，由西至东，地势高敞，空间开放，每隔 60 米左右就有一段长长的石阶直下江边码头。这是古代适应水路交通客货运输、商贸交易的典型体现。

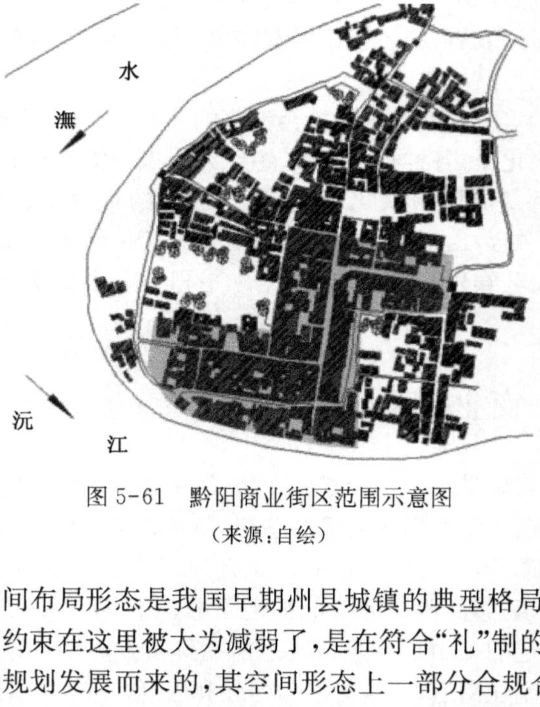

图 5-61 黔阳商业街区范围示意图

（来源：自绘）

“十字街”的空间布局形态是我国早期州县城镇的典型格局，也是“营国制度”体现。但“礼”制的约束在这里被大为减弱了，是在符合“礼”制的基本原则上，结合自然环境经过人为规划发展而来的，其空间形态上一部分合规合矩，遵循礼制；一部分则根据自然力自由生成，可以看成是礼制空间和自发空间的叠加混合，是对“礼”制的尊崇和对自然环境的反应，即对自然和社会的双重适应。

黔阳的商业以传统的商铺（图 5-62）为主，沿街列布，这种商业格局较适宜频繁、零散的交易模式，主要服务于周边乡村的农副产品和日常用品的集散。商铺主要为前店后宅，居与商的生活混杂在街道，为街道提供丰富的市井生活。这种市井生活产生于小农的自然经济向商品经济过渡阶段的历史范畴①,是沅水中上游传统集镇中最常见的商业模式。

(a) 南正街

(b) 永红街

(c) 红旗街

图 5-62 黔阳的商业街道

(来源:自摄)

5.6.2 自发型商业街区——以洪江镇为例

清代及民国初期,由于得天独厚的水运区位和特色商品的大宗交易,使得洪江商客云集,富甲一方,形成了以犁头嘴为中心,沿沅江、巫水河岸两侧延展和向老鸦坡山麓扩展"七冲、八巷、九条街"的集镇格局(图 3-8)。但不难发现,这些街、巷、冲均不是直线,而是弯弯曲曲交织错落,整个集镇如同细胞般自然生长(图 5-63),犁头嘴及延展的河街为洪江的商业街区。

① 蒋涤非.城市形态活力论[M].南京:东南大学出版社,2007:13.

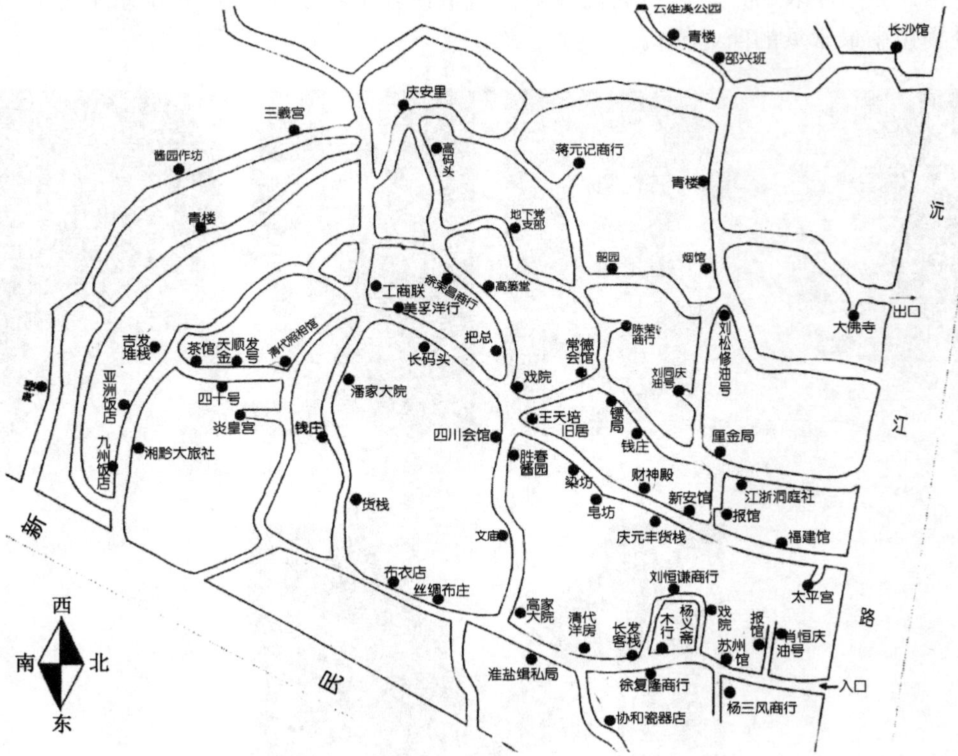

图 5-63　洪江商业街区示意图

(来源:洪江区旅游局提供)

洪江在历史上没有进驻过行政机构,仅有厘金局这一派出机构,封建统治极为薄弱,社会事务均由"十大会馆"出面调停。这给予了洪江商业自由蓬勃发展的时机,成为资本主义萌芽的温床。商人们由"业缘"相识并逐渐形成"地缘"的归属感和认同感,渐变成带有地域移民特征的商帮,并聚居成带有地域背景的商业社区。

1. 洪江行业空间格局

洪江以犁头嘴为核心,逐渐沿江及向老鸦坡呈台阶式扇形发展。河街东侧沿河地段为一级台地,主要是码头区,牙行、堆栈、旅社和摊贩云集于此。米厂街和姜鱼街为二级台地,主要批零兼营农副土特产品销售与加工以及米行、米店、纸行、瓷铁业等。三级台地西起炮铺桥南折至塘汜,建有长 1 050 米,宽 4 米的正街。街道外侧多为木板屋(图 5-64),内侧为窨子屋群,其间密布着各种手工业作坊及商业行庄店肆,百货填集,各大商号、会馆云集于此,主要经营绸布、百货、南杂、钱庄、银行、烟馆、妓院等(见表 5-8)。工贾艺术杂处,构成了一个极富商业特色的社区(如图 5-30)。

图 5-64 洪江驿道旁的木板瓦屋

（来源：自摄）

表 5-8 洪江行业会馆表①

序号	行业	奉祀祖师	会馆	馆址	庙会时间(阴历)
1	商业	赵公明	财神殿	财神巷	七月二十二日
2	米业	炎皇	炎皇宫	堡子坳	六月初六日
3	药材业	孙思邈	药王宫	土桥坑	四月二十八日
4	造纸业	蔡伦	蔡伦宫	塘坨街	
5	屠宰业	张飞	三义宫	季家冲	二月初八，八月十三日
6	泥木业	鲁班	鲁班宫	贵州馆正街	五月初七，十二月二十日
7	缝纫业	轩辕帝	轩辕宫	高坡街	清明节
8	理发业	罗祖	罗祖庙	牛头冲	七月十三日
9	酿酒豆作业	杜康			九月初九日
10	航运业	杨公	杨公庙	萝卜湾	
11	排运业	洞庭王爷	洞庭宫	鹅形	六月初六日
12	油桶业	天王爷	沱江会馆	箭箕湾	八月初

商帮在商贸活动中心形成经营和居住为一体的商业社区，社区内又以会馆为中心形成各商帮聚居的社区形式。于是出现窨子屋连绵不断、争相抢地的局面，以至街道蜿蜒狭长，甚至出现了伞巷（巷宽1米左右，仅供一人撑伞而过），少有公共

① 蒋学志. 从洪江古商城看中国近代商业管理模式的变迁[J]. 湘潭师范学院学报（社会科学版），2006，28(5)：123-126.

开敞空间。会馆行帮承担着社区管理与经营的责任与义务。

2. 洪江商帮概况及人口构成

洪江自明代相继成立了以"十大会馆"为代表的商业会馆;到清代中期,又以同业相聚成立了"五府十八帮"行会组织,各业共有坐商店铺 246 家,商业行会会馆也由十大会馆发展为 29 座会馆,其中最为典型的就是十大木商会馆(见表 5-9);清代末期至民国的鼎盛时期,洪江接纳了来自全国 20 多个省县的商贾游客和流寓之人,行商流动频繁、来往反复;坐商长驻久住、子孙繁盛。据记载,民国二十二年(1933 年)洪江总 3 700 余户,人口 37 600 余人。其中宝庆籍(邵阳)8 300 余人,湘乡籍5 300余人,江西籍 5 000 余人,辰沅籍 4 200 余人,长沙、衡阳、贵州及本地籍均在2 000～3 000 人之间,福建、安徽、常德等籍各 1 000 余人、湖北籍 500 余人,江苏籍甚少[①]。可见,洪江居民当时几乎都为外来移民。

表 5-9　清代洪江十大木商会馆一览表

会馆类别	俗　称	建立时间	地　址	备　注
江西会馆	万寿宫	康熙十五年(1676 年)	大河边	尔后又建有南昌会馆(洞庭宫)、靖州会馆(飞山宫)、陕西会馆、长沙会馆、四川会馆等木业会馆
福建会馆	天后宫	乾隆四年(1739 年)	严码头	
徽州会馆	新安宫	康熙二十年(1681 年)	司门口正街	
贵州会馆	忠烈宫	嘉庆二十三年(1818 年)	桅杆坪	
宝庆会馆	太平宫	雍正元年(1723 年)	大河边	
黄州会馆	福王宫	康熙四年(1665 年)	大河边	
七属会馆	关圣宫	康熙十年(1671 年)	大河边	
湘乡会馆	龙城宫	咸丰十年(1860 年)	新街	
衡州会馆	寿佛宫	道光二十六年(1846 年)	正街	
辰沅会馆	伏波宫	不详	一甲巷	

3. 洪江是现代商业社区的雏形

明清时期的洪江商帮虽然算不上真正意义的现代企业,但从其所承担的责任来看却基本符合卡罗尔所提出的"企业社会责任金字塔"模型[②](图 5-65):①经济

① 洪江市志编撰委员会. 洪江市志[M]. 北京:生活·读书·新知三联书店,1994:81,89,92,174,246.

② 卡罗尔在其"企业社会责任金字塔"中,描述道"企业社会包含了在特定时期内,社会对经济组织经济上的、法律上的、伦理上的和慈善上的期望"四个不同层次:①经济责任。对于企业而言,经济责任是最基本也是最重要的社会责任,但并不是唯一责任。②法律责任。作为社会的一个组成部分,社会赋予并支持企业承担生产性任务、为社会提供产品和服务的权力,同时也要求企业在法律框架内实现经济目标。因此,企业肩负着必要的法律责任。③伦理责任。虽然社会的经济和法律责任中都隐含着一定的伦理规范,公众社会仍期望企业遵循那些尚未成为法律的社会公众的伦理规范。④企业自愿执行的责任。社会通常还对企业寄予了一些没有或无法明确表达的期望,是否承担或应承担什么样的责任完全由个(转下页)

责任不容置疑，商帮控制着洪江的经济命脉，于公于私都承担着洪江经济发展的重任；②法律责任，商帮自行商定的行规、帮规有一定的规范行为和市场的作用；③伦理责任，商帮脱胎于乡土，其社会伦理依然根深蒂固；④慈善责任，洪江的教育、民政、建设、民事、经济纠纷全由“十大会馆”出面办理，诸如“及逐年凿险滩，修纤道，糜费实不下数万”，“恻隐堂掩骼胔，创自道光十八年，自何候论归十馆经理，遂与育婴并行，义渡义山，恻隐之条目”[①]。洪江的戏台共 48 个，分属各大商帮，分散在各个会馆中，唱的是各自的地方戏，是非营利的，面向市民公开演出，看戏者熙熙攘攘，出入自由，大有普天同庆、惠及乡里的意味，显示其社会性的一面。但同时很多会馆都有两个戏台，富人设有包间，在里面看戏，男女分开，其有一定的限制性，一般为本商帮的绅士服务，显示其自利性的一面。

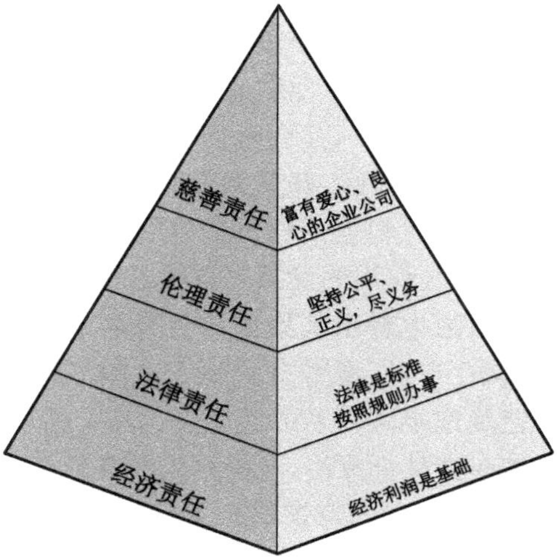

图 5-65　卡罗尔企业社会责任金字塔

［来源：根据多丹华，李景山．卡罗尔企业社会责任模型的分析与借鉴[J]．经济师，2012(2)：25-26 改绘］

商帮还兴办学堂。清光绪三十三年(1907 年)，洪江油商集资创办了私立初高两等小学堂。[②] 这显示了商人以经济能力为基础，出资出力，惠及社会的模式，实现了“慈善”的最高境界。

虽然洪江曾因明清时期极度的繁华与富庶，被誉为湘西的明珠，但历代统治阶

(接上页)人或企业自行判断和选择，这是一类完全自愿的行为。经济是基础，法律是标准，伦理是道德，慈善是境界。［多丹华，李景山．卡罗尔企业社会责任模型的分析与借鉴[J]．经济师，2012(2)：25-26．］

① 转引自：欧阳虹彬．洪江古镇形态研究[D]．长沙：湖南大学，2004：37-38．

② 刘芝凤．发现明清古商城[M]．广州：南方日报出版社，2002：51．

级都没有在洪江设置过政权组织，仅设厘金局（图 4-23），具体税收事务为各商帮代收代缴。更没有如城墙类的防御设施，仅设了一隘口。按《洪江育婴小识》记载："汪侯就恻隐堂内创设保甲局，专属之十馆，通廪示论有案，昔之团防，首尾连十余稔，廛间尝别练一军助防备剿；糈饷不廪于官，至光绪六年始奉停止。"[①]甚至"胥吏往拿案犯，非同去不能得手"。可见当时商帮会馆的管理作用之全，涉及事务之深；不但要承担大量社会责任和公益，还要兼负着一定的国家政府职能，如团防、保甲、税收、警务等。

洪江是我国明清至民国时期社会的一个缩影，商帮既表现出有组织性，又显现其组织的松散性。他们为共同利益结成团体，而又为各自利益互相攀比、争斗。各商帮为了扩大其地域社团的功能和社会影响，又会从事一些超越本会馆利益的公共建设和福利事业。尽管这些有出于其自身利益的目的，但却是城镇社会结构和功能进化的一个重要趋势，给社会以全面深刻的影响。商帮之间不存在隶属关系，重大事务是通过民主协商的方式解决，他们的关系是平行的，且各自具有相对封闭性，其社区视野往往为地域背景所限，社会管理和公益事业也多为本帮聚居范围。所以，以会馆为中心建立起来的社区，其关系既是平等，也是相互竞争、相互制约的。每个社区都有高度的独立性和自治性，很多社会功能都能在这一小范围内解决，出于自觉的商帮群体对社会作用的发挥是有限的，对集镇的责任感也还处在自发的过渡阶段。由此可以清晰地看出其集镇社会为商帮社区所分割，缺乏内部的有机整合，家乡的痕迹依然存在，明显带有脱胎于中国传统乡土社会的烙印；但可以认为洪江在清末民初已经逐步进入了市民社会。

这种商业社区是明清时期社会政治、经济结构变迁的必然产物，同时又不断地与社会变迁相适应，作为实物形态的建筑物和集镇布局必然反映当时社会演进的趋向[②]，形成了商业社区雏形。其尽管还不能称得上真正意义上的商业社区，但对社会组织结构和集镇的商贸空间形态产生了重要的影响，被罗哲文先生誉为"中国资本主义萌芽时期的活化石"。其意义在于：

（1）标志着"乡民"向市民的转化和自治秩序的建立。商帮连同会馆建筑功能由早期的"地缘"到后来的"业缘"标志着"移民"或"移民概念"的消失，标志着商人从"外来人"自觉承担起"本地人"的义务与责任；也包含了封建官绅、商人及其他各阶层对社会变迁的适应，意味着封建行政体系之外的自立自治精神与有序社会秩序的建立，标志着乡民向市民的转化。

（2）标志着小农经济向商品经济的转变。如桐油、木材等大宗商品及远途运输的交易方式的出现，改变了小农经济社会自给自足的缚足思想，而是以赚取价差

① 转引自：欧阳虹彬. 洪江古镇形态研究[D]. 长沙：湖南大学，2004：37-38.

② 王日根. 明清民间社会的秩序[M]. 长沙：岳麓书院，2003：268.

为经济手段的跨地域贩卖，其伴随的是大量的物流、人流和资金流的快速流通和人们“崇商”思想的改变。

（3）改变了集镇空间形态和构成要素的权重。商帮和会馆建筑的兴起，成了集镇聚居结构的重要节点，署衙作为政治中心被逐渐淡化，不再是集镇唯一的结构中心，商贸空间成为集镇的中心。这种结构中心分化的特点在远离政治中心的地理条件的影响下，又显得更为突出，也使得人们生活更加日常化和商业化。到了近代，会馆的经济职能明显加强，成为行业帮会结社的场所，然后进一步发展为比较规范、约束力更强的同业行会；而商贸活动已渗透到人们的日常生活的方方面面，成为日常生活的重要组成部分。

5.7 小结

本章主要是从商贸空间的物质层面分析了沅水中上游传统集镇商贸空间形态，从“点、线、块、面”四个层面归纳了商贸节点、商业街道、商贸建筑和商业街区的空间特点，指出这些特点既有与中国传统社会商贸空间暗合之处，也有该流域的自身特点。

本章着重对码头空间、会馆建筑和洪江商业街区进行了深入的探讨和研究，认为：①码头空间既是重要的交通节点，又是商品的交易空间，还是人们生活、工作、娱乐的场所，是一个活态的多样化空间。从街、屋、水的组合依存关系分析了商业街道关联性，并总结了其虚实同构的连续性特征和宜人尺度所带来的认同感。②会馆建筑是集经济、文化宗教、社会等功能为一体的重要公共建筑，是传统集镇的经济和社会核心，并有着其政治目的，其自发设立的内在驱动力在于，一方面对内维护同乡利益，调解纠纷，通过节庆祀神、演地方戏剧等活动来汇聚人气、教育众人、联络乡谊，利用“地缘”或“业缘”走访乡里或同业，举办庆典，强化内部的关系纽；另一方面，会馆的设置者们都把建立有序的社会状态作为追求，竭力创造这一环境。这既为他们自己的经济政治活动提供了良好条件，也切合了政府对社会稳定的愿望。③商业街区是由“点、线、块”构成的面状商贸空间形态，具有物质空间形态的叠合性，承载着多样的经济活动，关键在于其还隐含着文化、宗教、公义等社会功能，已经超越了单纯的经济范畴。可以说商业街区的出现标志着该流域传统集镇的空间形态构成要素的权重发生了转移，以署衙为中心的政治要素被逐渐淡化，以商业街区为主体的商贸空间要素被逐渐增强，集镇的空间结构发生了重大改变；也表明该流域已由自给自足的小农经济向商品经济转变——一方面服务业蓬勃发展，另一方面交易方式不再只有街头贸易，出现了长途贸易的方式甚至是期货交易；同时也促进了“乡民”向市民的转化，催生了市民阶层的出现。

6 传统集镇商贸空间活力分析

我国学者蒋涤非把经济活力、社会活力和文化活力归为城市活力的三个方面。对于商贸空间来说，经济活力应是首位的，经济活力是社会活力和文化活力的基础，而社会活力和文化活力对经济活力有巨大的促进作用。就商品交易来说，商贸空间还有另一种社会属性——交往，即不仅是商品本身品种、质量上的交往，而且是贸易方式上的交往和互通信息的交往。传统的交易活动是人们在面对面的洽谈中完成的，交谈中除介绍商品的产地、质量等交易信息外，语言、服饰乃至习惯都会给对方以潜移默化的影响，即交往所产生的映射。总之，交易能产生交往，交往能丰富生活，生活能激发活力，有活力集镇才能生存与发展。交易活动及其所产生的社会活动是集镇充满活力的源泉。

6.1 活力缘由

“活力”是一个抽象的概念，很难对其进行有效的量化评价；然而“活力”又能被具体体现，它必然依附于一个具体地点，存在于一个具体空间，通过具体人物和事件来记叙。所以，活力本身具有时间性、地域性和混沌性的特点。很多学者对于空间的活力进行了大量的研究：如伊恩・本特利等人的《建筑环境共鸣设计》将“活力”一词的涵义表述为“影响着一个既定场所，容纳不同功能的多样化程度之特性”，“能够适应多种不同用途的场所提供给使用都的选择机会比那些只限制他们于单一固定功能的场所要多。能够提供这种选择机会的环境具有一种我们称为活力的特性”①。可见伊恩将“活力”归结于场所功能复合性。凯文・林奇认为：“活力是一个人类学的标准，是形态对于生命机能、生态要求和人类能力的支持程度，而最重要的是，如何保护物种的延续。”②其从人类学的角度引申“活力”应是承载

---

① [英]伊恩・本特利，等. 建筑环境共鸣设计[M]. 纪晓海，高颖，译. 大连：大连理工大学出版社，2002：83.

② [美]凯文・林奇. 城市形态[M]. 林庆怡，北京：华夏出版社，2001：84.

和包容人的活动及活动的延续，并将“活力”作为评价空间形态质量的首要指标。1962年法国颁布的《马尔罗法》就基于这样一种观念：“有活力的城市地区必须以现有的城市状况为基础。”[①]这表明空间活力的营造必须体现对历史的尊重。

可见，“活力”来自人的聚集和活动，而活动起于生活，延展于交往，商贸活动使得人们参与对话与交往的概率和范围大大增加了。芒福德指出：“对话是城镇生活的最高表现形式之一，是长长的青藤上的一朵鲜花。城镇这个演戏场包容的人物的多样性使对话成为可能。……城镇发展的关键因素在于社交圈子的扩大，以至最终使所有的人都能参加对话。不止一座历史名城在一次总结其全部生活经验的对话中达到了自己发展的极顶。”[②]这里“对话”指的就是交往、交流。在芒福德看来，广泛而充分的社交不仅是人类生存和发展的基本需求和重要因素，而且是城镇兴盛的标志。[③]

“人＋空间＋活动”形成的场所，是承载活力的容器。一方面，它为人及其活动提供空间；另一方面它可以对人的聚集和人们的活动起到激发或抑制的作用。商贸空间作为集镇公共空间的重要组成部分，既有其共性，也有其特性。其不仅仅是交易中心，更重要的是人们邻里交往与对话的扩大和延续。

所以，商贸活动不仅仅是经济活动，它的存在不是孤立的，它与其他社会活动交织在一起，与普通人的生活息息相关，它集聚人流的作用远远超过了其他社会活动，给传统集镇带来了巨大的活力。

6.2 商业业态的多样性

恩格斯把不从事产品生产而只从事产品交换的商人阶层的出现看作是第三次社会大分工。随着商人阶层的出现，社会上就产生了一种专门从事商品交换的经济事业——商业。[④] 近代，“城乡商贸往来，有自下路装运来者，如棉花、布匹、丝、扣等类，曰杂货铺；如香纸、烟、茶、粮食等类，曰烟铺；亦有专伺本地货物涨跃以为贸易者，如上下装运盐、米、油、布之类，则曰水客。至于本地出产，如桐油、五倍、硷水、药材各项，则视下路之时价为低昂”[⑤]。可见当时形形色色的商品已进入该区域，形形色色的商人已奔走于其间。如果说血缘和地缘使得人类得以聚居产生村落，那么集镇的产生则使得业缘关系得以发展。从发展层次看，业缘关系是比较高

---

① Phili Piegill. Nancy Vollanan Landscapes in History[M]. New York: Van Nostrand Reinhold, 1993.

② 刘易斯·芒福德. 城市发展史——起源、演变和前景[M]. 倪文彦，宋俊岭，译. 北京：中国建筑工业出版社，1989.

③ 狄雅静，张永川. 建筑平面布局形态与街道建筑空间的视觉秩序[J]. 江苏建筑，2003，89(1)：9-13.

④ 邱绍雄. 中国商贾小说史[M]. 北京：北京大学出版社，2004：2.

⑤ 李思宏. 湘西山地村落形态特征研究[D]. 长沙：湖南大学，2009：13.

的社会关系，是在市场发展比较规范的时候才出现的，在规范的市场机制下，这种关系的作用比前两者关系要大，而前两者关系将通过业缘关系发挥作用。不同的行业对商贸建筑的建筑要求和影响是不同的，它们的空间组织、结构和所表现出来的形式，因商业需求的不同表现为与之相适应的建筑空间层次的变化。这是商贸建筑与社会活动互动关系的体现。

人们来到集镇目的不一、需求不一，作用也不一，要容纳和承载这些活动，首先要求商业业态的多样化。如：洪江，木材、桐油、鸦片是其主要经济支柱，木行、油行和烟馆布及全镇，然而这三类业态无法使集镇市井繁荣，需要上下游及衍生的产业辅以配合，如：贸易需要金融服务，于是有了银行和钱庄，用于货币周转和汇兑；往来客商需要吃、住、行，于是有了酒馆和客栈；人们需要日常生活，于是有了各类零售店铺；人们需要休闲娱乐和信仰，于是有了烟馆（图 6-1）、青楼（图 6-2）、会馆、寺庙等。由于该流域匪患严重，商品及货款在转运途中存在被劫持的现象，于是便有了镖局以保障安全。最后，洪江形成了以“十三帮”为主的商业业态，即钱帮、木帮、绸布帮、盐帮、药帮、苏广货帮、南货帮、瓷帮、粮食帮、纸帮、烟酒帮等；另还有桐油炸坊、油桶裱糊业、蔑缆业、木器制作业、酱坊、酒坊、织染业、铁作业、皮革业、缝纫业、竹器业、雨伞业、鞋帽业、鞭炮业等手工行业；还创办了报社、学堂、镖局等。可见，洪江既有异地贸易的行业，也有服务本地的行业；既有营利性行业，也有公益性行业，商业业态丰富多样，才得以支撑着这“弹丸之地”成为湘西明珠。

商业业态的多样性体现了传统集镇商贸空间的经济活力，增加了集镇的包容性，各色人等汇集于此，以各自的角色参与到集镇的贸易与生活当中，这些活动的汇集与碰撞，使得活力得以持续发生。

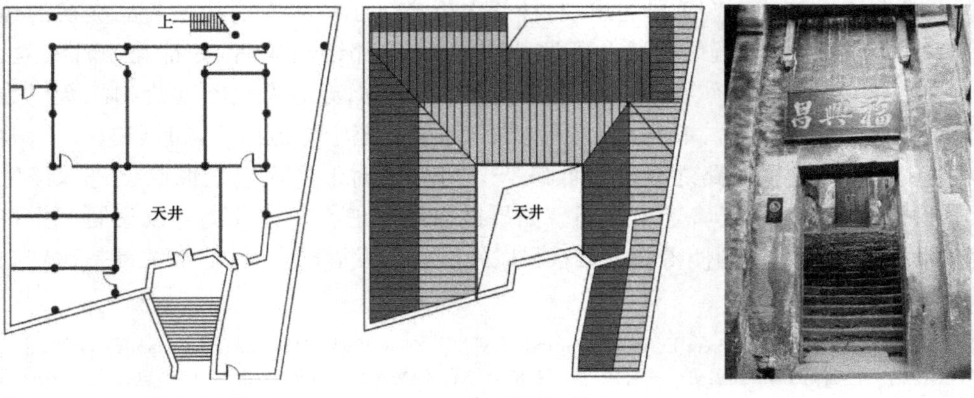

(a) 一层平面示意图　　(b) 屋面示意图　　(c) 入口

图 6-1　洪江余家巷烟馆

［来源：平面图根据蒋学志. 洪江古商城明清会馆建筑研究[J]. 中外建筑，2005(4)：77-80 改绘；实景为自摄］

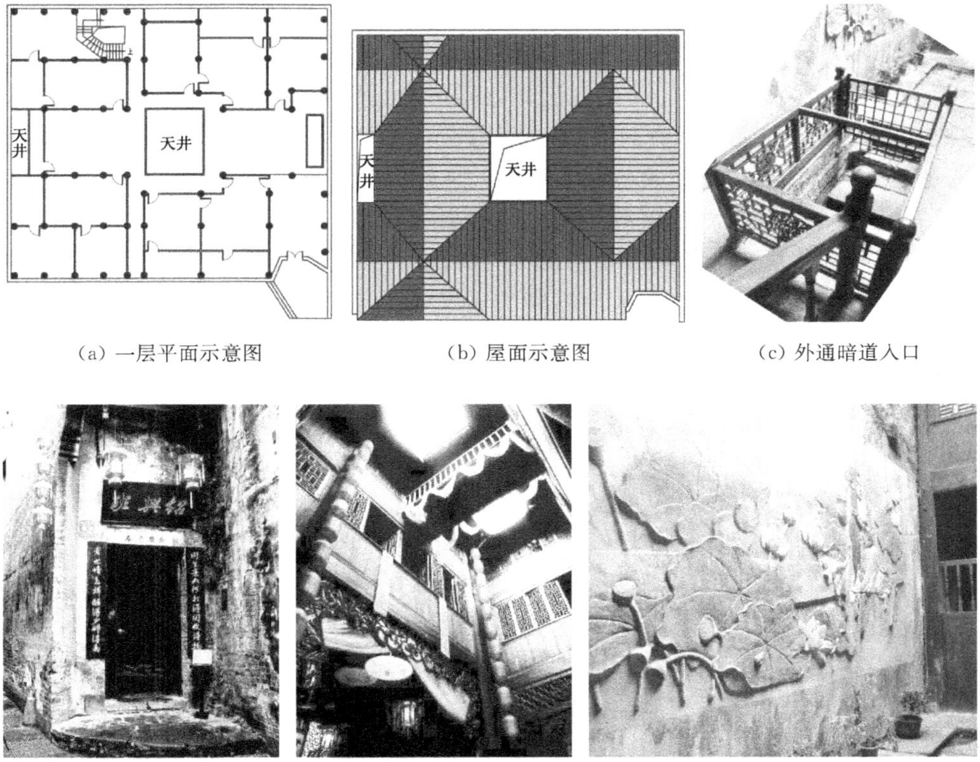

(a) 一层平面示意图　(b) 屋面示意图　(c) 外通暗道入口

(d) 入口　(e) 天井　(f) 壁雕

图 6-2　洪江青楼(绍兴帮)

[来源:平面图根据蒋学志.洪江古商城明清会馆建筑研究[J].中外建筑,2005(4):77-80 改绘;实景为自摄]

6.3 商贸空间功能的复合性

在传统集镇中很难找到纯粹的商贸建筑,商住合一空间形态将商贸空间、生活空间和消费空间有机地联系在一起。传统社会中也很难见到独立的娱乐空间,商贸空间又成为传统集镇周期性的休闲娱乐的场所,如会馆要承担唱戏的功能,商业街道要承载赶场的活动,各类室外文化表演形式提供了不同的休闲机会,传统商贸空间又同时具有了休闲娱乐空间的复合功能。

混合功能不仅体现在不同功能在一定的空间内的混合,也表现为同一空间不同时间段的不同功能的混合,如商业街道的檐下空间,其功能就具有多义复合性:在空间上既是交通空间、商贸空间,又是工作空间、生活空间。在赶集日,檐下空间常被流动的商贩用来摆摊设点,而店铺也极力将铺面向外延展,檐下空间着重表现为商业的招揽性与导引性。传统集镇中的前店后坊的商贸建筑为数不少,有的直接在店铺内进行商品的制作。因室内空间的局促，檐下空间又成了他们的工作空间。在商贸之余，檐下空间也常常被用来作为生活空间，如做做家务、摆摆龙门阵、打马吊、纳凉、嬉闹玩耍等丰富的充满趣味的集镇生活常呈现于其中。商贸空间的主要功能是商贸和交易活动，但其亦是社会公共空间——它不仅提供商贸活动场所，也是人们休闲活动和社交的聚集场所。又如会馆建筑空间，其功能更为多样和复杂，其兼有商务、祭祀、惠民等功能。而商业街道除了进行商贸活动，亦承担主要的交通职能。并且在不同的时间点或时间段，特别是重要的节日和祭祀日，其所承载的活动亦有很大的变化，呈现出时间的多义性。这种时空的变化和功能的多重叠加，使得商贸空间总是处于一种活动的状态，如同流动的活水——新鲜而富有生机。

人、行为活动与空间是个相互依存的整体：一方面，人是空间的主体，其通过行为活动控制着空间的物质形态；另一方面，空间也不能简单地理解为一个容器，其品质的好坏也对人产生积极的影响，人与空间始终处在一个积极互动的状态。影响商贸空间形态的人群可分为两类：一是购物者。他们对于商贸空间更多是置身其中，被动式享用。空间形态及品质影响着他们的购物心理，进而影响其购物行为；二是出售者(商人)。他们对于商贸空间更多是营建，主动式的创造。他们根据商品特点和自己的经营方式，同时考虑购买者的方便程度，营造空间并创造空间品质，并试图影响购物者的行为。从这个意义上来说，商人的行为活动对于商贸空间的营造来说更具有积极性。

不同类型的商人有着不同的商业行为诉求，进而形成了不同的商贸空间，使商贸建筑功能和集镇商业格局分布产生差异。商贸空间的存在形式总体上可分成两种：活动的商贸空间和固定的商贸空间。活动的商贸空间主要是由于商人的游动而产生的，其没有固定的商业场所，只要有交易产生，商贸空间就存在。而摊贩的商贸空间也是较为灵活(图 6-3)。他们一般采用露天交易的形式，且"交易而退"。而另一类活动的商贸空间——"松棚"(图 6-4)，则带有"灰色"的过渡性质，可以看

(a) 洪江屋檐下的交易活动　(b) 锦屏街道两侧露天的交易活动　(c) 赶场的苗族姑娘

图 6-3　活动的商贸空间

(来源：自摄)

图 6-4 临时的商贸空间
（来源：自摄）

做商铺的建筑内部向街道的延伸，是檐下临时的搭建物，其早上伸出，夜晚收拢，具有一定的灵活性，是一种临时的商贸空间。此类商贸空间的流动性、露天性是其从产生之初便具有的历史特征，诸如前文所载的在“野”之市。

人是活动的主体，即是空间的使用者，又是空间的创造者。商贸空间中人们的存在状态和交易方式赋予了其特别的意义。因此，人是空间活力的形成过程中的主体，人的活动是创造商贸空间活力的最直接来源；而商贸活动则是构成空间活力的核心，人与商贸空间的良性互动必然促使其焕发生机；更多人的参与使商贸空间承载了更多的日常生活。换而言之，日常生活化的商贸空间是其社会活力的体现。

凯文·林奇在《一种好的城市形态概论》(1981)中提出，城市空间的关键在于如何从空间安排上保证城市各种活动的交织。C. 亚历山大则在其经典著作《建筑的永恒之道》中这样论述道：“建筑与城市要紧的不只是其外表形状、物理几何形状，而是发生在那里的事件。一个地方的所有生活和灵魂，都基于体验，不单单依赖于物质环境，还依赖于体验的事件的模式。一旦有了共同的模式语言，我们都将会有能力，通过我们极普通的活动，使我们的街道和建筑生机勃勃。”① 日常生活是一种常态的连续的活动，又是一种不可复逆的极其普通的活动——看似相同又觉不同：日复一日，年复一年，日积月累便有了“故事”。传统街道是时间累积的结果，是历史沉淀的产物，充满了各种故事和传说，每个人都是这些故事的“扮演者”，都是多样文化的创造者。简·雅各布斯曾描述：“一个人对都市街道的依赖是经由许许多多人行道上的交往接触所培养的——市民逗留在酒吧间喝啤酒，由杂货商那里打听消息，或讲点消息给新来者，在面包店与其他顾客聊天，与路旁喝汽水的孩童打招呼，或等用餐时偷瞄女孩子等。”可见，上述“喝酒、打听消息、聊天、瞄女孩”等交往活动均发生在“酒吧、杂货店、面包房”等商贸空间中，它们成为商贸空间多样的形态，成为商贸空间中的叙事行为，形成了商贸活动的场所。

由此可见，商贸空间中的事件，是由交易行为及其衍生活动构成的，商贸活动是影响商贸空间活跃度的主要因素。由各类交易活动和相关的社会活动构成的事件成为商贸空间的内涵。而商贸活动场所的存在应具备以下三个因素：①参与其

① [美]C. 亚历山大. 建筑的永恒之道[M]. 赵冰，译. 北京：知识产权出版社，2002：52.

间的主体——人，包括商人和购买者；②叙事行为——各类商贸活动；③物质载体——空间。三种要素之间相互制约、相互依存。主体创造事件，事件强化空间，空间承载主体和事件。商贸空间是形式，事件赋予商贸空间以功能，而主体赋予商贸空间以意义。当事件持续发生，即如同日常生活频繁而重复产生的时候，作为主体的"人"参与其中时，商贸空间实现了将形式、功能、意义融于一体，即当人、活动、空间融为一体时，出现了充满活力的场所。实质上这便是传统集镇"生动、复杂、积极的生活本身"，即"制造场所"的传统。场所不仅是一处明确的空间，还包括了使其成为场所的所有活动事件和主体。[①] 场所是通过人和事的占据，才被赋予了含义和价值，也正是人与环境的直接互动才赋予了空间以特色而区别于周围区域中的那些空间，[②]独特的人文、地理条件使沅水中上游传统集镇的商贸空间成为具有地域特色的场所。

空间功能的复合性表达了传统集镇商贸空间经济活力与社会活力相依共融的特征，体现出它们互为促进、唇齿相依的关系。

6.4 行为的自发性

6.4.1 人的自发行为

人的自发性源于人本身的感受而产生的反应，是人自主决策的行为或结果，其行为轨迹是混沌的。但自发不是无目的、偶然的，而是一种随着环境变化不断调整自身的行为。正如史蒂文·霍尔引用混沌理论对"奇异吸引粒子"的运动轨迹的解释一样："无论粒子来自何方，它们总会有选择的机会。当所有粒子在吸引力的周围循环流动时，最初聚集在一起的所有粒子又逐渐分散，彼此间不再有接触。然后，所有粒子可能沿着各自独立的轨迹运行。"[③]"奇异吸引粒子"是一种基于人的自发聚集行为的解释，当多个"吸引力"(可认为是某个中心或节点，甚至一个小小的柜台)存在时，人的选择就会趋向多元，轨迹也会变得多样和无序而处于混沌，也就能充分反映其自发性。

自发性应是发自内心的，是人和空间最自然、最质朴、最直接的联系。这意味着自发的主体拥有"一个安全的放眼世界的起点，一种对自己在事物秩序中所处的

---

① 李万林. 城市公共空间的活力与特征浅述[J]. 重庆建筑，2011，12(10)：10-12.

② 吕小辉. "生活景观"视域下的城市公共空间研究[D]. 西安：西安建筑科技大学，2011：101.

③ Steven Holl. A Story of a Strange Attractor Parallax[M]. New York：Princeton Architecture Press，2000：273.

位置的牢固把握，尤其是与某个地方的重要情节"①。这些都是反映在人们"牢固把握"日常生活之中。日常生活是"寻常百姓家"的生活，是每日例行的、重复的生活方式，充斥着人们生活的方方面面，具有普遍性；而且日常生活是以重复性思维和"重要情节"的实践为基础的活动，由人们的经验和潜意识活动而构成，是自然展开的活动领域，本身具有自发性。"日常生活是由那些人们在历史时空中几乎不加注意的小事构成的。……这些每日发生的事情是不断重复的，它们越是不断重复就越成为一种普遍规则，或者毋宁说是结构。它渗透了社会的各个层次，并规定了社会存在和社会行为的各种方式。"②可见，日常生活是人的自发性的集中表现，平日里的买卖活动是日常生活中的"平常事件"，大量的自发行为发端于此。人在商贸空间的自发性很大程度上表现在人们的日常买卖当中。

人的日常生活在商贸空间中并非都存在交易，有的也许只是去"逛逛"。所以其行为有消费行为和非消费行为之分。消费行为是商贸环境中最直接发生并产生经济效益的活动，购物成为能展现集镇旺盛生命力的生活行为③。消费行为有随机性和目的性两种方式。目的性的消费行为，首先源于经验在其脑海里已形成了行为路线，并对前往的地点较为熟悉，消费前的时间要求尽可能短。此类自发行为目的性强，自发源于曾经的消费空间给予的过往经验。而随机性的消费行为则更大程度地依赖于商业环境的好坏。人一旦获得足够的感兴趣的消费信息，便会产生消费的欲望。所以，一个品质较高的商贸空间能使人顺利地从知觉达到意象，进而自发地产生消费行为。而非消费行为则反映出更为自由的自发性，其以游逛、休息、观赏、交往等多重行为为组合，且它们往往交织在一起，体现出人们更为普通的日常生活，是基础性和丰富性的活动，更注重交往和创造力。但是人在不同的节点、时机和自身状态下，其主导行为也不一样。

由于人的自发性行为使得传统集镇商贸空间具有日常生活恒久的社会意义，也给其注入了长期的源源不断的活力。

6.4.2 "城"的自发行为

从历史的角度来看待集镇的发展过程，可以把集镇视为行为主体（事实上，集镇本身不可能产生行为，但可以看做是集镇中的所有人行为产生的结果的总和）。培根曾说过："城市是生成的而不是建成的。"④在沅水中上游，传统集镇的建设存

---

① [美]克莱尔·库珀·马库斯，卡罗林·弗朗西斯. 人性场所——城市开放空间设计导则. 2版.[M]. 俞孔坚，等，译. 北京：中国建筑工业出版社，2001：5.

② 布罗代尔. 十五至十八世纪的物质文明与资本主义：第一卷.[M]. 刘昶. 人心中的历史. 成都：四川人民出版社，1987：316.

③ 蒋涤非. 城市形态活力论[M]. 南京：东南大学出版社，2007：4.

④ [美]埃德蒙·N. 培根. 城市设计[M]. 黄富厢，译. 北京：中国建筑工业出版社，2000：2.

在着规划建设和自发建设相融合的情况，特别是明清以后，伴随着商品经济的发展，很多传统集镇自发建设形成更为灵活自由的布局形式。在已形成的集镇路网的格局下，各街区的自然发展几乎都呈自发状态。有的甚至整个集镇从兴起到发展完善均呈自发状态。它们没有"城"的界限，街区发展是在自发力的作用下发展形成的，往往手工作坊、商业店铺、物流仓储、批发贸易等商业功能中掺杂着书院、报馆、税管、庙宇等其他社会文化功能，居民的许多社会交往活动也在这里发生，如洪江，从唐之草市，到宋代定居人口渐多，至元末明初的湘黔边境的大墟场，后到明末清初的湘西名镇，再到民国(特别是抗战时期)的小都会，洪江随着商贸的产生和发展而自发兴起与营建扩张，其职能较为单一，没有自上而下的总体控制和规划，缺乏强有力的整体控制，一直处于一种自发的建设当中。所以，洪江街巷呈现出有机自然生长的自发形态(图 5-63)。又如新晃龙溪口(图 6-7)，其本是晃州城外的草市，随集市发展，渐有人定居，主要承载黔地往来的油、茶、药材、盐等商品，至清末已汇集成人口过万、客商百千的大墟镇。从集镇设有客栈(图 6-5)来看，各地往来的行商也不在少数。原设有渡口与晃州往来，民国时建浮桥，可见市场之繁荣，也有了"龙市晚归"之胜景(图 6-6)。从图 6-6、图 6-7 可见，集镇依山傍水而建，街道顺河沿山蜿蜒，完全呈自然生长之形态。

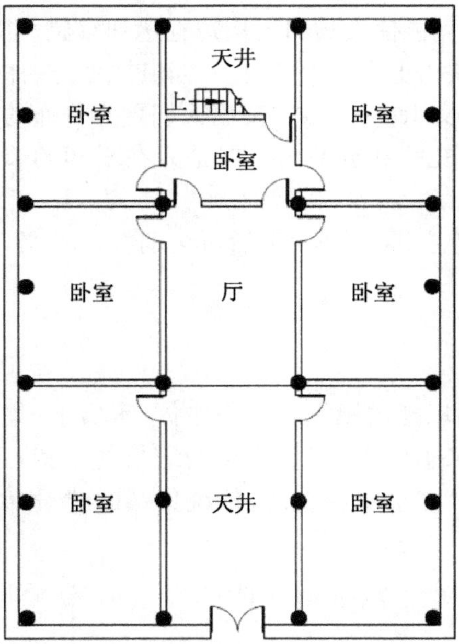

图 6-5　龙溪口东南客栈平面示意图

(来源：自绘)

图 6-6　龙市晚归

(来源：黄成助. 晃州厅志[M]. 台北：成文出版社有限公司，1975：21)

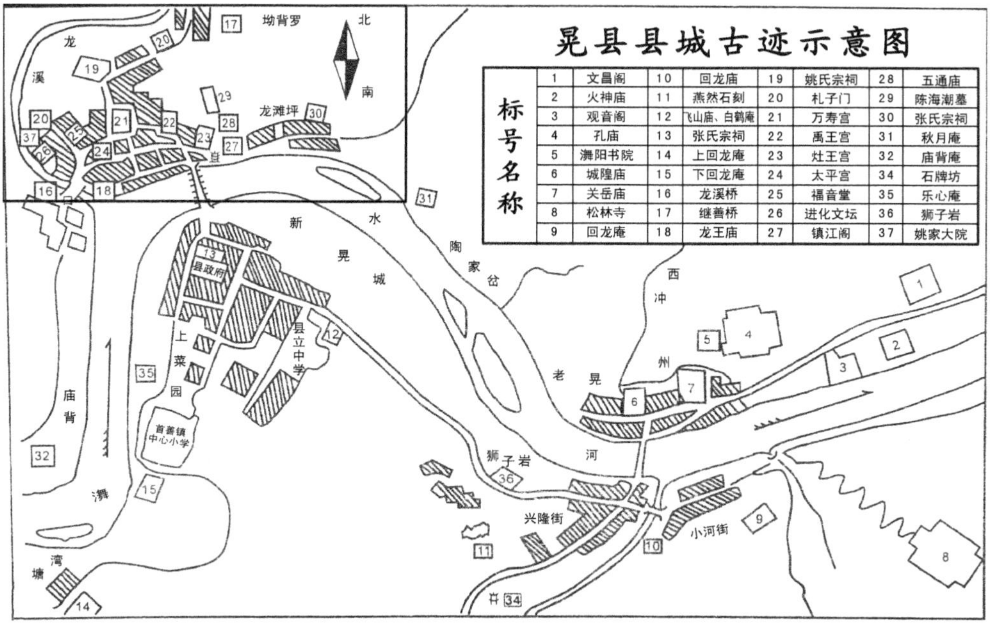

图 6-7　自发生长的龙溪口镇

（来源：由新晃张朝玉提供）

无论是人的自发行为还是城的自发行为，都离不开动力，而这一动力的源头则是充斥于日常生活方方面面的经济活动及其所引发和延展的社会交往活动。在传统的商贸活动中，社会活动和经济活动交织并置，体现出丰富多样的浓郁的生活气息，并叠合于各个场所。这就赋予了承载这些活动的空间以多义性：一方面，通过空间形态表现出一定的形式；另一方面，通过感知空间元素的意义而形成一定的空间感受，使人们能出于自身的经验和感受，用不同的方式来理解其更深层次的意义与内涵。而上述行为活动在集镇空间中的充分体现，反映出的总体感受就是活力的表现。

6.5 商贸空间环境的意象力

意象是指物质形态在人们头脑中的图像，是感官印象和记忆、情感和意义等相结合的经验认识空间——一个“主观环境”空间，它是观察者和被观察事物之间双向作用的结果。凯文·林奇的“城市意象”强调对个体行为以及对该行为产生影响的个体知觉的研究，主要体现在对个体和集体的心智地图的研究[①]。同时林奇还

① 吕小辉.“生活景观”视域下的城市公共空间研究[D].西安：西安建筑科技大学博士论文，2011：78.

认为:“一个可读的城市(镇),它的街道、标志或是道路,应该容易认明,进而组成一个完整的形态。”[①]笔者认为这种可读性具有两方面内容:一是该物质形态具有可读性,即自身具有区别于其他物的特点或特性,易被人识别;二是基于这种物质形态的可识别特征,引导人们在脑海中反映出“意象”。这取决该物质形态的特点是否鲜明,是否具有较强的可识别性,人们触及它的机会是否方便,通达度是否顺畅,能否启发人们的“意象”感,这被称为“意象能力”[②],简之为“意象力”。可见,意象力则是指物质形态对观察者产生意象的强弱度,反映的是物质形态对人的影响力。意象力于活力而言是极为重要的,其为活力提供了驱动:只有当人们有了“意象”,才意味着可能有相应的行为,进而活力地体现。按照凯文·林奇的观点,商贸空间最为突出的是节点、标志、标识等要素。可以从标志的可识别性、商贸节点的可及性和商业街道的广告标识的信息性三个方面来剖析沅水中上游传统集镇商贸空间的特征。

6.5.1 标志的可识别性

标志是点状要素,是商贸空间的可识别性和可意象性的重要元素之一。标志通常是以视觉引发印象,是在空间场所中起控制性作用的视觉中心点,它给人以视觉的参照和引导。在传统集镇商贸空间中,富有传统元素的标志物是人们用来确定方位的重要标志,如城楼、桥、过街牌坊等。

一般说,入城门(图 6-8)就进入了商业街道,城楼成为商业街道空间的主要标志,也是传统集镇中意象力最强的要素之一。人们通过对体量庞大、建筑壮观的城楼对比来识别商业环境和判断自己在集镇、街道所处的位置[③]。

(a) 铜仁中南门

(b) 黎平东门

---

① [美]凯文·林奇. 城市意象[M]. 方益萍,译. 北京:华夏出版社,2001:2.

② 张鸿雁,城市形象与城市文化资本论[M]. 南京:东南大学出版社,2002:73.

③ 余翰武,吴越,伍国正. 传统集镇街道商业空间的意象力解析——以湘西地区为例[J]. 建筑科学,2008(24):123-126.

（c）锦和东门

（d）镇远下北门

（e）镇远上北门

（f）凤凰东门

（g）凤凰北门

（h）黔阳西门(中正门)

图 6-8　沅水中上游传统集镇城楼

（来源：自摄）

在传统集镇商贸空间的街巷之间，经常可以看到牌坊或是街门，他们是界定不同领域街道空间的标志，过街牌楼不单是景观标志，同时也是人们判断前后等方位的参考。还有框形或拱形的街门，其作用是主要是防火，也有一定的防御性，同时也是商业与非商业区的划分标志(图 6-9)。牌坊、街门因为其通透性，而不会影响商贸空间的连续性，商贸活动也不会因此有太大的改变；相反，它们成了人们确定方位的参照物，大大增强了商贸空间的可识别性。

(a) 兴隆街牌坊

(b) 四方井巷牌坊

(c) 复兴巷牌坊

(d) 仁寿巷街门

(e) 新晃龙溪口入口牌坊

(f) 芷江黄甲巷牌坊

(g) 黔阳南正街的封火墙

(h) 洪江古镇街门

图 6-9　沅水中上游传统集镇牌坊、街门[(a)、(b)、(c)、(d)均在镇远]

(来源:自摄)

沅水中上游的传统集镇依山傍水，桥是免不了的交通要素，因其不可替代的交通便利性，商贸活动往往也伴随其而发生，商业街道也往往延伸至桥头。在苗族和侗族的聚居区（潕水河流域和清水江流域），很多桥被建成风雨桥，商贸活动在其内部发生，其本身也成了商贸空间的组成部分（如图 5-25～图 5-27）。其独特的造型成为反映地域文化特征的重要元素，也是人们确定空间位置最易识别的标志物之一。

标志物识别性越强，商贸空间意象力则越强，商贸环境就能给人提供更多的方向感和游动的兴趣，并试图循此去改变感知，激发人们"逛"的情感，从而提供了潜在的商机。正如马克·威格利所描述的："它的使用者不断改变他们的感觉环境，根据他们不断变化的渴望重新定义该区域的每一个微观空间。"①所以，人们在识别标志物，找寻标志物中，在脑海中不断地更新所经过的每一个微观空间。人们在不断地"游荡"中，商业机会在增加，商贸活力也在随之增强。

6.5.2 节点的可及性

上文曾提到码头、亭桥、城口、井台是商贸节点。这些节点通常是商贸空间发端、交汇、转折、分叉的地方。商贸活动在这里集中、扩散、蔓延，逐渐形商业街区。林奇在《城市意象》中指出："节点是一些点、一个城市中战略性的地点，观察者能够进入、领略强烈的焦距并由此开始其旅行。""某些集中节点成为一个区域的中心和缩影，其影响由此向外辐射，它们因此成为区域的向征，被称为核心。"②

传统商业街道通常表达为共性，而节点提供的是个性。相对于线形的商业街道空间，节点则突出重点，成为是某些功能或物质特征的聚集点。"它们首先是连接点，交通线路中的休息站，道路的交叉或汇聚点，从一种结构向另一种结构的转换处。"③如码头，常有宽大的青石台阶伸入河中，便于水运交通的运输和人们日常生活的使用；亭桥除了供人们往来交通、休憩打尖，很多也成了当地的交易场所；而城门口和井台更是人们经常出入的地方，特别是街中的井台，打水是当地人必然性活动，而在其周围买卖商品也成了他们可选择性的活动。进入这些节点的方式越多，聚集的人越多，活动亦增加，商机亦多，活力亦强。

可见，人们进入节点的感知体验、情感感受，直接影响到人们参与其中商贸活动的介入度，是反映传统集镇商贸空间意象力强弱的重要因素。可及性越强，介入度越深，人们在节点所接受商业体验越强烈，人们的交往活动就越频繁。节点的可

---

① Mark Wigley. Paper, Scissors, Blur Catherine de Zegher (eds). The Activist Drawing: Retracing Situationist Architecture from Constant's New Babylon to Beyond[C]. Cambridge: The MIT Press, 2001: 27.

② [美]凯文·林奇. 城市意象[M]. 方益萍，译. 北京：华夏出版社，2001：36.

③ [美]凯文·林奇. 城市形态[M]. 林庆怡，等译. 北京：华夏出版社，2001：133-144.

及性可增强人们体验的潜在深度和强度,直接反映传统集镇商贸活力的强弱。

6.5.3 广告标识的信息性

芦原义信"把建筑外墙凸出物和临时附加物所构成的形态"称为"第二次轮廓线"①,尽管他认为"第二次轮廓线"无秩序、非结构化,不能成画。② 但不能否定的是在传统商业街道行走时,首先映入眼帘的就是这各式各样、五颜六色的门面招牌、圆领、幌子,它们为往来的人们提供了商业信息,引导和激发了人们的消费欲望和行为。

许多世纪以来,各类招牌一直是零售业和服务业特有的信息传递方式,是标识行业、识别商铺的主要形式,并影响着商贸建筑及其环境的风格和形式(图 6-10),其特点在于形象直观、易识易记以及趣味性。就其形式而言,招牌有竖招、横招、坐招、墙招几大类别。招牌多以文字标识商铺的字号、经营内容,题字往往比较注重题字人的身份,③有些招牌的题词甚至还有一段历史背景。

图 6-10　传统商业街道中各式各样的广告牌

(来源:自摄)

"竖招"是把竖写的招牌挂在门、墙或柱上,幌子、圆领应属此类。"横招"挂在前牌坊上,或在屋檐下,或镶嵌于建筑物。"坐招"设置于柜台上。"墙招"是写在店铺墙壁上的宣传广告(图 6-11)。

① [日]芦原义信. 街道的美学(含续街道的美学)[M]. 尹培桐,译. 武汉:华中理工大学出版社,1988:57.

② [日]芦原义信. 街道的美学(含续街道的美学)[M]. 尹培桐,译. 武汉:华中理工大学出版社,1988:58.

③ 刘晓莉. 历史街区更新中的商贸空间营造[D]. 重庆:重庆大学,2003:34.

(a) 墙招

(b) 墙招

(c) 竖招

(d) 幌子

(e) 横招

图 6-11 各类广告标识

(来源:自摄)

形式多样而别具一格的广告标识不仅展示商铺的销售信息,也为公众提供必要的资讯服务,让人们或强烈深刻、或简单地记忆下来,增强了意象,这对于店铺来说是最为简单明了的方式。

正是这些各色不同的广告标识使人们在立面雷同的传统商业街道中能较快速地找到目标。传统集镇的商贸空间通过上述元素,并融入沅水中上游特定的地域因素,不断强调自己意象,激发着人们的购买欲望,增强了交易交往,同时也增强了集镇的商贸活力。

6.6 文化活力的诉求

文化是事物存在的灵魂,失去灵魂的事物将毫无存在的价值。从另一方面来理解,文化必须依附于具体事物来表述,必有其物质载体。拉普卜特认为:“建筑的形式、建筑的空间,只有注入潜藏于其下的文化驱动力才具有意义"①,可见建筑是文化的载体,文化是它的内涵,并通过建筑的存在形式来表现的。地域文化内涵在时间与空间上的承接性,是一个地域可以经久不衰并且具有感召力和竞争力的关键。同理,作为建筑形态和空间的集合体——集镇,承载了具有更为宽泛意义的地域文化内涵。地域文化是传统集镇发展的灵魂,传统集镇是地域文化生存的"容器"。地域文化形成地方认同,是支撑地方感召的意义系统,它的形成与发展依赖于长久以来经过当地团体的意向性和内聚力构建起的地域文化意义与价值系统,并与该地区的社会、经济发展息息相关。从历史的发展来看,社会物质生产发展的历史连续性是文化历史连续性的基础,传统集镇是社会物质生产发展的产物,文化蕴含于其中。因此,可将传统集镇视为"石刻的史书"——它记载着人类文明发展的印记,为不同时代的文化和不同渊源的文化反复书写的鲜活文本,具有不可复制的历史文化价值。这种历史积淀的文化厚重无疑是传统集镇活力生生不息的源泉。

6.6.1 历史记忆的追溯

人类的繁殖是生物体的繁殖,也是文化的继替,文化随着人类的繁衍而流动与传承。文化是伴随着人类历史阶段的交替而发展的,文化的历史性是人类社会发展过程中不可或缺的重要特征,其本身有历史的继承性,有自身的发展规律。所以,地域文化的形成不仅与地域空间有关,它更涉及时间的纬度、历史的演变以及人的各类活动,如战争、贸易、民族迁徙或移民、政权的建立与消亡等。一种地域文化不可能恒定于某种不变的本质特征,也不可能脱离特定历史背景而独立存在。

沅水中上游在历史的发展过程中,尽管不断接受中原统治者的管辖,但长期保持着自己相对独立的发展形势。中原统治者,无论如何改朝换代,对这一区域长期保持着怀柔和羁縻政策,没有也无法深入沅水中上游的腹地,这一现象直至清代雍乾年间实行"改土归流"之后,才有较为彻底的改变。

由于该流域文化的多元性,反映在集镇形态之中往往不是某个单一的文化因子,有时是多个文化物种间的相互反应,这些文化物种之间此消彼长,关系异常复杂。从前文(见第二章)可知沅水中上游的历史文化是有着强烈的地域性与边缘性,也有藏着感性、诗性和神秘性。其文化的形成,一开始就是民族内部与民族之间文化变迁与整合的结果。尔后随着部族的不断迁徙,与当地多族群交融杂居,又经历了楚、汉的征讨、"羁縻州制""土司制度""调北填南""移民就宽乡""改土归流"等一系列由中央王朝强权推行的变革措施,该流域各文化承受了消亡、蜕变、裂变、嬗变的过程。在这一过程中,该流域的文化直接面对自身民族文化的创造及与其聚居地之异质文化的碰撞、转化与融合。在历史长河中,该流域经过了同"郡"(部

---

① 赵新良.诗意栖居——中国传统民居的文化解读[M].北京:中国建筑工业出版社,2009:225.

落)、同“府”(黔州都督府)、同“道”(黔中道)、同“制”(土司制)的滥觞与融合,在类同的自然环境中,形成了既具有差异,又具有共同属性的价值取向和文化认同感及心理素质的多元特征的地域文化,这是该流域文化活力的源泉。

1. 记忆的载体

“通京大道”开通以后,交通繁忙,经历了“明清两代,数百万内地人口沿此路蜂拥入滇”和“湖广填四川”等事件,其沿线留下不少移民。由于明清政府在此的大举“开边”,交通便利的集镇得到快速的发展,“省地”与“生地”犬牙交错,许多历史事件在此纷呈上演,如开边过程中的筑城活动、商贸过程中的争江事件、改土归流引发的一系列事件冲突等。这些无疑是当时该区域政治、军事、社会、经济、文化等活动的集中反映,而当时各处的集镇作为其物质载体至今仍保留了许多痕迹,有的还较为完整,如镇远、浦市镇、黔阳镇等①(该流域有国家级历史文化名城名镇 6 个、省级的 7 个,国家级文保单位 21 个、省级的 22 个,见表 6-1)。这些集镇保留了大量的历史商业街区,具有珍贵的历史文化价值和地域性特征,成为该流域宝贵的历史文化遗产资源。

表 6-1 沅水中上游主要传统集镇保护级别一览表

序号	名称	始建时间	集镇保存级别	规模(ha)	建、构筑物保护级别	
					国家级	省级
1	旧州镇	南宋	国家级	140	**旧州古建筑群**	—
2	浦市镇	南宋	国家级	160	—	桐木垅古墓群、**浦市古建筑群**、高山坪古驿道
3	隆里乡	明代	国家级	4.8	**隆里明清古建筑群**	—
4	凤凰沱江镇	元代	国家级	90	**凤凰清代古堡群**与古城楼、**沈从文故居**	黄丝桥古镇、**朝阳宫**、**熊希龄故居**、**天王庙**、湘西明清边墙、凤凰文庙、三潭书院、**陈氏宗祠**、沈从文墓、**田氏宗祠**、**天后宫**、**虹桥**、**杨氏宗祠**
5	镇远㵲阳镇	北宋	国家级	190	**青龙洞**、**和平村**、**镇远城墙**	**镇远四宫殿**、**镇远天后宫**、镇远吴王洞摩崖、**周达文故居**、**谭氏民宅(谭公馆)**、**邹氏宗祠**
6	洪江镇	北宋	国家级	10.2	**洪江古建筑群**、高庙新石器时代遗址	**陈荣信商行**
7	玉屏平溪镇	元代	—	—	—	**印山书院**
8	沅陵镇	汉代	省级	—	窑头战国城址、**龙兴讲寺**	**龙吟塔**、新寨题名记石刻、**凤凰寺**、二酉藏书洞

① 余翰武,陆琦. 遗产廊道理念下沅水中上游传统集镇发展概略[J]. 小城镇建设,2013(9):100-104.

续表 6-1

序号	名称	始建时间	集镇保存级别	规模(ha)	建、构筑物保护级别	
					国家级	省级
9	岑巩思旸镇	元代	—	—	—	中木召古庄遗址
10	黔阳镇	汉代	省级	80	**黔阳古建筑群、芙蓉楼**	**王家大屋、宝山书院**
11	新晃龙溪口镇	唐代	省级	15.5	—	**龙溪口古商号建筑群**
12	芷江镇	汉代	省级	36.3	**天后宫(含石坊)、抗日胜利芷江洽降旧址**	**芷江文庙**
13	黎平德凤镇	明代	省级	14.4	**黎平会议会址**、述洞独柱鼓楼	**两湖会馆、黎平何腾蛟墓**、黎平南泉山古建筑、高进戏楼
14	茅坪村	明代	省级	2.1	—	
15	铜仁	明代	省级	3.67	**东山古建筑群**	—
16	锦屏三江镇	明代	—	—	—	**锦屏飞山庙**
17	锦和镇	北宋	—	9.6	—	—
18	天柱凤城镇	明代	—	—	三门塘古建筑群	龙大道故居
19	安江镇	五代	—	—	**安江农校纪念园、高庙遗址**	—

注:1. 集镇保护级别是以在已公布的前六批中国历史文化名城名镇目录为依据(截至 2014 年 3 月),和已公布的省级历史文化名城名镇(截至 2013 年 12 月),建、构筑物保护级别是以已公布的国家和省级重点文物保护单位为依据(http://www.zgwhycw.cn 中国文化遗产网)。

2. 规模是指传统集镇中具有历史风貌的街区规模。

3. 表中黑体字指该物位于镇区范围内的。

4. 另托口镇因托口水电站的修建,目前已全部拆毁,预计于 2015 年将全部淹没于水下,故本表未将其纳入。

2. 记忆的追溯

在历史长河中大量历史建筑和构筑物因时间的流逝而留存下的种种痕迹,都与特定的时期、事件、人物相关联,都成了传统集镇整体历史和文化的有机部分;不同性质、类型和规模的历史建筑,作为传统集镇不同时期发展过程和事件的载体,构成维系人们历史记忆的参照物和见证物,是当地人乃至民族的情感纽带,足以引发并转化成人们对其所处的集镇空间环境的情感体验。这里能体会到的传统的情结,记忆情感是不可或缺的基础,它既是历史与文化传统的见证,又是地域的共同记忆。历史过程中,不管是对其的破坏还是修缮,都是一种情感解读,是一个时代的观念表征。我们应该认为,在现代化的进程中包含了对传统的发明或对历史的追认。

沅水中上游的传统集镇是该流域的人文历史节点，是该流域乃至中国历史发展的见证，是各个历史时期的文化积淀的体现，提供了人们对历史追溯的信息。其作为地域生活重要的人造景观，携带大量的地域文化、经济、历史、社会的信息，提供历史史实，是用于追溯历史、考证历史的重要证物，是重要的历史文化遗产；同时也为人们提供了回味历史、追溯记忆的情感对象和环境，大到山水意境，小到建筑玩意，无论是从集镇本身，还从建筑艺术的角度，都渗透着浓厚的人文精神和追溯辉煌历史的记忆，具有很高的历史情感价值。

另外，日常生活化的商贸空间是有情感的，其给人们提供人类生活的基础和背景；它反映了在一特定的时空地段中人们的生活方式和其自身的环境特征。人们长期在此经营，对所处的商贸空间深有体验与感受，并享受着源于长久以来经体验所强化的亲切的关联性，寻找传统商贸活动提供的丰富的、令人激动的场所。所以“百年老店”总让人津津乐道。

对于传统集镇来说，日常生活化的商贸空间还来源于一种情境——人们对过往传统文化的回忆和对当地文化根脉的寻找。用“礼失而求于野”来形容似乎不太恰当，但在当前各地滚滚而来的“现代潮”中，寻找一点中华文化的寄托确实很难，而传统集镇中的市井情境又何尝不是当前疲于奔命的工作人群的向往呢？相对于当前林立着钢筋混凝土的高楼大厦，传统集镇的商贸空间的平易近人和世俗低调更显得充满生活气息和活力又难能可贵。此类空间于人的真正意义在于：不仅仅是对“文脉”的回应，而是建立起一种新的关联——出于个体感受的历史与当下的对话，并且延展至将来的可能的体验场。传统商贸空间展示出传统集镇市井生活的情趣和勃勃生机。它的多样性、复合性多向度地为这种情景场所提供了丰富的物质基础。不可否认，传统集镇的商贸空间，是通过“阅读”和体验交易、交往、交流、交融行为的物质形态空间系统，是人们回忆既往，探索地域文化脉络，“触摸”街市生活及其社会关系、行为心理的重要场所。沅水中上游流域地处民族融合区，传统集镇商贸空间的社会性、民族性、文化性更为突出，正因为如此，其商贸空间才更加多样和富有活力。

6.6.2 文化习俗的交流与传承

中国的传统社会是以家庭为生产单位的自给自足的小农社会，处于一种封闭型的经济体系中，而集市补充了这种封闭经济的不足，人们通过此类活动的货贸交易，将剩余农产品出售，换回其他生活和生产必需品，同时也参与或观看各种民间文艺的表演和酬神祈祷活动，这便是中国传统社会中集市得以长期传承的基础。正如卢梭所言：“缓慢诞生的风俗习惯”已经成为“难以撼动的基石”。因此，传统集镇的活力也有赖于民间文化习俗制度的传承。如前文所提到的庙会活动(见第五章)。庙会是传统集镇民众参与最为广泛的经济活动和文化活动，也是集镇活力的真实体现。在供奉神灵的大殿里，人们恭敬虔诚地祭拜；殿外则是锣鼓喧天的戏场喧哗，伴杂着街道叫卖起伏的交易活动，一派生机勃勃的景象。另外，参与其中内容丰富的民间文艺活动(如娱神歌舞、街头的卖艺人等)反映当地的风俗习惯。沅水中上游地方戏曲有傩戏、辰河高腔等，都已成为珍贵的非物质文化遗产(参见附表2，附表5，附表9)。

"五族杂居、客土同籍、各尚其俗"是该流域群体文化状态的生动描述。尽管如此，由于各地会馆的公共文化活动注重公共参与，不排斥"外人"，在一定程度上争取与当地文化进行接触。这种开放积极的文化态度，在漫长的文化传承中，使本籍文化与当地文化和其他地籍文化习俗的交流与融合起了积极的作用。

6.6.3 文化价值差异空间的认同

任何文化现象都不可能孤立存在，它的形成与发展都与其自身所处的地理条件和社会背景有关，且是以社会物质生产发展为基础的，并可通过其形态加以反映，而物质形态是有时空限制的，即任何文化现象都具有历史性和地域性。文化的这种特性具有无可比拟的价值，也是人类用以延续和展示文化的重要载体，也就是说其成了可利用的资源。

这种资源具有无形性、无限使用性、地域差异性、消费精神性和易变性的特征①，既具有外向表征又富含深厚的历史文化价值；其表现出强烈的地域特征，构成独特的文化差异性。这种文化差异成为活力产生的重要基础。

由于沅水中上游复杂的山地地貌，客观上限制了人类生活的空间维度，造成了各个文化节点的分散和交通联系的不便，缺乏充分的交流，很难在空间上形成统一的族群。该流域的居民们被自然界限分隔成若干子群，形成相对独立的自我中心，并按自我发展规律，演化自己的语言和习俗，从而导致沅水中上游文化的多源性。历史上"汉不入峒，蛮不出境"的隔离政策，使得该流域民族间的文化交流及经济交往在一段历史时期内的封闭与隔绝；尽管明清后，汉民大量涌入，使得汉文化成为当地文化的主体，但长期的隔阂并未完全消失，造成该区域文化"融而未合，分而未化"的杂合性特征。就文化而言，这一流域是楚巫文化、巴蜀文化、苗侗文化以及中原文化交融互动的区域，具有多元文化交融的特点②，具有极强的地域文化价值。

《礼记·王制》说："凡居民材，必因天地寒暖燥湿，广谷大川异制，民生其间者异俗，刚柔轻重、迟速异齐、五味异和，器械异制，衣服异宜。"③这说明地理环境的迥异必然会导致地方文化特点的不同，这也是至今在该流域内还有多元并存的各

① 李沛新.文化资本论——关于文化资本运营的理论与实务研究[D].北京：中央民族大学，2006.5：8.
② 余翰武，陆琦.遗产廊道理念下沅水中上游传统集镇发展概略[J].小城镇建设，2013(9)：100-104.
③ 陈渊.巴渝地区合院民居及其防御特色研究[D].重庆：重庆大学，2010：20.

种民族文化的根本原因之一。作为意识形态的地域文化（也可以理解为非物质文化）必须依附于空间这一物质载体上，地域文化体现在对于所在空间的占据和控制。同样，空间的意义也在于文化赋予其所内化的这种地域特征。由于地域文化的差异，人们在提及某一具有特色的文化现象时，使得空间指向了所说的具体的地方，即形成的具体地理空间区位和范围。譬如，赛龙舟，人们首先想到的是端午节、屈原，进而将地点空间指向屈原受贬投河之地——湘西沅陵。另一方面，处于地域文化作用下的物质形态空间（可称之为人造空间），必然反映出地域文化。

由于文化存在着地域性和历史性，不同地方因为所处的地域环境不同，所经历的历史进程不同，就一定会存在文化价值的差异。吴良镛先生说过："地域，既是一个独立的文化单元，也是一个经济载体，更是一个人文区域，每一个区域每一个城市（镇）都存在着深层次的文化差异。"①这一文化差异是识别地方之间差异的重要依据。列斐伏尔把差异空间②视为一种重现地方文化的场所，指出"城市空间形态不能仅仅以满足商品交换和产生剩余价值为目的，应是人类本真的需求"③。当前在全球化的控制与影响下，城镇面貌差异性的减弱、趋同性的增强，意味着城镇"一旦失去独立性和特色，将在不断发展中走向消亡"④。沅水中上游流域是以人类自身的迁徙流动和不同时期文化圈的叠积来显示其空间差异的，传统集镇商贸空间提供了地域物质文化的表现形式和状态，保存着从古至今人类文化生态的多样性，展示着该流域地域文化来源的多源异质性和其演变、交替、干扰造成的文化要素组成和空间结构上的变异性和复杂性。这种在时空维度上表现出来的变异程度，正是地域文化的殊异之处，必然体现出它们之间的价值差异。然而，文化价值差异是抽象的，必定要回归于具体的物质形态上。文化的时空特性决定了文化价值差异本身就蕴含着地域性的差异性和历史的差异性，是传统集镇商贸空间独立性和特征最为突出的显现因子，是形成多元和差异的物质空间形态的重要条件。而把文化价值差异重返到其原本所承载的空间里，即形成了文化价值差异空间。

吴良墉先生曾说："地域性作为人居环境的基本属性之一，是人类聚落在漫长的发展过程中与自然地域及社会人文因素相互作用的结果。文化是经济和技术进步的真正量度。文化积淀，存留于城市和建筑中，融会在人们的生活中，无形中对

---

① 吴良镛.吴良镛城市研究论文集——江南建筑文化与地区建筑学[G].北京：中国建筑工业出版社，1995.

② 所谓差异空间就是区域自治与普遍自我管理的城市空间，是不同空间的镶嵌拼接。其否定那种仅仅以满足商品交换和产生剩余价值为目的的空间生产。列斐伏尔强调不同的社会都会发明、创造和生产自己的空间。他认为城市空间必须脱离现代性，日常生活变成每个公民和每个社区都能进行的创造性活动，个人有接近一个空间的权利，以及拥有以社会与文化活动为中心的都市生活的权利。列斐伏尔把差异空间视为一种场所——在那里愿望得以实现，本真的人类需求得以形成，内在统一的地方文化得以被重现，并取代现存的碎片化和实用主义的现代性文化。

③ 李春敏.列斐伏尔的空间生产理论探析[J].人文杂志，2011(1)：64-68.

④ 蒋涤非.城市形态活力论[M].南京：东南大学出版社，2007：160.

城市的建造、市民的观念和行为产生着影响，这是城市（镇）和建筑之魂。”①由此可见，地域性是文化的基本属性，而文化是空间之魂。从这个意义上说，文化价值差异空间是富有地域性特色的具体目标与空间形态，即有差异才有特色，有特色才有活力；对文化价值差异空间的认同即是对空间活力的追求。

6.6.4 经济价值的体现

承载着交易活动的商贸空间同样源于人们的日常生活需求，其作为集镇居民的社会交往与对话的重要场所，使人们感受到自身的社会存在，社会信息也在这里得到了传播与交流；同时其也是人们赖以生存的土壤和营生空间，是具有开放性的公共空间，与社会生活息息相关，体现着平凡琐碎的，但却富有活力的民俗文化和市井文化。这种空间活力既是传统集镇商贸文化的反映，也是其经济发展的源泉。传统集镇商贸空间的经济性不仅仅指各类商贸空间本身所形成的经济空间和消费空间产生的商贸价值，而且同时体现其自身的历史文化价值和利用传统与历史文化价值创造的经济价值。

1. 承载文化旅游产业，创造经济价值

传统集镇商贸空间一方面展示着该地区传统集镇商贸文明的独特传统，包括商贸空间的形态样式、营销环境、景观特征以及人们的行为方式等等；一方面又表征着其经济生活的面貌和特色。其作为充满活力的传统集镇公共空间系统的开放领域，既保留了很多传统商贸经营的特色，又表现出该地区人们社会活动的独特情趣。目前，传统集镇对经济最直接的贡献就是催生集文化旅游和休闲观光旅游为一体旅游经济，是当前利用传统集镇商贸空间最直接的方式，成为承载这种经济模式的主要场所。

2. 彰显历史文化遗产的唯一性，富含经济价值

沅水中上游的传统集镇从其历史性、重要性来看，无疑具有极强的区域文化价值，主要体现在：相近或相同（但并不意味一致）的意识形态、价值取向、生活习俗以及宗教信仰等等，成为该区域传统集镇主体群体化的文化表征。这些凸显出来的文化表征具有强烈的地域特征，构成独特的文化差异性，彰显历史文化遗产的唯一性，成为一种文化资源②。1989 年，英国艺术委员会在《城市复兴艺术在内城再生中的作用》一文中指出：“文化艺术是巩固经济增长与推动社会环境发展的必要组成部分，它能够激发旅游业，创造就业机会。更重要的是，它是区域全面复兴的主要促进因素。它是社会群体的自豪感和社会认同的焦点。”③具有悠久历史文化的

① 吴良镛. 北京宪章——建筑学的未来[M]. 北京：清华大学出版社，2002：209.

② 余翰武，陆琦. 遗产廊道理念下沅水中上游传统集镇发展概略[J]. 小城镇建设，2013(9)：100-104.

③ 黄鹤. 文化政策主导下的城市更新——西方城市运用文化资源促进城市发展的相关经验和启示[J]. 国外城市规划. 2006，21(1)：34-39.

传统集镇商贸空间往往因为载有历史记忆的空间表征和传统的价值观，并因差异性和唯一性，成为营建集镇活力场所的对象。

此外，历史发展到今天，不同地域的文化交流变得迅速而便捷，不同民族的文化资源共享也成为可能。可以认为，任何一座传统集镇的商贸空间都是传统集镇历史与现实生活延续性的一种真实反映，都是传统集镇文化的一种物质表征。商贸空间通过其强烈的意象力将这一表征彰显于世人，体现传统集镇历史文化的唯一性，从而满足人们的求知欲和猎奇感，吸引人们前往，从而激发经济潜能、创造经济活力。

3. 促使文化资源资本化

澳大利亚麦克里大学经济学教授戴维·思罗斯比认为“有形的文化资本的积累存在于被赋予了文化意义（通常被称为文化遗产）的建筑、遗址、艺术品……而存在的人工制品之中”，并指出文化资源具有无形性、无限使用性、地域差异性、消费精神性和易变性的特征①。当代，王石也说过：“一座建筑无论如何华丽，总有褪色、崩塌的一天，一座城市如何固若金汤，总会有被摧毁的可能，而一种道德、一种精神可以穿越岁月，永久地留给后世。”“金钱导致的繁荣是短暂的，是迟早会没落的；只有文化（文明）的昌盛，才能使繁荣源远流长”。过于追求经济利益（目标），会产生快速发展，但不可能长久，只有文化素质的提高、文明的发达，才能使发展更为持续。

在当今的城镇竞争的手段、方法、内容和形式越来越趋同的前提下，传统集镇的商贸空间所蕴含的历史文化资源，所提供的地域特色的集镇形象和本身的商贸价值，为该流域经济的可持续发展提供了发展内涵和发展动力；而使地方文化长期有效地被利用，成为文化资本，是提高城镇综合竞争力的重要途径，其除了能够带来眼前的经济利益之外，更是历史的见证和人文精神的继承，是集镇未来发展的永恒动力②。

对于传统集镇来说，由于承载着悠久的历史文化脉络，表现出鲜明的地域文化特征，极易从均质的现代空间中分离出来。其可促成文化产业的集中，吸引了众多的潜在消费人群，经济活力也随之增强，促使文化资源产生经济价值，从而资本化。传统集镇的集群化，使得相互间因差异而产生了流动，带动以文化为背景的旅游、商贸等经济活动的繁荣，赋予区域消费特征，进而促进了整个区域经济活力。而经济活力的增强，使人们更加重视地域文化及其文化价值差异空间的保持和延续，增强对其的保护意识，从而形成一种良性循环。

6.7 小结

本章阐释了活力的基本概念，并将其引入商贸空间，从商贸空间环境的意象

① 李沛新. 文化资本论——关于文化资本运营的理论与实务研究[D]. 北京：中央民族大学，2006：8.

② 王靖. 城市区域空间的文化性研究[D]. 哈尔滨：哈尔滨工业大学，2010：70.

力、商贸空间功能的复合性、商业业态的多样性、行为的自发性以及活力对文化的述求五个方面探讨了传统集镇商贸空间活力问题，指出"活力"本身具有开放性和混沌性，交流和交往是产生活力的基本条件。本文经研究认为：①具有复合功能的商贸空间是人、事、物的空间组合，是功能的多维度复合与叠加的综合体现，它可以是同一时期不同功能的复合，也可以是不同时期不同功能的叠加。②商业业态的多样性是活力持续发生的必要条件，多样的业态具有极强的包容度，能容纳多样不一的商业目的和交易方式，这种业态的交互能促使各类交易活动的持续发生。③行为的自发性是基于商贸空间的日常生活观，是一个集合了社会、历史、文化、经济等众多因素的"发生器"，是真正重视和建立充满人的情感和生活意义的空间的触发器。④商贸空间环境意象力为活力产生提供潜在的机会，它反映出人的主观对商贸空间特点的意象。商贸空间标志的可识别性、商贸节点的可及性和商业广告标识的信息性无不在强化人们对商贸空间的认识与辨别，从而有可能出于各种需要而触发交易活动。

从时空观来看，文化是具有历史性和地域性的。沅水中上游流域悠久的历史和跌宕起伏的故事留存于现今的老街、老井、老屋、老码头之中，它们是当地历史的见证，是当地人乃至民族的情感纽带，其触及人的内心并足以引发人们追溯记忆的情感与行为，活力伴随着这种追溯慢慢地酝酿并爆发，也是其历史文化价值的体现。沅水中上游多样的自然环境和多元的文化因素造就了该区域商贸空间与其他区域的差异，其内部同样因此而存在微差异，这种差异空间的存在，是活力产生的源泉。地域文化的差异是传统集镇商贸空间经济价值存在的重要基础条件，可以通过发展文化产业，为传统集镇经济的可持续发展提供内涵和动力，也能从根本上提升传统集镇商贸空间的活力。

7 结　语

沅水中上游流域是一个相对独立的地理单元和历史单元，它不仅是我国东西部经济、技术、文化交流的重要官道和商道，对文化交流、民族和谐、边境稳定和商品流通起着重要作用，而且它自身也具有悠久的历史、深厚的文化积淀、神奇的自然风貌和独特的民族文化。历经沧桑，遗留了大量的传统集镇和历史商业街区，它们既是该流域经济发展、城镇营造、建筑建造技艺的物质载体，也是历史文化信息的传递者，反映了当地乃至中国文明历史的发展，是宝贵的文化资源和人类文明的遗产，值得我们深入研究和保护。

本书立足于区域的角度，从自然环境和人文环境两个方面分析了沅水中上游传统集镇商贸空间生存的物质条件和人文条件，总结了该流域的自然环境特征和人文环境特征，指出“矿林并蕴，物丰产饶”的自然资源是商贸活动得以产生和发展的物质基础，是该流域对外进行商品交换和商贸空间形成的前提条件；丰富独特的自然资源，“重岗复陇，屏障环溪、曲水回滩，源泉喷石”的山形水势是影响其空间形态的重要自然条件。结合该流域文化的历时性分析了该流域的文化层级现象，认为不同历史阶段不同文化的碰撞、叠加是造成传统集镇商贸空间多元文化特征的主要原因，对沅水中上游地域文化产生深远影响的有两个历史时期：一是战国中晚期的楚文化侵入，二是明清后汉文化的侵入，最终该流域形成了以土著原始文化为潜流，以巴楚文化为干流，以汉文化为主流的多元文化格局。这一格局对该流域传统集镇的空间分布和职能、商贸空间的形态乃至商业建筑的形制均产生了深远的影响。书中重点分析了汉文化在该流域的传播方式和建筑上的体现，和该流域民族分布与水系的关系和在传统集镇中的分布情况，总结出其“两腋皆苗，中通一线”分布特点。

以水系及与水系关联紧密的“通京大道”（主要为与西南丝绸之路联系的主要水陆交通干线）为线索，借鉴“点—轴”空间结构理论以水轴为发展轴对该流域的传统集镇的空间分布格局情况进行了分析，归纳了“一主轴，两次轴，多核心”的空间格局的特点，并以经济距离为参考分析了该流域传统集镇与沅水中上游水道和通京大道(陆路)的离散关系,揭示了交通条件与集镇形成和发展的关系。以水为参考对象,归纳了该流域传统集镇贯穿、环绕、傍依三种类型和以地形为参考对象归纳了该流域传统集镇条形和团状的基本形态,总结了"水依镇,镇伴水,水镇相亲;山融镇,镇融山,山镇共生"的山水空间格局特点。从历时性角度分析了该流域传统集镇空间格局的历史演进特点,揭示了该流域传统集镇先建立军事屯堡后发展为区域性商镇和行政中心和先出现草市后集聚为商贸重镇的两种不同的历史发展轨迹;分析了历代王朝的统治力度对该流域传统集镇的历史演进的作用,揭示了该流域传统集镇"因兵而起,因商而盛"的历史特征,得出该流域传统集镇演进过程是先四周后中间、先点状深入后线状控制,以及主体呈东西向分布的结论。

从军事开边、交通运输、资源条件、移民活动、政治制度五个方面分析了该流域传统集镇商贸空间的形成机制,认为:军事开边是该流域集镇初始的直接推手,催生了第一批集镇,并一直对后世产生影响;交通运输是基础条件和关键因素,水运条件和元后"通京大道"的开通对该流域集镇形成起到至关重要的作用;资源条件是商贸活动的基础条件,而商贸活动决定了商贸空间的规模和形式;移民活动促进了街市、集场的形成,造就了丰富的商贸空间形态,特别是明清时期的商贸活动和移民活动促进了该流域传统集镇的长足发展,现留存的传统集镇大多是明清时期的遗物,历史商业街区是其留存的主要空间形态;政治制度则在不同历史时期和地理区段对商贸空间有促进、限制、滞缓的作用。上述五个方面直接或间接影响着商贸空间的物质形态,是传统集镇商贸空间的主要形成机制。

对传统集镇商贸空间的构成、形态及特点进行了较全面的论述,重点分析了具有地域特色的码头空间的形式以及码头空间与集镇其他空间元素的关联性,商业街道与水的依存关系及特点;归纳了街市型、货贸型商业建筑的建筑形态及特征,详细阐述了对传统集镇商贸活动有着深层次影响的一类特殊商贸建筑——会馆建筑在沅水中上游的分布、类型及建筑空间特点;以黔阳镇和洪江镇为例,总结了商业街区的两种类型,并指出商业街区的出现表明了该流域传统集镇空间结构已由以政治为中心的空间形态向以商业街区为中心的空间形态转变,标志着该流域已由自给自足的小农经济向商品经济转变,它的出现促进了"乡民"向市民的转化,催生了市民阶层的出现。

从空间功能的复合性、商业业态的多样性、行为的自发性、商贸空间的意象力等方面探讨了传统集镇商贸空间的活力问题,认为:商贸是传统集镇的主要职能,商贸空间也应是传统集镇的主要空间形式;商贸空间功能的复合性是功能多维度的复合与叠加,是场所精神的综合体现;商业业态的多样性具有极强的包容度,是活力持续发生的必要条件;行为的自发性是建立情感场所,满足人们日常生活的交往、交流、交易的触发器;商贸空间环境意象力反映出人的主观对商贸空间特点的意象判断,为活力产生提供潜在的机会;地域文化的空间差异与历史文化价值是传统集镇商贸空间的经济价值的重要基础条件，可以为当地经济的可持续发展提供了发展内涵和动力，也是保持传统商贸空间存在与发展的永恒活力。并为改善其的生存条件，避免同质竞争，有序地保护和利用传统商业街区的历史文化价值，提高传统集镇的商贸空间活力提供有力的操作依据。这对推动地方经济发展，保护沅水中上游历史文化遗产和延续地域文化具有重要现实意义。

本书的研究结论：

(1) 沅水中上游流域的复杂多样、质量良好的自然生态环境和历史上多种文化的交融叠积造就了当地文化的多元性，表现为以土著原始文化为潜流，以巴楚文化为干流，以汉文化为主流的文化格局。

(2) 该流域传统集镇的空间分布格局是一主轴，两次轴，多核心；历史发展特征是因兵而起，因商而盛；其历史演进过程在空间上表现为先四周后中间，先点状深入后线状控制，沿水系主体呈东西向分布的渐进次序。

(3) 认为军事、交通、资源、移民和政治制度是沅水中上游传统集镇商贸空间形成和发展的主要因素。

(4) 认为作为“面”状商贸空间形态中的一种典型代表——洪江镇，是该流域传统集镇商贸空间发展的一个里程碑，是现代商业社区的雏形；它的出现标志着该流域传统集镇由小农经济向商品经济的转变。

(5) 地域文化的空间差异与历史文化价值是传统集镇商贸空间经济价值提升的重要基础条件，认为地域文化可以转化为文化资本，为经济的可持续发展提供发展内涵和动力，也能从根本上提升传统集镇商贸空间的活力。

参 考 文 献

[1] 范晔.后汉书·南蛮西南夷列传[M].北京:中华书局,1973.
[2] 湖南省地方志编纂委员会.湖南省志——地理志:第二卷[M].长沙:湖南出版社,1992.
[3] 湖南省地方志编纂委员会.湖南省志——建设志.城乡建设(上、下):第十二卷[M].长沙:湖南出版社,1992.
[4] 湖南省地方志编撰委员会.湖南省志·贸易志·商业[M].长沙:湖南出版社,1992.
[5] 实业部国际贸易局.中国实业志·湖南省:第二卷[M].上海:宗青图书公司,1935.
[6] 刘昕,刘志盛.湖南方志图汇编[M].长沙:湖南美术出版社,2009.
[7] 贵州省地方志编纂委员会.贵州省志——城乡建设志[M].北京:方志出版社,1998.
[8] 席绍葆,谢鸣谦等修,湖湘文库编辑出版委员会.辰州府志(乾隆)(一、二)[M].长沙:岳麓书社,2010.
[9] 黄成助.晃州厅志[M].台北:成文出版社有限公司,1975.
[10] 张官五,吴嗣仲.沅州府志(同治)[M].长沙:岳麓书社,2011.
[11] 沈瓒编撰,李涌重编,陈心传补编,伍新福校点,湖湘文库编辑出版委员会.五溪蛮图志[M].长沙:岳麓书社,2012.
[12] 沅陵县志编撰委员会.沅陵县志[M].北京:中国社会出版社,1993.
[13] 黔阳县地方志编撰委员会.黔阳县志[M].北京:中国文史出版社,1994.
[14] 芷江侗族自治县志编撰委员会.芷江县志[M].北京:生活·读书·新知三联书店,1993.
[15] 洪江市志编撰委员会.洪江市志[M].北京:生活·读书·新知三联书店,1994.
[16] 凤凰县志编纂委员会编.凤凰县志[M].长沙市:湖南人民出版社,1988.
[17] 黄应培,孙均铨,黄元复.凤凰厅志(道光)[M].长沙:岳麓书社,2011.
[18] 黎平县志编撰委员会.黎平县志[M].成都:中巴蜀书社,1989.
[19] 贵州岑巩县志编撰委员会.岑巩县志[M].贵阳:贵州人民出版社,1993.
[20] 泸溪县志编纂委员会.泸溪县志[M].北京:社会科学文献出版社,1993.
[21] 锦屏县志编纂委员会.锦屏县志[M].贵阳:贵州人民出版社,1995.
[22] 黔东南苗族侗族自治州地方志编纂委员会.黔东南州志·交通志[M].贵阳:贵州人民出版社,1993.
[23] 土家族简史编写组.土家族简史[M].湖南:湖南人民出版社,1986.
[24] 佚名氏编,伍新福校点.苗疆屯防实录[M].长沙:岳麓书社,2012.
[25] 刘柯,李克和.管子译注[M].哈尔滨:黑龙江人民出版社,2003.

[26] 黄保勤，黄贵武. 镇远通史[M]. 北京：方志出版社，2006.
[27] 脱脱. 宋史·西南溪洞诸蛮(上)[M]. 北京：中华书局，1977.
[28] 吴振棫. 黔语. [M]. 上海：上海书店出版社，1994.
[29] 诗经[M]. 合肥：黄山书社出版，1997.
[30] FLINK C A, SEARNS R M. Greenways: A Guide to Planning, Design, and Development. [M]. Washington DC: Island Press, 1993.
[31] MOSTAFAVI M, LEATHERBAROW D. On Weathering: The Life of Buildings in Time [M]. Cambridge: The MIT Press, 1993.
[32] HOLL S. A Story of a Strange Attractor Parallax[M]. New York: Princeton Architecture. Press, 2000.
[33] KOSTOF S. The City Assembled[M]. London: Thames & Hudson, 1992.
[34] WHYTE W H. Securing Open Space for Urban America Conservation Easements[M]. Washington DC: Urban Land Institute, 1959.
[35] 辞海编辑委员会. 辞海(缩印本)[M]. 上海：上海辞书出版社，1979.
[36] 陆琦，唐孝祥. 岭南建筑文化论丛[M]. 广州：湖南理工大学出版社，2010.
[37] 刘敦桢. 刘敦桢文集(三)[M]. 北京：中国建筑工业出版社. 1987.
[38] 陆元鼎. 中国民居建筑(上、中、下三卷)[M]. 广州：华南理工大学出版社，2004.
[39] 陆琦. 中国古民居之旅[M]. 北京：中国建筑工业出版社，2005.
[40] 蒋高宸. 云南民族住屋文化[M]. 昆明：云南大学出版社，1997.
[41] 彭一刚. 传统村镇聚落景观分析[M]. 北京：中国建筑工业出版社，1992.
[42] 单德启. 从传统民居到地区建筑[M]. 北京：中国建材工业出版社，2004.
[43] 常青. 建筑遗产的生存策略[M]. 上海：同济大学出版社，2003.
[44] 李晓峰. 乡土建筑——跨学科研究理论与方法[M]. 北京：中国建筑工业出版社，2005.
[45] 张良皋. 匠心七说[M]. 北京：中国建筑工业出版社，2002.
[46] 张良皋. 乡土中国——武陵土家[M]. 北京：生活·读书·新知三联书店，2001.
[47] 余英. 中国东南系建筑区系类型研究[M]. 北京：中国建筑工业出版社，2001.
[48] 藤井明. 聚落探访[M]. 宁晶，译. 北京：中国建筑工业出版社，2003.
[49] 杨毅. 集市习俗、街子、城市——云南城市发展的建筑人类学之维[M]. 北京：中国戏剧出版社，2008.
[50] 毛刚. 生态视野·西南高海拔山区聚落与建筑[M]. 南京：东南大学出版社，2003.
[51] 段超. 土家族文化史[M]. 北京：民族出版社，2000.
[52] 田敏. 土家族土司兴亡史[M]. 北京：民族出版社，2000.
[53] 刘芝凤. 中国土家族民俗与稻作文化[M]. 北京：人民出版社，2001.
[54] 刘芝凤. 发现明清古商城：湘西洪江探幽[M]. 广州：南方日报出版社，2002.
[55] 王建国. 现代城市设计理论和方法. 南京：东南大学出版社，2001.
[56] 邓辉. 土家族区域经济发展史[M]. 北京：中央民族大学出版社，2000.
[57] 石启贵. 湘西苗族实地调查报告[M]. 长沙：湖南人民出版社，2008.
[58] 伍新福. 中国苗族通史[M]. 贵阳：贵州民族出版社，1999.
[59] 伍新福. 苗族历史探考[M]. 贵阳：贵州民族出版社，1992.
[60] 凌纯声，芮逸夫. 湘西苗族调查报告[M]. 北京：民族出版社，2003.
[61] 欧潮泉，姜大谦. 侗族文化辞典[M]. 香港：华夏文化艺术出版社，2002.

[62] 侗族简史编写组.侗族简史[M].北京:民族出版社,2008.
[63] 游俊,李汉林.湖南少数民族史[M].北京:民族出版社,2001.
[64] 吴永章.中南民族关系史[M].北京:民族出版社,1992.
[65] 马立本.湘西文化大辞典[M].长沙:岳麓书社,2008.
[66] 刘泱泱.近代湖南社会变迁[M].长沙:湖南人民出版社,1998.
[67] 张朋园.湖南现代化的早期进展(1860—1916)[M].长沙:岳麓书社,2002.
[68] 黄家瑾,邱灿红.湖南古村镇古民居[M].长沙:湖南大学出版社,2006.6.
[69] 章锐夫.湖南古村镇古民居[M].长沙:岳麓书社,2008.
[70] 魏挹澧.湘西风土建筑[M].武汉:华中科技大学出版社,2010.
[71] 湖南省建设厅编.湘西历史城镇、村寨与建筑[M].北京:中国建筑工业出版社,2008.
[72] 熊传新.麻阳县发现东周时期古铜矿井·楚文化考古大事记[M].北京:文物出版社,1984.
[73] 爱必达.黔南识略·黔南职方纪略[M].杜文铎,等,点校.贵阳:贵州人民出版社,1992.
[74] 杨昌鸣.东南亚与中国西南少数民族建筑文化探析[M].天津:天津大学出版社,2004.
[75] 佐佐木高明.照叶树林文化之路——自不丹、云南至日本[M].刘愚山,译.昆明:云南大学出版社,1998.
[76] 沈从文.湘行散记[M].长沙:岳麓书社,2013.
[77] 胡塞尔.欧洲科学的危机与先验现象学[M].北京:生活·读书·新知三联书店,1986.
[78] 武占坤.中华风土谚志[M].北京:中国经济出版社,1997.
[79] 邱绍雄.中国商贾小说史[M].北京:北京大学出版社,2004.
[80] 王静,许小牙.掮客·行客·钱庄[M].成都:四川人民出版社,2003.
[81] 李石锋.湖南之桐油与桐油业[M].长沙:湖南经济调查所,1935.
[82] 潘光旦.潘光旦民族研究文集[M].北京:民族出版社,1995.
[83] 唐荣沛.中国湘西古镇——洗车河[M].贵阳:贵州民族出版社,2005.
[84] 洪亮平.城市设计历程[M].北京:中国建筑工业出版社,2002.
[85] 拉普卜特.文化特性与建筑设计[M].常青,译.北京:中国建筑工业出版社,2003.
[86] 马世之.中国史前古城[M].武汉:湖北教育出版社,2003.
[87] 季富政.巴蜀城镇与民居[M].成都:西南交通大学出版社,2000.
[88] 贺业钜.中国古代城市规划史论丛[M].北京:中国建筑工业出版社,1986.
[89] 樊树志.明清江南市镇探微[M].上海:复旦大学出版社,1990.
[90] 芦原义信.街道的美学(含续街道的美学)[M].尹培桐,译.武汉:华中理工大学出版社,1988.
[91] 陆志钢.江南水乡历史城镇保护与发展[M].南京:东南大学出版社,2001.
[92] 王日根.明清民间社会的秩序[M].长沙:岳麓书社,2003.
[93] 梁漱溟,中国文化要义[M].上海:学林出版社,1987.
[94] 王日根.乡土之链:明清会馆与社会变迁[M].天津人民出版社,1995.
[95] 柳肃.湘西民居[M].北京:中国建筑工业出版社,2008.
[96] 林奇.城市意象[M].方益萍,译.北京:华夏出版社,2001.
[97] 林奇.城市形态[M].林庆怡,等译.北京:华夏出版社,2001.
[98] 本特利,等.建筑环境共鸣设计[M].大连:大连理工大学出版社,2002.
[99] 蒋涤非.城市形态活力论[M].南京:东南大学出版社,2007.

[100] 芒福德.城市发展史——起源、演变和前景[M].北京:中国建筑工业出版社,1989.
[101] 张鸿雁.城市形象与城市文化资本论[M].南京:东南大学出版社,2002.
[102] 亚历山大.建筑的永恒之道[M].赵冰,译.北京:知识产权出版社,2002.
[103] 刘昶.人心中的历史[M].成都:四川人民出版社,1987.
[104] 陆大道.区域发展及其空间结构[M].北京:科学出版社,1995.
[105] 马库斯,弗朗西斯.人性场所——城市开放空间设计导则[M].2版.俞孔坚,等译.北京:中国建筑工业出版社,2001.
[106] 培根.城市设计[M].黄富厢,译.北京:中国建筑工业出版社,2000.
[107] 霍尔.表征——文化表象与意指实践[M].北京:商务印书馆,2003.
[108] 赵新良.诗意栖居——中国传统民居的文化解读[M].北京:中国建筑工业出版社,2009.
[109] 吴良镛.人居环境科学导论[M].北京:中国建筑工业出版社,2001.
[110] 吴良镛.北京宪章——建筑学的未来[M].北京:清华大学出版社,2002.
[111] 吴良镛.吴良镛城市研究论文集——江南建筑文化与地区建筑学[M].北京:中国建筑工业出版社,1995.
[112] 顾朝林,于涛,方李平,等.人文地理学流派[M].北京:高等教育出版社,2008.
[113] 中国历史地图集编辑组.中国历史地图集:1~9册[M].上海:中华地图学社,1975.
[114] 郭沫若.中国史稿地图集:上、下[M].北京:中国地图出版社,1990.
[115] 夏鹤鸣,廖国平.贵州航运史:古、近代部分[M].北京:人民交通出版社.1993.
[116] 戴志坚.传统建筑装饰解读[M].福州:福建科学技术出版社,2011.
[117] 范文艺.非物质文化遗产视角下的传统商业空间及其管理策略[J].西南民族大学学报(人文社会科学版),2013(2).
[118] 蒋南华,王化伟,蒋晓红,等.武陵黔东——中华及其贵州文明的发祥地[J].贵州师范学院学报,2011,27(8).
[119] 夏志伟.传统商业街区空间形态研究[J].室内设计,2010(5).
[120] 余翰武,陆琦.遗产廊道理念下沅水中上游传统集镇发展概略[J].小城镇建设.2013(9).
[121] 陆琦,黎颖,周文.广州西关民居保护规划研究[J].新建筑,2003(2).
[122] 舒向今.五溪蛮地的先秦文化[J].民族研究,1990(5).
[123] 尹海江.楚骚幽怨地,沅水多逐臣[J].船山学刊,2010(1).
[124] 郑景文.罗西的建筑类型学及其批判[J].四川建筑,2005(5).
[125] 肖湘东,陈伟志.湘西民族建筑的生态观[J].山西建筑.2006(6).
[126] 严奇岩.贵州未识别民族人口的分布特点和历史成因[J].民办教育研究,2009(2).
[127] 方志远,孙莉莉.地域文化与江西传统商业盛衰论[J].江西师范大学学报(哲学社会科学版),2007,40(1).
[128] 蒋学志.从洪江古商城看中国近代商业管理模式的变迁[J].湘潭师范学院学报(社会科学版),2006(5):123-126.
[129] 王小斌.徽州民居空间形态演变的探析[J].安徽建筑工业学院学报,2013(5).
[130] 李琼英.传统与跨越:贵州民族地区著名古镇文化资源与建设研究[J].贵州大学学报(社会科学版),2012,30(5).
[131] 吴春宏.明清时期黔楚边境的府卫纠纷——以黎平府与五开卫为例[J].中国历史地理论丛,2011,26(2).
[132] 俞孔坚,李迪华,李伟.京杭大运河的完全价值观[J].地理科学进展,2008(2).

[133] 沈文嘉.清代清水江流域林业经济与社会发展论要[J].古今农业,2005(2).
[134] 徐苏斌.日本商业建筑发展小议[J].世界建筑,1998(6).
[135] 史继忠.黄平旧州古建筑群[J].当代贵州,2007(11):51.
[136] 李锦伟.农业结构的变化与明清黔东商品经济的发展[J].农业考古,2010(1).
[137] 陆跃升.明清"军屯""商屯"与黔东南"苗疆"农业发展考述[J].农业考古,2014(1).
[138] 张大玉,欧阳文.传统村镇聚落环境中人之行为活动与场所的分析研究[J].北京建筑工程学院学报,1999,15(1).
[139] 刘博佳,李凌高.中国传统商业环境的情感艺术探析[J].规划师,2010,26(12).
[140] 彭银.贵州黄平旧州西上街"前店后宅"式民居建筑初探[J].古建园林技术,2013(2).
[141] 彭银.贵州的会馆建筑[J].古建园林技术,2012(2).
[142] 陈丽.论舞水河流域妈祖信仰的形成[J].怀化学院学报,2013,32(4).
[143] 王瑞成.明清商业聚落与城镇社区[J].中州学刊,2002(1).
[144] 多丹华,李景山.卡罗尔企业社会责任模型分析与借鉴[J].经济师,2012(2).
[145] 狄雅静,张永川.建筑平面布局形态与街道建筑空间的视觉秩序[J].江苏建筑,2003,89(1).
[146] 李万林.城市公共空间的活力与特征浅述[J].重庆建筑,2011,12(10).
[147] 李春敏.列斐伏尔的空间生产理论探析[J].人文杂志,2011(1).
[148] 余翰武,隆万容.洪江古商镇发展动因探析[J].建筑科学.2008(3).
[149] 余翰武,杨毅.走马洪江古商城[J].小城镇建设.2005(2).
[150] 张良皋.干栏——平摆着的中国建筑史[J].重庆建筑大学学报(社会科学版),2000(4).
[151] 王纪武.重庆地域传统人居形态及文化研究[J].规划师,2007(5).
[152] 段超.试论改土归流后土家族地区的开发[J].民族研究,2001(6).
[153] 王炎松,袁铮,刘世英.民居及聚落形态变革规律初探——鄂东南阳新县传统聚落文化调查[J].武汉水利电力大学学报(社会科学版),1999,19(3).
[154] 刘芝凤.土家族族源释疑——湘、鄂、川、黔土家族渊源考[J].民族论坛,2005(10).
[155] 邓辉.从宣恩庆阳古街道看土家族区域明清商业活动[J].湖北民族学院学报(哲学社会科学版),2005,23(3).
[156] 易小明,龙先琼.湘西文化特质分析[J].贵州民族研究,1999(4).
[157] 田荆贵.湘西自治州历史沿革考略[J].吉首大学学报(社会科学版),1986(2).
[158] 石邦彦.清朝湘西少数民族地区的改土归流[J].吉首大学学报(社会科学版),1987(2).
[159] 杜成材.湘西土家族苗族地区的改土归流及其社会历史差异[J].吉首大学学报(社会科学版),2007(3).
[160] 刘芝凤.侗族的稻作民俗与傩文化[J].中国民族,2005(2).
[161] 郑英杰.湘西文化源流略论[J].吉首大学学报(社会科学版),1996(3).
[162] 郑英杰.湘西文化源流再论[J].吉首大学学报(社会科学版),2000(3).
[163] 杨志勇.沅水中上游商周考古学文化特点与民族格局[J].怀化学院学报,2006,25(12).
[164] 杨安华.清代怀化商业的发展和商人的经商活动[J].怀化师专学报,2001,26(6).
[165] 万红.试论清水江木材集市的历史变迁[J].古今农业,2005(2).
[166] 王朝辉.试论近代湘西市镇化的发展——清末至民国年间的王村桐油贸易与港口勃兴[J].吉首大学学报(社会科学版),1996(2).
[167] 林向."巴蜀文化"辨证[J].华中师范大学学报(人文社会科学版),2006(4).

[168] 郑英杰. 试论湘西文化的价值取向[J]. 吉首大学学报(社会科学版),1999(4).
[169] 陈慧慧. 晋(普)安道与元代云南行省的区域经济开发[J]. 社会科学论坛,2007(6).
[170] LEE J Z. 元明清时期中国西南地区的交通发展[J]. 林文勋,秦树才,译. 思想战线,2008(2).
[171] 罗运胜. 明清沅水中上游地区族群关系演变述论[J]. 理论月刊,2010(3).
[172] 方铁. 云南历史上的对外通道(一)[J]. 今日民族,2002(1).
[173] 罗运胜. 明清移民对湖南沅水中上游人口发展的影响[J]. 船山学刊,2008(4).
[174] 李怀荪. 古代移民与湘西开发[J]. 民族研究,1995(1).
[175] 陆琦. 土家族民居的特质与形成[J]. 华中建筑,1996(4).
[176] 周卫东,姚芳. 湘西土家族民居聚落中的"道"与"礼"[J]. 中外建筑,2010(5).
[177] 赵巧艳. 中国侗族传统建筑研究综述[J]. 贵州民族研究,2011,32(4).
[178] 朱馥艺. 侗族建筑与水[J]. 华中建筑,1996,14(1).
[179] 刘嘉弘. 论洪江古商城市民社会的特点[J]. 湖南文理学院学报(社会科学版),2008,33(2).
[180] 黄建胜,张凯. 论明清时期沅水中游地区的商贸发展与江右商人[J]. 湖南工程学院学报,2012(1).
[181] 张河清. 商业城市发展与变迁的内外条件[J]. 求索,2007(2).
[182] 蒋学志. 洪江古商城明清会馆建筑研究[J]. 中外建筑,2005(4).
[183] 蒋学志. 洪江古商城聚落格局与空间形态研究[J]. 长沙交通学院学报,2005,21(4).
[184] 邓运员,冯亚芬,杨载田. 湘西洪江古商城的特点、形成及其开发利用和保护[J]. 热带地理,2007,27(2).
[185] 张兰,阮仪三. 历史文化名城凤凰县及其保护规划[J]. 城市规划汇刊,2001(3).
[186] 周坚. 地域文化对小城镇外部空间形态形成发展的影响——以贵州黄平旧州镇为例[J]. 建筑科学,2010,26(1).
[187] 周坚. 新旧文化碰撞下的小城镇外部空间设计研究——以贵州黄平旧州镇为例[J]. 昆明理工大学学报(社会科学版),2009,9(12).
[188] 潘笑云. 黔东南龙舟文化的差异及功能述论——以施洞和镇远两地为例[J]. 贵州民族大学学报(哲学社会科学版),2012(5).
[189] 唐常春,吕昀. 基于历史文化谱系的传统村镇风貌保护研究[J]. 中外建筑,2010(5).
[190] 李玲. 沅水流域径流变化与电能影响分析[J]. 湖南水利水电,2011(1).
[191] 邓必海. 试论湘西民族集镇的形成和发展[J]. 吉首大学学报(社会科学版),1986(3).
[192] 刘刚. 黄平:地平土黄书旧州[J]. 当代贵州,2004(6).
[193] 杨有赓. 清代黔东南清水江流域木行初探[J]. 贵州社会科学,1988(8).
[194] 斯信强. 七百年滇黔驿道考[J]. 贵州文史丛刊,2009(4).
[195] 郑可佳,马荣军. Manuel Castells 与流空间理论[J]. 华中建筑,2009,27(12).
[196] 俞孔坚,李伟,李迪华. 快速城市化地区遗产廊道适宜性分析方法探讨——以台州市为例[J]. 地理研究,2005,24(1).
[197] 李伟,俞孔坚,李迪华. 遗产廊道与大运河整体保护的理论框架[J]. 城市问题,2004.1(117).
[198] 信丽平,姚亦锋. 南京城市西部遗产廊道规划[J]. 城市环境与城市生态,2007,20(2).
[199] 王亚南,张晓佳,卢曼青. 基于遗产廊道构建的城市绿地系统规划探索[J]. 中国园林,

2010,26(12).
[200] 麻三山.遗产廊道:湘鄂渝黔少数民族地区文化遗产保护新思维[J].前沿,2009(6).
[201] 余翰武,吴越,伍国正.传统集镇街道商业空间的意象力解析——以湘西地区为例[J].建筑科学,2008(24).
[202] 郭谦.湘赣民系民居建筑与文化研究[D].广州:华南理工大学,2002.
[203] 杨宇振.中国西南地域建筑文化研究[D].重庆:重庆大学,2002.
[204] 周宁.传统场镇的肌理分析与整合思考[D].重庆:重庆大学,2003.
[205] 易晓萍.明清时期湖南人口迁移及其规律研究[D].湘潭:湘潭大学,2007.
[206] 杨志军.近代湖南区域贸易与社会变迁(1860—1937)[D].长沙:湖南师范大学,2010.
[207] 张少庚.清代长江流域竹木商业研究[D].武汉:武汉大学,2004.
[208] 胡毅.清代湘西地区政治军事制度变迁[D].西安:陕西师范大学,2009.
[209] 张衢.湘西沅水流域城市起源与发展研究[D].长沙:湖南师范大学,2003.
[210] 欧阳虹彬.洪江古镇形态研究[D].长沙:湖南大学,2004.
[211] 徐波."长河漂泊古朴意,边城泛化凤凰魂"——湘西凤凰古城有机保护原则的建立与实施[D].天津:天津大学,2004.
[212] 高琦.湖南洪江黔城古城研究[D].武汉:武汉理工大学,2008.
[213] 周红.湖南沅水流域古镇形态及建筑特征研究[D].武汉:武汉理工大学,2011.
[214] 涂荣荣.湖南洪江托口古镇研究[D].武汉:武汉理工大学,2008.
[215] 李思宏.湘西山地村落形态特征研究[D].长沙:湖南大学,2008.
[216] 谭祺.西南山地典型古城人居环境研究——贵州省镇远古城[D].重庆:重庆大学,2010.
[217] 王瑞平.明清时期云南的人口迁移与儒学在云南的传播[D].北京:中央民族大学,2004.
[218] 杨春.清代黔东南地区交通地理与民族关系重构[D].武汉:中南民族大学,2012.
[219] 罗美芳.明清时期清水江水道的开辟与社会发展[D].贵阳:贵州大学,2007.
[220] 陈渊.巴渝地区合院民居及其防御特色研究[D].重庆:重庆大学,2010.
[221] 王靖.城市区域空间的文化性研究[D].哈尔滨:哈尔滨大学,2010.
[222] 李菁.近代湖南桐油贸易研究[D].湘潭:湘潭大学,2004.
[223] 陈波.贵州隆里古镇保护研究[D].重庆:重庆大学,2005.
[224] 黄建胜.湘西地区江西会馆功能研究——以浦市、凤凰万寿宫为例[D].吉首:吉首大学,2012.
[225] 湖南省环境保护科学研究院.沅水高等级航道建设方案环境影响报告书[R].长沙,2010.
[226] 湖南师范大学旅游学院,沅陵县旅游外事侨务局.沅陵县旅游总体规划[R].长沙:湖南地图出版社,2004.
[227] 上海同济城市规划设计研究院,同济大学国家历史文化名城研究中心.贵州省黄平县旧州古镇保护规划[R].上海,2012.
[228] 上海同济城市规划设计研究院,同济大学国家历史文化名城研究中心.镇远历史文化名城保护规划[R].上海,2001.
[229] 荆州市城市规划设计研究院.黎平县翘街修建性详规[R].荆州,2011.
[230] 南京大学城市规划设计研究院.黎平县县城总体规划[R].南京,2011.
[231] 北京大学博雅方略旅游景观规划设计院.大湘西生态文化旅游圈发展综合总体规划[R].北京,2011.
[232] 中国文物研究所,贵州省文物研究保护中心.贵州省镇远青龙洞文物保护规划[R].贵

阳,2007.

[233] 贵州省城乡规划设计研究院. 天柱县县城总体规划(2011—2030)[R]. 贵阳,2011.

[234] 贵州省城乡规划设计研究院. 镇远县城市总体规划[R]. 贵阳,2012.

[235] 贵州省城乡规划设计研究院. 锦屏县县城总体规划[R]. 贵阳,2011.

[236] 章文焕. 净明伦理与江右商帮精神. “道教与经济社会发展”论坛[R],2008.

[237] 陈志华. 乡土建筑保护十议[C]张复合. 建筑史论文集:第十七辑. 北京:清华大学出版社,2003.

[238] 戴志坚. 福建廊桥的建筑文化特色[C]2005 海峡两岸传统民居学术研讨会论文集,武汉:华中科技大学,2005.

附　　表

附表 1　浦市镇历史建筑一览表(共 167 处)①

编号	类别	名称	结构	地点	时代	面积(m^2)
1	民居	李怡安宅	封火墙两堂三厅穿斗式	新桥 61 号	明清	29×14
2	民居	李代元宅	残存一堂两厅穿斗式	虹桥	明清	15×15.8
3	民居	李志佩宅	两厅一堂穿斗式	下河街	明清	15.6×10.4
4	民居	梅西平宅	两堂三厅穿斗式	后街 59 号	明清	25×12.4
5	民居	姚莲英宅	两堂三厅穿斗式	后街 97 号	明清	32×12
6	民居	李奇豪宅	封火山墙悬山穿斗式、木构架	下正街 146 号	清代	14.5×12
7	民居	杨秀明宅	封火山墙穿斗式木构架	李凉巷 06 号	明清	150
8	民居	钱呈珍宅	封火山墙穿斗式木构架	李凉巷 05 号	明清	15
9	民居	李冬和宅	封火山墙穿斗式木构架	李凉巷 03 号	明清	150
10	民居	姚传元宅	封火山墙穿斗式木构架	李凉巷 13 号	明清	200
11	民居	王良佑宅	封火山墙穿斗式木构架	后街 95 号	明清	约 380
12	民居	卢富良宅	封火山墙穿斗式木构架	爆坊街 34 号	明清	10×10
13	民居	欧平儿宅	穿斗式木构架	爆坊街 38 号	明清	9×5
14	民居	谭永风宅	穿斗式木构架(两间)	太平街 39 号	明清	8×5
15	民居	张荣坡宅	穿斗式木构架	爆坊街 01 号	明清	7×9
16	民居	张荣宅	穿斗式木构架	爆坊街 02 号	明清	9×8
17	民居	周水英宅	封火山墙穿斗式	爆坊街 03 号	明清	200
18	民居	郑民端宅	残窗一屋两厅	爆坊街 10 号	明清	10×12.6
19	民居	张昭端宅	穿斗式木构架(两间)	太平街 58 号	明清	9×10
20	民居	石光生宅	穿斗式木构架	太平街 36 号	明清	9×8

① 本表由浦市镇文化站提供。

续表

编号	类别	名称	结构	地点	时代	面积(m^2)
21	民居	李云寿宅	封火山墙砖木结构	太平街34号	明清	15×12.6
22	民居	杨玉瑛宅	木构架(两间)	太平街47号	清代	9×10
23	民居	姚元河宅	木构架(三间)	太平街49号	清代	12×10
24	民居	蒋家良宅	封火山墙砖木结构	太平街28号	明清	100
25	民居	杨桂菊宅	砖木结构	太平街27号	清代	100
26	民居	杨集光宅	砖木结构	太平街24号	明清	12×10
27	民居	杨家仁宅	砖木结构	唐家巷44号	明清	17.9×14.8
28	民居	田传红宅	木结构(两间)	太平街54号	明清	6.45×5.65
29	民居	刘和英宅 张成凉宅	木结构(1间)	太平街57、58号	明清	6.10×15.7
30	民居	刘和英宅	木结构(1间)	太平街59号	明清	5×12.6
31	民居	姚元贵宅	木结构(1间)	太平街60号	明清	5×11.4
32	民居	秦会强宅	木结构(1间)	太平街21号	明清	5×10.8
33	民居	杨德富宅	木结构(1间)	太平街20号	明清	4.5×10.5
34	民居	李俊生宅	木结构(1间)	太平街	明清	4.2×10.7
35	民居	杨根宅	木结构(1间)	太平街	明清	4.2×10.7
36	民居	陈家幼宅	木结构(1间)社城门	太平街12号	明清	3.2×8
37	民居	霍大安宅	木结构(1间)	太平街11号	明清	5.9×8
38	民居	罗正伟宅 唐云家宅	木结构多1间	太平街17、18号	明清	6×5
39	民居	谭明亮宅	木结构(有防火墙)	太平街67～69号	明清	15.3×24
40	民居	康德兴宅	木结构(有防火墙)	太平街72号	明清	9.4×17.3
41	民居	黄明刚宅 李仕兵宅 王水珍宅	木结构	太平街9号	明清	13.3×7.5
42	民居	替慧君宅	木结构	太平街57、58号	明清	9×18
43	民居	文先勇宅	木结构1间	太平街56号	明清	5.5×8.4
44	民居	邓水舟宅	木结构1间	太平街60号	明清	4×14.8
45	民居	范围铭宅	木结构1间	中正街	明清	5×7.2
46	民居	搬运社	水结构1间	中正街	明清	3.5×10
47	民居	李奇玉宅	砖木结构穿斗式	中正街71号	明清	14×12
48	民居	罗家沟宅	砖木结构	太平街14号	明清	438.12
49	民居	钟吉和宅	砖木结构	太平街15号	明清	6.6×11.4

续表

编号	类别	名称	结构	地点	时代	面积(m²)
50	民居	向春元宅	砖木结构	太平街唐家弄07号	明清	7.8×9.3
51	民居	蔡新明宅	木结构	太平街唐家弄08号	明清	9×7
52	民居	杨宝珠宅	木结构	太平街唐家弄09号	明清	4.8×7
53	民居	秦慧虎宅	砖木结构	太平街唐家弄13号	明清	10×15
54	民居	钟青云宅	木结构	浦阳北北路25号	明清	12×8
55	民居	姚祖享宅	砖木结构	浦阳北北路35号	明清	11.8×24
56	民居	陈爱花宅	砖木结构	太平街康家弄	明清	10×16
57	民居	康德俊宅	砖木结构	太平街康家弄	明清	16×5
58	民居	康德俊宅	砖木结构	太平街康家弄	明清	12×17
59	民居	张玉英宅	砖木结构	太平街康家弄	明清	7×14
60	民居	康仲许宅	砖木结构	太平街康家弄	明清	17×12
61	民居	熊小莲宅	砖木结构	太平街康家弄	明清	7.5×12
62	民居	陆万强宅	砖木结构	太平街康家弄	明清	7.5×12
63	民居	张景曼宅	砖木结构	太平街康家弄	明清	12.8×13
64	民居	梁大兴宅	砖木结构	太平街康家弄	明清	19×14
65	民居	胡国付宅	砖木结构	太平街康家弄39号	明清	8×21
66	民居	官文炎宅	砖木结构	太平街下后街9号	明清	9×7
67	民居	陆富强宅	砖木结构	太平街后街12号	明清	12.5×6
68	民居	王显元宅	砖木结构	太平街康家弄	明清	21×6
69	民居	刘传珍宅	砖木结构	太平街康家弄	明清	21×11
70	民居	张鑫元宅	砖木结构	太平街后街101号	明清	16×11
71	民居	米显贵宅	砖木结构	太平街后街100号	明清	11.8×7.6
72	民居	刘玉珍宅	砖木结构	太平街后街15号	明清	10×15.5
73	民居	余光明宅	砖木结构	太平街爆坊弄36号	明清	8×5
74	民居	曾令忠宅	砖木结构	太平街后街	明清	14×12
75	民居	姚本睦宅	砖木结构	太平街烟坊弄45号	明清	6×10
76	城门	南城门	砖木结构	太平街史家巷10号	明清	1.95×1.25
77	民居	谭永德宅	砖木结构	太平街史家巷10号	明清	约323
78	民居	吴翠儿宅	砖木结构	太平街史家巷05号	明清	17×15.3
79	民居	谭永亮宅	砖木结构	太平街史家巷06号	明清	13×13
80	民居	武宗友宅	砖木结构	十字街吉家巷20号	明清	16×55
81	民居	刘发生宅	砖木结构(二厅三堂)	十字街吉家巷20号	明清	12×16

续表

编号	类别	名称	结构	地点	时代	面积(m^2)
82	民居	米亚和宅	砖木结构(二堂一厅)	十字街吉家巷23号	明清	11×7
83	民居	张水清宅	砖木结构	十字街吉家巷02号	明清	9×7
84	商铺	黄生孝 包太喜	木结构多1间	中正街	明清	9×7
85	商铺	姚本祥 徐伯利 张德林	木结构	中正街27～29号	明清	10×13
86	商铺	陈和田	木结构	中正街102号	明清	3.8×7.5
87	商铺	余庆龙	木结构	中正街100、101号	明清	8.4×9
88	商铺	刘长英	木结构	中正街99号	明清	8×6
89	商铺	向钾	木结构	中正街33～44号	明清	6.3×11
90	民居	向钾宅	砖木结构(二堂二厅)	中正街96、97号	明清	16×12
91	商铺	李久金 徐志刚	木结构	中正街93号	明清	6.2×6
92	商铺	胡湘城 李高兴	木结构	中正街91、92号	明清	11.2×12.3
93	商铺	胡成俊 陈勇付	木结构	中正街39、40号	明清	11×9.8
94	商铺	王松升 姚劲松	砖木结构	中正街49、50号	明清	9.6×10.3
95	商铺	章长禄	木结构	中正街65号	明清	2.7×9.6
96	商铺	李慧芳	砖木结构	中正街58号	明清	6.2×11
97	民居	邓文海宅	砖木结构(一堂二厅)	余家弄05号	明清	14×17.7
98	民居	朱家大院	砖木结构	中正街86号	明清	12×16.5
99	民居	胡花楼	砖木结构	原浦市镇政府内绣楼	明清	12×4.6
100	民居	张发旺宅	砖木结构	原浦市镇政府驻地	明清	11×10
101	民居	孙先富宅	砖木结构	余家弄	明清	6×6
102	民居	姚级云宅 余庆喜宅	木结构	余家弄9、10号	明清	20×7.5
103	城门	西城门	8级	(码头)	明清	
104	民居	姚立忆宅	木结构	浦阳北路16号	明清	8×8
105	商铺	李小平	木结构	中正街23号	明清	3×14

续表

编号	类别	名称	结构	地点	时代	面积(m²)
106	商铺	武中英 徐伯冲	木结构	中正街 19 号	明清	12×10
107	商铺	谢德秀	砖木结构	中正街 105 号	明清	4×905
108	商铺	肖忠全	砖木结构	中正街 109 号	明清	13×13
109	商铺	向光毁宅	木结构	中正街 120 号	明清	5.4×20
110	商铺	龚卫华	砖木结构	中正街 121 号	明清	6×12
111	城门	防火城门 (两拱)	门高:3 m;门宽:1.5 m;墙厚:35m 砖砌	中正街太平宫	明清	
112	商铺	郭文伯 李绍朋	木结构	中正街 14 号	明清	15×8.5
113	商铺	曾德忠	砖木结构	中正街 122 号	明清	6×7
114	商铺	番运基宅	木结构	中正街 13 号	明清	12×11
115	商铺	宋幼文	木结构	中正街 12 号	明清	3×8.6
116	商铺	紫华六 唐国水	木结构多 1 间	中正街 11 号	明清	10×14
117	商铺	李先智宅 龙仕礼宅	木结构多 1 间	中正街 125 号	明清	7×17
118	商铺	杨正荣宅 刘龙礼宅	木结构多 1 间	中正街 129 号	明清	8×10
119	商铺	张显忠 唐晓琴	砖木结构	中正街 8-7 号	明清	7×23
120	商铺	黄中元 李桂兰	砖木结构	中正街 05 号	明清	9×13
121	民居	陈仕华宅	砖木结构	十字街 24 号	明清	3×10
122	民居	杨利宅	砖木结构(二厅二堂二进)	十字街中家巷 05 号	明清	12×15
123	民居	李隽林宅	砖木结构	十字街中家巷 1 号	明清	10×14
124	民居	唐元珍宅	砖木结构	十字街上正街 07 号	明清	约 320
125	民居	李光立宅	砖木结构	十字街上正 158 号	明清	6×9
126	民居	张桂英宅 石军军宅	砖木结构二进一堂二厅	十字街上正 157 号	明清	12×13
127	民居	宋德安宅	砖木结构	十字街上正 10 号	明清	4.5×6
128	民居	杨家兴宅 杨天水宅	砖木结构多 1 间	上正街 11-12 号	明清	8×6

续表

编号	类别	名称	结构	地点	时代	面积(m^2)
129	民居	张林宅	木结构	上正街 151 号	明清	5×7.2
130	民居	谢阳城宅	砖木结构二进一堂二厅	十字街谢家巷 06 号	明清	10×15
131	民居	程涛旧居	砖木结构残图一堂	十字街谢家巷 09 号	明清	9×19
132	民居	符家松宅	木结构	十字街上正街 21 号	明清	9.6×7.4
133	民居	姚本龙宅	砖木结构	十字街上正街 42 号	明清	7×9
134	民居	印菊秀宅	木结构	十字街上正街 23 号	明清	6.6×12
135	民居	梁修宅 雷发家宅	木结构	十字街上正街 141-140 号	明清	5×9
136	民居	余国付宅 汪惠年宅 钟志强宅	木结构	十字街上正街 137 号	明清	13.5×11
137	民居	汪松年宅	砖木结构	十字街上正街 136 号	明清	13×15
138	民居	王洪文宅 宋幼城宅	砖木结构(保留一堂二厅)	上正街 47 号	明清	13×26
139	民居	徐光富宅	砖木结构(一堂二厅)	上正街 50 号	明清	9×10
140	民居	蒋光妹宅	砖木结构	上正街 51 号	明清	3.8×6.4
141	民居	姚神保宅	木结构	上正街 60 号	明清	6×5
142	民居	李玉英宅	木结构	上正街 63 号	明清	6×5
143	民居	唐元明宅	砖木结构(二堂一厅)	上正街 62 号	明清	11×15
144	民居	向明成宅	木结构	上正街 66 号	明清	4×12
145	民居	祝云仁宅	木结构	上正街 68 号	明清	3.7×8
146	民居	吉隆兴宅	木结构	上正街 102 号	明清	3.9×10
147	民居	刘桂英宅 李道有宅	木结构	上正街 93-94 号	明清	6.8×9
148	民居	李和平宅 刘国保宅	木结构	上正街 91 号	明清	10×8.3
149	民居	王亚发宅	木结构	上正街 83 号	明清	3.5×8
150	民居	周金芝宅	木结构	上正街 85 号	明清	11×8
151	民居	农场	砖木结构(二堂二厅)	吉家头(41 号对面)	明清	18×17.5
152	民居	李云翠宅	木结构	吉家头 41 号	明清	5×9.7
153	民居	漆群宅	木结构	吉家头 38 号	明清	11×12
154	民居	吉湘妹宅	木结构	吉家头 37 号	明清	13×4
155	民居	邓永贵宅	木结构	吉家头 32 号	明清	8×5

续表

编号	类别	名称	结构	地点	时代	面积(m^2)
156	民居	张梅军宅	砖木结构	吉家头07号	明清	7.5×10
157	民居	吉秀珍宅	木结构	吉家头18号	明清	11×5.5
158	民居	李帮烟宅	水结构	吉家头20号	明清	10×5
159	驿站	上座凉宅	砖木结构	上座01号	明清	9.8×4
160	民居	邓国家宅	砖木结构(二堂二厅)	印家桥1组	明清	12×12
161	寺庙	东岳寺	砖木结构(穿斗式二进二堂二厅)	印家桥	明清	14×20.5
162	民居	姚祖安宅	砖木结构	印家桥46号	明清	17×23
163	民居	杨胜忠宅	砖木结构(二进二室三厅)	印家桥42号	明清	14×17.7
164	民居	杨秀清宅	砖木结构(二进二堂二厅有斗窗)	印家桥1组	明清	11×12
165	民居	郑刚水宅	水结构	印家桥63号	明清	8×5
166	民居	杨吉贤宅	水结构	印家桥09号	明清	6×5
167	民居	杨风英宅	砖木结构(保留1厅)	印家桥04号	明清	18×14

附表2　浦市历史文化遗产要素构成表①

物质文化遗产	历史街区	河街、正街、后街
	历史建筑、文物古迹	国民党陆军监狱旧址、吉家院子、万寿宫、李家大院、郑家大院、沅江码头、古戏台、绣花楼、桐木栊古墓葬群、千年古驿道(海上丝绸之路)等
	古镇八景	岩门雪眺、篓洞传书、峨眉湾潭、古刹晚钟、清溪春渡、当江映月、楠洞栖霞、朝峰应雨
非物质文化遗产	民间工艺	跳马灯、抬春、篾扎、油纸伞、印染、湘绣、雕刻、傩面具、苗族数纱、菊花石雕等
	风味小吃	鼓儿糍、扯糍等
	涉浦人物	屈原、潭子兴、沐英、吴三桂、石达开、贺龙、刘峙、沈从文、王上仁、刘汉卿
	民俗活动	抬黑龙、盂兰盆会、龙舟兑渡、打清醮、中元节春官踏春、抬春等
	戏剧	辰河高腔、阳戏、汉戏、花灯、傩戏、三棒
		鼓、木脑壳、曲艺等
	名人轶事及文化	代朝山的由来、石达开题诗魅星阁、贺龙与将军柳、盘瓠文化、商贸文化、宗教文化、吊脚文

① 本表由浦市镇文化站提供。

附表 3　旧州部分历史主要建筑情况一览表①

序号	建筑名称	所处位置	现存情况	备注
1	衙门	北门街西侧	已毁	
2	二郎庙	西城外福众街北侧	遗址	
3	轩辕庙	西城外南面	已毁	
4	杨泗庙	上塘	已毁	
5	城隍庙	北大街西侧	遗址	
6	梅葛庙	西城外南面	已毁	
7	火神庙	西下街北面	已毁	
8	武庙	十字街北侧	已毁	
9	孔圣庙	马家巷南侧	遗址	
10	鲁班庙	孙家湾北面	已毁	
11	五显庙	马靛街南面	遗址	
12	关帝庙	十字街北面	已毁	
13	山神庙	西上街南侧	遗址	
14	财神庙	刘家巷北面	遗址	
15	永晶寺	福众街南面	已毁	
16	宝相寺	东城门外	遗址	
17	天主教堂	东大街西侧	完好	
18	江南会馆	北门街东侧	已毁	
19	天后宫	西下街南侧	较好	福建会馆
20	玉皇阁	马靛街南面	遗址	
21	禹王宫	东门街北侧	已毁	
22	万寿宫	马靛街南侧	遗址	四川会馆
23	文昌宫	马靛街南侧	较好	
24	仁寿宫	西中街北侧	完整	江西临江府会馆
25	黑神庙	西城外老里坝	遗址	
26	长庚阁	西城外老里坝	已毁	

① 本表由贵阳规划设计院提供。

附表 4　旧州主要街巷情况一览表①

街巷名称	路长 L(m)	现状路宽 W(m)	形态
福众街	282	9	平直、规则
马靛街	238	9	平直、规则
西大街	592	6.8～9	平直、规则
塘冲湾	376	4.9～8.4	弯曲、不规则
刘家巷	190	1.8～3.5	平直、规则
财神巷	146	2.8～5.8	平直、规则
中学巷	318	1.9～8	直折、规则
孙家湾	175	4.1～7.1	平直、规则
北门街	234	4.9～6.5	平直、规则
十字街	268	3～5.4	弯一直、规则
东门街	352	4.5～8.6	曲、规则
中权巷	176	3～6.8	弯曲、不规则

附表 5　黎平翘街历史文化遗产要素构成表②

物质文化遗产	街巷格局	主要街道顺应地形，成鱼骨状，街巷普遍较窄，保持清代格局
	文保单位	黎平会议会址、两湖会馆、何公祠、红军召开群众大会旧址、红军干部休养连、红军教师、苏维埃银行旧址、毛主席旧居、孔庙大成殿、东门、南门、烈士陵园城墙遗址等
	历史建筑	熊家大院、蒋家大院、老农业局、老邮电局等
	特色构筑	神鱼井、官来井、大井、小井、双井等及散布在各条街巷的池塘
	景观大树	散布在各条街巷上的直径超过 20 厘米的大树
人文环境	节庆习俗	行歌坐月、斗牛、月也、抬官人、春节、元宵节、“祭萨”、“赶社”、三月三、清明节、端午节、吃新节、甲戌节、中秋节、祖宗节、杨家年
	革命事迹	黎平会议
	地方特产	侗家果脯、油米菜佐、侗乡名酒、黎平“雀舌茶”、侗家特制腌鱼、侗锦、刺绣、纺织、印花、彩绘、雕刻、竹编、银饰等
	历史人物	龙启雷、梅友月、朱万年、胡长新、何腾蛟
	奇闻掌故	何腾蛟与神鱼井、城南中阁楼

① 本表由贵阳规划设计院提供。
② 本表由黎平县建设局提供。

附表 6　黎平县城各级文物保护单位情况统计表①

序号	文物名称	年代	所在地点	级别	公布文号和日期
1	地坪风雨桥	清	地坪乡	国家级	国务院 2001 年 6 月 25 日公布为国保
2	黎平会议会址	清	德凤镇二郎坡 52 号	国家级	国务院 2006 年公布为国保
3	何公祠(含神鱼井)	清	德凤镇	省级	黔府〔2006〕16 号(2006.16.6)
4	两湖会馆	清	德凤镇二郎坡 51 号	省级	省府〔99〕52 号(1999.12.21)
5	历史文化名城	清	德凤镇	省级	黔府通〔92〕112 号(1992.6.4)
6	南泉山	清	县城南	省级	省府〔1985〕94 号(1985.11.2)
7	何腾蛟墓	清	县城西佛崖	省级	省府〔1982〕30 号(1982.2.23)
8	吴文彩墓	清	茅贡乡腊洞村	省级	省府〔1982〕30 号(1982.2.23)
9	肇兴鼓楼群	清	肇兴乡肇兴村	省级	黔府〔2006〕16 号肇兴鼓楼风雨桥
10	秦溪白塔	清	敖市镇秦洞村	省级	黔府〔2006〕16 号秦溪凌云塔(含红军标语)
11	纪堂鼓楼	清	肇兴乡纪堂村	省级	省府〔1982〕30 号(1982.2.23)
12	独柱鼓楼	清	岩洞乡述洞村	省级	黔府〔2006〕16 号(2006.1)
13	高进戏台	清	茅贡乡高进村	省级	黔府〔2006〕16 号
14	登岑粮仓群	清	茅贡乡登岑村	省级	黔府〔2006〕16 号
15	九潮坳烈士墓	现代	九潮镇	县级	黎府〔84〕51 号(1984.9.12)
16	二朗坡至东门坡头两侧古建筑	清	德凤镇	县级	黎府〔83〕17 号(1983.4.14)
17	城关烈士墓	现代	县城南	县级	黎府〔84〕51 号(1984.9.12)
18	水口烈士墓	现代	水口镇	县级	黎府〔84〕51 号(1984.9.12)
19	洪州红军标语	现代	洪州镇	县级	黎府〔84〕51 号(1984.9.12)
20	地西红军标语	现代	德凤镇地西村	县级	黎府〔84〕51 号(1984.9.12)
21	“过化”石刻	明	中潮镇下皮林村	县级	黎府〔84〕51 号(1984.9.12)
22	梅友月墓	清	县城西	县级	黎府〔84〕51 号(1984.9.12)
23	红军干部修养连部	清	德凤镇二郎坡	县级	1984.12.18
24	红军教导师住址	清	德凤镇二郎坡	县级	1984.12.18
25	红军召开群众大会旧址	明	德凤镇二郎坡	县级	黎革〔78〕54 号(1978.1.27)
26	毛主席在黎平住处 1	清	县城关	县级	黎革〔78〕54 号(1978.1.27)

① 本表由黎平县建设局提供。

续表

序号	文物名称	年代	所在地点	级别	公布文号和日期
	毛主席在黎平住处2	清	县城南	县级	黎革〔78〕54号(1984.12.18)
27	红军银行办事处	清	县城关	县级	黎革〔78〕54号(1978.1.27)
28	北塔桥	明	县城北	县级	黎府〔90〕34号(1990.9.18)
29	成德桥	明	县城西	县级	黎府〔90〕34号(1990.9.18)
30	石门摩崖	明	县城东七里	县级	黎府〔90〕34号(1990.9.18)
31	飞岩摩崖	明	中潮镇粮站后	县级	黎府〔90〕34号(1990.9.18)
32	孔庙大成殿	明	县城关一小内	县级	黎府〔90〕34号(1990.9.18)
33	陆沧浪墓	清	县城北	县级	黎府〔90〕34号(1990.9.18)
34	高进鼓楼	清	茅贡乡高进村	县级	黎府〔90〕34号(1990.9.18)
35	高进花桥	清	茅贡乡高进村	县级	黎府〔90〕34号(1990.9.18)
36	平甫莲花桥	现代	洪州镇地青平甫	县级	黎府〔90〕34号(1990.9.18)
37	青寨小寨鼓楼	清	坝寨乡小寨	县级	黎府〔90〕34号(1990.9.18)
38	南泉山鼓楼	现代	县城南	县级	黎府〔93〕10号(1993.4.14)
39	怀公平政府旧址	现代	水口镇	县级	黎府函〔2005〕131号(2005.8.19)

附表7　黔城南正街(中山街)建筑现状一览表①

序号	门牌号	建筑用途	建筑现状	备注
1	中山街01号	居住	明末清初建筑,两进院,一层加阁楼,保存良好	
2	中山街02号	居住	明末清初建筑,两进院,一层加阁楼,保存良好	
3	中山街03号	商铺、居住	明末清初建筑,两进院,一层加阁楼,前店后宅,保存良好	
4	中山街04号	空置	两层,房屋破旧,略带倾斜	
5	中山街05号	居住	两层,三进院,破损较为厉害,目前属于公房	
6	中山街06号	空置	两层,房屋破旧,倾斜厉害	
7	中山街07号	居住	两层,三进院,砖木结构,面积较大	现在有多户人居住
8	中山街08号	居住	两层,三进院,木结构	
9	中山街09号	居住	两层,三进院,木结构	

① 高琦.湖南洪江黔城古城研究[D].武汉:武汉理工大学,2008:100.

续表

序号	门牌号	建筑用途	建筑现状	备注
10	中山街 10 号	空置	两层，木结构，同 9 号相连	
11	中山街 11 号	画室、展览、居住	一层，有阁楼，木结构，保存完好	张国雄老人的画室，也是私人展馆，兼居住
12	中山街 12 号	居住	两层，三进院，有天井，外立面为白灰砖墙，里面是木结构	现在有多户人居住
13	中山街 14 号	居住	两层，三进院，有天井，外立面为白灰砖墙，里面是木结构	
14	中山街 15 号	居住	一层，有阁楼，木结构，保存良好	
15	中山街 16 号	居住	两层，有天井，木结构	
16	中山街 17 号	居住	两层，木结构，保存良好	
17	中山街 18 号	居住	一层，有阁楼，木结构	
18	中山街 19 号	居住	一层，有阁楼，木结构，阁楼破损严重	
19	中山街 20 号	居住	一层，有阁楼，木结构，阁楼破损严重	
20	中山街 21 号	居住	一层，有阁楼，木结构，有院落	
21	中山街 22 号	居住	一层，有阁楼，三进院，有天井	
22	中山街 23 号	居住	一层，有阁楼，三进院，有天井	
23	中山街 24 号	居住	一层，有阁楼，三进院	
24	中山街 25 号	居住	两层，木结构，两进院	现在有四户人居住
25	中山街 26 号	居住、展览	两层、木结构三进院，有天井，室内雕梁画栋，富丽堂皇，保存十分完好	
26	中山街 27 号	居住	一层，有阁楼，木结构	
27	中山街 28 号	居住	两层，木结构	
28	中山街 29 号	居住	一层，有阁楼，沿街面有柜台	此屋以前为店铺
29	中山街 30 号	居住	两层，二层已经损坏、废弃	
30	中山街 31 号	居住	一层，危房，屋顶已毁，无人居住，无人管理	
31	中山街 32 号	空置	两层，木结构，二层废弃	
32	中山街 34 号	空置	两层，木结构，外立面有柜台，且造型精美	
33	中山街 37 号	居住	两层，木结构，保存完好	
34	中山街 39 号	居住	两层，木结构，有天井，保存完好	
35	中山街 40 号	居住	两层，木结构，保存完好	此屋以前为店铺

续表

序号	门牌号	建筑用途	建筑现状	备注
36	中山街 41、43 号	居住	两层,木结构,二层空置	41 号与 43 号为一栋建筑分为两户
37	中山街 42 号	居住	一层,木结构,房屋倾斜厉害	
38	中山街 44 号	居住	一层,有楼阁,沿街面有柜台,且造型精美	根据推测,此屋新中国成立前为店铺
39	中山街 45 号	居住	一层,有阁楼,木结构	从 43～49 号建筑位于上南门巷,但其门牌依然是中山街,因此在研究中依然将其列入此表。这几栋建筑普遍保护较差,房屋倾斜厉害,缺少维修
40	中山街 46 号	居住	一层,有阁楼,木结构	
41	中山街 47 号	居住	一层,有阁楼,木结构	
42	中山街 48 号	居住	两层,砖木结构,有天井	
43	中山街 49 号	居住、商铺	两层,木结构,下店上宅	
44	中山街 50 号	居住	一层,有阁楼,木结构	
45	中山街 51 号	居住	一层,有阁楼,木结构	
46	中山街 52 号	居住	一层,有阁楼,木结构	
47	中山街 53 号	居住	两层,木结构	
48	中山街 54 号	教堂	基督教堂,木结构,室内空间较大	
49	中山街 55 号	居住	两层,木结构	

附表 8 黔城标志性建筑物一览表①

名称	地址	建筑年代	结构材料	建筑层数	功能	建筑面积(m^2)	用地面积(m^2)	备注
芙蓉楼古建筑群	古镇西城墙外	清嘉庆二十年(1815 年)	木结构	2	园林	1 600	10 250	
赤峰塔	黔城镇高桥村	清咸丰九年(1859 年)	砖石结构	7	园林			塔周长 29 m,内园直径 4.6 m,厚 2 m,高约 28 m
万寿宫	下南门东侧	清代中期	砖木结构	2	会馆	1 500	1 000	同治十二年(1873 年)重修,现大殿倒塌,重修
熊金秀宅	南正街北端	清代			居住	100	68	又名"吴顺祥客栈"
危泽浦宅	老爷巷	清代		2	居住			2003 年被火烧毁
孙家窨子	西正街 88 号	清代	砖木结构	2	居住	200	150	
刘家窨子	西正街 88 号	清代	木结构		居住	840	900	

① 高琦. 湖南洪江黔城古城研究[D]. 武汉:武汉理工大学,2008:101.

续表

名称	地址	建筑年代	结构材料	建筑层数	功能	建筑面积	用地面积	备注
朱家窨子	下南门 27 号	清代	砖木结构	1	居住	200	180	
太平宫	河街	清代中期	木结构	2	会馆	330	400	宝庆会馆
黄家窨子	西正街 29 号	清代早期	木结构		居住	500	390	黄忠浩故居
明代木屋	北正街 16 号	明代	木结构		居住	230	180	
文庙	北正街	清代			礼制			现仅存石碑“文武官员军民人等至此“下马”
火神庙	火神巷	明代	砖木结构	1	会馆	240	200	现改为幼儿园
少伯古井	火神巷	唐代			古井			
同仁堂	上新街 55 号	清代	砖木结构	2	会馆	150	90	
寿福宫	中山街西入口	清代	砖木结构	2	会馆	160	130	原为衡阳会馆，现为个人古玩展示馆
龙王庙	上南门边	明末清初	砖木结构	1	宗教	100	120	原为关帝庙
长沙会馆	上河街 44 号	清代	砖木结构	1	居住	100	83	
上杨公庙	下新街入口处	清代	砖木结构	1	宗教	63	82	

附表 9　沅水中上游传统集镇非物质文化遗产一览表

序号	名称	保护对象	保护级别
1	旧州	哥蒙的“哈冲”	省级
		苗族弄嘎讲略	省级
		苗族“古歌古词”神话	省级
		苗族泥哨	省级
		苗族银饰	省级
		谷陇九月芦笙会	省级
		黄平僅家服饰	省级
		岩鹰高跷	省级
		黄平蜡染	省级
		苗族祭桥节	省级
		侗戏	省级
2	浦市	盘瓠传说	国家级
		踏虎凿花	国家级
		杨柳石雕	省级

续表

序号	名称	保护对象	保护级别
		湘西苗族桃花	国家级
		泸溪傩面具	省级
		湘西木雕	省级
		辰河高腔	国家级
		浦市窨子屋建筑艺术	省级
3	隆里	花脸龙	省级
4	凤凰	凤凰蓝印花布印染技艺	国家级
		凤凰纸扎	国家级
		湘西自治州阳戏	省级
		湘西苗绣	省级
		凤凰扎染技艺	省级
		苗医药	国家级
5	镇远	报京三月三	省级
		苗族踩鼓舞	省级
		镇远土家族傩戏	省级
		木雕工艺	省级
		洞藏青酒酿造工艺	省级
		镇远元宵龙灯会	省级
		土家族"八月八"唢呐节	省级
		赛龙舟	国家级
6	洪江	雪峰断颈龙舞	省级
7	玉屏	玉屏箫笛制作工艺	省级
8	沅陵	二酉藏书洞传说	省级
		沅陵山歌	省级
		沅陵传统龙舟赛	国家级
		辰州傩戏	国家级
9	岑巩	注溪娃娃场	省级
		古思州"屯锣"	省级
		思州石砚制作工艺	省级
		思州傩戏傩技	省级
		思州喜傩神	省级
		民间火纸制作技艺	省级

续表

序号	名称	保护对象	保护级别
		土家族婚庆夜筵	省级
		赶社	省级
		龙鳌祭祀	省级
10	黔阳	—	—
11	新晃	侗族傩戏	国家级
12	芷江	芷江孽龙舞	国家级
		明山石雕	省级
13	黎平	侗族大歌	省级
		洪州琵琶歌	省级
		月也	省级
		侗族摔跤	省级
		侗族河边腔	省级
		君琵琶	省级
		侗族鼓楼花桥建造技艺	省级
		蓝靛靛染工艺	省级
		四十八寨侗族服饰	省级
		侗族款约	省级
		侗族祭萨	省级
		金汉列美	省级
		侗族哆耶——踩歌堂	省级
14	铜仁	龙舟赛	国家级
		文琴戏	省级
15	锦屏	侗族刺绣	省级
		平秋北侗婚恋习俗	省级
		河边腔苗歌	省级
		十二诗腔苗歌	省级
		侗族歌鼟	省级
		造林习俗	省级
		新化舞狮	省级
		青山界四十八寨歌会	省级

续表

序号	名称	保护对象	保护级别
		平秋重阳鞑瓦	省级
		瑶白摆古	省级
		侗年	省级
16	锦和	麻阳花灯戏	省级
17	天柱	四十八寨歌节	省级
		侗族月牙铛	省级
		勾林	省级
		社节	省级
		阳戏	省级
		天柱宗祠文化习俗	省级
		侗族北部方言歌会	省级
		稻鱼并作习俗	省级
		造林习俗	省级
18	安江	—	—

注：本表只统计了省级以上的非物质文化遗产，其他未列入统计。

附表 10　沅水中上游流域重大军事事件一览表

序号	事件名	时间	地点及标识	人物	事件过程
1	放欢兜于崇山，以变南蛮	唐尧时期	崇山	欢兜	欢兜，相传为上古唐尧时人，因与共工、三苗、鲧"作乱"，被舜流放到崇山。① 其山顶今存欢兜墓、欢兜屋场、欢兜庙等古遗迹，民间亦颇多关于欢兜在崇山征战的传说
2	楚人伐濮	楚武王三十七年（前 704 年）			沅水流域属"古濮地"②。春秋战国时期，开始受到楚国的南侵，使沅水流域开始归入楚国的版图。楚对濮地的开辟和经营带来了楚国和中原地区的先进技术和文化，使沅水中上游流域的经济和文化得到了开发和发展

① 崇山在湖南张家界市西南 20 千米处，海拔 1 164.7 米，主峰面积 3 平方千米，与天门山相连。当今史家提出中华民族的古代文明是由四个集团共同创造的学说，其中长江中下游的苗蛮集团，就是以欢兜、祝融为首的。

② 中国历史地图集编辑组. 中国历史地图集第一册[M]. 上海：中华地图学社出版，1975：9-14.

续表

序号	事件名	时间	地点及标识	人物	事件过程
3	五溪归楚	东周匡王二年(前611年)	五溪地域		楚国境内大荒，庸人煽动五溪蛮叛乱。秦人、巴人助楚灭庸，五溪蛮归附
4	庄蹻入滇	楚顷襄王十八年(前279年)	沅水沿线	庄蹻	楚顷襄王派庄蹻率军通过黔中郡向西南进攻，经过沅水，攻克且兰，征服夜郎国，一直攻打到滇池一带。开辟了中原地区经沅水到达贵州和云南的交通干线，为该流域集镇形成和发展打下了基础
5	秦拔黔中	周赧王三十五年至三十七年(前280—前278年)	五溪地域	司马错 白起	秦昭王二十七年、楚顷襄王十九年，秦派司马错率领陇西地士卒十万人，出蜀郡(今四川成都)伐楚。攻占楚的黔中郡，次年为楚收复；又年，秦昭王使白起伐楚，取蛮夷地，置黔中郡。自此，沅水流域归秦
6	征讨五溪蛮	光武帝建武二十三至二十五年(47～49年)	沅陵县高坪乡境伏波庙	刘尚 马援	武威将军刘尚征武陵郡“五溪蛮”全军覆没。马援率军4万人抵临沅，败“五溪蛮”，乘胜沿沅水而上，进至沅陵壶头。因地势险要，“五溪蛮”驻守上游，船不得进，天气酷热，疫病流行，士卒死者大半，马援也病死军中
7	飞山令	北宋	五溪 飞山庙	杨再思	北宋时，吕师周杀败五溪苗、侗、瑶等少数民族义军首领潘金盛后，其部将杨承磊，族人杨再思迫于宋军威逼，“以其地附于楚”，被奉为徽州刺史。杨再思分其地为十峒，以其十子分别掌管。他自己则为十峒首领，自称“飞山令”
8	红字碑	北宋嘉祐三年(1058年)	沅陵西北28千米明溪口	彭仕羲 雷简夫	记述北宋至和二年(1055年)下溪州刺史彭仕羲为乱，至嘉祐三年(1058年)殿中丞雷简夫平息乱事经过
9	九溪十八峒起义	明太祖洪武三十年(1397年)	清水江流域	林宽	明廷设铜鼓卫(今锦屏县)，圈占土地三百五十四顷。四月，林宽领导侗族农民进行反抗斗争，“号一十万众”。攻克隆里、新化、平茶等千户所。“势益炽。乃命楚王桢帅师”三十万大军由黔阳、辰溪进讨，因众寡悬殊，林宽被俘牺牲，十二月，悉平之
10	乾嘉苗民起义	清乾隆、嘉庆(1795—1806)	湘、黔、川、鄂四省	石柳邓 石三保 吴八月	在以原腊尔山“生苗”区为中心的湘西、黔东南地区，发生了由石柳邓、石三保、吴八月等人领导的大规模的苗民武装反抗斗争，史称“乾嘉苗族起义”。为了镇压苗民起义，清政府先后动用了七省十八万军队，耗费了大量军饷。两任清军统帅福康安、和琳先后死于军中。清政府在政治、军事和经济等各方面

续表

序号	事件名	时间	地点及标识	人物	事件过程
					都遭受了巨大的损失，开始从"盛世"走上衰落的道路。① 但苗疆也遭受了空前的浩劫，苗族人口剧减。乾隆六十年前，湖南省凤凰、永绥、乾州三厅，共有苗寨4 000多个，3厅苗民人口近40万，可到了嘉庆十三年(1808年)，3厅合计只剩下苗寨1 200个，人口下降到115 019人。苗族村寨和人口都减少了70%以上
11	石达开过沅水	清咸丰十一年(1861年)	辰溪浦市	石达开	太平天国翼王石达开率数万大军自广西向通道、靖州进军攻入会同，重创清军，转战浦市，绕龙山入川

① 胡毅. 清代湘西地区政治军事制度的变迁[D]. 西安:陕西师范大学. 2009:32.

后　　记

“沿沅水去看看”的想法源于少时读沈从文先生的《边城》，书中的翠翠在我心中留下这一情愫的种子，这一想法一直隐忍在心，不敢对旁人提起的。进了大学，选专业时，也未曾考虑会有这个机会，只是因为儿时喜欢信笔涂鸦，舞弄一点墨汁，而学建筑学可以提供再次涂鸦的机会，旁无其他杂念。后来读研究生，在选题时，我毫不犹豫地选择了这片热土，心想终于可以完成那时的夙愿了，无奈时光飞逝，才刚刚踏入，又急匆匆地离开了，不免留下些遗憾，心想下次再来吧。不料，因世俗琐事而一再拖延，竟未曾再去。后来，有机会来到华南理工大学攻读博士学位（感谢母校华南理工大学），拜在陆老师门下，陆老师支持我继续研究下去。终于，我可以沿着沈先生的脚步，缓缓地走一走了。于是，从“出丹砂，出辰州符”的“大码头”（沅陵）溯江而上（不过，我比沈先生走得远些，近了沅水的源头），慢慢去体会“长长的码头，湿湿的河街，清清的河水，湍急的浪滩，满江浮动的橹歌和白帆，两岸去水三十丈的吊脚楼，无数的水手柏子和水手柏子的情妇们……”。当然，此时一切已不是那时的一切了。不过，天还是蓝的，水仍是绿的，寻寻觅觅，长满荒草的碾坊，不再转的水车，一泓见底的溪水，倾斜了的吊脚楼，满是污垢的油炸房，还依稀可见——这是我的夙愿吗！?

由于本研究涉及区域范围较大，又处于不同自然地貌和文化圈的交融地界，情况复杂多样，受到时间和经费等因素的制约，仍有一些内容未及深入。如与“通京大道”关联较弱的、清水江上游和沅水中上游其他几大支流的传统集镇的商贸空间情况；还有传统集镇商贸空间与居住空间和宗教空间等其他空间的关联性问题等。这些都值得进一步研究和探索。

几度春秋，文章终于搁笔，感慨万千。过程中的一幕幕、一场场，许多人、许多事，让我今生难忘。

衷心感谢我的导师陆琦教授，先生总是不倦地教诲和督促，给了我最大的支持和关怀，鞭策着我不断向前推进，让我在看似艰巨的目标前得以勇敢前行。在写作过程中遇到不解和迷惑的时候，先生又及时为我指点迷津，以严谨的治学态度和敏锐的学术洞察力，引领我走出困顿和彷徨。在先生的指导和教授下，我不仅获得了学识上的进步，也感召于先生的学术品格与人格魅力，使自己更好地做人、做事、做学问。

感谢张玉坤、唐孝祥、郭谦等老师所提的宝贵意见，他们的真知灼见让文章更加完善。

感谢我的领导、同事、同学、朋友，还有同门的兄弟姐妹们，为我提供了大量的帮助与支持。感激之情溢满心中。感谢我的学生为我提供、收集和整理资料所付出的辛勤劳动。

最后，要感谢我的家人：感谢我的父母、岳父母对我无条件的支持与鼓励；感谢我的爱人对我无私的奉献和关爱，无论寒冬还是酷暑是她陪伴我在无尽的山区奔波、调研；还有儿子霖霖，他是我的开心果，赶走了我无尽的烦劳与疲惫。家人的支持、信任与爱，是我坚持前行的动力。

还有在调研过程中给予无私帮助和大力支持的各地方政府单位负责人和写作过程中提供了帮助和指导的良师益友，无法一一尽数，在此一并感谢！

虽然文章告一段落，但不免仍有不足与遗憾之处。我心中清楚，学术之路才刚刚开始，深沉、神奇的沅水河在低声召唤我，引我去寻觅探幽。

2017.7.28